KB051481

THE HEALTH
GAP 건강 격차

건강 격차
평등한 사회에서는 가난해도 병들지 않는다

초판 1쇄 펴낸날 2017년 9월 25일
초판 6쇄 펴낸날 2023년 9월 10일

지은이 마이클 마멋
옮긴이 김승진
펴낸이 이건복
펴낸곳 도서출판 동녘

편집 구형민 김다정 이지원 김혜윤 홍주은
디자인 김태호
마케팅 임세현
관리 서숙희 이주원

등록 제311-1980-01호 1980년 3월 25일
주소 (10881) 경기도 파주시 회동길 77-26
전화 영업 031-955-3000 편집 031-955-3005 **전송** 031-955-3009
홈페이지 www.dongnyok.com **전자우편** editor@dongnyok.com
인쇄·제본 영신사 **라미네이팅** 북웨어 **종이** 한서지업사

ISBN 978-89-7297-899-2 (03330)

• 잘못 만들어진 책은 바꿔드립니다.
• 책값은 뒤표지에 쓰여 있습니다.
• 이 도서의 국립중앙도서관 출판시도서목록(CIP)은 서지정보유통지원시스템 홈페이지(http://seoji.nl.go.kr)와
  국가자료공동목록시스템(http://www.nl.go.kr/kolisnet)에서 이용하실 수 있습니다.(CIP제어번호: CIP2017023460)

마이클 마멋 지음 | 김승진 옮김

THE HEALTH GAP 건강 격차

평등한 사회에서는
가난해도 병들지 않는다

동녘

알렉시, 안드레, 대니얼, 데보라에게

일러두기

1. 맞춤법과 띄어쓰기는 '한글 맞춤법'에 따랐다.
2. 원서의 이탤릭체 강조는 고딕체로 강조했다.
3. 독자의 이해를 돕기 위해 옮긴이가 덧붙인 말은 〔 〕 속에 표기했다.
4. 각주는 대부분 옮긴이의 것이며, 지은이 것일 경우 문장 끝에 '지은이'라고 표시했다.
5. 본문에 삽입된 도표의 출처는 책 뒤에 일괄 표기했다.
6. 본문에 나오는 단행본이 국내에서 번역 출간된 경우 국역본의 제목을 따랐으며, 서지 정보는 미주에 수록했다.
7. 본문에 사용한 기호의 쓰임새는 다음과 같다.

   《 》: 단행본, 신문, 잡지
   〈 〉: 보고서, 논문, 영화, 오페라, 방송프로그램, 웹사이트 등

추천의 말

강영호(서울 대학교 의과대학 교수)

강원도의 어느 군 소재지에 사는 저소득층 주민과 서울 강남 지역에 사는 고소득층 주민의 기대수명은 15년 정도 차이난다. 이 차이를 우습게 보지 마라. 아무도 암으로 죽지 않게 될 경우, 우리나라 남성이 기대할 수 있는 추가 수명은 5년이 채 되지 않는다. 국내 몇몇 농촌 지역의 저소득층 기대수명은 북한 주민의 기대수명만도 못하며, 소득 수준 간 기대수명 차이는 점점 더 커지고 있다. 지난 10여 년 동안 우리나라에서 소득이 가장 높은 상위 20퍼센트와 가장 낮은 하위 20퍼센트의 기대수명 격차는 0.5년 정도 증가했다. 우리는 '건강 격차' 사회에 살고 있다.

건강 격차, 또는 건강 불평등은 교육 수준, 직업, 소득 수준과 같은 사회경제적 조건에 따라 건강 수준이 차이를 보이는 현상을 일컫는다. 기대수명은 물론 암과 심혈관계질환, 자살과 같은 개별 건강 문제에서도 차이가 있음이 밝혀졌다. 흡연과 같은 건강 행태는 물론, 의료 서비스 이용에서까지 차이가 나타난다. 대체로는 사회경제적으로 좋지 않은 위치에 있는 사람들의 건강 상태가 나쁘다. 물론 고소득층이 좋지 않은 경우도 있다. 가령 비행기 사고로 사망할 확률은 저소득층에서보다 고소득층에서 더 높다. 하지만 비행기 사고로 죽는 사람이 드문 것처럼, 건강 상태가 고소득층에서 오히려 나쁜 경우는 드물다. 모두 우리나라 연구에서도 밝혀진 사실들이다. 건강 불평등은 먼 나라 이야기가 아니다.

이 책은 건강 불평등 연구의 세계적 대가인 마이클 마멋이 쓴 대중서다. 건강 불평등 연구는 역사가 깊고, 세계 수많은 연구자들이 계속해서 다양한 연구 결과를 발표하며 오늘날 크게 각광받는 분야다. 건강 불평등을 다룬 책 가운데 그간 학계에서 가장 많이 언급되어 왔던 책은 1980년 영국에서 발간된 《블랙 리포트Black Report》(영국의사협회 회장을 역임한 더글라스 블랙 경Sir Douglas Black이 위원장을 맡은 보고서)였다. 앞으로도 《블랙 리포트》가 건강 불평등 문제의 가장 중요한 역사서 자리를 유지하겠지만, 일반 대중을 위한 건강 불평등 책자의 자리는 당분간 마이클 마멋의 《건강 격차》가 차지할 것으로 보인다. 2015년 영국에서 출간된 이후 이 책은 다양한 언어로 번역되어 세계 여러 나라에서 출판되었으며 이 분야 대중서로서는 유례를 찾기 어려울 정도로 많은 사람들의 관심을 받고 있다.

나는 2001년 늦은 가을, 건강 불평등을 주제로 1년 동안 장기 연수를 위해 미국 미시간 대학교 보건대학원에 머물다가 특별 강연회에서 마멋을 처음 보았다. 그 이후 그의 논문과 책은 언제나 나의 관심 대상이었다. 2000년대 중반까지는 영국 공무원을 대상으로 한 화이트홀 연구의 리더, 심리사회적 요인의 설파자로서의 그를 주목했다면, 2000년대 중반 이후 세계보건기구의 '건강의 사회적 결정 요인 위원회Commission on Social Determinants of Health(CSDH)' 활동 이후부터는 건강 형평성의 세계적 대변자로서의 그를 지켜보았다. (그는 내가 트위터로 팔로우하는 몇 안 되는 사람 가운데 한 명이다.) 그 기간 동안 그는 현장 연구자에서 대변자, 활동가로 변모했다. 하지만 여전히 변하지 않은 점은 그가 '근거'를 중시하는 학자라는 사실이다. 건강 불평등 연구 업적으로 영국 왕실로부터 기사작위(Sir)를 받고 영국의사협회장과 세계의사협회장을 역임하였으며, 이제 많은 나라에서 초청을 받는 유력 인사가 되었지만, 여전히 그는 공부하는 학자다. 이 책을 읽게 될 독자들은 아마 이데올로기적 지향으로서의 건강 형평성에 대한 이야기보다 과학적 근거와 논리에 초점을 두고 건강 형평성을 다루어 나가는 마멋의 접근 방식(마멋 자신의 표현에 따르면 '근거 기반 낙관주의')에 흥미를 느낄 것이다. 과학적 근거를 중시하는 나로서도 그의 이런 방식이 마음에 든다. 건강 불평등은 이데올로기적 지향과도 밀접한 관련이 있지만, 과학적 근거가 뒷받침되지 않는다면 공허한 외침이 될 위험이 있다.

그렇다고 이 책을 과학 연구 결과만으로 채워진 재미없는 교과서로 보기는 힘들다. 마멋은 글래스고의 지미, 인도의 기타, 영국 공무원 레이첼을 포함해 전 세계를 돌아보며 만났던 고통 받는 사람들의 건강을 건강 불평등의 시각에서 재조명했다. 그리고 전 세계의 유력한 학자들이나 정치 지도자들과 나누었던 논쟁들을 통해 건강 불평등 해결을 위한 대안을 제시했다. 2005~2008년 세계보건기구의 CSDH 위원장으로서, 2010년 발간된 영국의 〈공정한 사회, 건강한 삶〉(일명 '마멋 보고서')의 책임자로서, 2013년 발간된 〈건강의 사회적 결정 요인과 건강 격차에 대한 유럽 리뷰〉의 책임자로서 쌓아올린 건강 형평성 정책 전문가로서의 역량을 그는 이 책에 모두 쏟아 넣었다.

그가 이야기하는 건강 불평등의 해결 방법은 무엇일까? 간단히 정리해 말하면, 지역공동체에서(이 책 8장에서 다룬다) 태어나 자라고(4장) 교육받고(5장) 일하고(6장) 늙어가는(7장) 과정에서 권력, 돈, 자원의 분포를 바꾸는 것, 이를 통해 물질적·심리사회적·정치적 능력의 박탈 상태를 개선하는 것이다. 이를 위해서는 강물의 하류가 아닌 상류에 있는 원인, 즉 근인近因, proximal cause이 아닌 원인遠因, distal cause, 다시 말해 '원인의 원인'을 찾는 것이 중요하다. 그는 건강 불평등 문제가 단지 빈곤 상태의 특정 인구집단이 겪는 문제가 아니라 사회경제적 경사면에 놓여 있는 모든 사회 구성원의 문제임을 직시하도록 촉구한다. 더불어 전 세계적으로 건강 불평등 완화를 위해 시행된 실제 정책 사례들을 제시해 불평등 완화가 공상 속의 이야기가 아님을 지적한다.

내가 마멋의 책에 대해 이런 평가를 내릴 수 있는 위치에 있는지는 모르겠지만, 이 책에서 독자들은 완숙한 건강 형평성의 대변자로서의 마멋을 만나게 될 것이다. '심리사회적 요인의 옹호자'라는 과거의 위치에서 벗어나 아동기 요인과 생애적 요인, 물질적 요인을 포함한 다양한 사회적 결정 요인의 중요성을 설파하는 모습이 이 책 속에 담겨 있다. 과정에서의 정의를 넘어 결과에서의 정의까지 추구하는 이상주의자로서의 면모는 물론, "왜 핀란드역으로 가지 않느냐?"* 는 비판에도 냉정을 잃지 않고 근거를 중시하는 현실주의자로서의 면모도 엿보인다.

의과대학 교수로서 나는 이 책을 의학과 보건학을 전공하는 학생들에게 우선 권한다. 《건강 격차》는 의학 분야의 다른 책들과는 달리 쉽게 쓰여, 연구자나 예비 연구자가 아닌 건강 불평등에 관심 있는 일반 독자들도 재밌게 읽을 수 있는 책이다. 하지만 일단 저자가 의사라는 점, 게다가 영국의사협회장과 세계의사협회장을 역임한 세계 의학계의 주요 인물이라는 점이 의사를 지망하는 학생들의 흥미를 크게 자극할 것이다. CSDH를 고故 이종욱 세계보건기구 사무총장이 만들었다

---

* 세계보건기구가 〈한 세대 안에 격차 줄이기〉를 발행했을 때, 일각에서는 "왜 핀란드역으로 가지 않느냐?"라는 비판이 일었다. 핀란드역은 1917년 러시아혁명 당시 망명 중이던 레닌이 러시아로 돌아갈 때 타고 간 열차가 도착한 역이다(상트페테르부르크에 있다). 즉 이 말은 해당 보고서가 충분히 정치적이지 않다는 비판이었다.

는 점도 우리로서는 인연이다. 하지만 무엇보다, 의학이 단순히 자연과학·응용과학의 영역을 넘어 철학과 윤리학, 사회학과의 접점을 가진, 나아가 정치·정책과도 관련된 영역이라는 점에서 이 책은 의과대학생들에게 탁월한 교양서가 될 것이다. 건강의 문제가 단순히 의료의 문제가 아닌 사회적 결정 요인의 문제라는 점을 일깨우는 책이기에 나이 들수록 좁아져 가는 의과대학생들의 시각을 넓히는 광각렌즈 역할도 할 것이다. 이제 의과대학 내에서도 사회의학과 건강 불평등에 대한 교육이 이루어지고 있으므로, 참고서적으로도 유용하리라 본다.

이미 우리 사회는 이 책에서 이야기하는 건강 격차 사회가 된 지 오래다. 그에 따라 언론과 학계에서는 건강 불평등 사회에 대한 논의가 많아졌지만, 건강 격차가 정치적·정책적 어젠다가 되는 일은 아직 드물다. 건강 불평등은 줄이기 힘들다는 선입견이 있기 때문이다. 하지만 마멋이 위원장을 맡았던 세계보건기구 CSDH 보고서 제목이 〈한 세대 안에 격차 줄이기〉인 것처럼, 건강 격차는 정치적 의지와 근거 있는 정책을 통해 분명히 줄일 수 있다. 이 책은 그 길을 잘 보여 준다. 나는 우리 사회의 많은 사람들이 '건강 격차는 줄일 수 있다'는 낙관을 갖기를 희망한다. 그리고 그와 같은 희망이야말로 마멋이 이 책을 통해 이야기하고 싶은 가장 중요한 메시지일 것이다.

2017년 9월
강영호

차례

들어가는 말

왜 기껏 환자를 치료하고서는 그가 병을 얻었던 환경으로 돌려보내는가?

환자는 거의 용서를 구하는 듯한 몸짓으로 조심조심 들어와 의사 앞에 앉았다. 비참함의 화신 같아 보였다. 도무지 정이 안 가게 생긴 황량한 진료소 분위기는 영 도움이 되지 않았다. 적어도 내 기분을 북돋우는 데는 아무 도움이 안 됐다.

강한 중부 유럽 억양을 가진 정신과 의사가 물었다. "마지막으로 온전히 건강하셨던 때가 언제인가요?" 정신과 의사는 대개 중부 유럽 억양을 가지고 있는데, 여기 호주 의사도 그랬다.

"에휴, 선생님. 남편이 또 술을 마시고 때려요. 아들은 또 감옥에 갔고요. 딸내미는 10대인데 임신을 했지 뭐예요. 저는 하루라도 안 울고 지나가는 날이 없어요. 기운도 하나 없고, 잠도 못 자고, 살아 뭐하나 싶어요."

그 여성이 우울증인 게 하나도 놀랍지 않았다. 내 기분은 더 가라앉았다. 이때는 1960년대였고 나는 의대생으로 시드니 대학교 부속병원 중 하나인 로열 프린스 앨프리드 병원에서 정신과 외래 진료를 참관하는 중이었다.

의사는 파란 알약은 그만 먹고 빨간 알약을 먹어 보자고 했다. 그러고서 한 달 뒤로 다음 진료 약속을 잡아 주었고 환자는 여전히 비참함의 화신 같은 모습을 하고서 집으로 돌아갔다. 설마 이게 다야? 어안이 벙벙해진 학생들에게 의사는 이런 경우에 그가 할 수 있는 일이 별로 없다고 설명했다.

그 여성을 괴롭히는 우울증이 빨간 알약 결핍 때문일 리는 만무했다. 누가 보기에도 그것은 삶에 닥친 문제들과 관련이 있었다. 그때 의사 개인이 할 수 있는 일이 별로 없었다는 건 맞는 말이었을 것이다. 하지만 그래도 나는 의문이 생겼고 이제는 그 의문에 확신이 생겼다. 그의 말이 우리가 할 수 있는 일이 정말로 없다는 의미여서는 안 되지 않을까? 우리는 그 여성이 우울증을 갖게 된 원인에 관심을 기울여야 하지 않을까? '우리'는 누구이며 그 '우리'가 할 수 있는 일은 무엇인가를 고민하게 되면서 나는 정신과 의사가 되려던 생각을 바꿔 질병의 사회적 요인을 연구하는 쪽으로 방향을 틀었고 나중에는 정책 개선을 위해 목소리를 내는 옹호advocacy 활동에도 나서게 되었다. 이 책은 그 옛날 시드니의 황량한 진료소에서 시작된 오랜 여정의 결과물이다.

정신질환만 그런 게 아니었다. 삶의 여건이 열악하면 신체적 질병도 생길 수 있었다. 내가 실습을 하던 병원은 시드니 도심 빈민가에 있었고 환자는 대개 그리스, 유고슬라비아, 남부 이탈리아에서 온 이민자였다. 영어로 증상을 잘 설명하지 못하는 이들은 배가 아프다며 응급실에 왔고 우리 젊은 의사들은 위장약을 처방해 돌려보내라는 지침을 받았다. 이상했다. 삶의 문제로 온 사람에게 흰 물약이나 줘서 보내다니. 우리에게는 그들이 삶에서 만나는 문제들을 다룰 수단이 필요했다.

그런 생각을 하던 내게 한 원로 의사 선생님이 말했다. 정신의 삶에는 연속성이 있으므로 스트레스가 정신질환을 야기하는 건 이상한 일이 아니지만, 신체적 질병을 일으키는 건 내재적으로 가능성이 희박하다는 것이었다. 이 말은 틀렸다. 그리고 그때는 반박할 근거를 가지고 있지 못했지만 지금은 가지고 있다. 이 책 전반에 걸쳐 정신적 삶과 질병의 관련성을 입증하는 수많은 근거를 볼 수 있을 것이다.

단적으로 죽음은 신체적인 문제지만 정신질환을 가진 사람은 그렇지 않은 사람보다 기대수명*이 10~20년 정도 짧다.[1] 정신에서 벌어지는 일들은 정신과 신체 모두에서 질병과 사망 위험에 막대한 영향을 미친다. 그리고 정신에서 벌어지는 일들은 그 사람이 나고 자라고 살아가고 일하고 나이 들어가는 환경과 여건에 영향을 받으며, 이 환경과 여건은 다시 그 사회에 존재하는 권력, 돈, 자원의 불평등한 분포에 영향을 받는다. 이 메커니즘을 설명하고 우리가 할 수 있는 일을 알아보는 것이 이 책의 내용이다.

고민을 할수록, 결국 의료라는 건 '실패한 예방'이 아닌가 하는 생각이 들었다. 가난한 이민자의 복통이나 가정폭력 피해자의 우울증만이 아니라 대부분의 의료 문제가 그랬다. 암에 대처하는 방법으로 '수술'은 매우 투박한 방식이다. 폐암은 담배를 안 피우면 거의 예방이 가능하다. 암의 3분의 1은 식단 조절로 예방할 수 있다. 심장병도 그렇다. 심장마비가 온 다음에 치료하는 것보다 오지 않게 막는 편을 다들 더 좋아할 것이다. 뇌졸중도 발병할 때까지 기다릴 게 아니라 고혈압을 관리하고 식단을 조절해 예방할 수 있어야 한다. 또한 다쳤을 때는 물론 수술이 필요하지만, 다칠 위험 자체를 줄이면 좋을 것이다(그건 그렇고, 어쨌든 다쳤을 때는 신속한 수술이 중요하다. 자전거 타다 넘어져 크게 다친 적이 있었는데, 일단 비용 부담 없이 수술을 받을 수 있어서 정말 다행이었다. 영국 국가보건서비스

---

* 특정 시점 이후에 앞으로 생존할 것으로 기대되는 예상 연수를 life expectancy라고 한다. 0세 시점의 life expectancy는 '기대수명', 그 이후 시점에서의 life expectancy는 '기대여명'으로 옮겼다.

National Health Service에 깊은 감사를 전한다).

삶에 대해 통제력을 갖고, 운동과 식사와 음주를 분별 있게 하며, 휴일에 잘 쉬면, 질병 예방이 쉽다. 다 좋은데, 그것도 형편이 돼야 할 수 있는 일이다(그리고 내가 일하던 공립병원 말고 사립병원에 갈 수 있으면 더 좋을 것이다). 우울증으로 병원에 온 여성에게 담배를 끊고 남편이 때리다 멈추면 함께 앉아서 다섯 가지 과일과 채소*를 먹으라고 말할 수 있었을까? 낯선 땅에서 힘겹게 힘겹게 살아가는 이주 노동자에게 튀긴 생선과 튀긴 감자는 그만 먹고 헬스클럽에 등록하라고 말할 수 있었을까? 아니면 그 여성에게 건강은 개인 책임이니 마음 다잡고 알아서 우울증을 이겨내시라고 처방해야 했을까?

그러고 보니 내가 본 환자들의 압도적 다수가 사회적으로 취약한 처지에 있는 사람들이었다. 극빈자라고까지 할 정도는 아니었지만(우울증 여성의 남편도 직업이 있었고 이민자들도 새 사회에서 자리를 잡고자 열심히 일하는 사람들이었다) 사회계층 사다리의 낮은 쪽에 있었다. 우울증 여성에게 벌어진 모든 일, 즉 구타당하는 아내, 감옥에 간 아들, 10대에 임신한 딸은 사회계층 사다리의 아래쪽에서 더 흔하게 발생한다. 그러니까 나는 사회적 불평등이 현실에서 어떤 모습으로 나타나는지를 보고 있는 셈이었다. 낮은 사회적 지위는 빈곤만큼이나 심각하게 건강을 해치고 있었다.

자, 이 여성은 병을 얻었고 진료소에 왔을 무렵에는 병이 활활 불타고 있었다. 불길을 잡는 데는 알약 처방이 도움이 되겠지만 불을 예방하는 것도 의사의 일이어야 하지 않을까? 왜 기껏 환자를 치료하고서는

---

* "하루에 다섯 가지"라는 슬로건은 아직 없었지만 건강한 식단이 무엇인지는 그때도 잘 알려져 있었다. 지은이

그가 병을 얻었던 환경으로 돌려보내는가? 나는 약만 처방할 게 아니라 애초에 병을 불러온 여건을 손봐야 한다는 데 생각이 미쳤다. 예방도 그랬다. 건강에 좋은 습관을 들이라고 설교만 해서 될 일이 아니었다. 의사가 그러랬다고 정말로 체중을 줄인 환자를 나는 본 적이 없다.

의사는 병을 고치는 사람이다. 물론 병은 고쳐야 한다. 하지만 사람들의 생활습관과 건강이 사회적 여건과 관련된다면, 그 여건을 향상시키는 것은 누구의 일이어야 하는가? 나는 사람들이 건강해지게 돕고 싶어서 의사가 됐다. 그런데 병에 걸리고 난 다음에 그 병을 고치는 것이 일시적인 해법밖에 될 수 없다면, 병을 일으킨 여건을 고치는 일에도 의사가 나서야 하지 않겠는가?

이렇게 해서 나는 '목표'를 갖게 됐다.

의료계 선배들이 선뜻 격려해 줄 만한 목표는 아니었다. 선배 의사들은 불길을 잡는 일만으로도 너무 바빠서 불을 일으킨 여건에는 신경 쓸 여력이 없었다.

이런 생각을 하면서 호흡기 병동에서 신참 의사로 일하던 어느 날, 폐결핵에 걸린 러시아 환자를 담당하게 됐다. 선배 의사들 앞에서 그 환자의 '사례 발표'를 하게 됐을 때 나는 일반적인 방식처럼 병력과 의료 이력으로 시작하지 않고 (지금 생각하면 몹시 부끄럽지만) 이렇게 시작했다. "아무개 씨. 러시아인입니다. 도스토옙스키 소설에서 튀어나온 사람 같습니다. 그는 인생의 도로에서 돌부리에 걸려 비틀거렸습니다(오글오글). 도박으로 돈을 날렸고 술에 의존했으며 사랑에 실패했고 이제는 러시아 소설에서처럼 폐결핵에 걸렸습니다."

며칠 뒤 호흡기과 과장 선생님이 나를 부르더니 이렇게 말했다. "**역학**이라고, 자네에게 딱 맞는 분야가 있어." (어디로든 저를 멀리 보내버리고 싶으셨던 건 아니고요?) 그가 말하길, 역학 분야에서는 의사, 인류학자, 통계학자가 협업을 하면서 생활 장소와 생활 양태 등에 따라 인구집단들 사이에 발병률이 왜 차이 나는지를 연구한다고 했다. 나는 캘리포니아 주립대학교 버클리 캠퍼스로 보내져 레너드 사임Leonard Syme의 지도하에 역학 박사 과정을 밟게 됐다.

사회적 여건이 건강과 질병에 미치는 영향을 공부하는 분야가 정말로 있다니, 내게는 계시와도 같았다. 어렴풋이나마 나는 사회적 여건이 질병에 영향을 준다면 한 사회의 발병률은 그 사회의 속성에 대해 뭔가 말해 주는 바가 있을 거라고 생각하고 있었다. 뻔한 소리로 들리는 줄 나도 안다. 하지만 내가 의대를 다녔지 사회학과를 다닌 게 아니었다는 걸 기억해 주기 바란다. 어쨌든 이는 '건강한 사회'라는 말이 두 가지를 의미한다는 뜻이었다. 건강한 사회는 구성원들의 욕구를 잘 충족시키는 사회다. 그리고 그렇게 함으로써 구성원들이 더 건강한 사회다.

스페인어로는 "살루드Salud(건강을)!", 독일어로는 "프로지트Prosit(건강을 기원합니다)!", 러시아어로는 "바슈 스타로비예Vashe zdorov'ye(건강을 위하여)!", 히브리어로는 "르하이임L'Chayyim(생명을 위하여)!", 마오리어로는 "마우리 오라Mauri ora(생명을 위하여)!"라고 말한다. 영어로는 "치어스Cheers(건배)!"나 "바틈 업Bottoms up(원샷)!"이라고도 하지만("당신 눈동자에 건배Here's lookin' at you kid"라고 험프리 보가트 흉내를 내 볼 수도 있겠다), 일반적으로는 이렇게 말한다. "굿 헬스Good health(건강을)!" 음주처럼 딱히 건강에 좋지는 않은 걸 하러 모여서도 우리는 서로의 건강을 빌어 준다. 모두에게 건강은 실로 소중하다.

하지만 살다 보면 다른 것들이 우선순위를 차지하곤 한다.

시드니 병원 시절에서 40년 쯤 지난 뒤, 나는 런던 빈민 지역 사람들에게 살아가면서 신경 쓰게 되는 일들이 무엇인지 물어 봤다. 응답자들은 가족과 친구의 중요성, 자녀에 대한 걱정거리(아이들이 안전하게 놀 수 있는 공간, 좋은 학교, 나쁜 친구들과 어울리지 않는 것 등), 식비와 난방비를 충당하고 가끔씩 기분 전환도 할 수 있을 만큼의 소득, 적절한 주거, 공원과 대중교통과 근린시설이 있고 범죄가 없는 동네, 해고를 걱정하지 않고 다닐 수 있는 안정적이고 흥미로운 직장 등을 꼽았다. 노인들은 퇴물 취급을 받는 게 싫다는 이야기도 했다. 부유한 동네 사람들에게 물어 봤더라도 비슷한 대답이 나왔을 것이다.

이어서 건강이나 질병 문제에 대해 어떻게 생각하는지 물었더니 다음과 같은 대답이 나왔다. 가난한 나라에서는 비위생적인 주거와 의료 서비스 부족이 질병의 주된 원인이다. 깨끗한 물과 안전한 위생시설이 보편화된 부유한 나라에서는 진료 예약을 잡기 어렵다든지, 고주망태나 골초나 게으른 뚱땡이(표현을 약간 완화한 것이다)처럼 건강에 해로운 습관을 가졌다든지 운 나쁘게 병이 잘 걸리는 유전자를 타고 났다든지 하는 경우가 질병의 주된 원인이다.

이 책에서 나는 이런 설명이 틀렸다고 말하려는 게 아니다. 이 설명은 틀리지 않았다. 다만 너무 제한적이다. 정신과 외래 진료소의 우울증 여성, 복통을 호소하며 응급실에 온 이민자들, 결핵에 걸린 러시아인은 예외가 아니라 일반적인 경우였다. 여러 연구를 통해 밝혀졌듯이, 우리가 살면서 관심을 쏟게 되는 모든 일이 우리의 건강에 깊이 영향을 미친다. 런던의 응답자들이 신경 쓰고 있다고 말한 모든 일, 즉 일상의 모든 여건이 건강에 영향을 미치는 주요 요인이다.

그런데 그러한 삶의 여건이 너무나 불평등하게 분포돼 있는 게 문제다. 그 정도가 너무나 심해서, 미래 세대의 삶에, 사회정의에, 경제성장에, 아니 우리가 바람직하다고 생각하는 모든 것에 크게 해를 끼친다. 가장 중요하게는, 건강에도 크게 해를 끼친다. 삶의 기회가 불평등하게 분포돼 있으면 이는 건강의 불평등한 분포로 이어진다. 통계에 따르면, 가장 우호적인 환경에서 태어난 사람은 불운한 여건에서 태어난 사람보다 19년 이상 더 건강하게 오래 살 것이라 기대할 수 있다. 반면 불평등한 분포의 아래쪽에서 태어나면 자신의 삶을 통제할 수 있는 역량이 박탈되고 그 결과 건강도 나빠진다. 그리고 이 효과는 층층이 차등화된 양상을 보인다. 즉 더 아래쪽에 있을수록 건강이 더 나쁘다.

이런 사실들을 알아내는 연구도 흥미로웠지만 이렇게 알아낸 사실들은 문제 해결의 실마리까지 제공해 주었다. 삶의 여건을 개선하면 건강을 향상시킬 수 있다. 이 책에서 나는 그 방법들을 자세히 살펴볼 것이다. 변화가 **가능하다**고 말해 주는 증거들을 보면 힘이 난다. 그리고 이런 증거들은 변화를 **만들어야만 한다**는 주장에 힘을 실어 준다.

전환점은 시드니에서 왔지만 자료를 모으고 분석하는 여정은 버클리에서 시작됐다. 레너드 사임은 내가 너무 이상한 질문을 많이 해 대서 시드니 병원 사람들이 나를 버클리로 보내 버린 거라고 농담했다. 이상한 질문을 하기에는 60년대 학생운동의 열기가 아직 식지 않은 버클리가 훨씬 어울리는 곳이라 생각했을 거라면서 말이다. 실제로 버클리는 멋진 곳이었다!

"의학 학위를 따는 것만으로 건강에 대해 잘 알게 되는 건 아니라네. 건강이 왜 이렇게 분포돼 있는지 알려면 사회를 알아야 하네." 레너드 사임은 이렇게 말해서 나를 놀라게 했다. 그날 이후로 나는 사회를 알기 위해 계속 노력하고 있다.

아침으로 스크램블드에그 먹는 걸 아주 좋아하는 미국인 동료가 있다. 그는 스트레스가 건강에 미치는 영향을 연구하지만 고지방 식사가 영향을 미칠 가능성도 배제하지 않기 때문에 스크램블드에그는 일요일 아침에만 먹기로 정해 놓고 있다. 어느 일요일에 달걀 상자를 열어 보니 안내서가 한 장 들어 있었더란다. 그리하여 우리의 구제불능 활자 중독자는 달걀 상자에 끼워진 종이까지 읽어 보게 되는데…… 안내서에는, 마멋이 1970년대에 캘리포니아에 거주하는 일본인 이주자들을 대상으로 연구를 수행한 결과 콜레스테롤은 심장에 나쁘지 **않은** 것으로 나타났으며, 중요한 것은 식단이 아니라 스트레스라는 내용이 적혀 있었다고 한다.

어라, 그게 아닌데.

매사추세츠주의 연구자가 아침 먹다가 달걀 상자에서 내 연구를 알게 될 수도 있다는 건 기쁘기 한량없다. 하지만 달걀 상자가 연구 내용을 더 정확하게 소개했더라면 훨씬 더 기뻤을 것이다. 사실 좀 복잡한 내용이긴 하다. 두 가지를 동시에 고려해야 하기 때문이다. 하지만 달걀 상자에 글을 쓰는 사람이라면 그 정도는 할 수 있어야 하지 않겠는가?

일본인이 태평양을 건너 이주하면 심장병 발병률은 높아지고 뇌졸중 발병률은 낮아진다.[2] 박사 논문 주제로 솔깃한 현상이었다. 너무나 훌륭한 자연실험적 조건이었던 것이다. 질병을 유발하는 요인에서 유전 요인과 환경 요인을 분리하고 싶은가? 자, 그렇다면 여기 대체로 동질적인 유전 요인을 가졌으되 상이한 환경에서 거주한 인구집단이 있다. 심장병 발병률은 하와이에 거주하는 일본인이 일본에 거주하는 일본인보다 높았고, 캘리포니아에 거주하는 일본인이 하와이에 거주하는 일본인보다 높았으며, 미국 백인이 캘리포니아에 거주하는 일본인보다 높았다.

굉장했다. '환경'이 건강에 미치는 영향을 알아보기 위한 실험을 이보다 잘 설계할 수는 없을 것이다. 발병률의 차이는 각 환경에서의 문화 및 생활양식에 대해 무언가 말해 주는 바가 있을 터였다. 아주 단순하게 가설을 세운다면 '미국화는 심장병 가능성을 높인다' 또는 '일본 문화는 심장병 가능성을 낮춘다'가 될 것이다. 하지만 이것이 실질적으로 의미하는 바는 무엇일까?

당시의 통념은 고지방 식사가 심장병의 주범이라는 것이었다. 지금도 이 사실에는 변함이 없으며 나 역시 이런 연구 결과를 발표한 적이 많이 있다.[3] 일본계 미국인의 식단은 어느 정도 미국화됐기 때문에 전통적인 일본식 식단보다 지방이 많았고, 그래서 일본계 미국인들은 일본에 있는 일본인들보다 혈장 콜레스테롤 수치가 높았다.[4] 이주 일본인의 심장병 발병률이 높은 데는 식습관과 콜레스테롤이 영향을 미쳤을 가능성이 컸다. 게다가 콜레스테롤 수치가 높을수록 심장병 발병률은 높아진다. 그런데 달걀 상자 종이에 지면이 모자랐던지 이 내용이 통째로 빠져버리고 말았다. 이렇게 말하게 돼 유감이지만, 통념이 늘 틀리는 것은 아니다.

한편 미국의 일본인은 일본의 일본인보다 키도 크고 덩치도 크고 햄버거도 좋아하겠지만, 가족, 친지, 친구와의 관계는 사회적으로나 지리적으로 이동성이 큰 미국 문화보다는 긴밀하고 조밀한 일본 문화에 더 가까울 것이다. 이것이 건강과도 상관이 있을까? 지극히 일본계 미국인다운 이름의 일본계 미국인 연구자 스콧 마츠모토Scott Matsumoto는 일본 문화 특유의 응집성이 스트레스를 줄여 주는 강력한 기제 노릇을 한다는 가설을 제시한 바 있었다.[5] 그에 따르면 스트레스 감소는 심장병 발병을 막아 주는 보호 효과를 낼 수 있을 터였다. 나는 마츠모토가 스트레스에 대해 완전히 새로운 접근법을 취한 것이 매우 흥미로웠다. 스트레스가 어떻게 심혈관계를 망가뜨리는지 보는 대신, 인간관계가 어떻게 개인을 지원하고 스트레스를 줄여 주는지 살펴본 것이다. 인간은 서로 한담을 나누고 수다를 떤다. 원숭이는 서로 그루밍을 해 준다. 인간이든 비인간 영장류든, 개체들이 서로에게 힘이 돼 주면 호르몬 분비 양상이 바뀌어 심장병 위험이 낮아질 수 있을지 모른다.

이 설명이 맞다면 하와이의 일본인은 캘리포니아의 일본인보다 일본 특유의 문화를 더 잘 유지하고 있어서 심장병 발병률이 더 낮다는 가설을 세워 볼 수 있었다. 매우 가능성이 높은 가설로 보였지만 당시에 검증을 하지는 못했다.

대신 캘리포니아 거주 일본인들 사이에서 이 가설을 더 직접적으로 테스트해 볼 수 있는 데이터를 구할 수 있었다. 가설대로라면 일본 문화에 관여도가 더 높고 인간관계가 더 응집적인 일본인들이 더 미국화된 일본인들보다 심장병 위험이 낮아야 했다. 조사 결과, 결과가 그렇게 나왔다. 아마도 달걀 상자 서술자는 이 결과를 본 모양이었다. 같은 캘리포니아 거주 일본인들 중에서도 사회문화적으로 일본의 특성을 더 많이 가진 사람들이 심장병에 덜 걸린다는 사실은 식습관이나 흡연, 혈압, 비만 등의 요인으로 설명이 되지 **않았다**. '문화적 요인'은 식습관이나 흡연 등 심장병의 원인으로 흔히 꼽히는 요인들의 '대용변수'가 아니라 그 자체로 영향을 미치는 별도의 변수였다.[6]

요컨대 우리는 두 가지를 이야기해야 한다. 첫째, 식습관과 흡연이 심장병의 주된 요인이라는 통념은 틀리지 않았다. 둘째, 하지만 다른 요인도 있기 때문에 그 설명력은 제한적이다. 앞서 본 이주 일본인들의 경우에는 일본 문화가 그 다른 요인이었다.

이 책의 내용은 모두 이 단순한 명제와 부합한다. 질병의 원인을 논할 때 통념은 옳긴 하되 제한적이다. 가령 부유한 나라의 개인들이 저마다 다른 질병 위험을 갖게 되는 이유를 우리는 이제 꽤 많이 알고 있다. 흡연, 식습관, 음주, 신체 활동 부족, 유전 등이 그런 요인이다. 이런 것들을 '통상적 요인'이라고 부를 수 있을 것이다. 하지만 배우자에게 정서적 학대를 당한다든지, 가정에 문제가 있다든지, 연애에 실패한다든지, 소외 계층의 처지가 된다든지 하면 병에 걸릴 위험이 높아진다. 반대로 지지와 지원을 얻을 수 있는 응집된 사회에 살면 질병 위험이 낮아진다. 이러한 사회적 요인을 알아야만 건강과 질병이 왜 지금과 같은 양상으로 분포돼 있는지를 파악할 수 있다. 특히 현재의 분포에 대해 해결책을 찾고자 한다면 사회적 요인을 파악하는 것은 더욱 중요하다.

영국 공무원 조직이 내 인생을 바꾸었다. 인생을 바꾼 게 관공서라니 낭만적이지는 않지만(회계사가 영감의 샘물이었다는 게 낫겠다), 영국 공무원 조직의 깐깐하고 고지식한 격식은 그 이후로 내가 한 모든 일에 결정적인 영향을 미쳤다. 관공서 업무 때문이 아니라 공무원들 사이의 건강 분포 때문이었다. 이 분포가 극적으로 불평등했던 것이다.

공무원 조직에 '극적인' 면이 있다니 안 믿어지겠지만 사실이다. 최고위 당국자가 오는 모임에 당신이 전문가 자격으로 참석하게 됐다고 해 보자. 모든 것은 위계에 따라 이뤄진다. 건물에 도착하면 누군가가 입구에서 방문자들을 맞는다. 사무보 서열의 직원이다. 당신의 가방을 확인하고 보안 검색대를 통과하게 안내해 주는 사람도 마찬가지다. 그러면 서기보 서열의 직원이 이름을 확인하고 5층 사무실로 당신의 도착을 알린다. 이어 서기관급 직원이 당신을 위층으로 안내하면 그곳에서 행정관급 직원이 당신을 맞는다. 먼저 도착한 전문가 두 명(의사와 통계학자)이 기다리고 있다. 잘 나가는 2급 비서관이 나와 "비서관님께서 곧 도착하실 거예요"라고 말한다. 이윽고 당신은 학습된 비격식이 지배하는 진짜 게임판에 내던져진다. 이 10분 동안 당신은 공무원 조직의 위계 사다리를 바닥부터 꼭대기까지 올라왔다(어떤 사람들에게는 평생이 걸린다). 사무보, 서기보, 서기관, 행정관, 전문가, 2급 비서관, 그리고 꼭대기에 수석 비서관.

여기까지는 아직 극적이지 않다. 놀라운 점은 관료제의 층층계에서 서열과 해당 층 사람들의 건강 상태가 놀랍도록 정확하게 겹쳐진다는 사실이다. 평균적으로 층층계 바닥 쪽 사람들의 건강이 가장 안 좋고 층층이 올라갈수록 건강이 좋아진다. 모두가 자신보다 약간 위에 있는 사람보다는 건강이 안 좋고 기대여명이 짧으며, 약간 아래에 있는 사람보다는 건강이 좋고 기대여명이 길다. 즉 건강과 직급은 상관관계가 있다. 이는 1978년부터 1984년까지 진행된 영국 공무원 사망률 연구(화이트홀I 연구)에서 발견된 결과다(화이트홀I 연구에서는 대상자가 모두 남성이었다. 이후 화이트홀II 연구에서는 여성 공무원도 포함했다). 맨 바닥층 사람들은 꼭대기층 사람들보다 평균적으로 사망률이 네 배나 높았다. 그리고 바닥에서 꼭대기로 올라갈수록 건강이 층층이 나아졌다.[7] 이러한 형태의 분포(사회적 지위가 높을수록 건강하다)를 나는 '건강의 사회계층적 경사면social gradient in health'이라고 부른다. 화이트홀I 연구 이래로, 경사면의 원인을 연구하고 이를 해결할 정책적 시사점을 끌어내며 변화를 위한 운동을 일구는 것이 내 인생의 중심이 되었다.

화이트홀에 오기까지 학문적으로도 지리적으로도 먼 길을 돌아야 했다. 공중보건에 딱히 관심 있지 않더라도 부유한 나라보다 가난한 나라에서 사람들이 더 많이 병에 걸리고 더 빨리 죽는다는 것은 다들 알고 있을 것이다. 가난은 건강에 안 좋다. 그런데 부유한 나라의 가난한 사람들은 어떨까? 이 질문이 1970년대 미국의 일각에서 제기됐다. 물론 아주 일각에서만이었다. 미국은 자칭 '계급 없는 사회'였으니 사회계급에 따라 건강과 질병이 차등적으로 분포되는 일도 있을 수 없을 터였다. 안 그런가? 안 그렇다. 이것은 통념 중에서 확실히 틀린 사례라 할 만하다. 그리고 진실은 구소련의 지하 출판물처럼 소수의 논문으로 조심스레 유통됐다. 그런 논문 중 하나가 레너드 사임과 리사 버크먼 Lisa Berkman이 펴낸 것으로, 이에 따르면 미국에서도 소외 계층 사람들은 건강이 더 나빴다.[8] 하지만 이 연구는 화제가 되지 못했다. 미국 학계의 주 관심사는 인종 문제였다. '계급과 건강'은 진지한 연구 주제로 여겨지지 않았고, 자본주의의 해악을 역설하는 일부 개척자를 제외하면 '불평등과 건강'은 완전히 논외의 주제였다.[9]

사회계급에 따른 차별이 존재함을 인지했을 뿐 아니라 계급에 따른 건강 격차를 진지한 연구 주제로 삼은 나라가 지구상에 있긴 했으니, 바로 영국이었다. 그리고 영국에서 계급 분화가 가장 두드러진 곳을 꼽으라면 단연 '화이트홀'로 불리는 공무원 조직이었다.

이렇게 해서 버클리에 있던 내가 고향에 돌아오게 되었다. 나는 런던에서 태어났지만 네 살 때 호주로 이사를 갔다. 동네에서 크리켓을 하며 놀던 어린 시절과 토론 대회에 나가 횡설수설하던 학창시절과 시드니 의대 시절을 거쳐 미국 버클리에서 역학으로 박사 학위를 받았다.

그러던 어느 날 런던 위생 열대 보건대학원London School of Hygiene and Tropical Medicine 역학 교수 도널드 리드Donald Reid가 보수도 낮고 하와이 같은 좋은 곳에 가서 연구할 기회도 별로 없으며 연구 자금을 지원 받을 기회도 많지 않지만 매우 강도 높게 연구에 임해야 하는 일을 원한다면 아주 좋은 자리가 있다며 런던의 일자리를 하나 소개해 줬다. 이렇게 환상적인 자리를 어떻게 마다하겠는가? 도널드 리드는 내가 '열락悅樂의 땅', 그러니까 버클리에 있는 것이 다소 걱정스럽다고 했다. 재밌는 게 너무 많은 동네라면서 말이다. 스코틀랜드 장로교 신자인 리드는 약간 고되고 엄격한 삶이 내게 더 좋을 거라고 생각하고 있었다.

그리고 런던에 그런 삶이 있었다. 내가 도착한 1976년 10월 말은 영국이 막 국제통화기금International Mondtary Fund(IMF)의 구제금융을 받은 차였다. 절망의 분위기가 지배적이었고 노동당 정부는 마치 내일은 없다는 듯 공공 지출을 삭감해 대며 종말을 향해 나아가고 있었다. 정말로 내일이 없는 게 아닌가 싶을 정도였다. 하지만 6개월이 지나자 태양이 다시 떠올랐다. 사람들은 털옷을 벗었고 축축하던 도로는 말랐으며 길에는 꽃이 피었고 나는 캘리포니아 친구들에게 날마다 징징대며 편지 쓰던 것을 멈추고 도널드 리드가 약속한 것들을 즐기기 시작했다. 그것은 행운이었지 고된 삶이 아니었다!

처음 경험해 보는 화이트홀은 샌프란시스코의 재팬타운만큼이나 문화 충격이었다. 관공서 거리인 화이트홀*은 정말 관공서 거리처럼 생겼다. 동쪽으로 보이는 금융 중심지 '시티 오브 런던'에는 이제 거대 금융 기업들이 하늘을 찌르는 고층 유리 건물들로 오만함을 뽐내고 있다.

---

* 화이트홀은 런던의 관공서가 많이 들어선 거리를 지칭하기도 하고 영국의 공무원 조직을 일컫기도 한다.

대조적으로 화이트홀에 있는 건물들은 안정성을 웅변하기라도 하듯 육중하고 밋밋한 모양새다. 새로 지어진 건물도 내부에 있는 권력의 회랑들은 대영제국 시절과 달라진 게 없다는 듯한 느낌을 자아낸다. 계급 구분을 연구하기에는 분명 좋은 장소지만 빈곤을 연구하기에는 결코 적합하다고 볼 수 없다. 화이트홀에는 빈민이 존재하지 않는다.

화이트홀I 연구는 남성 공무원 1만7,000명을 대상으로 실시한 건강통계 연구로, 도널드 리드와 제프리 로즈Geoffrey Rose가 기획했다. 왜 하필 공무원인가? 이것도 약간 문화 충격이었는데, 도널드 리드가 화이트홀에서 일하는 의사 친구 한 명과 아테나움 클럽Athenaeum Club에서 점심을 먹은 게 계기였다고 한다. 아테나움 클럽? 천장에 화려한 조각 장식띠가 둘러져 있고 아테네 신전처럼 고풍스런 양식으로 디자인된 신사클럽이 격조 있는 인테리어와 거창한 안락의자를 갖추고 로열파크에서 멀지 않은 아름다운 곳에 들어서 있다고 생각해 보라.

두 번은 우연이고 세 번은 트렌드다. 그런데 1970년대에 내가 관여한 큰 연구는 아직 두 개뿐이었다. 하나는 일본 이민자 연구, 또 하나는 이제 런던에서 하게 된 화이트홀 공무원 연구였다. 그리고 둘 다 '통상적인 설명'과 맞아 떨어지지 않는 면이 있었다. 당시에는 직위가 높을수록 스트레스가 많아서 심장병 위험이 높아진다는 것이 통념이었다. 1920년경 존스홉킨스 대학교와 옥스퍼드 대학교에서 강의를 했던 저명한 의학자 윌리엄 오슬러William Osler가 심장병이 지위가 높은 남성들 사이에서 더 많이 발생한다고 언급하자, 높은 지위의 일이 주는 스트레스가 원인일 것이라는 추측이 널리 퍼졌다. 그런데 화이트홀 연구에서 나온 결과는 그와 반대였다. 직급이 높은 사람들이 낮은 사람들보다 심장병으로 숨질 위험이 낮았다. 다른 사망 원인에 대해서도 마찬가지였다.

사망 위험은 직위가 낮을수록 높아지는 방식으로 경사면을 이루고 있었다.

'통상적인 요인들'로는 이를 설명할 수 없었다. 흡연은 경사면을 내려가면서 증가했지만 혈장 콜레스테롤은 직위가 높은 사람들이 약간 더 높았으며 비만과 고혈압은 경사면의 기울기가 아주 완만했다. 다 합해도 통상적인 요인들은 사망률 경사면의 3분의 1 정도만 설명할 수 있었다.[10] 나머지를 설명할 다른 요인이 있는 게 틀림없었다. 이주 일본인 연구에서도 그랬듯이, 통상적인 요인들도 중요하지만 집단 간 발병률 차이를 설명하려면 무언가 다른 요인이 있어야 했다. 이주 일본인 연구에서는 스트레스를 완화해 주는 일본 문화가 그 다른 요인이었다.

'공무원이 웬 스트레스?' 이런 생각이 드는가? 스톡홀름 대학교의 퇴레스 시오렐Töres Theorell과 매사추세츠 주립대학교의 로버트 카라섹 Robert Karasek(이 사람이 달걀 상자다)이 정립한 직장 스트레스 이론에 따르면, 스트레스는 단지 업무 부담이 과중한 데서 오는 게 아니라 부담은 과중한데 그에 대한 통제력은 낮은 데서 온다.[11] 이는 화이트홀 연구 결과에 대해 매우 설득력 있는 설명을 제공해 주었다. 직급이 높아질수록 스트레스가 많다고? 모르시는 말씀! 위로 올라갈수록 부담은 과중해 질지 모르지만 업무에 대한 통제력 또한 커진다. '통제력' 개념은 부유한 나라에서도 사회적 처지에 따라 건강이 크게 차이 나는 이유를 설명하는 데 유용성이 매우 커 보였다.

두 번은 우연이고 세 번은 트렌드다. 화이트홀I 연구(이 연구 내용은 내 전작《사회적 지위가 건강과 수명을 결정한다》에서 상세히 다뤘다[12])에서 발견된 경사면은 영국 전국 데이터를 조사했을 때도 발견됐고 여러 다른 나라에서도 발견됐다. 이에 대해 이제 많은 연구가 이뤄지고 있다. 다른 건 몰라도 이 문제에서만큼은 영국 공무원이 아직도 세계를 선도하고 있다!

'통제력' 가설에 추가로 무게를 실어 주는 연구 결과도 나왔다. 옥스퍼드 대학교의 사회과학자들이 공무원뿐 아니라 더 일반적으로도 통제력의 정도에 따라 직업에 위계를 매길 수 있다는 이론을 세웠다. 위계가 높을수록 통제력의 범위가 크다.[13] 그리고 내가 진행한 화이트홀II 연구에서 통제력이 건강에 큰 영향을 미친다는 점이 드러났다.[14] 옥스퍼드 사회과학자들은 이 결과를 보고 자신의 이론이 사람들의 삶을 위해 쓰였다는 데 대해 매우 기뻐했다.

앞에서 나는 화이트홀이 내 인생을 바꾸었다고 말했다. '경사면'과 '통제력'이라는 개념은 건강과 건강 불평등에 대한 내 접근 방식을 완전히 바꾸었다. 경사면은 빈곤만이 아니라 사회 전체에 초점을 둬야 함을 의미한다. 물론 빈곤은 건강에 나쁘다. 우리는 아주 많은 이유에서 빈곤 퇴치를 위해 노력해야 하며 건강도 그 이유 가운데 하나다. 하지만 경사면을 생각한다면 논의가 여기에 그쳐서는 안 된다. 경사면 전체에 걸쳐 건강은 아래로 갈수록 나빠진다. 경사면은 꼭대기 1퍼센트를 제외한 우리 모두를 포함한다.

수석 비서관을 보좌하려면 누군가는 안내 데스크나 정문 앞에서 일을 해야 할 테니 위계는 불가피한 게 아니냐고 반문할 수도 있을 법하다. 그렇다고 건강의 불평등도 불가피한가? 그렇지 않다. 많은 연구 결과가 경사면을 줄이는 것이 가능함을 보여 준다. 하지만 이를 실현하려면 사회적 행동과 정치적 의지가 필요하다.

여기서 잠깐, 행동과 의지의 문제로 넘어가기 전에 부유한 나라 안에서 존재하는 건강 불평등(사회계층적 경사면)을 전 세계의 건강 불평등 맥락과 연결시켜 볼 필요가 있다.

2012년에 놀라운 소식이 하나 전해졌다. 세계보건기구World Health Organization(WHO)에 따르면 전 세계의 평균 기대수명이 70세에 도달했다. 무려 20년씩 세 번 하고도 10년이 더 있는 것이다. 하지만 이 숫자는 별로 쓸모가 없다. 어떤 나라는 기대수명이 70세보다 높고 어떤 나라는 70세보다 낮아서 70에서 균형을 이룬다는 사실 외에는 더 알려주는 바가 없기 때문이다. '70년'보다 훨씬 더 중요한 숫자는 '38년'이다. 이는 기대수명이 가장 짧은 시에라리온(46세)과 가장 긴 일본(84세) 사이의 격차다(일본 여성은 86세다).

나는 1970년대 초 뉴기니와 네팔에서 전 지구적 기대수명 격차의 불운한 쪽을 처음 접했다. 벽지 마을에 의료 시설이 거의 없는 것은 사실이었지만 질병의 원인을 논할 때 의료 시설 부족에서 시작할 수는 없어 보였다. 그보다는 불결한 물과 부실한 영양 상태가 훨씬 합리적인 출발점 같았다. 뉴기니의 저지대에서는 말라리아도 큰 문제였는데, 이 역시 사람들이 말라리아에 걸린 다음에 의료 시설에서 치료를 받게 하는 것보다는 살충 처리한 모기장 같은 것으로 예방을 하는 편이 훨씬 나아 보였다. 또 고지대에서는 난방을 위해 아궁이를 실내에 두는 탓에 기침 환자가 많았다. 이에 대해서도 연기를 처리할 수 있는 아궁이를 보급하면 상황이 크게 개선될 터였다.

1970년대 초에는 그렇게 암담해 보이는 환경에서 건강이 향상되는 게 가망 없는 일로 보였다. 하지만 그렇지 않았다. 네팔의 기대수명은 1980년에서 2012년 사이 20년이 늘어서 69세가 되었다. 통계가 대체로 정확하다고 가정하면, 30년 사이에 기대수명이 20년 늘었다는 것은 1년마다 3분의 2년(약 243일)씩 늘었다는 말이고 24시간마다 16시간씩 늘었다는 말이다. 오늘날 부유한 나라에서 기대수명 증가율은 겨우(!)

24시간당 6, 7시간 꼴이다.

요약하면 두 가지다. 첫째, 건강과 기대수명에는 전 세계적으로 막대한 격차가 있다. 시에라리온과 일본의 차이만이 아니라 그 사이에도 많은 차이가 존재한다. 둘째, 건강은 매우 빠르게 향상될 수 있다. 이러한 성취 사례들은 내 '근거 기반 낙관주의'의 연료다.

2008년에 샌프란시스코에서 강연을 하나 했다. 강연을 마치자 지인이 다가와 이렇게 말했다. "강연하시는 거 많이 봤지만 이렇게 격앙되신 건 처음 보네요. 다른 무언가가 있는 모양이군요. 단지 과학적인 근거들 말고 행동을 촉구해야 한다는 긴박성 같은 것 말이에요."

그의 말이 맞았다. 나는 질병을 일으키는 사회적 요인들에 대해 오래 연구를 해 왔고 그런 연구가 즐거웠다. 하지만 마음 깊은 곳에서는 무언가가 계속해서 낮게 끓고 있었다. 사회적 여건들이 세계에서나 국내에서나 이토록 불평등하게 분포돼 있는 것은 옳지 못했다. 다른 말로, 우리가 보고 있는 건강 불평등은 공정하지 못했다. 낮게 끓고 있던 무언가가 점점 커졌다. 연구도 보람 있지만 우리(나도 포함해서)는 불평등에 대해서도 무언가를 해야 하지 않을까?

학술 논문의 말미에는 익숙한 후렴구가 붙곤 한다. **더 많은 연구가 필요하다.** 그런데 새로운 후렴구를 붙여 보면 어떨까? **더 많은 행동이 필요하다.** 새 후렴구는 앞의 후렴구와 상충하지 않는다.

비슷한 시기에 WHO가 꾸린 '거시경제와 건강 위원회Commission on Macroeconomics and Health(CMH)'에서 보고서가 나왔다. 이 위원회는 컬럼비아 대학교 교수이며 전 세계 빈곤 퇴치를 위한 개발 프로젝트를 옹호하는 제프리 삭스Jeffrey Sachs가 위원장을 맡았다. CMH 보고서는 목숨을 앗아가는 주요 질병을 줄이기 위해 전 지구적으로 대대적인 투자가 필요하다고 결론을 내리고, 그렇게 해서 향상된 건강은 경제성장으로 이어질 것이라고 내다봤다.

결핵, HIV/AIDS, 말라리아 등이 전 지구적으로 야기하는 피해를 줄이려는 투자는 환영받아 마땅하다. 전 지구적으로 군비 지출을 늘리는 것보다는 훨씬 낫지 않은가? 그리고 질병 억제가 경제성장에 좋다고 주장하는 것이 행동을 이끌어 내는 데 도움이 된다면야, 뭐 그것도 좋다. 하지만 여기에 '하지만'이 있다. 그 주장은 앞뒤가 바뀐 것 같아 보였다. 건강이 경제성장을 위한 수단이어서는 안 되지 않는가? 건강이 더 상위의 목적이어야 하지 않는가? 우리가 더 나은 사회경제적 여건을 바라는 이유는 더 나은 건강과 후생을 위해서가 아닌가?

이상주의자이던 학생 시절에 나는 경제성장을 촉진시키려고 의학을 공부한 게 아니었다. 사람들이 더 건강해지도록 도우려고 의학을 공부한 것이었다. 건강의 사회적 결정 요인과 공중보건 연구 쪽으로 방향을 돌린 것도 더 건강한 사회를 만들고 싶어서였다.

나는 영국 케임브리지 대학교에 있던(현재는 미국 케임브리지시의 하버드 대학교에 있다) 경제학자이자 철학자 아마티아 센Amartya Sen과 이런 이야기를 나누면서 건강 향상을 위해 사회적 여건을 향상시켜야 한다고 말할 연구팀을 꾸리자고 제안했다. CMH를 비판하기 위해서가 아니라 건강의 사회적 결정 요인들을 개선하는 데 전 지구적인 행동이 필요하다는 점을 널리 알리기 위해서였다.

일이 되려는 모양이었는지, 2005년에 WHO 이종욱 사무총장이 '건강의 사회적 결정 요인 위원회Commission on Social Determinants of Health(CSDH)'를 꾸리고 나를 위원장으로, 아마티아 센을 특별위원으로 임명했다.

위원회가 본격적으로 발족하기 전에 우리는 많은 이들에게 자문을 구했다. 한 저명한 학자는 위원회가 모이기도 전에 사실상 보고서가 다 쓰인 것이나 마찬가지인 위원회를 많이 보았지만 이번에는 "마이클이 별로 아는 게 없으니" 그럴 일은 없겠다고 말했다.

정말 그랬다. CSDH는 서로 서로 새로운 것들을 배워 나가는 장이었다. 나도 CSDH에 참여한 세계 각국의 전·현직 지도자 및 관료, 학자, 시민사회 대표자들로부터 많은 것을 배웠고, 우리 모두 CSDH가 꾸린 글로벌 지식 네트워크에서 많은 것을 배웠다. CSDH에서 알게 된 것들, 그리고 이후에 영국과 유럽에서 진행된 두 개의 연구(아래에서 설명할 것이다)에서 알게 된 것들이 이 책의 토대다.

자, 보고서가 나왔다. 읽는 사람이 있을까? 아니면 책장에서 먼지나 뒤집어쓰는 신세가 될까? CSDH 보고서는 전 세계에 걸쳐 국가 간, 국가 내의 건강 불평등을 연구한 글로벌 보고서였다. 하지만 구체적인 정책과 실천은 구자라트와 글래스고가 다르고 나이지리아와 뉴욕이 달라야 한다. 그래서 우리는 각국이 보고서의 제안들을 각자의 상황에 맞게 '번역'하는 과정을 두도록 조언했다. 브라질은 브라질판 '건강의 사회적 결정 요인 위원회'를 꾸렸고 칠레와 북유럽 국가들도 적극적이었다.

영국에서도 고든 브라운Gordon Brown 총리가 이끄는 노동당 정부가 내게 CSDH에 비추어 영국의 건강 불평등을 연구해 달라고 의뢰했다. CSDH를 영국에 맞게 '번역'하기 위해 우리는 수십 명의 전문가가 참여하는 아홉 개의 분야별 작업 그룹을 꾸렸다. 이 연구의 결과로 2010년에 영국판 보고서 〈공정한 사회, 건강한 삶Fair Society, Healthy Lives〉이 나왔다.[15] 이 보고서는 '마멋 보고서Marmot Review'라고도 불린다.

이어 2014년에는 유럽판 보고서가 나왔다. WHO 유럽사무소장 주 잔나 야카브Zsuzsana Jakab의 의뢰로 진행된 프로젝트였다. 우리는 더 국 제적인 작업 그룹, 더 많은 지식과 정보의 종합, 더 많은 논의와 숙고를 거쳐 〈사회적 결정 요인과 건강 격차에 관한 유럽 리뷰European Review of Social Determinants and the Health Divide〉를 펴냈다. WHO에서 말하는 '유럽 지 역'은 통상적인 유럽 국가에 더해 구소련 국가들까지 포함한다. 서유럽 부터 알래스카 직전의 베링해협까지 아우르는 광범위한 지역이다. 이 는 '건강의 사회적 결정 요인'이 많은 나라에서 의제가 되고 있다는 뜻 이다. CSDH 보고서는 먼지나 뒤집어쓰고 잊혀 버리는 운명에 처하지 않았다.

사회와 건강은 그 속성상 매우 정치적인 주제다. CSDH 보고서를 "근거를 수반한 이데올로기"라고 언급한 나라도 있었다. 비판하려는 의 도였겠지만 나는 칭찬으로 받아들였다. 나는 이렇게 답변했다. "물론 우리는 이데올로기를 가지고 있습니다. 피할 수 있는데도 존재하는 건 강 불평등은 사회적 불의라는 것이 우리의 이데올로기입니다." 이 책 전반에서 나는 실증근거를 들어 이를 설명할 것이다. 피할 수 있는 건 강 불평등을 바로잡는 것은 사회정의의 문제다. 이것은 이데올로기지 만, 명확한 근거와 데이터는 정말로 중요하다.

주간지 《이코노미스트Economist》는 CSDH 보고서를 두 쪽에 걸쳐 보도하면서(감사드린다), 우리의 사명감에 대해 기사 마지막에서 다음과 같이 탐탁지 않음을 드러냈다. "이번 보고서의 건전한 개념들이 정치 적·경제적·사회적으로 완벽한 평등을 이룩하겠다는 저자들의 돈키호 테적 결의로 빛이 바랜다면 유감일 것이다."[16] 나는 "돈키호테적"이라는 표현이 아주 맘에 들었다. 세르반테스의 대작 《돈키호테》에서 주인공

돈키호테는 별안간 자신이 중세 기사라고 믿고는 기사다운 행위를 하러 길을 나선다. 모두가 비웃지만 돈키호테는 용맹하게 풍차에 돌진하고 와인 통을 공격한다. 나는 스페인 보건부 장관에게(돈키호테는 스페인의 국민적 정신세계의 일부다) 그 논평이 정곡을 찌른 것 같다고 말했다. 세상을 더 낫게 만들고자 하지만 아무도 그를 진지하게 생각하지 않는, 살짝 우스꽝스럽게 이상주의적인 기사의 이미지가 나하고 어울리지 않느냐고 말이다. 그러자 장관은 이렇게 대답했다. "우리에게는 꿈꾸는 자인 돈키호테의 이상주의도 필요하지만 산초 판자의 실용주의도 필요합니다." 나는 이것이 바로 "근거를 수반한 이데올로기"라고 생각한다.

CSDH 보고서를 발표할 때 우리는 경제적 이유가 아니라 도덕적 이유에서 행동을 촉구하는 것임을 분명히 밝히고자 했다. 뒤표지에 이렇게 적기까지 했다. "사회적 불의는 대규모로 사람들을 죽인다." 매우 정치적으로 들리는 말이다. 하지만 우리는 충분히 정치적이지 못하다는 비판도 받았다.[17]

건강은 분명 정치적인 주제다. 하지만 우리는 정당 정치와는 거리를 두고자 했다. 나는 실증근거 자체가 스스로 메시지를 드러내길 원한다. 국가의 개입이냐 개인의 자유냐를 놓고 사회가 맹렬한 논쟁으로 치닫는 상황에서, 나는 그보다 건강과 건강 불평등에 대한 시사점을 중심에 두고자 한다. 건강 불평등 규모는 우리 사회의 질과 우리 사회에서 일이 조직되는 방식을 고스란히 반영한다. 시드니의 신참 의사 시절 이래로 나는 이 생각을 변함없이 가지고 있다.

내가 임상의가 되지 않기로 한 것은 질병의 사회적 원인이라는 주제가 의사가 하는 일과 동떨어져 있다고 생각했기 때문이었다. 의사는 환자를 치료하는 사람인데 나는 사회를 개선하는 데 관심이 있었다. 그래서 영국의사협회British Medical Association가 2010~2011년 임기에 회장직을 맡아 달라고 했을 때 깜짝 놀랐다. 협회가 실수로 연락을 잘못한 줄 알았다.

취임식에서 나는 연설을 해야 했다. 마침 청중 가운데 의사가 많으니 내 증상에 대해 조언을 좀 얻어야겠다고 생각했다. 이 책에서 소개한 연구와 활동을 진행하는 동안 나에게는 세 가지 증상이 생겼는데 그에 대해 도움을 청한다고 말했다.

첫 번째 증상은 낙관증이다. 나는 늘 불합리하게 낙관적으로 느낀다. 안 될 거라고 말하는 사람들, 모든 것이 망가졌다고 주장하는 사람들이 숱하지만, 실증근거들을 보면 나는 언제나 상황이 나아질 수 있다고 판단하게 된다. 대책 없는 낙관증에 잘 듣는 약을 알고 계시면 알려 주시길.

이와 관련된 두 번째 증상은 선별적 청각장애증이다. 내 귀에는 냉소적인 말이 들리지 않는다. 누군가가 아무도 변화를 일굴 수 없을 거라고, 대안은 없을 거라고, 바뀌는 건 없을 거라고 말하면, 그런 말은 내 귀에서 저절로 튕겨져 나간다. 현실적인 말은 들리지만 냉소적인 말은 들리지 않는다.

세 번째 증상은 안구수분과다증이다. 밴쿠버에서 CSDH 회의가 열렸을 때 모잠비크 전 총리이자 CSDH 위원이던 파스쿠알 마쿰비Pascoual Macoumbi가 이렇게 말했다. "우리나라가 독립했을 때 이후로 이렇게 힘이 난다고 느낀 적이 없습니다." 안구수분과다증이 도졌다. 구자라트에서 '여성 자영업자 연합Self Employed Women's Association'을 만나 인도 극빈층 여성들이 어떻게 역경을 이겨냈는지 보았을 때도 안구에 수분이 차올랐다. 리우데자네이루의 슬럼에서 젊은이들이 자존감을 일궈 나가는 것을 볼 때도, 뉴질랜드에서 마오리족이 존엄을 찾아 나가는 것을 볼 때도 그랬다. 안구수분과다증은 사람들이 고통에 처한 것을 볼 때도 도지지만 그들이 어려운 여건을 극복해 내는 것을 볼 때도 그 이상으로 많이 도지는 듯하다.

사람들의 삶이 더 나아질 수 있음을 보여 주는 수많은 증거를 독자 여러분께 전하고자 이 책을 쓴다. '사람들'은 극히 가난한 사람일 수도 있고 비교적 넉넉한 사람일 수도 있다. 칠레 산티아고에서 CSDH 출범 연설을 할 때 나는 칠레 시인 파블로 네루다Pablo Neruda의 시를 인용했다. 여기에서 네루다를 다시 한 번 인용하면서 여러분을 이 여정에 초대하고자 한다.

"함께 봉기하자…… 비참함을 조직하는 사회에 맞서서."

1

비 참 함 을   조 직 하 는   사 회

최고의 시간이었고 최악의 시간이었다.
지혜의 시대였고 어리석음의 시대였다.
⋮
빛의 계절이었고 어둠의 계절이었다.
희망의 봄이었고 절망의 겨울이었다.

―찰스 디킨스Charles Dickens,《두 도시 이야기A Tale of Two Cities》

말하자면 나는 외골수다. 모든 것을 건강이라는 렌즈로 본다. 오늘날은 실로 최고의 시간이다. 전 세계적으로 건강이 크게 향상됐다. 많은 사람들이 디킨스 시절보다 훨씬 더 건강하고 훨씬 더 오래 산다. 하지만 최악의 시간이다. 건강의 향상은 극히 불평등하게 이뤄졌다. 어떤 나라는 아직도 디킨스 시대 빈민굴에 비할 만큼 건강 상태가 열악하다. 기대수명이 가장 짧은 나라와 긴 나라는 거의 40년이나 차이가 난다. 이는 디킨스 시절 런던과 오늘날 런던 사이의 차이와 비슷하다. 국가 내에서도 불평등이 심화되고 있다. 가장 잘사는 사람들의 건강이 가장 못사는 사람들의 건강보다 빠르게 향상되고 있는 것이다. 최고의 시간이고 최악의 시간이다.

지혜의 시대다. 의학과 공중보건학이 발달하면서 우리는 건강을 극적으로 개선시킬 수 있는 수단들을 갖게 됐다.[1] 하지만 어리석음의 시대다. 디킨스가 교만의 시대라고 말했더라면 더 어울렸을 걸 그랬다. 의학과 공중보건학의 지식은 틀리지는 않지만 제한적이다. 건강은 의사들에게만 맡겨 두기에는 너무나 중요하다. 의료 기술과 접근성만의 문제가 아니라 사회의 속성과도 관련된 문제이기 때문이다. 많은 실증근거들이, 우리가 나고 자라고 살아가고 일하고 나이 들어가면서 처하는 사회적 여건이 일생에 걸쳐 건강과 건강 불평등에 막대한 영향을 미친다는 점을 보여 준다. 그런데 어리석게도 우리는 이런 지식들로 시야를 넓히지 못하고 있다.

희망의 봄이다. 어리석게도 무시하고 있긴 하지만 어쨌든 이제 우리는 사회가 건강에 미치는 영향을 알고 있으며 이런 지식으로 삶과 건강을 향상시킨 사례가 곳곳에서 생겨나고 있다. 하지만 절망의 겨울이다. 1퍼센트와 99퍼센트의 이해관계가 점점 벌어지고, 미국 연방준비제도 이사회 의장이 우려하듯이 소득과 부의 불평등이 극심하며,[2] 유럽과 미국의 은행들이 고객에게 막대한 피해를 입혀 가면서 2008년 이후 적발된 것만으로도 총 1,000억 파운드의 벌금을 선고받을 만큼 막심한 금융범죄를 저지르고[3], 부유한 나라들이 아프리카의 자원을 긁어가려고 혈안이 돼 경쟁하고, 나쁜 의도를 가진 사람들이 인종과 종교를 악용해 공포를 퍼뜨리고, 민주국가에서는 정부에 대한 국민의 신뢰가 썰물 빠지듯 가라앉고, 민주국가가 아닌 나라에서는 정부가 국민의 후생 따위는 안중에도 없다면, 절망이 똬리를 틀게 마련이다.

1장에서는 건강의 렌즈로 볼 때 오늘날이 왜 최고의 시기이자 최악의 시기인지 알아본다. 지혜, 어리석음, 희망, 절망이 등장해 이후의 장들에서 이어질 내용을 소개할 것이다. 나는 '근거 기반 낙관주의자'다. 지식과 정보로 무장한다면 어둠의 계절을 빛의 계절로 바꿀 수 있다. 뚝심 있는 행동과 정치적인 의지 없이는 안 되겠지만 어쨌든 우리는 지식과 경험을 가지고 있으며 지식과 경험은 큰 변화를 일굴 수 있다.

글래스고판 두 도시 이야기

콘퍼런스에서 만난 스코틀랜드 교수가 말했다. "칼튼의 충격적인 건강 상태와 렌지*의 양호한 건강 상태를 대조하는 연구를 하셨죠? 글래스고 사람들이 그 이야기를 많이 합니다. 술집에서도요. 특히 칼튼 사람들이 망자를 위해 건배를 할 때 그래요. 지인 중에 숨진 사람이 이미 많은 것이지요. 저는 렌지에 살지만 칼튼 사는 친구와 술집에 자주 갑니다. 지난번에 술 마시다 알게 됐는데 그 친구는 연금도 없고 노후를 대비한 재정 계획이 전혀 없었습니다. 이유를 물었더니 이렇게 말하더군요. '나는 쉰넷이거든.'"

"아이고, 그건 내가 원한 상황이 전혀 아닌데요!" 스코틀랜드 술집에서 내 연구가 화제에 오르다니 근사한 일이다. 다른 데서도 그랬으면 좋겠다. 하지만 내가 칼튼과 렌지의 기대수명에 관한 보고서[4]를 쓴 건 변화를 일구려는 것이었지 체념을 일구려던 게 아니었다.

칼튼은 가난한 동네다. 칼튼에서 누가 한창 나이에 숨진다면 슬픈 일이긴 해도 놀라운 일은 아닐 것이다. 사실 칼튼에서는 '한창 나이'가 언제인지 묻는 게 무의미하다. 내가 자료를 처음 보았던 1998~2002년에 칼튼의 남성 기대수명은 54세였다. 반면 얼마 떨어져 있지 않은 부유한 동네 렌지에서는 '한창 나이'가 전혀 다른 의미를 지닌다. 렌지의 남성 기대수명은 82세였다.[5] 같은 도시 안에서도 28년이나 차이가 나는 것이다.

칼튼은 정이 가는 동네가 못 된다. 칼튼 사람들은 이렇게 말한다. "걸어 다닐 만한 데가 없어요. 정말 안 좋아요." "손녀를 밖에 나가게 할 수가 없어요." "길가는 온통 매춘 여성들이에요." 공원이 있기는 하지만 "밤에는 매춘 여성, 주정뱅이, 약 중독자가 많고" "벤치는 술병 든 남자

---

* 칼튼과 렌지는 스코틀랜드의 도시 글래스고 안에 있는 두 동네의 이름이다. 지은이

들이 차지하고 있다"고 한다.

이런 환경에서 살아가는 전형적인 칼튼 거주자 한 명을 떠올려 보자. 이름은 '지미'다. 지미는 늘 문제가 있거나 문제를 일으켰다. 칼튼의 불안정한 가정에서 태어난 지미는 학교에서는 문제아였고 10대 시절에는 청소년 비행으로 경찰서를 들락거렸다. 직업 훈련 과정에 등록했지만 곧 그만뒀다. '제대로 된' 일자리는 가져 본 적이 없고 이런 저런 막노동을 했다. 지미와 함께 어울리는 이들이 대체로 그렇듯이, 조금이라도 돈이 생기면 술과 마약에 다 썼다. 지미의 식단은(그걸 '식단'이라고 부를 수 있을지 모르겠지만) 술집 주전부리, 패스트푸드, 그리고 술이다. 짤막짤막하게 여자친구들을 사귀었지만 술만 마시면 폭력을 행사하는 통에 오래가지 못했다. 폭력 조직 활동으로 전과도 있다.

스코틀랜드에 살지만 칼튼 사람들은 인도 남성보다 기대수명이 짧다. 칼튼 남성의 기대수명이 54세였을 때 인도 남성은 62세였다. 지미의 건강이 앞으로 그리 좋지 않으리라는 것은 성인이 된 지미에게 마음잡고 착실히 살면서 건강에 좋은 습관을 들이라고 말해서 될 문제가 아니다. 우리는 그의 삶에서 더 일찍 무언가를 시작했어야 했다.

글래스고는 당시 내가 자료를 구할 수 있었던 도시 중 도시 내 기대수명 격차가 가장 큰 도시였다.[6] 그때는 28년이었고 지금은 그보다 줄어서 20년가량이다.[7] 한 도시 안에서 20년은 어처구니없게 큰 격차다. 인도 여성과 미국 여성의 기대수명 차이가 그 정도다. 런던도 도시 내 기대수명 격차가 최대 20년까지 벌어진다. 런던 내 웨스트민스터구의 기대수명 격차만 해도 20년이다.[8]

미국의 도시, 가령 볼티모어나 워싱턴 D. C.를 예로 들면서 한 도시 안에서도 가난한 동네는 부유한 동네보다 기대수명이 20년이나 짧다고 말한다면 사람들은 대번 인종을 떠올릴 것이다. 하지만 영국의 런던이나 스코틀랜드의 글래스고에 대해서는 인종이 곧바로 떠오르지 않을 것이다. 정말로 벌어지고 있는 일이 무엇인지를 파악하려면 인종이나 사회계급처럼 단순화된 범주들을 넘어서야 한다.

'나는 아주 부자도 아니지만 아주 가난하지도 않은 걸요?' 지금쯤 당신은 이런 생각이 들었을 것이다. '내가 글래스고에 산다면 웅장한 조지왕조풍 저택에 살지도 않겠지만 빈민가 공동주택단지에 살지도 않을 거예요. 웨스트민스터구에 산다면 최고 부자 동네인 메이페어나 나잇브리지에 살지는 않겠지만 빈민 지역인 처치스트리트에 살지도 않을 거예요. 부유한 동네와 좋은 건강, 가난한 동네와 나쁜 건강이 연결된다면, 어느 쪽도 아닌 나는 어디에 들어가나요?'

당신도 나도, 이 모든 논의의 핵심에 들어간다. 당신이 제일 가난한 곳과 제일 부유한 곳의 중간쯤 되는 곳에 산다면 당신의 기대수명도 중간 어디쯤일 것이다. **평균적으로**, 부유한 동네일수록 거주자들이 더 건강하다. 도표1.1이 이를 보여 준다.[9]

도표1.1에는 영국의 모든 동네가 빈곤도에 따라 나열돼 있다. 위에 있는 선 주위에 찍혀 있는 점들의 세로축 값은 그 동네 거주자들의 기대수명이다. 빈곤도가 중간쯤인 동네에 산다면 평균적으로 당신의 기대수명은 중간 정도다. 그보다 조금 오른쪽에 있는, 그렇지만 아주 오른쪽은 아닌 동네에 산다면 당신의 기대수명은 중간보다는 조금 높지만 가장 높은 수준은 아니다. 빈곤도와 기대수명은 놀라울 정도로 층층이 계층화된 분포를 보인다. 즉 빈곤도가 높을수록 기대수명이 짧다. 기대수명의 사회계층적 경사면은 바닥부터 꼭대기까지 모두를 포함한다.

수명만이 아니다. 경사면의 맨 꼭대기에서는 '컨디션 좋다'는 말이

1999~2003년 영국의 기대수명 및 장애 제거 기대수명.

(단위: 년)

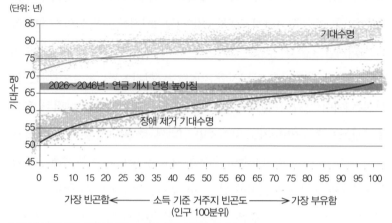

가장 빈곤함◄────── 소득 기준 거주지 빈곤도 ──────► 가장 부유함
(인구 100분위)

* 2046년까지 연금 개시 연령이 68세로 상향 조정될 예정임.

그냥 느낌이 아니라 실제 상태다. 꼭대기 사람들은 더 오래 살 뿐 아니라 삶의 질도 더 좋다. 일생 중 더 오랜 기간을 장애가 없는 상태로 살 수 있기 때문이다. 도표1.1의 아래쪽 선은 '장애* 제거 기대수명Disability - free life expectancy(DFLE)'을 보여 주는데, 사회계층적 경사면의 분포를 보이며 기울기가 기대수명의 경사면보다 가파르다. 가난할수록 가뜩이나 더 짧은 생을 더 오래 몸이 불편한 상태로 살아야 한다. 꼭대기 사람들은 일생 중 장애를 가지고 살게 되는 기간이 평균 12년인데 바닥에 있는 사람들은 20년이다.

다른 나라도 마찬가지다. 건강의 사회계층적 경사면은 세계적으로 널리 퍼져 있는 현상이다.

---

* 여기에서 '장애(disability)'는 생활을 제약하는 장기 질병을 포괄적으로 일컫는 넓은 의미로 쓰였다. 지은이.

2004년에 나는 이렇게 언급한 적이 있다. "워싱턴 D. C. 시내에서 지하철을 타고 몽고메리 카운티까지 가면 1마일 이동할 때마다 기대수명이 약 1.5년씩 늘어난다."[10] 도착하면 출발지와의 기대수명 차이가 20년이 된다. 그 뒤로 런던의 연구자들은 이렇게 말하곤 한다. "런던 중심부의 웨스트민스터역에서 지하철 주빌리선을 타고 동쪽으로 가면 한 정거장마다 기대수명이 1년씩 짧아진다."[11] 건강이 사회계층적 경사면을 따라 분포한다는 사실을 나타내는 표현이다. 동네의 작은 차이들, 아니 더 중요하게는 그곳 사람들에게 영향을 미치는 여건의 작은 차이들은 건강과 기대수명에도 차이를 가져온다.

'사회계층적 경사면'이라는 개념이 우리에게 가장 직접적으로 일으킬 인식의 전환은 '그러니까 내 이야기로군요!'일 것이다. 건강 불평등은 단지 가난한 사람들의 건강이 나쁘다는 문제가 아니라, 경사면의 어디에 있든 그에 따라 차등적인 건강 상태를 갖게 됨을 뜻한다. 건강 불평등은 '가난한 그들'과 '가난하지 않은 우리'로 나뉘지는 문제가 아니라 맨 꼭대기가 아니라서 그만큼의 건강을 누리지 못하는 우리 모두의 문제다. 부유하든 가난하든 중간 어디쯤이든, 경사면은 모두를 포함한다.

언론에 보도되는 논의들은 경사면의 맨 바닥에만 초점을 맞추는 경향이 있다. 경사면 바닥의 가난한 사람들은 그 위의 모든 이들보다 건강이 나쁘다. 이를 두고 여러 관점이 존재한다. 어떤 이들은 가난한 사람이 가난하고 병든 이유는 무절제하고 무책임하기 때문이라고 본다. 자신과 아이들을 잘 돌보지 못하는 것도 개인의 무책임이라고 비난한다. 한편 더 동정적인 태도를 갖는 이들은 우리가 국내의, 그리고 저 멀리 가난한 나라의 '가난한 사람들'에게 관심을 가져야 한다고 말한다.

건강 격차는 마땅히 우리가 우려해야 할 문제고 사회가 이에 대해 무언가 역할을 해야 한다고 보는 관점이긴 하지만, 여기에서 더 나아가지는 못한다.

하지만 사회계층적 경사면의 형태를 갖는 건강 불평등은 우리 모두에게 영향을 미친다. 우리가 관심을 가질 것이냐 아니냐의 문제가 아니라 우리가 직접 관련돼 있는 문제다. 이것은 당신의 삶이고 나의 삶이다. 당신도 나도 그렇게 무절제하거나 무책임하지 않으며(일단 그렇다고 치자) 동정을 받을 만큼 가난하지도 않지만, 꼭대기보다 아래에 있는 우리 모두는 꼭대기 사람들보다 건강하지 못하다.

경사면 개념은 논의의 틀을 근본적으로 변화시킨다. 핵심은 빈곤이 아니라 불평등임을 의미하기 때문이다. 물론 빈곤은 건강에 막대한 영향을 미치지만, 빈곤 완화는 적어도 개념상으로는 어렵지 않다(정치적·실천적 어려움이 없다는 말은 아니다). 하지만 불평등은 살아가기에 충분한 것들을 가지고 있느냐뿐 아니라 그 사회에서 상대적으로 어디에 위치해 있느냐도 중요하다는 것을 의미한다.

불평등은 완전히 다른 논의의 장으로 우리를 데려간다. 흔히 경제 불평등은 바람직한 것으로 여겨진다. 가령 부자들의 세금을 낮춰 주는 것은 경제 불평등을 심화시키는 정책이지만 경제에 유익하다는 이유로 정당화되곤 한다. 부유한 생산자들을 자유롭게 풀어 주면 모두에게 이득이 된다는 논리다. 하지만 이런 정책이 건강 불평등을 악화시키면 어떻게 되는가? 영국에서는 이제 노동당 정치인마저 부유한 사람들이 얼마나 많이 버는지에 대해 자신은 "몹시 관대하다"고 말하는 실정이다.[12] 이제까지 중도 좌파 정부와 중도 우파 정부 모두 경제 불평등을 줄이려는 노력은 거의 기울이지 않았다. 빈곤에는 관심을 갖는다. 중도 좌파는 빈곤 완화를 원하고, 중도 우파는 인센티브가 잘 작동하는 시스템을 만들어 경제가 성장하면 빈곤이 알아서 해결될 거라고 생각한다. 그러나 둘 다 불평등을 문제라고 보지는 않는다(지금은 조금씩 달라지고 있다).

우리는 초점을 바꿔야 한다. 가난한 사람뿐 아니라 넉넉한 사람에게도 초점을 둬야 한다. 사회복지사가 부자들 가정도 방문해서 자산관리에 어려움은 없는지 챙겨야 한다는 말이 아니다. 당연히 우리는 빈곤이 건강에 끼치는 문제들을 해결하고자 한다. 하지만 꼭대기 아래의 모든 사람이 꼭대기 사람들보다 건강하지 못하다면 우리의 목표는 **모든**이의 건강을 꼭대기 수준으로 높이는 것이 되어야 마땅하다.

그랬을 때 얻을 수 있는 잠재적 이득은 막대하다. 영국에서 30세 이상 인구 전체가 대졸자 수준의 사망률(대졸자는 학력이 더 낮은 사람들보다 사망률이 낮다)을 갖게 된다면 75세 이전에 사망하는 사람을 매년 20만 2,000명이나 줄일 수 있다. 이는 연간 75세 이하 사망자의 절반이며, 매년 260만 년의 삶을 구하는 것과 마찬가지다.[13] 건강 불평등은 주요 건강 문제에 딸린 부차적 사안이 아니라 **그 자체로** 주요 건강 문제다.

문제를 해결하고자 한다면 그 문제에 초점을 맞춰야 한다. 국가 내 건강 불평등에 대해 말하자면, 건강이 사회계층적 경사면을 따라 차등화돼 있는 것이 문제다. 사회계층적 경사면에 초점을 맞춘다는 말은 사회를 향상시키는 데 초점을 맞춘다는 말이다. 그럼 건강이 가장 나쁜 극빈층의 문제에는 초점을 두지 않는다는 말인가? 그렇지 않다. 모든 이의 건강을 꼭대기까지 끌어올린다는 말은 가장 아래쪽 사람들의 건강을 향상시키기 위해 필요한 추가적인 노력을 하지 말라는 말이 아니다. 문제를 '그들'와 우리의 이분법으로 접근할 게 아니라, 사회를 전체적으로 향상시키되 **그와 동시에** 필요한 곳에서는 그에 따라 추가적인 노력을 기울여야 한다는 말이다. 이것이 우리의 목표다.

사회계층적 경사면?
부유한 사람들에게도 초점을 맞춰야 한다고?

사하라 이남 아프리카에서 일하는 보건 활동가들은 건강 경사면이 부유한 나라에서나 걱정할 일이라고 생각한다. 가난한 나라에서는 일단 가장 가난한 사람들에게 집중해야 한다는 것이다. 하지만 데이터가 말해 주는 바는 이와 다르다. 도표1.2는 다섯 개 국가의 5세 미만 아동사망률을 보여 준다(성인사망률은 데이터가 없는 나라가 많지만 5세 미만 아동사망률은 대부분의 나라에서 데이터를 구할 수 있다).[14]

　이 도표는 가장 가난한 계층뿐 아니라 가장 부유한 계층에도 초점을 두는 것이 왜 중요한지 말해 준다. 우리는 어떻게 빈곤층의 상황을 개선시킬 것인가보다는 어떻게 모든 이의 건강을 가장 부유한 계층 수준으로 끌어올릴 것인가를 논해야 한다. 이를테면 우간다에서 가장 가난한 20퍼센트에만 초점을 맞추면, 우간다에서는 가장 부유한 20퍼센트마저도 페루의 가장 가난한 20퍼센트보다 아동사망률이 높다는 사실을 간과하게 된다. 당신이 인도에 산다면 어떻겠는가? 하위 20퍼센트의 아동사망률만 높아지면 만족하겠는가? 아니면 모든 계층에서 아동사망률이 상위 20퍼센트 수준만큼 낮아지기를 원하겠는가? 그리고 당신이 인도의 상위 20퍼센트라면 아동사망률을 페루의 상위 20퍼센트 수준으로 낮추고 싶지 않겠는가? 그리고 당신이 페루의 상위 20퍼센트

도표1.2 아주 좋다. 극소수에게만

소득 5분위별 5세 미만 아동사망률.

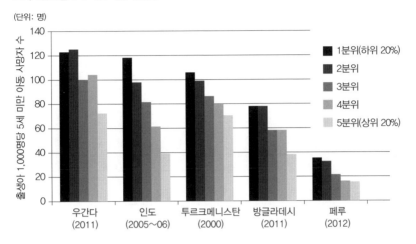

(단위: 명)

- 1분위(하위 20%)
- 2분위
- 3분위
- 4분위
- 5분위(상위 20%)

우간다 (2011) | 인도 (2005~06) | 투르크메니스탄 (2000) | 방글라데시 (2011) | 페루 (2012)

라면 아동사망률을 선진국 평균 수준(출생아 1,000명당 7명)으로 낮추고 싶지 않겠는가?

건강 경사면이 시사하는 바는 우간다·인도·페루에서나 글래스고·런던·볼티모어에서나 같다. 가장 빈곤한 계층의 처지를 개선하는 것은 물론 중요하다. 하지만 문제가 '경사면'임을 인정한다면 목표는 꼭 대기보다 아래인 모든 사람의 처지를 개선하는 것이 되어야 한다. 빈곤도 줄여야 하지만 사회를 향상시키는 일도 간과해선 안 되며 그와 동시에 필요의 정도에 비례해 추가적인 노력도 기울여야 한다.

글래스고의 경사면과 인도의 경사면은 속성이 다르지 않느냐는 질문이 나올 수 있을 것이다. 칼튼의 지미가 극빈곤 상태로는 보이지 않는다. 지미는 깨끗한 물과 주거지를 가지고 있고 말라리아나 이질을 앓고 있지도 않다. 인도에서는 이러한 기본적인 것들이 많이 부족하다. 하지만 다른 면에서는 인도와 글래스고가 크게 다르지 않다. 인도 여성 '기타'의 이야기를 들어 보자.

기타는 인도 구자라트주 아마다바드에 사는 채소 노점상이다. 학교 교육은 받지 못했고 '비공식 거주지'(슬럼)에 산다. 채소를 파는 동안 어린아이 두 명은 길바닥에 앉아서 놀고 큰딸은 장사를 돕는다. 도매상에서 채소를 떼 올 돈이 필요해 월이율 20퍼센트로 단기 대출을 받았다. 남편은 다른 주로 일하러 가서 매달 약간의 돈을 집으로 보내온다. 기타는 가까스로 수입과 지출을 맞춰 살고 있었지만 열네 살이 된 딸의 결혼을 준비할 때가 됐기 때문에 빚을 갚는 대신 결혼식 비용과 지참금 용도로 돈을 떼어 놓고 있다. 구호 활동가들은 기타가 이렇게 '무책임하게' 돈을 낭비하는 것이 답답해 머리를 쥐어뜯는다. 빚을 갚지 않아서 이자 부담이 늘었기 때문이다.

지미와 기타의 공통점은 '역량의 박탈'을 겪고 있다는 점이다. 역량의 박탈은 사회적 위계의 낮은 쪽에 위치한 것과 관련이 있다. 자신의 삶에 대해 통제력을 가질 수 있는 위치가 되기 전까지는 건강을 향상시키기가 매우 어려울 것이다. 하지만 절망할 일은 아니다. 오늘날이 "빛의 계절"이기도 하다는 점을 실증근거로 밝히는 것이 내가 이 책을 쓰는 주요 이유다.

앞에서 "최악의 시기"임을 이야기하면서 나는 두 가지 유형의 건강 불평등을 언급했다. 하나는 지금까지 알아본 국가 내 불평등으로, 이것은 사회계층적 경사면의 형태를 띤다. 다른 하나는 국가 간에 존재하는 격차다. 일반적으로 가난한 나라들이 건강 상태가 나쁘다. '일반적으로'는 그렇다. 하지만 이것이 이야기의 전부는 아니다. 좀 더 알아보기 위해 미국으로 가 보자.

부유한 나라는 건강하다?

당신은 미국의 15세 소년 '앤디'다. 아주 부유한 나라에 산다는 점에서 일단 안심할 수 있을 것이다. 사는 데 별 문제는 없을 것이다. 물론 여느 15세 소년처럼 당신은 주체하기 힘든 것이 많다. 어떤 것은 성급한 마음과 거친 열정 때문이고 어떤 것은 성장하고 있는 몸과 날뛰는 호르몬 때문이다. 하지만 약간 과체중이라는 점과 문득 문득 도지곤 하는 건강염려증(암이 아니라 여드름을 염려하는 것이다)을 빼면 건강 걱정은 하지 않는다.

당신은 부유한 나라에 산다. 다들 말하길, 가난한 나라는 의료와 공중보건 수준이 낮아 사람들의 건강이 나쁘지만 부유한 나라는 그런 것들이 충분히 마련돼 있어서 건강에 문제가 없다고 한다. 설령 열악한 나라라 해도 숨지는 쪽은 영유아나 노인이지 15세 소년은 아닐 것이다. 생존 가능성으로 볼 때 15세 소년은 천하무적이다. 일단 팔팔한 15세에 도달한 당신은 60세에 도달하리라는 것도 확신할 수 있을 것이다. 당신에게 퍽 안심이 되는 생각이긴 할 테지만 꼭 맞는 생각은 아니다.

미국의 전형적인 학교에 가서 15세 소년 100명을 모아 보자. 이 중 13명은 60세에 도달하지 못할 것이다. 100명 중 13명이면 많은 것일까? 100명 중 13명은 스웨덴의 **두 배**다. 영국은 스웨덴만은 못하지만 미국보다는 양호하다. 100명 중 13명은 많은 것이다. 그리고 이것도 빙산의 일각일지 모른다. 60세 이전에 숨질 젊은이가 이렇게 많다면 죽지는 않더라도 아프거나 다쳐서 고생하는 경우는 훨씬 많을 테니 말이다. 당신은 미국 15세 소년의 생존 확률이 터키, 튀니지, 요르단, 도미니카공화국 등과 비슷하다는 사실에 깜짝 놀랄 것이다. 이 확률은 코스타리카,

쿠바, 칠레, 페루, 슬로베니아의 확률보다도 낮다. 세계에는 15세 소년이 60세에 도달할 확률이 미국보다 높은 나라가 49개나 있다. 이를 나타내는 지표를 '성인사망률'이라고 부르는데, 남성의 경우 미국은 세계 50위다.[15] 유엔 회원국 수는 194개다. 194개국 중 50등이라니 별로 좋아 보이지 않는다. 부유한 나라에서는 사람들이 건강해야 하지 않나? 최고 부자 나라 미국에서 무슨 일이 벌어진 것인가?

나는 미국이 세계 최고의 의료 시스템을 갖추고 있다고 말하는 미국인을 셀 수 없이 많이 보았다. 그 말이 맞다고 치자. 그런데 왜 미국 젊은이가 60세까지 생존할 확률이 스웨덴이나 영국은 고사하고 코스타리카, 쿠바, 슬로베니아보다도 낮은가?

의료 시스템과 공중보건이 이 문제와는 별로 관련이 없기 때문이다. 젊은이의 사망률과 관련 있는 것은 살해, 자살, 사고, 마약, 술 등이다. 폭력 사망의 원인으로 의료 시스템 부족을 탓하는 것은 창문 깨진 것을 두고 창유리 업자 부족을 탓하는 것과 같다. 누가 당신 집에 돌을 던져서 창문이 깨진 경우에는 전화해서 부르면 얼른 와서 고쳐 줄 창유리 업자가 있는 게 크게 도움이 될 것이다. 하지만 애초에 돌이 당신의 창문으로 날아온 이유는 전화해 부를 사람이 없어서가 아니었다(간접적으로는 이런 설명도 가능하긴 하다. 깨진 유리를 손보지 않고 계속 방치해 두면 돌을 던지도록 부추기는 요인이 된다는 '깨진 유리창 이론'이라는 것이 있다). 미국 젊은이의 낮은 생존 확률은 의료 시스템보다는 미국이라는 사회의 속성과 더 관련 있지 않을까?

러시아인들에게는 안됐지만, 러시아 통계가 미국인들에게 다소 위안이 될지 모르겠다. 러시아는 상황이 매우 나쁘다. 15세 소년 100명 중 3분의 1이 60세에 도달하지 못할 것으로 예측된다. 스웨덴에서와 달리 러시아 15세 소년은 자신이 60세까지 살아있으리라는 것을 당연하게 여길 수 없다. 남성 성인사망률 지표만 보면 러시아가 사하라 이남 아프리카에 있다고 해도 믿을 정도다. 러시아는 기니비사우와 같은 수준이고 시에라리온보다 아주 약간 양호하다.

이 책에서 다루는 두 번째 유형의 건강 불평등은 국가들 사이의 격차다(첫 번째 유형은 앞에서 설명한 국가 내 건강 불평등으로, 이는 사회계층적 경사면의 형태를 띤다). 스웨덴, 미국, 러시아 같이 상대적으로 부유한 나라들끼리만 비교해도 건강 격차가 크다.

스웨덴과 미국은 공정한 비교가 아니라고 이의를 제기할 수도 있겠다. 스웨덴 인구가 더 동질적이고 유전적으로 더 건강하기 때문에 다인종으로 구성된 미국보다 사망률이 낮을 수도 있지 않은가? 또 뉴욕보다도 인구가 적은 나라를 미국 전체와 비교하면 오해를 일으킬 소지가 있지 않은가?

하지만 20년 전에는 스웨덴 남성의 성인사망률이 지금보다 현저히 높았다. 현재의 미국과 비슷한 수준이었다. 그런데 인구는 그때가 더 동질적이었다. 그 사이에 이민자가 많아졌기 때문이다. 그러므로 인구 동질성 운운한 반론은 타당하지 않다. 스웨덴이 20년 사이에 현재의 미국 수준에서 현재의 스웨덴 수준으로 건강을 향상시킬 수 있었다면, 미국도 지금의 미국 수준에서 지금의 스웨덴 수준으로 건강을 향상시킬 수 있다. 사실 미국에서도 지난 20년간 건강이 향상됐다. 스웨덴만큼 빠르게 향상되지 못했을 뿐이다.

미국의 15세 소년 앤디가 스웨덴의 15세 소년 '요한'만큼의 건강을 기대할 수 없는 이유로서 생물학적 설명은 설득력이 없다. 그러면 무엇이 이 차이를 설명하는가? 부유한 나라냐 가난한 나라냐의 문제가 아님은 명백하다. 1인당 소득은 미국이 스웨덴보다 20퍼센트나 높다.[16] 성인사망률 기준으로 미국보다 건강 상태가 좋은 49개국 대부분은 미국보다 1인당 소득이 낮다. 또 러시아의 1인당 소득(PPP 환산)은 기니비사우의 20배나 되지만 두 나라의 15세 소년은 동일하게 형편없는 수준의 생존율을 보인다.

부유한 나라냐 가난한 나라냐의 문제가 아니라는 점은 그렇다 쳐도, 질병과 사망의 주요 원인을 우리가 이미 알고 있지 않느냐는 질문도 나올 법하다. 의료 시스템 부족이 원인 아닌가? 아니면 가난한 나라의 경우에는 환경이 열악해서 감염성 질병이 많은 게 원인 아닌가? 부유한 나라는 흡연, 음주, 비만 등 개인의 생활습관과 관련된 비감염성 질병(당뇨, 심장병, 암 등)이 사망 원인 아닌가? 이러한 설명은 틀리지는 않지만 제한적이며 어쨌거나 15세 소년의 경우에는 해당되지 않는다.

15세 남성의 생존율 격차를 논할 때 의료 시스템 부족은 설명 요인에서 배제해도 무방하다. 깨진 유리창의 원인은 창유리 업자의 부족이 아니다. 그런데 여성은 이야기가 다르다. 국가 간 15세 여성의 생존율 격차는 의료 접근성의 차이와 관련이 있다. 60세 이전에 여성은 남성이 겪지 않는 상황, 즉 임신과 출산에 직면하기 때문이다. 남학교에 가 보았으니 이제 여학교에 가 보자.

시에라리온의 한 여학교에 가서 15세 소녀 21명을 모아 보자. 이 중 1명은 가임 연령 중에 임신이나 출산과 관련된 요인으로 사망할 것이다. 이탈리아에서는 학교 하나만으로는 분모에 해당하는 여학생 수를 채울 수 없다. 이탈리아에서는 임신이나 출산 때문에 사망하는 15세 소녀가 1만7,100명 중 1명꼴이기 때문이다.

나는 소년들 사이의 격차를 보고서도 충격을 받았는데 소녀들 사이의 격차를 보고서는 아예 공포에 질렸다.[17] 격차가 커서만이 아니라 충분히 없앨 수 있는 격차이기 때문이다. 이런 식으로 생명을 잃는 일은 있어선 안 된다. 현대 의학은 산모에게 안전한 임신과 출산 방법을 아주 잘 알고 있다. 모성사망률이 1만7,100명의 일생에 걸쳐 1명꼴이라는 것은 임신과 출산의 과정이 거의 완벽하게 안전할 수 있다는 뜻이다. 그러니까 '통상적인 요인들'이 말해 주는 바는 우리가 이러한 비극을 거의 완전하게 막을 수 있다는 뜻이다.

출산 전후와 출산 시에 전문 조산 요원의 도움을 받는 것만으로도 산모의 생존율을 크게 높일 수 있다. 그러므로 모성사망률 격차에 대해서라면 의료 접근성이 답의 출발점이 될 수 있다. 하지만 왜 나라마다 의료 접근성이 다른지를 다시 질문해야 한다는 점에서 이것은 답의 '출발점'만 될 수 있을 뿐이다. 왜 접근성이 부족한가? 의료 접근성이 부족한 나라들은 의료 시스템의 중요성을 모르고 있는 것인가? 원조 기관들이 의료 시스템의 중요성을 모르고 있는 것인가? 여기에서도 '통상적인 설명은 틀리지는 않지만 너무 제한적이다'라고 말할 수 있다.

의료 서비스만이 문제라면 미국은 세계에서 모성사망률이 가장 낮아야 한다. 미국은 의료비 지출이 세계에서 가장 많고, (논란이 있을 수는 있으나) 세계에서 가장 우수한 산과 진료가 가능한 나라다. 그런데도 미국의 모성사망률은 그리 낮지 않다. 미국의 15세 소녀들은 1,800명당 1명꼴로 일생 중에 임신·출산 관련 요인으로 숨진다. 21명당 1명꼴인 시에라리온보다는 훨씬 양호하지만 1만7,100명당 1명꼴인 이탈리아보다는 훨씬 열악하다. 미국보다 양호한 나라가 전 세계에 62개나 있다. 어디에서도 임신과 출산으로 숨지는 여성은 없어야 마땅하지만, 세계에서 손꼽히게 부유하고 의료비 지출은 세계 최고로 많은 나라가 다른 62개국보다 모성사망 위험이 높다는 것은 더욱 이해하기 어려운 일이다.

모성사망률 집계가 제대로 이뤄지지 않는 나라도 있을 수 있으니 유럽 국가들끼리만 비교해 보자. WHO가 분류하는 '유럽 지역'에는 53개국이 있으며, 거기에는 구소련 국가들과 터키, 이스라엘도 포함된다. 미국은 이 53개국 중 46개국보다 모성 건강 상태가 열악하다. 아르메니아와 비슷하고 조지아공화국보다 약간 나은 정도다.

나는 미국산부인과학회 콘퍼런스에서 이 통계를 언급했다. "미국의 모성사망 위험이 아르메니아와 비슷하군요. 조지아공화국보다 나은 것을 축하드립니다. 아, 미국의 산과 진료 수준이 세계 최고라는 점에는 이견 없습니다." 그 자리에 모인 산부인과 의사들에게 미국에서 임신·출산으로 사망하는 사람들은 누구일 것 같은지 적어보라고 했다면 어떤 답이 나왔을까? 거의 예외 없이 사회적으로 배제된 여성, 극심하게 가난한 여성, 불법 이주민인 여성, 이런 저런 형태로 삶이 힘겨운 여성을 꼽았을 것이다. 인종을 언급한 의사도 있었을 것이다. 여기에서 '인종'은 피부 색소가 아니라 인종과 결부된 여러 형태의 사회적 배제를 반영하는 것으로 봐야 한다(이는 뒤에서 다시 설명할 것이다).

병이 났을 때는 양질의 의료 서비스가 필요하다. 의료 서비스는 생명을 살린다. 하지만 애초에 병을 일으킨 원인은 의료 서비스의 부족이 아니다. 건강의 불평등은 사회의 불평등에서 생겨난다. 사회적 여건은 의료 접근성에, 그리고 건강에 중요한 그 밖의 요소들에 대한 접근성에 큰 영향을 미친다.

미국에 역하심정이 있어서 이런 말을 하는 게 아니다. 나는 미국에 친한 친구도 많고 또…… 어쨌거나 당신이 미국의 젊은이라면 당신의 건강 전망이 왜 아르메니아 수준인지, 왜 북유럽 국가들은 물론이고 코스타리카, 칠레, 쿠바보다도 못한지 생각해 보는 게 불합리한 일은 아닐 것이다.

우리는 앤디가 미국의 전형적인 15세 소년이라고 가정했다. 하지만 '전형적인' 15세 소년은 존재하지 않는다. 현실에는 부유하거나 가난하거나, 도시에 살거나 시골에 살거나 도심 빈민가에 살거나 교외 중산층 동네에 살거나, 이민자이거나 이민 2세이거나, 미국 원주민이거나 그 밖의 이런 저런 인종에 속하거나, 공화당이 우세한 주에 살거나 민주당이 우세한 주에 사는 15세 소년이 존재한다. 한 국가 내에서의 건강 격차가 국가 간 격차만큼 큰 경우도 많다. 우리는 평균을 파헤쳐서 그 이면을 보아야 한다. 다른 말로, 두 가지 유형의 불평등, 즉 국가 간의 불평등과 국가 내에 존재하는 사회계층적 경사면 둘 다를 함께 살펴야 한다.

여기에서 한 가지 짚고 넘어갈 것이 있다. 당신은 내가 무슨 근거로 일반화를 하는지 의아할 것이다. 당신도 나도 각기 고유한 개인이다. 지구상 어디에도, 역사상 어느 시점에도, 또 다른 당신이나 또 다른 나는 존재하지 않았다. 유전적으로 동일한 일란성 쌍둥이도 살면서 서로 다른 특성을 갖게 된다. 하지만 당신이 고유한 개인이라고 해서 당신에 대해 일반화된 결론을 내릴 수 없다고 생각한다면 병이 나도 병원에 가지 말아야 한다. 가 봤자 의사는 당신 같은 사람을 처음 볼 테니 말이다. 당신은 고유하니까 기존의 연구를 적용해 진단할 수도 없고 치료는 언감생심일 것이다. 하지만 의사는 그렇게 접근하지 않는다. 의사는 당신의 증상을 보고 이와 비슷한 증상을 가진 사람은 심장에, 아니면 폐에, 아니면 발톱에 문제가 있는 것이라고 알려 줄 것이다. 이런 증상을 가진 사람들에 대한 치료 경험을 바탕으로 당신에게 이러 저러한 처방과 치료를 제안할 것이다. 그리고 그 처방과 치료는 당신과 비슷한 증상을 가졌던 사람들에게 **평균적으로** 냈던 효과를 당신에게서도 낼 것이다. 당신은 고유하지만 그와 동시에 다른 사람들과, 심지어 다른 종들과도 공통점을 가지고 있다. 이러한 공통점 덕분에 우리는 경험으로부터 무언가를 배울 수 있다.

동일한 논리가 이 책에 제시될 사회적 사실 모두에 적용된다. 모든 미국인은 각기 고유하다. 스웨덴인도, 러시아인도 그렇다. 하지만 일관되게 러시아는 미국보다 성인사망률이 높고 미국은 스웨덴보다 성인사망률이 높다. 작년에도 그랬고 재작년에도 그랬으며 아주 높은 확률로 내년에도 그럴 것이다. 당신은 고유하지만 당신이 당신 나라 사람들과 공유하는 경험은 당신의 질병 위험과 사망 위험에 영향을 미친다. 그래서 당신은 다른 나라 사람들과 **평균적으로** 차이를 보이게 된다. 마찬가지로, 당신이 부유하거나 전문직에 종사한다면 그 집단에 속한 사람들과 비슷한 점을 갖게 되며 가난하거나 전문직 종사자가 아닌 사람들과 평균적으로 차이를 보이게 된다. 그래서 건강과 질병의 양상은 국가의 특성에 따라, 또 사회집단의 특성에 따라 달라진다.

돈, 중요한가 아닌가?

이제까지 나는 미국의 앤디가 스웨덴의 요한보다 건강 전망이 나쁘며 이것은 가난한 나라냐 부유한 나라냐의 문제가 아니라고 말했다. 미국은 남성 성인사망률 지표가 미국보다 양호한 49개국 대부분보다 부유하다. 러시아는 기니비사우보다 소득이 훨씬 높지만 사망률은 비슷하다. 그런데 내가 이야기하지 않은 것이 하나 있다. 미국보다 남성 성인

도표1.3 **부유할수록 건강하다. 단, 어느 정도까지만**

부와 건강의 관계(2012년 자료).

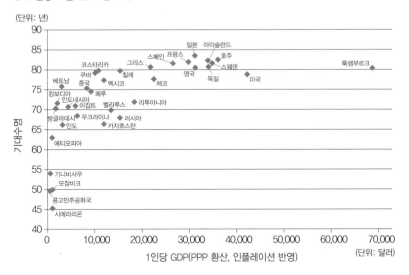

사망률이 높은 144개국은 모두 미국보다 가난하다.

모순처럼 들리는가? 꼭 그렇지는 않다. 가난한 나라들 사이에서는 1인당 소득과 건강이 큰 상관관계를 보인다. 하지만 부유한 나라들 사이에서는 더 부유해지는 것이 건강에 그리 큰 영향을 주지 못하고, 다른 요인들이 소득보다 더 중요하다. 이 두 가지 현상을 도표1.3에서 볼 수 있다. 도표1.3은 각국의 기대수명과 1인당 소득을 보여 준다.[*]

돈이 거의 없는 처지라면 돈은 건강과 수명에 매우 중요하다. 가난한 나라들을 보면 소득이 조금만 높아져도 기대수명이 대폭 길어진다. 1인당 소득이 1,000달러도 안 되는 나라는 극도의 열악함을 완화해 줄

---

[*] 같은 1달러라고 해도 가난한 나라에서는 부유한 나라에서보다 많은 것을 구매할 수 있으므로 구매력 평가 (PPP, Purchasing-Power Parity) 환율로 환산했다. 이렇게 조정하면 일반 환율로 계산했을 때보다 가난한 나라의 소득이 고평가된다. 지은이

식품, 주거, 깨끗한 물, 위생, 의료 서비스가 모두 부족하다. 소득이 조금만 높아져도 많은 것이 가능해진다.

하지만 1인당 소득이 1만 달러 이상이 되면 1인당 소득과 생존전망은 별로 상관관계가 없어진다. 앞에서 보았듯이 미국은 남성 성인사망률이 스웨덴보다 높다(미국의 15세 소년 앤디가 스웨덴의 15세 소년 요한보다 60세까지 생존할 가능성이 적다). 15세 시점이 아니라 출생 시점에서 봐도 마찬가지다. 도표1.3이 보여 주듯이 (출생 시) 기대수명으로 볼 때 쿠바는 미국만큼 양호하며 코스타리카와 칠레는 미국보다 양호하다. 세 나라 모두 미국보다 소득이 낮은데도 그렇다. 그리고 러시아는 현저하게 열악하다. 소득 수준에 비추어 통계적으로 기대되는 정도보다 기대수명이 훨씬 낮다.

결론을 요약해 보자. 당신이 가난한 나라에 살고 돈이 없는 처지라면 돈은 매우 중요하다. 당신이 비교적 부유한 나라에 산다면 다른 요인들이 중요해진다.

사회여, 소득만이 문제가 아니라오!

나는 세 가지 생각에서 이 책을 쓰게 됐다. 첫째, 국가 간, 국가 내 건강 불평등 대부분은 생물학적 이유로 설명되지 않는다. 건강 수준과 건강 불평등의 양상은 생물학적 요인이 달라지는 정도보다 훨씬 빠르게 달라질 수 있다. 둘째, 변화를 만들기 위해 무엇을 해야 하는지 우리는 이미 알고 있다. 이것이 내가 이 책을 쓰는 주요 이유다. 셋째, 도표1.3의 위쪽 평평한 부분과 관련 있는 것으로, 1인당 소득이 1만 달러가 넘으면 소득과 기대수명은 상관관계가 별로 없어진다.

　세 번째에 대해서만 조금 부연 설명을 해 보자. 간단히 말하면, 건강은 사회가 어떻게 조직되어 있는지와 관련이 있다. 한 사회의 성공을 재는 척도로 흔히 사용되는 것은 국내총생산Gross Dometic Product(GDP)이다. 하지만 많이 지적돼 왔듯이 GDP는 '좋은 사회'를 구성하는 여러 측면 중 한 가지밖에 반영하지 못한다.[18] 그 때문에 사람들의 삶을 더 잘 반영할 수 있는 지표로 '행복도'나 '삶의 만족도' 등이 제시되기도 한다.[19] '건강'도 그런 지표가 될 수 있다. 우리 모두 건강을(아마 돈보다 더) 가치 있는 것으로 여긴다.

　건강을 척도로 삼자는 주장은 단지 건강 자체가 가치 있기 때문에 하는 주장만은 아니다. 건강이 우리가 가치를 두는 다른 많은 것들을 반영할 수 있기 때문에 하는 주장이기도 하다. 영유아기의 성장 발달, 훌륭한 교육, 양호한 노동 여건, 응집성 있는 사회 등 소중한 많은 것들이 건강과 관련돼 있다(이후의 장들에서 차례로 알아볼 것이다).

　한 사회가 어떻게 조직되어 있는가는 그 사회의 건강 수준에 막대한 영향을 미친다. 미국은 러시아보다 양호하지만 스웨덴만큼 양호하지는 못하다. 다른 48개 나라보다도 양호하지 못하다. 내가 미국이나 스웨덴이나 영국이나 러시아를 개인적으로 좋아하거나 싫어해서 하는 말이 아니라 데이터를 보고 하는 말이다. '미국은 50위이며 따라서 49개국보다 양호하지 못하다'는 말은 내가 개인적으로 미국 사회를 좋아하냐 싫어하냐와는 관련이 없다. 마찬가지로 '러시아가 열악하다'는 말도 공산주의나 포스트공산주의나 푸틴주의에 대한 내 견해와는 상관이 없다. 내 주장은 모두 건강 데이터에 토대를 두고 있다. 내가 러시아가 열악하다고 말하는 이유는 러시아의 건강 지표들이 끔찍하게 안 좋기 때문이다. 내가 제2차 세계대전 후 러시아에서 공산주의가 재앙적이었다고 판단하는 이유는 그 시기에 러시아의 건강 지표들이 크게 악화됐기 때문이다. 같은 이유에서, 공산주의 붕괴 이후의 러시아는 더 재앙적이다.

한 사회의 속성과 그 사회의 건강은 너무나 밀접한 관련이 있기 때문에 우리는 양방향으로 이야기를 할 수 있다. 한 사회의 건강 수준과 건강 불평등 정도는 그 사회의 여건이 얼마나 양호한지를 알려 준다. 다른 한편, 건강을 향상시키고 싶다면 건강에 영향을 미치는 사회 여건들을 반드시 다루어야 한다. 이런 여건들을 '건강의 사회적 결정 요인'이라고 부른다.

빈곤, 절대빈곤이냐 상대빈곤이냐

사회는 두 가지 경로로 건강에 영향을 미친다. 빈곤 수준과 불평등 규모다. 이 둘은 관련이 있다. 빈곤 수준과 관련된 '절대빈곤' 개념은 도표 1.3에서 가파른 부분(1인당 소득 1만 달러 미만인 나라들 사이에서 보이는 1인당 소득과 기대수명 간 강한 상관관계)을 설명하는 데 중요하다. 또 인도나 우간다 등에서 아동사망률의 국가 내 경사면을 설명하는 데도 중요하다. 부를 기준으로 본 계층 사다리에서 높은 곳에 있을수록 건강한 삶에 필요한 기본적인 것들을 갖추고 있을 가능성이 크기 때문이다.

하지만 부유한 국가에서 나타나는 사회계층적 경사면은 어떤가? 도표1.1의 중간쯤에 있는 사람들을 '빈곤층'이라 말하기는 어렵다. 하지만 이들은 더 위에 있는 사람들보다 건강이 나쁘다. 이를 설명하는 데는 절대빈곤보다 '상대빈곤' 개념이 유용하다. 상대빈곤은 불평등 경사면에서 안 좋은 위치에 처하게 되는 것을 의미한다.

글래스고에서 빈곤의 의미는 무엇일까? 칼튼에 가 본 영국 사람은 주저 없이 이곳을 '가난하다'고 묘사할 것이다. 하지만 인도 기준으로 보면 칼튼은 엄청나게 부유하다. 인도 인구 중 3분의 1은 하루 1.25달러 이하로 살아가는데 글래스고에는 이 정도로 가난한 사람은 없다. 인도의 1인당 소득(PPP 환산) 3,300달러는 스코틀랜드의 빈곤선보다 한참 아래다. 글래스고에도 노숙자가 있긴 하지만 거의 대부분은 주거, 화장실, 깨끗한 물, 먹을 것이 있다. 그런데도 칼튼의 남성 기대수명은 인도 평균보다 8년이나 짧다.

여기에서 분명히 알 수 있듯이 빈곤의 의미는 맥락에 따라 다르다. 1년 소득이 3,300달러인 사람은 인도에서는 가난하다고 여겨지지 않지만 고소득국에서는 몹시 가난하게 여겨진다. 빈곤의 의미를 규정하는 것, 그리고 건강의 위험 요인을 결정하는 것은 단순히 돈의 액수가 아니다.

빈곤 연구로 유명한 아마티아 센과 피터 타운센드Peter Townsend는 1980년대에 절대빈곤과 상대빈곤 중 무엇이 더 중요한지를 놓고 열띤 지상 논쟁을 벌였다. 두 저명한 사회과학자가 정중하게 예의를 갖춰 서로에게 학문적 펀치를 날려 댄 글을 읽는 것은 무척 재미있다. 그런데 지금 다시 읽어 보니 놀랍게도 둘의 논지에는 차이가 별로 없었다.[20]

절대빈곤과 상대빈곤 중 어느 것이 건강에 더 중요한 영향을 미치는가? 물론 '둘 다 중요하다'가 답이다. 칼튼 사람들은 영국 기준에서 상대적으로 빈곤하다. 하지만 소득의 절대 금액도 중요하다. 칼튼 사람들에게 돈이 더 있다면 그들의 삶이 달라질 것이고 칼튼에 돈이 더 있다면 동네 여건이 나아질 것이다.

아마티아 센은 소득에 대한 상대적 불평등은 역량capability에 대한 절대적 불평등을 의미한다고 말함으로써 이 논쟁을 해결했다. 역량이란 존재와 행위의 자유도를 의미한다. 얼마나 많은 돈이 있느냐뿐 아니라 있는 돈으로 무엇을 할 수 있느냐도 건강에 중요하다. 그리고 이는 당신이 있는 장소에 영향을 받는다.[21] 당신이 사는 동네가 깨끗한 물과 위생시설을 제공한다면 그런 것에 당신 돈을 쓰지 않아도 된다. 당신이 사는 사회가 좋은 대중교통, 치료 시점에 무료인 의료 제도, 공립학교 등을 보조해 준다면 당신 돈을 많이 쓰지 않아도 그런 것들을 누릴 수 있다.

이처럼 빈곤은 맥락에 따라 다른 형태를 띤다. 하지만 모든 나라의 빈곤을 하나로 묶어 주는 공통점이 있다. 세계은행World Bank은 2000~2001년 〈세계개발보고서World Development Report〉에서 47개국 6만 명을 상대로 '빈곤의 완화'가 그들에게 의미하는 바가 무엇인지 알아봤다.[22] 응답자들은 기회, 역량, 안전성과 안정성 등을 꼽았다. 존엄을 언급한 사람도 많았다. 사회와 건강이라는 주제에 관심 있는 학자들(나도 포함해서)은 '존엄'을 매우 진지하게 고려해야 한다고 주장한다.[23] 유럽에서 진행된 조사에서도 응답자들은 자신이 그 사회에서 할 수 있을 것이라고 합리적으로 기대하는 일들(가령 아이를 친구들과 뛰어 놀게 하는 것, 휴일에 놀러가는 것, 가족과 친구에게 선물을 사 주는 것 등)을 할 수 없을 때, 자신이 가난하게 느껴진다고 대답했다.[24] 즉 유럽에서 가난은 사라지지 않았다. 양상이 달라졌을 뿐이다. 이제 가난이 더러운 물이나 불결한 위생을 의미하지는 않지만, 존엄한 인간으로서 사회에 참여할 수 있는 수단을 박탈당하는 방식으로 가난은 여전히 존재한다.

빈곤? 불평등? 역량강화?
질병의 원인과 원인의 원인

'세계질병부담연구Global Burden of Disease'는 모든 곳에서 모든 것에 대해 모든 원인을 조사한 실로 방대하고 인상적인 연구다.[25] 과장이 아니다. 2010년에 이 연구는 모든 지역의 모든 질병을 영웅적으로 조사해서 전세계 질병의 주된 원인을 짚어 냈다. 그리고 그 원인들을 중요성이 높은 순서로 다음과 같이 나열했다. 고혈압, 흡연, 실내 공기오염, 과일 섭취 부족, 음주, 높은 체질량지수, 높은 공복 혈당, 영유아기 체중 미달, 미세먼지, 신체 활동 부족, 나트륨 섭취 과다, 견과류 섭취 부족, 철분 부족, 모유 수유 부족, 높은 콜레스테롤, 통곡식 섭취 부족, 채소 섭취 부족, 오메가3 부족, 마약, 직업성 손상, 직업성 요통, 가공육 섭취 과다, 배우자나 애인의 폭력, 섬유질 부족, 납, 위생, 비타민A 부족, 아연 부족, 불결한 물.

나는 이 목록을 보고 세 가지 점에서 놀랐다. 우선 감염성 질병의 원인들이 어디에 위치해 있는지 보자. 위생, 비타민A 부족, 아연 부족, 불결한 물은 목록의 맨 끝에 있다. 아이들을 감염에 취약하게 만드는 영유아기 체중 미달은 목록에서 여덟 번째로, 비만(높은 체질량지수)보다 **뒤에** 나온다. 오늘날 고소득국, 중위소득국, 저소득국을 막론하고 주요 질병은 비슷비슷하다. 심장질환, 폐질환(저소득국에서 만성 폐질환의 주요 원인이 되는 실내 공기오염이 목록의 매우 앞부분에 있는 것을 보라), 암, 당뇨와 같은 비감염성 질병이다. AIDS, 에볼라, 결핵, 말라리아 등 주요 감염성 질병을 완전히 없애기까지 아직도 갈 길이 멀긴 하지만 어쨌든 이미 중위소득국에서는 사망을 일으키는 원인이 고소득국과 비슷하며 저소득국도 그렇게 돼 가고 있다.

둘째, 이 목록에는 신체·생리적 위험 요인(고혈압, 고혈당, 고콜레스테롤), 행동과 습관 요인(흡연, 식단, 음주), 환경 노출 요인(공기오염, 납)이 섞여 있다. 그리고 식단이 고혈압이나 고콜레스테롤을 유발한다는 식의 인과관계 설명이 없다. 고혈압을 다루는 방법으로 다음 두 가지를 생각해 보자. 혈압 약을 먹는 것과 식습관 및 환경 요인을 바꾸는 것. 이렇게 말하면 제약업계가 싫어하겠지만, 나라면 혈압, 콜레스테롤, 혈당이 높아지게 됐다가 그 다음에 치료하기보다는 수치를 높일 가능성이 있는 원인들을 해결해 예방하는 쪽을 택하겠다.

셋째, 두 번째와 관련된 것으로, 이 목록에는 사회적인 분석이 없다. 그런데 목록에 나오는 대부분의 위험 요인은 사회적 환경에서 비롯한다. 이를 '원인의 원인'이라고 부를 수 있을 것이다. 식습관, 실내 공기오염, 고혈압은 전 지구적으로 질병의 주된 원인이다. 우리는 이런 요인이 왜(그것도 점점 더) 사회적 불이익과 관련돼 있는지 물어야 한다. 가령 의료 접근성 부족이 모성 사망의 '원인'이라면, 이에 더해 그곳에서는 왜 의료 접근성이 부족한지, 즉 '원인의 원인'이 무엇인지 살펴봐야 한다.

건강과 건강 형평성을 향상시키려면 역량의 박탈을 해소해야 한다는 것이 나의 주장이다. 역량의 박탈은 물질적·심리사회적·정치적 차원에서 생각해 볼 수 있다. 첫째, 돈이 너무 없어서 아이들 밥 먹이기도 힘들다면 역량을 가질 수 없다. 물질적 여건은 필수적이다. 둘째, 심리사회적 차원의 역량은 당신이 삶에 대해 통제력을 가지고 있느냐 아니냐로 이야기할 수 있다. 삶에 대한 통제력을 상실하면 건강에 이로운 의사결정들을 내리기 어려워진다. 또 스트레스가 커져 정신적·신체적 질병의 위험도 높아진다. 셋째, 역량의 정치적 차원은 당신 자신과 당신의 지역공동체, 그리고 당신의 나라를 위해 목소리를 낼 수 있는 것을 의미한다.

역량 중심 접근법과 '원인의 원인'에 대한 강조는 내가 제일 처음 제시한 것이 아니다. 이미 한 세기 전에 로버트 트레셀Robert Tressell이《누더기 바지를 입은 자선가The Ragged Trousered Philanthropoists》라는 책에서 영국 빈민 노동자들이 사는 열악한 환경을 묘사하면서 다음과 같이 언급했다.

> 결핵을 예방하고 치료하겠노라 공언하는 자들 대다수는 위선자이거나 멍청이임이 틀림없다. 사람들이 이런 토굴 같은 곳에서 헐벗고 굶주리며 살 수밖에 없게 만든 가난부터 예방하고 고쳐야 한다는 말을 비웃고만 있으니 말이다.[26]

트레셀은 과학자가 아니라 소설가이자 논객이었다. 하지만 그의 분석은 오늘날에도 유효하다. 우리는 무엇을 해야 할까? 현대 의학이 막대한 돈을 들여 하고 있듯이 의료 기술상의 해법을 찾고 사람들에게 건강에 좋은 습관을 교육해야 할까? 아니면 트레셀의 말처럼 사람들이 빈곤과 역경의 고통 없이 충만한 삶을 누릴 수 있는 여건을 만들어야 할까? 이번에도 답은 '둘 다'다.

역량의 박탈이 건강에 얼마나 큰 영향을 미치는지 알아보기 위해 글래스고로 다시 가 보자. 글래스고의 외과 의사이던 해리 번스Harry Burns는 외과 수술이 질병의 진행 과정 중에서 너무 늦은 개입이라는 사실을 깨달았다. 번스는 그가 다루고 있는 질병이 환자가 처한 사회적 여건에서 발생한 것임을 분명히 알게 됐고, 병이 생길 때까지 두기보다

병을 일으키는 여건들을 고치고 싶다는 생각이 들었다. 번스가 외과에서 공중보건으로 방향을 바꾼 1990년대 초에 나는 그를 만났다. 오랜 외과 의사 경험을 통해 번스는 사회적 여건이 정신을 통해 신체에 각인된다고 생각하게 됐다. 마침 나도 심리사회적 요인이 심장병에 미치는 영향을 연구하고 있었기 때문에 우리는 나눌 이야기가 아주 많았다. 번스는 스코틀랜드의 의료 정책을 총괄하는 정부 의료수석관Chief Medical Officer으로 임명됐을 때 이 개념을 그대로 가지고 가서 적용했다.

해리 번스와 글래스고의 연구자들은 스코틀랜드 글래스고의 사망률을 영국 맨체스터 및 리버풀 사망률과 비교했다.[27] 세 도시 모두 중화학 제조업이 빠져나갔다는 의미에서 탈산업 도시이고 빈곤율과 소득 불평등 정도도 비슷하다. 그런데 사망 원인을 보면 글래스고에는 유독 마약 중독, 음주, 자살, '외부적 요인'(사고나 폭력 등을 일컬음)이 많았다. 이런 원인들은 모두 심리사회적인 것들이다.

해리 번스는 스코틀랜드, 특히 글래스고의 건강 문제를 파악하려면 사람들이 자신의 삶에 대해 통제력이 없다고 느낀다는 점을 고려해야 한다고 말한다. 그들은 역량 박탈을 겪고 있다. 역량 박탈은 가장 가난한 계층에서 가장 두드러지지만, 그렇다고 '극빈곤층 대 나머지'라는 이분법을 갖고 볼 현상은 아니다. 그보다, 이 현상은 우리가 빈곤을 사회계층적 경사면과 연결시키게 해 준다. 사회경제적 위계가 낮을수록 자신의 삶을 통제할 수 있는 역량이 작다.

한 세대 전에 태어났더라면 생존하지 못했을 아기들이 이제는 생존한다. 중년층은 이전 세대보다 훨씬 긴 수명을 기대할 수 있다. 노년층은 이전 세대 노인들보다 건강하다. 최고의 시간이다. 하지만 건강, 삶의 기회, 수명은 엄청난 불평등을 보인다. 국가 내에는 가파른 계층 경사면이, 국가 간에는 막대한 건강 격차가 존재한다. 최악의 시간이다.

의학 지식과 의료 기술은 실로 눈부시게 발달했다. 지혜의 시대다. 하지만 사회적 요인으로 시야를 넓히지 못하고 '원인의 원인'들을 무시하는 통에 우리는 건강 불평등을 줄이지 못하고 있다. 어리석음의 시대다.

돈이 거의 없는 처지라면 돈은 건강에 매우 중요하다. 하지만 절대적인 금액만 중요한 것이 아니다. 사회에서 상대적으로 어느 위치에 처해 있느냐도 역량의 정도에, 즉 존재와 행위의 자유도에 영향을 미친다. 그리고 역량(즉 자유)은 다시 건강과 연결된다. 이후의 장들에서 보겠지만, 돈 이외에도 역량을 강화하고 자유를 증진시킬 수 있는 방법들이 존재한다.

1장을 마무리하기 전에 용어와 관련해 한 가지를 분명히 해 두고자 한다. 지나치게 깐깐하게 구는 것 같아 보일지도 모르지만 실은 내 논의에서 매우 중요한 문제다. 이제까지 나는 '건강 불평등'이라는 말을 사회집단들 사이에 나타나는 건강 상태의 차이, 또는 격차를 두루 나타내는 포괄적인 의미로 사용했다. 그런데 우리가 오늘날 관찰하는 건강 격차의 상당 부분은 '피할 수 있는' 격차다. 2장에서부터는 "합리적인 수단으로 피할 수 있다고 판단되는데도 사회집단들 사이에 여전히 존재하는 체계적인 격차"로서의 건강 불평등을 강조해 이야기할 때 '건강 비형평healty inequity'이라는 용어를 사용하고자 한다. 용어 정의를 내렸다고 해서 의미가 완전히 깔끔해지는 것은 아니다. 가령 '합리적인 수단'이 무엇인지에 대해 많은 논란이 있을 수 있다. 하지만 건강 격차의 문제를 이렇게 개념화하면 논지가 명확해진다. 이것이 내 논의에서

매우 중요한 이유는, 충분히 피하거나 고칠 수단이 있는데도 사람들이
질병으로 고통받고 있다면 이는 '불의不義, injustice'한 일이기 때문이다.

2
누 구 의 책 임 인 가

네가 좀 고고하다고 술과 진미는 필요 없단 말이냐?

— 윌리엄 셰익스피어William Shakespeare, 《십이야Twelfth Night》 2막 3장

여기 건강을 위한 열 가지 조언이 있다. 1999년에 영국 의료 당국이 발표한 것인데, 여느 고소득 국가의 보건 당국이 내놓을 법한 조언과 크게 다르지 않다.

1. 담배를 피우지 마세요. 가능하면 아예 끊고, 안 되면 줄이세요.

2. 균형 잡힌 식사를 하고 채소와 과일을 많이 섭취하세요.

3. 신체 활동을 하세요.

4. 어려운 점을 이야기하거나 시간을 내 휴식을 취하는 등의 방식으로 스트레스를 관리하세요.

5. 술을 마신다면, 적당한 만큼만 마시세요.

6. 자외선을 차단하세요. 특히 아이들 피부가 햇볕에 그을리지 않게 하세요.

7. 성관계는 안전하게 하세요.

8. 암 검진 기회를 놓치지 마세요.

9. 찻길을 조심하세요. 교통법규를 지키세요.

10. 응급처치의 ABC를 익혀 두세요: 기도 확보Airways, 호흡 유지Breathing, 혈액 순환 유지Circulation

두 가지 질문이 있다. 이 조언이 당신에게 도움이 됐는가? 그리고 이 조언으로 당신이 행동을 바꾸게 될 것 같은가?

이번에는 브리스틀 대학교의 데이비드 고든David Gordon 연구팀이 제시한 열 가지 조언을 보자.

1. 가난하지 마세요. 가능하면 당장 가난에서 벗어나고, 그게 안 되면 너무 오래 가난하지는 마세요.
2. 가난한 동네에 살지 마세요. 가난한 동네에 산다면 이사하세요.
3. 장애를 갖거나 장애가 있는 자녀를 갖지 마세요.
4. 스트레스가 많고 임금이 적은 단순직 일자리를 갖지 마세요.
5. 어둡고 눅눅한 주거 환경에 살거나 노숙을 하지 마세요.
6. 사교 활동과 휴가 등에 쓸 돈을 마련할 수 있는 능력을 가지세요.
7. 편모나 편부가 되지 마세요.
8. 받을 수 있는 모든 복지 수당을 받으세요.
9. 자동차를 소유할 수 있는 능력을 가지세요.
10. 교육을 활용해서 사회경제적 지위를 높이세요.

영국 의료 당국이 제시한 첫 번째 목록을 보면 어느 항목에도 이의를 제기하기 어렵다. 모든 항목이 좋은 의도에서, 그리고 과학적인 근거를 바탕으로 도출됐다. 하지만 어느 항목도 사람들에게 변화를 일으킬 수 있을 것 같지는 않다. "술 취한 채로 차를 몰고 가서 안전하지 않은 성관계를 할 참이었는데 마침 이 조언이 생각나서 다행이었지 뭐예요." "아이들에게 감자칩을 먹일 생각이었는데 이 조언의 과일과 채소 항목이 생각나서 샐러드와 과일을 먹게 했어요." "일자리를 잃을지 몰라 전전긍긍했어요. 그러면 집세를 못 내서 길거리에 나앉을 수도 있거든요. 스트레스를 많이 받았는데 조언대로 안정과 휴식을 취했더니 괜찮아졌어요."

　의료 당국 목록은 틀려서 문제인 게 아니다. 틀리지 않았다. 문제는, 조언만 전달해서는 정작 그런 변화가 꼭 필요한 사람들을 실천으로 이끌 수 없다는 점이다. 아마 사람들은 다음과 같은 반응을 보일 것이다.

　"나도 다 알아요. 나도 다 열심히 알아보고 건강을 관리하기 위해 노력하고 있다고요. 열 가지 다 알고 있고, 이미 하고 있어요.""흡연과 음주가 건강에 나쁘다고요? 아이고, 퍽이나 놀라워라. 이런 새로운 정보를 알았으니 다들 술, 담배를 끊겠는걸요?""나도 알아요. 하지만 어쩌겠어요? 이걸 봤다고 해서 내가 달라지는 건 없을 거예요. 그것 말고도 신경 쓸 일 천지라고요."

　미국이나 영국 사람들은 담배가 건강에 해롭다는 것을 정말로 이미 다 알고 있다.[1] 또 영국에서는 비만인 사람 대다수가 자신이 식단 조절 중이라고 말한다.[2] 사람들이 계속 담배를 피우고 비만 인구가 점점 많아지는 이유는 그게 나쁜 줄 몰라서가 아니다. 조언은 유용할 수 있지만, 조언대로 행동하느냐 아니냐를 결정하는 요인은 얼마나 많이 알고 있느냐가 아니다.

　그러면 데이비드 고든의 목록을 보자. 이 목록도 과학적 지식에 기반해서 만들어졌다. 앞의 목록만큼 널리 알려져 있지는 않지만, 이 목록의 각 항목과 건강 간의 관련성도 과학적으로 밝혀졌다. 고든의 목록이 명백히 보여 주는 문제는 이런 것들이 건강에 해롭다는 걸 안다고 해도 개인으로서는 할 수 있는 일이 별로 없다는 점이다.

　"건강은 누구의 책임인가?" 이것이 2장의 주제다. CSDH 글로벌 보고서 〈한 세대 안에 격차 줄이기Closing the Gap in a Generation〉가 나왔을 때 한 고위 정치인이 내게 물었다. "여기에 개인의 책임은 왜 언급돼 있지

않습니까?" 또 어느 저명한 경제학자이자 공공정책 전문가는 '개인적
인' 면보다 '사회적인' 면을 훨씬 많이 이야기했다며 이 보고서를 비판
했다(사회적 요인 보고서에서 사회적 요인을 논했는데 왜 사회적 요인을 논했냐 물으시
면……). 나의 대답은 그때도 지금도 다음과 같다. "맞습니다. 개인이 책
임을 잘 질 수 있게 되는 것이 우리가 달성하고자 하는 목표의 핵심이
어야 합니다. 그런데 개인이 책임을 질 수 있는 역량은 사회적 환경에
크게 좌우됩니다. 자신에게 발생하는 일에 대해 통제력을 발휘할 수 없
다면 책임을 지는 것도 불가능합니다."

고든의 목록은 지키고 싶어도 개인으로서는 어찌해 볼 수 없는 조
언들을 담고 있다(실업도 생활습관상의 선택이며 빈곤도 게으르기로 선택한 결과라
고 말하는 사람들도 있기는 하지만). 그런데 별로 그렇게 보이지 않는 첫 번째
목록도 사실 어느 정도 개인의 통제 범위를 벗어나 있다. 개인이 선택
하는 행동과 습관이 그가 처한 처지에 영향을 받는다는 점에서라도 그
렇다. 가령 흡연, 식습관, 음주는 질병의 원인이며 질병 분포의 사회계
층적 경사면에 영향을 미친다. 그렇다면 흡연, 식습관, 음주에 영향을
미치는 사회계층적 요인들을 '원인의 원인'이라고 부를 수 있을 것이다.[3]

'원인의 원인'을 다루려는 노력은 맹렬한 논쟁을 불러일으키곤 한다.
한편에서는 공중보건 활동가들이 흡연, 음주, 식품 등과 관련된 보건
정책에 거대 기업의 입김이 너무 세게 작용한다고 비판한다. 다른 편에
서는 정부의 개입은 그게 무엇이든 자유를 용납할 수 없이 침해하는
것이며, 기업이 자신의 입장을 말하고 관철시키는 것은 정책을 무산시
키기 위한 로비가 아니라 민주주의일 뿐이라고 주장한다. 이들은 시민
과 보건 활동가들도 얼마든지 자신의 목소리를 낼 수 있다며, 수십억
달러의 자금력을 가진 기업이 시민 개개인보다 목소리가 훨씬 크다는

점은 핵심이 아니라고 말한다.

알코올 규제 정책을 둘러싸고 영국에서 벌어졌던 논쟁이 이를 잘 보여 준다. 저널리스트 조너선 고널Jonathan Gornall은 《영국의학학회지British Medical Journal》에 게재한 글에서 보건을 위해 정부가 도입하려던 주류 소비 억제 정책이 거대 기업 때문에 엎어졌다고 비판했다. 고널에 따르면 보수당이 이끄는 연합 정부는 주류 최소가격제*를 도입하겠다고 공식적으로 밝힌 바 있었다. 주류 소비 데이터가 경제학 교과서에서 말하는 내용(술값이 오르면 술 소비가 줄어든다)을 명백히 보여 주고 있었기 때문이다. 나도 이 정책이 보건 향상에 도움이 될 것이라고 생각해 보수당 총리 데이비드 카메룬David Cameron에게 공개적으로 환영의 뜻을 밝혔다. 그런데 정부는 입장을 바꿔 이 정책을 철회했다. 고널은 이것이 거대 주류 업계의 압력 때문이라고 주장했다.[4]

그러자 자유시장주의 싱크탱크인 '경제문제연구소Institute of Economic Affairs(IEA)'가 고널을 강하게 비판하고 나섰다. 고널뿐 아니라 정부가 공중보건을 위해 적극적으로 행동을 취해야 한다고 주장한 사람은 모두 비판의 대상이 됐다. IEA의 크리스토퍼 스노든Christopher Snowdon은 가격을 올리면 소비가 감소하긴 하겠지만, 그렇더라도 이 정책은 부실한 과학과 오해에 근거하고 있다고 주장했다. 아이들을 잘 먹이는 데 써야 할 돈을 비싸진 술값에 쓰게 되는 등 최소가격제가 바람직하지 않은 효과들을 가져올 수 있다는 것이었다.[5] 그러면서 스노든은 고널이 "인신공격과 지저분한 비방"을 했다고 비난했다.

하지만 고널의 비판은 탄탄한 과학적 근거에 기반해 있었다. 그리고

---

* 단위 용량당 일정 가격 이하로는 가격을 책정할 수 없게 하는 것.

고넬의 과학적 객관성을 문제 삼은 연구소로 말할 것 같으면, 사무총장이 공식적으로 다음과 같이 밝히고 있는 곳이었다. "우리는 상세한 연구를 통해 자율적인 시장 메커니즘이 국가 규제의 과도하고 제약적인 틀보다 나은 결과를 가져온다는 것을 보이고자 합니다."[6] 연구를 해 보기도 전에 연구 결과가 자유시장을 뒷받침하는 쪽으로 나오리라는 것을 안다면, 객관성 운운은 터무니없는 소리다. 게다가 IEA는 독립적인 목소리를 낸다고 표방하고 있지만 자금원을 밝히지 않으려 하는 것을 보면 이것도 미심쩍다. IEA는 민무늬 무無광고 포장plain packaging을 포함한 담배 규제 조치가 제안됐을 때도 이에 반대했는데, 나중에 담배 업계 문서를 상세히 조사한 연구에서 밝혀진 바에 따르면 담배 업계가 IEA에 자금을 대고 있었다.

비슷한 사례는 수없이 많다. 이런 논쟁들은 '원인의 원인'에 손을 대려는 노력이 정부의 역할을 둘러싼 정치적 견해 및 기득권의 이해관계와 깊이 관련돼 있음을 보여 준다. 그리고 이 둘이 결합하면 논쟁이 왜곡된다.

환경이 인간의 행위에 영향을 미친다는 것은 과학적 사실이다. 우리는 자유선택이라는 개념을 소중히 여기지만 우리가 내리는 선택은 우리가 나고 자라고 살아가고 일하고 나이 들어가는 환경에 의해 제약받는다. 선택에 대한 제약을 어디까지 받아들일 것이냐는 사안마다 다르다.

흡연을 생각해 보자. 대부분의 사람들은 담배 소비를 제한하기 위해 사회가 조치를 취하는 것이 딱히 문제라고 생각하지 않는다. 공공장소 흡연 금지, 담배 광고 금지, 담뱃갑 경고 문구 삽입과 같은 조치를 사람들은 대체로 무리 없이 받아들인다. 그리고 이런 조치의 결과로 많은 나라에서 흡연율이 줄었고 이는 건강에 크게 기여했다. 하지만 흡연처럼 해악이 명백하게 입증된 경우에도(습관적 흡연자의 절반이 목숨을 잃는다) 담배 규제가 자유를 침해하는 것이라고 주장하는 골수파가 여전히 존재한다.[7] 담배 업계에서 자금을 받지 않은 사람들이 말한다면 조금 더 귀담아 들어 보련만.

담배는 '건강에 해롭지 않은 적정량'이 0이라고 볼 수 있지만 음식은 다르다. 우리는 모두 무언가를 먹는다. 그런데 오늘날에는 세계 인구의 절반 이상이 도시에 거주하며 자신이 먹을 것을 직접 기르지 않는다. 식품업계는 사람들이 먹을거리를 직접 기르지 않아도 구할 수 있는 환경을 조성하는 데 필수적인 역할을 한다. 당신이 시장을 비판하는 입장이라면(건강과 교육에 대해서라면 나도 시장에 비판적이다) 소련의 식품부 장관이 시장의 도움 없이 어떻게 날마다 1,000만 명에게 적절히 식품을 공급할 수 있었을지를 생각해 보기 바란다. 시장은 사람과 먹을거리를 연결시켜 주는 일을 놀랍도록 훌륭하게 해 낸다. 그렇긴 하되, 시장의 실패 또한 존재한다. 어떤 사람은 먹을 것이 부족하고 어떤 사람은 지나치게 풍족하다. 우리가 무엇을 먹는지는 비만, 심장병, 암 등에 영향을 미친다. 그래서 건강에 좋은 식습관을 놓고 맹렬한 '식품 전쟁'이 벌어지곤 한다(《이코노미스트》는 어쩌다가 나도 전투원으로 참여하게 된 한 식품 전쟁에 벌지 전투[*]라는 이름을 붙였다). 이런 논쟁들은 '건강한 식습관은 누구의 책임인가'라는 질문을 던진다. 이는 건강 불평등과도 관련된 문제다. 식습관은 비감염성 질병의 발병률에 영향을 미치고 이것이 다시 건강 불평등에 영향을 미치기 때문이다.

---

[*] 제2차 세계대전 당시 독일군과 연합군 사이에 벌어진 전투의 하나. '벌지bulge'에는 '불룩한 것'이라는 의미도 있어, 여기에서는 불룩 나온 배를 암시하기도 한다.

식품 파시스트의 거짓말?

영국의 전국 일간지 《데일리 메일Daily Mail》에서 당신을 "건강 나치"라고 부른 기사를 발견하면 퍽 재미있을 것이다. 2007년에 나한테 그런 일이 벌어졌다. 친구 중에 기자가 있어서 이렇게 물어 봤다. "나는 요제프 멩겔레Joseph Mengele가 건강 나치라고 생각했는데 왜 나더러 나치라는 거지?" 친구는 너무 신경 쓰지 말라고 했다. "수용소에서 인간에게 끔찍한 생체 실험을 했다고 말한 것도 아닌데 뭘. 그저 건강 파시스트라고 말했을 뿐이잖아." 별로 위안이 되지 않았다. 그 기사가 내 연구 결론을 두고 "터무니없으며 점점 무책임해진다"라고 논평한 마당인데 말이다. 또 다른 전국 일간지 《데일리 텔레그래프Daily Telegraph》는 내가 "청교도적 금욕주의자, 건강 파시스트, 유모국가nanny state* 식 통제광이 맺은 비신성 동맹"을 이끌고 있다고 말했다. 또 다른 전국 신문도 "식품 파시스트의 뚱뚱한 거짓말"이라며 비판 대열에 동참했다. 몇몇 타블로이드 신문은 눈길 끄는 제목을 뽑았다. 이를테면 《선The Sun》에는 "우리의 베이컨을 구하라"와 "경솔한 돼지고기가 생명을 앗아갑니다"라는 기사가 실렸다.

대체 무엇이 이토록 거품 무는 반응을 불러 일으켰을까? 예리한 언론이 폭로한 나의 거짓말쟁이 파시스트 도당은 누구였을까?

우리의 위장술은 가히 뛰어났다. 나는 '세계암연구재단World Cancer Research Fund'이 식습관, 영양, 신체 활동과 암 발병의 관련성을 연구하기 위해 꾸린 패널을 이끈 적이 있다. 이 연구는 《식습관, 영양, 신체 활동

---

* 마치 유모가 아이를 키우는 것처럼 국민 사생활과 자유시장에 과도하게 개입하는 정부.

과 암Diet, Nutrition, Physical Activity and Cancer》으로 출간됐다(2007년, 제2차 전문가 보고서).[8] 이 패널에는 국제적으로 저명한 과학자 20여 명이 참여했다. 우리 교활한 파시스트들은 영국, 미국, 일본, 중국, 인도, 칠레, 멕시코, 아프리카 여러 나라, 뉴질랜드, 호주에서 온 교수로 위장했다. 우리 보고서의 강점은 하나가 아니라 7,000개의 학술 논문에 기초하고 있다는 점이었다. 5년에 걸쳐 200명 넘는 과학자들이 자료를 모으고 분석했고 유니세프와 WHO도 참관 자격으로 참여했다. 이렇게 해서 나온 400쪽 분량의 보고서는 히틀러의 《나의 투쟁Mein Kamph》과는 거리가 멀어도 한참 멀었다.

우리는 엄정한 과학적 증거들만을 토대로 몇 가지 결론을 도출했다. 과체중이 암 발병률 증가와 관련 있으므로 정상적인 체중 범위에서도 날씬한 쪽에 있는 게 중요하다는 것, 가공육은 암 위험을 높이므로 암을 예방하고자 한다면 섭취하지 않는 게 좋다는 것, 붉은 고기는 1주일에 500그램 이상 소비하면 암 위험을 높인다는 것 등이었다. 그리고 이러한 결론을 '제안'의 형태로 보고서에 기술했다. 바로 이 결론들이 "식품 파시스트의 뚱뚱한 거짓말"이라는 평가를 받은 것이다.

10여 년 전에도 비슷한 일이 있었다. 그때는 심장병과 식습관의 관계에 대한 연구를 한 후였다.[9] 과학자와 교수들로 구성된 위원회가 진지한 연구와 분석을 거쳐 내놓은 결론이 다음과 같은 평가를 받았다. "식품 레닌주의자들의 공격이다……. 이제 유모국가가 당신이 아침, 점심, 저녁으로 무엇을 먹을지까지 정해 주려 든다."[10]

나는 레닌주의자인가 나치인가? 핵심은, 건강을 향상시키기 위해 개인의 행동에 영향을 미치려 시도하는 사람은 누구든지 그들이 보기에 전체주의자라는 것이다.

누가 진짜 거짓말쟁이인가?

무슨 일이 벌어지고 있는 것일까? 과학자들의 진지한 결론이 어떻게 이토록 적대감을 불러일으킬 수 있을까? 논문 7,000편을 면밀히 검토해 도출한 결론이 어떻게 거짓말이라는 평가를 받을 수 있을까? 5년에 걸쳐 세심히 연구하고 적확한 어휘로 표현하기 위해 끝없는 토론을 거치면서 고심을 거듭해 만든 제안들이 어떻게 무책임하다고 묘사될 수 있을까? 우리의 조언을 따르면 암 위험을 줄일 수 있다고 말하는 것이 어떻게 파시스트적이라는 비난을 받을 수 있을까?

하나의 실마리는 우리를 거짓말쟁이 파시스트라고 비난한 신문들이 모두 자유지상주의적 성향의 선정적 매체였다는 데서 찾을 수 있다. 우리의 결론(암 위험을 줄이기 위해 취할 수 있는 조치가 존재한다는 결론)을 받아들이면, 당연히 이는 '질병을 예방하고 건강을 증진시키는 것은 누구의 책임인가'에 대한 논의로 이어지게 된다. 그런데 우리를 파시스트라고 비난한 신문들의 과장된 말(사실은 거짓말)에는 누군가가 본인이 자유롭게 선택한 행동으로 병을 얻기로 했다면 남이 신경 쓸 일이 아니라는 주장이 깔려 있다.

여기에는 일종의 연막작전이 작동하고 있다. 질병의 원인에 대한 우리의 결론을 그냥 부정확하다고 치부해 버리면 '그 원인을 해결하기 위해 무엇을 할 것인가'라는 어려운 논의를 피할 수 있게 된다. 우리를 거짓말쟁이로 치부하는 편이 질병 예방의 책임은 누구에게 있는가를 논하는 것보다 쉽다. 개인의 책임과 사회적 책임의 균형점은 어디인지, 또 사회적으로 불리한 처지에 처한 사람들이 그 때문에 건강을 위한 선택에 제약을 받고 있는지 아닌지를 논하는 것보다도 쉽다.

증거들에 대해 이견이 존재하는 것 자체는 불합리한 일이 아니다. 과학자들은 매우 자주, 또 매우 격렬하게 증거에 대해 이견을 보인다. 어떤 증거도 완전히 확실할 수는 없기 때문이다. 하지만 불일치가 있다고 해서 결론을 내릴 수 없는 것은 아니다. 어떤 '과학자'들은 지구가 납작하다고 생각하고 어떤 과학자들은 그렇지 않다고 생각한다. 그렇다고 우리가 결론을 내릴 수 없는가? 어떤 과학자들은 창조론이 진화론보다 합당한 이론이라고 생각한다. 그렇다고 우리가 창조론과 진화론을 동일하게 취급해야 하는가? 대다수의 과학자가 증거들이 특정한 방향을 가리키고 있다고 동의하는 경우(가령 인간이 유발한 기후변화)와 정말로 불확실한 경우는 구별돼야 한다.

내가 사회적 결정 요인 연구를 처음 시작했을 때만 해도 식습관과 질병에 대한 증거들을 놓고 과학자들 사이에서도 견해가 갈려 있었다. 그런데 증거에 대한 판단이 행동에 나서고자 하는 의지에 영향을 미쳤다기보다는, 거꾸로 행동에 나서고자 하는 의지가 증거에 대한 태도를 결정했다. 사람들의 건강을 향상시키기 위해 사회가 적극적으로 행동해야 한다고 생각하는 과학자들이 사회적 행동에 조심스러운 입장인 과학자들보다 증거의 설명력을 더 높이 평가하는 경향이 있었다.

체중 증가가 암 발병률을 높인다고 해 보자(많은 증거가 이를 압도적으로 뒷받침한다). 그러면 우리는 무엇을 해야 하는가? 정치적 우파는 '우리'가 할 일은 없다고 말할 것이다. 개별 행위자들이 완전한 정보를 가지고 개인적으로 선택을 내릴 문제라는 논리다. 이에 따르면, 누군가가 뚱뚱해지기로 선택한다면 이는 남이 관여할 문제가 아니어야 한다.

합리적 비만?

1992년 노벨 경제학상을 수상한 시카고 대학교 경제학자 게리 베커 Gary Becker(2014년에 숨졌다)는 경제학의 '합리적 선택 이론'을 일상생활에 적용했다. 이 이론에 따르면, 우리는 취할 수 있는 여러 행동을 놓고 비용과 편익을 분석해서 효용이 극대화되는 방향으로 합리적인 선택을 내린다('효용'은 '만족'이라고 생각하면 된다). 그리고 일반적으로 사람들은 미래보다 현재에 더 가치를 두기 때문에, 어떤 행동이 미래에 초래할 영향은 그 행동으로 현재 얻게 될 편익보다 낮은 가중치로 계산된다. 게리 베커와 시카고 대학교의 케빈 머피Kevin Murphy는 공저로 '합리적 중독'에 대한 논문을 펴냈다.[11] 그들에 따르면, 합리적 선택 이론으로 중독 현상을 설명할 수 있다. 알코올, 담배, 마약뿐 아니라 텔레비전 중독, 일 중독, 설탕 중독도 마찬가지다. 사람들이 미래 비용을 더 많이 할인해 평가할수록(미래 비용에 더 낮은 가중치를 부여할수록) 합리적 선택 이론은 중독을 더 잘 설명할 수 있다. 바이런식으로 표현하자면, 오늘의 와인과 여인, 즐거움과 웃음이 내일의 설교와 소다수보다 중요하다.* 지금 먹고 마시고 즐거워하자! 미래는 미래의 일이 아닌가. 중독되지 않는 사람도 존재하는 이유에 대해서는, 미래에 가치를 높이 부여하는 사람도 있기 때문이라고 설명했다.

실로 훌륭하고 창의적이며 수많은 경제학자에게 영향을 준 이론이지만, 나는 적절한 할인율을 적용해 미래 가치를 현재 가치로 환산해서 편익과 비용을 더하고 빼고 하는 것이 정말로 우리의 행동을 결정

---

* 바이런의 시구 "와인과 여인, 즐거움과 웃음을 즐기자 / 설교와 소다수는 내일 갖기로 하고(Let us have wine and woman, mirth and laughter / Sermons and soda-water the day after)"에서 따온 것이다.

하는 과정인지 의문스럽다. 또 합리적 선택 이론은 우리가 완전한 정보를 가지고 있다고 가정하지만 대부분의 경우 우리가 가진 정보는 완전하지 못하다.

합리적 선택론자들을 만나면 나는 이렇게 묻곤 한다. 뚱뚱하다고 걱정하면서도 커다란 초코 과자를 먹는 사람은 왜 그러는 것인가요? 그러면 대개 다음과 같은 대화가 이어진다.

합리적 선택론자 그 사람에게는 초코 과자를 먹는 것이 참는 것보다 효용이 크기 때문이에요.

나 어떻게 그런 줄 알지요?

합리적 선택론자 그렇지 않았다면 다르게 선택했을 테니까요.

나 5분간 초코 과자를 즐기고서 그날 내내 자기혐오로 괴로워해도 말인가요? 그게 효용 극대화인가요?

합리적 선택론자 미래 가치를 가파르게 할인한 것이지요. 과자 소비가 당장 가져다줄 쾌락이 미래에 자기혐오로 겪을 고통을 피하는 것보다 가치가 큰 것입니다.

나 늘 합리적으로 효용을 극대화하며 살지는 않는 사람이 있다고는 생각 안 하시나요?

합리적 선택론자 안 합니다. 그렇지 않다면 그들이 왜 그렇게 행동을 하겠습니까?

프로이트는 물론이고 의대 시절 도스토옙스키를 읽으면서도 나는 인간의 행위가 이보다는 복잡하다고 생각했다. 하지만 효용을 '측정'하지 않고 단지 드러난 행동을 관찰해 '유추'만 한다면 이 이론은 언제나 완벽하게 일관성을 가질 수밖에 없다. 누가 어떤 행위를 했다면 그 행위는 그에게 효용을 극대화시켜 주는 행위라고 애초에 가정돼 있는 것이다. 노벨 경제학상을 받은 심리학자 대니얼 카너먼Daniel Kahneman은 단순한 효용 계산 말고도 우리의 선택에 영향을 미치는 요인이 매우 많다는 것을 보여 줬다. 우리의 선택은 우리가 무엇을 기억하고 있는지, 정보가 우리에게 어떤 방식으로 제시되는지, 우리가 어떤 편견들을 가지고 있는지(우리는 편견을 아주 많이 가지고 있다) 등에 크게 영향을 받는다.[12]

한 콘퍼런스에서 어느 경제학자가 합리적 선택 이론으로 비만을 설명할 수 있다고 말하자 누군가가 약간 무례하게 질문을 던졌다. "당신은 왜 뚱뚱한가요?" 경제학자가 대답했다. "내가 그러기로 선택했기 때문입니다." 그가 아침마다 일어나서 '오늘 더 뚱뚱해질 테야' 하고 생각했을 법하지는 않다. 아마 그의 대답은 '현재의 식습관을 갖는 데서 오는 효용이 미래에 비만이 건강에 악영향을 미치는 데서 올 비효용의 현재 가치보다 크기 때문'이라는 의미였을 것이다. 건강도 소중하지만 그건 미래의 일이고 지금 당장은 쿼터파운더 버거와 감자튀김, 라지 사이즈 콜라의 가치가 더 크다는 것이다.

뚱뚱한 사람들이 다 합리적인 선택을 내려서 뚱뚱해졌다는 그의 모델이 맞다고 치자. 그렇다면 그 경제학자는 미국에서 비만이 '증가'하고 있는 이유를 설명해야 한다. 그리고 프랑스보다 미국에서 비만이 더 많은 이유도 설명해야 한다. 미국에서 점점 더 많은 사람이 뚱뚱해지기로 선택해서 그렇다는 설명은 설득력이 없다. 이 설명은 질문을 바꾸게 만들 뿐이다. "아 그러니까 왜 미국에서 점점 더 많은 사람들이 뚱뚱해지기로 선택을 했냐고요!"

"건강은 자기 책임"이라는 흔한 말에도 합리적 선택 이론의 개념이 내포돼 있다. 이런 개념에서 보면 비만이 많아진 것은 점점 많은 사람들이 미래의 비효용보다 현재 소비의 효용을 높게 평가하게 되면서 나온 결과다. 쉽게 말하면 사람들이 더 무책임해진 결과다. 그렇다면 흡연이 극적으로 감소한 것은 어떻게 설명할 것인가? 사람들은 왜 흡연에 대해서는 더 책임감이 높아졌으면서 음식에 대해서는 더 무책임해졌는가? 또 사람들이 건강에 미칠 미래의 영향보다 현재의 소비에 더 높은 가치를 부여하고 있다는 것이 맞다 쳐도, 균형점이 이렇게 바뀐 이유는 무엇인가? 균형점이 바뀐 것이 아니라 늘 그래 왔다면, 과거보다 오늘날 비만이 더 많은 이유는 어떻게 설명할 수 있는가?

비만이 '증가'했다는 사실을 염두에 두고서, 건강이 누구의 책임인가의 문제로 돌아가 보자. 데이터를 객관적으로 관찰한다면 비만의 증가가 개인의 선택만이 아니라 훨씬 많은 요인이 작용한 결과임을 명확히 알 수 있다. 비만의 증가는 환경의 변화에서 기인한 것이다. 그런데 환경을 변화시키려는 노력은 왜 무조건 파시즘으로 모는가? 개인의 행동을 바꾸는 것은 왜 개인의 책임으로만 둬야 한다고 말하는가? 사회의 행동이 문제의 원인이라면 그에 대해 어떤 사회적 조치를 취할지 논의하는 것이 합당하지 않은가?

건강 불평등과 생활습관

"옷 사이즈가 작을수록 집 크기가 크다." 뉴욕 사람들이 흔히 하는 이말은 비만의 분포가 사회계층적 경사면을 따른다는 사실을 너무나 잘 표현하고 있다. 특히 중위소득국과 고소득국 여성들은 사회적 지위가 낮을수록 더 비만하다. 이유가 무엇일까?

나는 건강 비형평과 여기에 영향을 미치는 사회적 결정 요인에 관심이 있다. '사회적 결정 요인'이라는 말은 질병의 개인적 위험 요인을 연구하는 사람들에게는 물론이고 인구집단의 건강을 연구하는 역학 연구자들에게도 익숙하지 않은 용어다. 상대빈곤, 사회적 관계, 존엄한 삶을 가능하게 하는 여건, 역량강화, 데이비드 고든의 열 가지 조언이 지칭하는 여건 등은 보건 의료 분야에서 주식도, 심지어 간식도 아니었다. 사람들은 흡연, 음주, 비만에 대한 논의는 어디 있느냐고 내게 묻곤 한다. 하지만 사회적 요인에 관심을 갖는다고 해서 흡연, 음주, 비만 같은 개인적 습관들을 논의하지 않는 것은 아니다. 비감염성 질병의 분포를 논할 때 흡연, 음주, 비만은 핵심이다. 그리고 사회적 여건은 이런 개인적 습관들을 통해서 건강 비형평을 야기한다(스트레스를 통해서 건강 비형평을 야기하기도 한다. 뒤에서 상세히 다룰 것이다).

건강을 향상시키려면 개인과 지역공동체의 역량을 강화하는 것이 핵심이다. 언뜻 생각하면 개인의 책임을 강조하는 것과 역량강화를 강조하는 것은 잘 부합하는 것 같아 보인다. 사람들이 자신의 삶에 대해 통제력을 갖고서 건강과 관련된 선택들을 자유롭게 내리는 그림을 그려 보면 말이다. 물론 개인은 담배를 피울 것이냐 말 것이냐, 술을 어떻게 마실 것이냐, 어떤 식단으로 밥을 먹을 것이냐를 선택할 수 있어야 한다. 하지만 그러한 습관의 사회적 패턴을 살펴보면 개인을 넘어서는 원인들, 즉 사회적인 원인들이 있다는 것을 알게 된다.

개인이 어떤 경로로 건강에 해로운 습관을 갖게 되는지를 나는 데이터로 설명할 수 있다. 유니버시티 칼리지 런던(UCL) 및 영국 '국립사회연구센터National Centre for Social Research' 동료들과 '스코틀랜드 건강조사

Scottish Health Survey'에 참여한 적이 있다. 결과를 발표하러 에든버러로 가는 비행기에서 나는 발표 내용이 담긴 파워포인트 파일을 검토하고 있었다. 데이터는 사춘기를 거치면서 소녀들의 흡연율이 극적으로 치솟는 것을 보여 주고 있었다. 흡연이 사춘기 여성의 2차 성징이 아닌가 싶을 정도로 흡연 증가율이 두드러졌다. 또 소녀들은 사춘기를 거치면서 운동을 덜 했으며, 술을 시도해 보는 것도 이 시기였다. 한 여성 승무원이 어깨너머로 내 컴퓨터를 보더니 이렇게 말했다. "제가 다 해 본 것들이네요. 그것 말고 다른 것들도요." 나는 승무원에게 이러한 습관들의 사회계층적 경사면을 보여 줬다. 사회적 지위가 낮을수록 건강에 해로운 습관을 많이 보였고 이 경사면은 꽤 이른 나이에 시작되고 있었다. "네, 맞아요. 저도 그랬어요. 제 친구들처럼 별 볼일 없는 집안에서 태어났거든요."

모든 젊은이는 무언가를 시도한다. 하지만 비만과 흡연의 사회계층적 경사면은 어린 시절과 청소년기에 이미 분명하게 드러난다. 이 어린이와 청소년들이 각자 개인적으로 선택을 내리고 있다고 보는 것은 너무 협소한 견해이며 그들을 특정한 행동 쪽으로 몰아가는 사회적 압력을 무시하는 것이다.

어느 공중보건의가 내게 이렇게 물은 적이 있다. "실업 상태인 젊은이들이 도심을 배회하면서 술, 담배를 너무 많이 하고 마약도 하고 문제도 많이 일으킵니다. 당신은 어떤 제안을 하시겠습니까?" "나라면 거기에서부터 시작하지 않겠습니다." 나의 (별로 도움 안 되는) 대답이었다. "나라면 영유아기 성장 발달과 교육에서 시작하겠습니다. 젊은이들의 역량을 강화하고 그들이 자신의 삶과 미래의 기회에 대해 통제력을 가질 수 있게 할 특성들을 계발하도록 도우면 그들은 도심을 어슬렁거리면서 술, 담배를 하는 것보다 훨씬 흥미로운 일들을 갖게 될 것입니다."

지식은 역량강화로 이끄는 여러 방법 중 하나일 뿐이다. 영국에서는 국민 전체가 담배의 해로움을 '알고 있다.' 그렇지만 흡연은 사회계층적 경사면을 따라 분포한다. 빈곤과 불평등은 역량을 심하게 박탈한다. 자신의 삶에 대해 통제력을 가질 수 없는 사람은 건강에 좋은 선택을 내리는 것이 불가능하다고 느끼게 된다.

이런 점에서, '건강을 위한 열 가지 조언'이 실제로 발휘하게 될 효과는 건강에 해로운 행동을 사회적 위계의 아래쪽에 더욱 집중시켜 불평등을 심화시키는 것일지 모른다. 예전에는 사회경제적 지위에 따라 차이를 보이지 않던 습관들이 점점 더 사회계층적 경사면을 따라 분포하고 있다. 흡연이 그런 사례다. 오늘날 영국의 전문직 가구 중에서는 9퍼센트만이 담배를 피우지만 단순노동직 가구 중에서는 31퍼센트가 담배를 피운다(성인 기준).[13] 흡연은 질병과 사망의 원인이다. 우리는 그 원인의 원인을 다뤄야 한다.

비만의 원인, 유전자냐 교육이냐?

비만은 개인적 요인과 사회적 요인이 어떻게 상호작용하는지를 잘 보여주는 사례다. 개인은 자신이 무엇을 먹을지, 얼마나 먹을지를 선택한다. 어떤 운동을 할지, 얼마나 많이 할지도 선택한다. 하지만 이러한 선택은 그가 처한 환경의 영향을 받는다. 개인의 비만 성향은 어느 정도 유전이다. 쌍둥이 연구를 통해 유전 요인과 환경 요인을 분리해 볼 수 있다. 일란성 쌍둥이는 유전적으로도 동일하고 환경도 공유한다. 이란성 쌍둥이는 평균적으로 유전자는 절반만 공유하지만 환경은 일란성 쌍둥이와 비슷한 정도로 공유한다. 여러 쌍둥이 연구에서 밝혀진 바에 따르면, 비만의 유전율*은 50~90퍼센트 정도다. 유전 요인이 상당히 크다고 볼 수 있다.[14] 쌍둥이 연구는 몇 가지 점에서 비판을 받기도 한다. 일반적으로 쌍둥이 연구는 아주 제한된 범위의 환경하에서 수행된다. 또 이란성 쌍둥이가 일란성 쌍둥이와 비슷한 정도로 환경을 공유한다는 가정도 문제가 될 수 있다. 하지만 내가 제기하려는 문제는 이게 아니다. 내 관심사는 쌍둥이 연구에서 나온 결과를 다른 연구에서 나온 (상충돼 보이는) 결과와 어떻게 조화시킬 것이냐다.

나는 영국에 거주하는 인도 이민자의 건강에 관심을 가져 왔다. 웨스트 런던에 살고 있는 펀자브 출신 이주민 남성의 체질량지수Body Mass Index(BMI)는 **평균 28이다.** BMI는 어떤 사람이 건강한 체중을 갖고 있는지 알아보는 지표로, 체중을 키의 제곱으로 나눈 값이다. 바람직한 BMI 범위는 20~25이며 25 이상이면 과체중, 30 이상이면 비만이다. 28이면 비만까지는 아니어도 상당히 과체중인 편이다. 한편 인도 펀자브의 농촌 지역에서 진행된 연구에서는 BMI가 평균 18이었다. 이들은 저체중이다. 두 지역 모두 평균 신장이 172센티미터라고 가정하면, BMI 격차가 10이라는 말은 평균적으로 몸무게가 29킬로그램이나 차이 난다는 말이다. 엄청나게 큰 차이다. 펀자브 남자들 중에서 유전적으로 살이 잘 찌는 사람들이 유독 이민을 많이 가는 게 아닌 한, 펀자브에 사는 펀자브 남성과 영국에 사는 펀자브 남성 사이에 유전적 차이는 별로 없다고 봐야 한다. 따라서 영국에 사는 펀자브 남성들의 과체중

---

* 비만 지표의 개인 간 차이를 유전 요인이 설명하는 정도.

은 주로 환경 요인 때문이라고 볼 수 있다.

잠깐만! 쌍둥이 연구에서는 비만에 유전 요인이 상당히 크다고 하지 않았나? 그런데 이민자 연구에서는 비만이 주로 환경의 영향이라고? 환경론자들은 쌍둥이 연구가 환경 요인을 과소평가했다고 비판할 수 있다. 유전론자들은 이민자 연구가 환경 요인을 적절하게 통제하지 않았다고 비판할 수 있다. 둘 다 맞는 말이다. 하지만 아주 제한된 범위의 환경에 노출됐다면 발견된 차이는 **전부** 유전 요인으로 보는 것이 합리적이다. 반면 환경에 쓰나미급의 변화가 있었다면 개인의 유전적인 발병 민감도 차이는 큰 영향을 미치지 못할 것이다. 이런 경우에는 환경 요인이 압도적인 영향을 미칠 것이다. 인도에 사는 인도인의 빈약한 체구와 런던에 사는 인도인의 과체중을 설명하려면 환경적 요인에 의존해야 한다. 반면 매우 비슷한 환경에 노출됐던 일란성 쌍둥이와 이란성 쌍둥이의 차이를 설명하려면 유전적 요인에 의존해야 한다.

도표2.1은 미국의 비만도 추이를 보여 준다. 미국 질병통제예방센터 Centers for Disease Control and Prevention(CDC)에서 가져온 지도로, 각각 1985년, 1997년, 2010년의 비만 인구 비중을 주별로 나타낸 것이다. 각 주는 비만도에 따라 다른 색으로 표시돼 있는데, 시간이 가면서 색이 전체적으로 점점 짙어진다. 비만 인구 비중이 증가했다는 의미다. 이 지도를 보고 나는 놀라서 입이 떡 벌어졌다. 다른 사람들도 똑같은 반응을 보인다. 연한 색의 지도가 짙은 색으로 바뀔 때 청중은 일제히 '헉' 하고 놀란 소리를 낸다. 미국인의 유전자가 이렇게 빨리 달라졌다니! 농담이다. 유전이 비만에 미치는 영향이 얼마나 크든지 간에, 유전 요인은 20~30년 사이에는 안정적이다. 한 세대 정도의 기간 안에 유전자가 급격히 달라지지는 않는다. 비만 인구가 이렇게 급격하게 증가한 것은 '선

도표2.1 더, 더, 더!

1985년 미국 성인 비만 인구 비중(BMI 30이상).

1997년 미국 성인 비만 인구 비중(BMI 30이상).

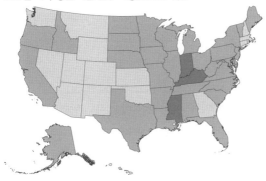

2010년 미국 성인 비만 인구 비중(BMI 30이상).

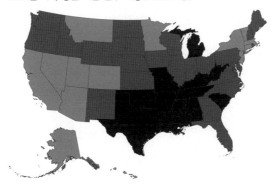

자료 없음   <10%   10~14%   15~19%   20~24%   25~29%   ≥30%

천적 요인nature'(생물학적 요인)이 아니라 '후천적 요인nurture'(환경적 요인) 때문이라고 봐야 한다.

미국만이 아니다. 허리둘레는 전 지구적으로 팽창하고 있다. 이집트와 멕시코에서는 여성 중 70퍼센트가 과체중이다. 이 현상은 '코카콜로니제이션coca-colonization(코카콜라 식민지화)'이라고 불린다. 소비자가 합리적 선택을 했을지도 모르지만 가공식품의 증가와 신체 활동의 감소가 더 설득력 있는 설명이다.

지난 몇십 년 동안 고소득국에서는 교육 수준이 낮을수록 과체중과 비만이 증가하는 현상이 나타났다. 비만이 사회계층적 경사면을 따라 분포하게 된 것이다. 이 현상은 여성들 사이에서 더 두드러졌다.

걱정스럽게도 아동비만 또한 증가했다. 아동비만은 개인의 책임 탓으로 돌릴 수 없다. 유모국가식 정책에 반대하는 부모도 자녀에게 "지금 초콜릿 먹으면 안 돼. 밥 때 식욕 떨어질라"라든지 "브로콜리 다 먹지 않으면 오늘 디저트는 없을 줄 알아"라고 말하는 게 문제라고 생각하지는 않을 것이다. 인간은 생물학적으로 단 것을 좋아하도록 돼 있어서 매우 높은 의지력을 발동시키지 않으면 개인의 힘으로 아이스크림이나 탄산음료를 거부하기란 몹시 어렵다. 그렇다면 아동비만의 증가는 아동 개개인이 현재 소비와 미래 건강 사이에서 편익과 비용을 계산해 내린 선택의 결과라기보다는 아동이 노출돼 있는 환경을 반영하는 결과라고 봐야 한다. 현재 영국에서 사회적 지위가 중간 이상인 가구에서는 아동비만 증가 추세가 꺾였지만 사회적 지위가 낮은 가구에서는 아동비만이 계속 증가하고 있다.[15] 따라서 미래에는 비만의 사회계층적 경사면이 더 가팔라질 것이다.

이와 달리 저소득국에서는 교육 수준이 높은 여성들이 과체중인 경우가 많다. 이는 서로 관련된 두 가지 현상을 반영한다. 우선 저소득국에서 교육 수준이 낮은 여성은 절대빈곤선 근처에서 살아가기 때문에 칼로리 섭취 자체가 극히 낮다. 같은 동전의 다른 면으로, 뚱뚱하다는 것은 극빈곤층이 아님을 드러내는 사회적 신호가 될 수 있다.

국가의 소득이 증가하면 비만의 사회계층적 경사면은 고소득국의 양상으로 옮겨간다. 즉 교육 수준이 높을수록 과체중이 적어진다. 의학 박사 아미나 아잇시-셸미Amina Aitsi-Selmi는 이집트 등 몇몇 국가에서 이러한 경향을 조사했다. 저소득국에서는 부유한 여성들 사이에 과체중이 많았다. 우려스러운 현상이었다. 나는 절대빈곤을 벗어나면 비만 합병증으로 벌을 받게 되리라고 저주하는 예언가가 되고 싶지 않았다. 다행히도 아잇시-셸미는 교육 수준이 높은 여성들 사이에서는 부와 비만이 상관관계를 보이지 않음을 발견했다. 안심이다. 교육 수준이 높은 여성들은 빈곤에서 벗어나도 비만이라는 벌을 받지 않는다.

국가 간에, 그리고 국가 내에서 비만이 어떻게 분포하는지를 보면 건강이 온전히 개인의 책임이라고 생각할 수 없을 것이다. 개인의 책임 문제라면 왜 그 분포가 사회계층적 경사면을 따르겠는가? 책임감이 더 잘 사는 계층 사람들의 특성이기라도 하단 말인가? 이는 어처구니없는 생각이다. 이런 생각을 따르기보다는, 교육을 확산시키는 방법 등으로 사람들이 자신의 삶에 대해 통제력을 가질 수 있는 여건을 만드는 게 어떻겠는가? 그렇게 된다면 개인들이 자신의 체중에 관심을 갖고 스스로 책임을 지며 관리할 수 있게 될 것이다.

음주, 단지 개인의 책임일까?

음주는 건강 습관이 사회적 여건에 영향을 받는다는 점을 명백히 보여주는 사례다. 구소련 붕괴 이후에 러시아에서는 남성 사망률이 극적으로 높아졌다. 1990년부터 10년간 기존 대비 약 400만 명이 추가로 숨진 것으로 추산된다. 여기에는 폭음이 큰 역할을 했다. 음주가 사망률 증가에 정확히 얼만큼 영향을 미쳤는지에 대해서는 논란이 있지만, 폭음이 폭력 사망과 돌연사의 증가와 관련 있다는 것은 명백해 보인다. 자, 술이 원인이다. 하지만 우리는 왜 죽을 만큼 술을 마시는 러시아 남성이 전보다 늘었는지 질문해야 한다. 생명을 위협할 정도의 음주를 합리적 효용 극대화 행위 이론으로 설명할 수 있을까? 이 이론이 말이 되려면 사망률의 '급증'을 설명할 수 있어야 하고 해결책을 위한 시사점을 줄 수 있어야 한다.

지금 나는 400만 명의 추가 사망이 매우 심각한 현상임을 전제로 이야기하고 있다. 이 정도 규모의 문제라면, 우리는 뒷짐 지고서 '개개인이 그렇게 행동하기로 결정했으니 결과도 각자 감수해야 한다'고 말해서는 안 된다. 이렇게 대대적인 습관의 변화는 그들의 무책임한 행동 탓이 아니라 사회적 여건의 변화로 설명해야 한다. 그중 하나가 소비에트 붕괴 이후의 급격한 사회경제적 쇠퇴다. 소련 붕괴 이후 러시아는 GDP가 급감해 가구 실질소득이 평균 60퍼센트나 줄었다. 빈곤으로 떨어진 데다 일자리도 없어지고 불평등은 크게 심화되는 상황에 처한 러시아 남성들은 술에 의존했고 치명적인 결과를 맞았다.

영국은 알코올의 소비 패턴과 피해 패턴이 크게 다르다. 우선 음주 양상을 보면 영국에서는 의외로 사회경제적 지위가 높은 사람들이 알코올 소비가 더 많다. 여성의 경우는 더 그렇다. 교육 수준이 높고 사회적 지위가 높은 직장을 가진 여성은 그렇지 못한 여성보다 평균적으로 술을 더 많이 마신다. 미국에서도 교육 수준이 높은 사람들이 그렇지 않은 사람들보다 음주량이 많다.[17] 그런데 음주로 인한 피해의 양상은 사회계층적 경사면의 방향이 다르다. 음주로 인한 입원과 사망은 사회적 지위가 높을수록 낮다. 즉 소비 패턴과 피해 패턴이 놀라운 불일치를 보인다. '술을 마시는 방식의 차이'가 한 가지 이유일 것이다. 사회적 지위가 높은 사람이 매일 저녁 버건디 반 병을 마신다면 1주일에 한 번 금요일 밤에 만취하는 사람보다 주당 알코올 소비량이 더 많을 수 있다. 하지만 건강에는 후자가 더 해롭다. 그밖에도 영양 상태라든지 위험한 행동, 흡연 등의 요인이 사회적 지위가 낮은 사람들의 건강 위험을 높일 수 있다.

유럽과 러시아 간 음주 피해 양상의 차이를 설명할 때도, 영국 음주 피해의 사회적 분포를 설명할 때도, 음주가 질병과 사망의 원인이라고 말하는 데서만 그쳐서는 안 된다. 우리는 원인의 원인까지 생각해야 한다. 즉 음주 양상을 결정하는 요인이 무엇인지 질문해야 한다. 인구집단의 알코올 소비 패턴에 영향을 미치는 원인은 크게 세 가지다. 가격, 접근성, 문화. 도표2.2는 이 세 가지 가운데서 가격의 영향을 보여 준다.

영국에서는 1960년과 2005년 사이에 주류 가격이 점점 낮아졌다. 그러면서 소비가 증가했다. 한 경제학자가 이 그래프를 보더니 말했다. "제가 강의하는 내용이네요. 가격이 수요에 미치는 영향 말이에요. 그런데 이렇게 명확한 현실 사례는 처음 봅니다." 우리가, 그러니까 우리 사회가 알코올 소비량을 줄이는 것이 바람직한 결과를 가져올 것이라고 판단했다면 가격을 올려야 한다. 그런데 일부 자유시장주의자들은

도표2.2 경제학 원론: 술값이 내리면 술 소비량이 는다

영국의 가격 대비 알코올 소비량.

이런 제안을 용납할 수 없는 모욕으로 간주한다.

알코올 소비량은 인구집단의 알코올 소비 패턴에 영향을 주는 가격, 접근성, 문화 이외에 개인적 요인들의 영향도 받는다. 개인적 요인들에는 유전, 개인의 경험, 성격, 또래집단 문화 등이 포함된다. 개인적 요인들에 대해서는 상담과 치료가 필요하다. 반면 인구집단에 영향을 미치는 요인들에 대해서는 사회적인 행동이 필요하다. 후자에 대해 개인에게 달린 일이라고 말하는 것은 도움이 되지 않는다.

누구의 책임인가?

왕립의학회Royal College of Physicians 만찬 후 자전거를 타고 집에 가다 넘어져서 길바닥에 나동그라졌다. 너무 아팠고 움직일 수도 없었다. 양복과 나비넥타이 차림으로 그러고 있으니 금세 구급차가 왔다. 구급요원이 내 복장을 보고 말했다. "이 분, 술 좀 하셨구만!" 나는 7시에서 11시 사이에 와인 한 잔을 마셨을 뿐이라고 항변하면서도, 술 마신 것이 이것과 무슨 상관이 있는지 궁금했다. 만약 내가 술 취해서 다친 거라면 그것은 온전히 내 책임이니, 구급요원이 나를 돌보지 않았을 거라는 말인가?

티타늄 핀으로 대퇴골을 고정하는 수술을 포함해 훌륭한 치료를 받았으므로 다시 한 번 영국 국가보건서비스에 고마움을 전한다. 하지만 한 보수당 의원이 소위 '생활습관성 질병'을 가진 사람들은 치료비를 직접 부담해야 한다고 말했을 때 "이 분, 술 좀 하셨구만!"이 다시 떠올랐다. 한 잔이 아니라 석 잔쯤 마셨더라면 대퇴골 치료비를 내가 다 냈어야 했다는 말까? 빈털터리는 치료비 낼 돈이 없으니까 술 취해 넘어져서 머리를 다쳐도 길바닥에 계속 그러고 있어야 한다는 말일까? 그 의원은 정말 그런 사회를 상상한 것이었을까?

이렇게까지 생각하는 건 너무 감상적인지도 모른다. 그 의원이 그렇게 말했을 때 염두에 둔 것은 비만이 유발한 당뇨병이었을지 모른다. 그런데 비만은 사회계층적 경사면을 따라 분포하고, 따라서 당뇨병도 그렇다. 즉 지위가 낮을수록 당뇨병이 많다. 이렇게 보면, 그 의원의 주장은 가난한 사람들이 잘 걸리는 당뇨병은 치료비를 부담할 책임이 그들에게 있다는 말이 된다. 이런 주장을 뒷받침해야 한다면 다음 세 가지 정도의 논리를 끌어내 볼 수 있을 것이다.

• **역﹅유인** 병이 났을 때 치료비를 온전히 자신이 부담해야 한다

면 건강에 해로운 습관을 멀리하게 만들 유인이 될 것이다. 그러면 비만해지지 않을 수 있고 당뇨병을 예방할 수 있을 것이다.

- **처벌** 나쁜 행동을 한 데 대해 그 비용을 지불하도록 하면 나쁜 행동을 처벌하는 기제가 될 것이다.
- **비용 절감** 무책임하게 행동한 사람들에게 그에 대한 비용을 지움으로써 공공 의료 시스템의 비용을 절감할 수 있을 것이다.

우선 역유인 논리는 그것을 뒷받침할 만한 증거가 없다. 사람들은 일생에 걸쳐 과체중이 되고 비만이 된다. 65세에 당뇨병 치료 비용을 내지 않기 위해 25세에 초코 과자를 먹지 않을 것이라는 생각은 불합리하다. 이런 억제 효과가 있음을 입증하는 증거가 있은 다음에야 병든 사람이 비용을 직접 부담하게 할 것이냐 아니냐를 논쟁할 수 있다(이 경우라 해도 나는 반대다). 그런데 지금은 억제 효과를 보여 주는 증거 자체가 없다.

둘째, 처벌 논리는 대부분의 사람들이 논할 가치도 없다고 생각할 것이다. 이는 도덕적인 이유에서다. 치료 시점에 비용 부담 없이 치료받을 수 있게 하는 보편 의료 시스템은 누구든 제3자의 도덕 기준에 따라서가 아니라 그 자신의 필요에 따라 치료받을 수 있어야 한다는 것을 원칙으로 삼는다. 불결한 바늘을 사용하다가 HIV에 걸린 약물 중독자도 치료받을 수 있어야 한다. 그뿐 아니라 피해를 줄이기 위해서라도 약물 중독 치료까지 공공 의료 서비스에 포함시켜야 한다고 보는 사람도 많다. 우리는 사회의 자원을 사람들의 삶을 향상시키기 위해 쓰도록 노력해야 한다. 몇몇 도덕주의자들이 무가치하다고 판단하는 사람들이라 해도 말이다.

셋째, 가난한 사람들이 부유한 사람들보다 '생활습관성 질병'에 걸릴 가능성이 더 크다는 점을 생각할 때, 공공 의료 시스템의 비용을 절감한 다는 세 번째 논리는 사회적으로 질병 비용 부담을 저소득층에 지움으로써 돈을 가난한 사람에게서 부유한 사람 쪽으로 이전하는 결과를 가져온다. 이렇게 형평성에 반反하는 재분배 역시 문명사회에서는 허용되지 않는다.

불운에 처한 사람들에게 그 불운에 대한 책임을 지워야 하느냐에 대해 두 가지 차원에서 반론을 펼 수 있다. 첫째는 건강 불평등의 사회적 요인들을 해소하려면 마땅히 사회가 조치를 취해야 한다는 도덕적 주장이다. 이는 3장에서 다룬다. 둘째, 건강을 향상시키는 데는 역량강화(아마티아 센의 표현을 빌리면, 스스로 가치 있다고 생각하는 삶을 꾸려갈 수 있는 자유를 갖는 것)가 필수적이고, 그렇다면 우리가 질문해야 할 것은 '사회가 역량강화의 여건을 어떻게 달성할 것인가'여야 한다. 건강에 이로운 행동을 선택하기가 더 쉬워지게 만드는 것을 포함해, 사람들이 삶에 대해 통제력을 가질 수 있는 여건을 사회가 어떻게 달성할 수 있을지 물어야 하는 것이다. 다른 말로 하면, 우리는 데이비드 고든의 열 가지 조언이 말하는 바를 어떻게 다룰지 논의해야 한다. 이는 4장 이후에서 다룬다.

가난하면 의료 시스템에 접근하지 못해서 아프다고?

사람들의 건강에 관심 있는 사람이라면 마땅히 의료 접근성을 논해야 하지 않느냐고 생각할 수도 있을 것이다. 모든 이의 의료 접근성을 보장하면 건강 불평등은 사라지지 않겠느냐고 말이다.

하지만 심장마비에 걸리지 않는 것과 심장마비에 걸린 다음 양질의 의료 시스템에서 치료를 받는 것 중에서 당신이라면 어느 것을 고르겠는가? 암, 당뇨, 정신질환 등 다른 질병을 대입해도 마찬가지다. 내가 던지는 질문 대부분이 그렇듯이 여기서도 답은 '둘 다'다. 심장마비에 걸리지 않는 것이 좋겠지만 만약 걸렸다면 최상의 치료를 받고 싶을 것이다.

모든 이가 양질의 의료 시스템에 접할 수 있게 하는 건 좋은 일이지만 그래도 건강 불평등은 없어지지 않는다. 건강 불평등은 사람들을 병에 걸리게 만드는 여건에서 나온다. 그런데 의료 시스템은 병에 걸리고 난 다음에 치료를 받을 때 필요한 것이다. 아스피린 결핍이 두통의 원인이 아니듯, 의료 접근성 부족은 질병의 원인이 아니다. 가뜩이나 의료 접근성도 부족한 사람들에게 병을 얻을 위험까지 높여서는 안 된다.

흔히들 '건강health'을 '의료 시스템health care'과 혼동한다. 평범한 사람에게 '건강'에 대한 생각을 물어보면 할머니가 입원하셨을 때 간호사가 정말 좋았다든지 주말에는 진료 예약 잡기가 너무 어렵다든지 하는 이야기를 할 것이다. 보건 당국이 제시한 열 가지 목록을 이야기하는 경우는 별로 없을 것이고 데이비드 고든이 제시한 열 가지 목록을 이야기하는 경우는 더더욱 없을 것이다. 또 많은 이들이 '건강에 투자한다'는 말을 '의료 시스템에 투자한다'는 의미로 사용한다. 정책 전문가들이 건강 분야 지출을 말할 때도 사실은 의료 시스템 지출을 이야기하는 경우가 대부분이다. 하지만 교통, 교육, 사회보장, 외교, 해외 원조 등 국가가 지출하는 모든 대상은 긍정적으로든 부정적으로든 건강에 영향을 미친다. 의료 시스템 지출만 건강 지출인 것이 아니다.

미국에서는 건강 격차 논의가 의료 시스템과 의료보험 문제로 거의 국한돼 있다. 미국이 세계에서 의료비 지출이 가장 많은 나라이면서도 6명 중 1명꼴로 의료보험이 없어 의료 시스템에 접근하지 못하는 나라라는 점을 생각하면 놀라운 일은 아니다(오바마 케어 통과로, 앞으로는 달라질 것으로 보인다[*]). 미국의 동료들은 나더러 미국에 대해서는 건강의 사회적 결정 요인을 이야기하지 말라고 했다. 의료 접근성 불평등이라는 더 중대한 문제에 집중돼야 할 관심이 분산될지 모른다는 것이 이유였다. 한 미국 동료는 다음과 같은 사례를 이야기하며 그의 우려를 설명했다. 미국에는 메디케이드Medicaid라고 불리는 빈곤층 의료보장 제도가 있다. 그런데 미국의 어느 주에서 메디케이드 담당자가 메디케이드 보장 범위의 확대에 반대하면서, 그 이유로 의료보장보다 소득, 교육, 주거 여건 등 건강의 사회적 결정 요인이 더 중요하기 때문이라는 근거를 댔다는 것이다.[18] 이 이야기를 전해 준 동료가 냉소적으로 말했듯이, 악마는 성경도 자기 편할 대로 인용한다.

건강의 사회적 결정 요인에 대해 관심을 촉구하고 싶은 나로서는, 그 메디케이드 담당자가 정확히 그 용어를 써가며 사회적 결정 요인의 중요성을 강조했다는 점이 퍽 고무적이다. 하지만 사회적 결정 요인이라는 말을 의료보장 축소를 정당화하는 데 사용하는 것은 용납할 수 없다.

미국은 GDP의 17퍼센트를 의료비로 지출한다. 영국의 1인당 의료비 지출은 미국의 40퍼센트 정도밖에 안 된다. 그런데 이렇게 돈을 들여서 미국인의 건강이 좋은가? 별로 그렇지 않다. 55~64세의 백인 미국인과 백인 영국인의 건강을 조사한 결과, 첫째, 의료보험이 있는 미국인들 가운데서도 건강 상태는 사회계층적(소득 수준과 교육 수준 기준) 경사면을 따라 분포하고 있었고, 둘째, 표본에 포함된 미국인 중 92퍼센

---

[*] '오바마 케어' 통과로 의료보험 가입자가 확대됐으나 트럼프 대통령 당선 이후 다시 논란이 일고 있다.

트가 의료보험이 있었지만 영국인보다 건강이 나빴다.[19] 부유한 미국인은 부유한 영국인보다, 가난한 미국인은 가난한 영국인보다 건강이 나빴으며, 몇몇 경우에서는 부유한 미국인이 가난한 영국인보다 건강이 나빴다.

나쁜 소식이 훨씬 잘 퍼지는 법이다. 영국에서는 영국이 미국을 앞섰다는 좋은 소식이 아주 잠깐만 뉴스에 등장하고 곧 사라졌다. 하지만 미국에서는 미국이 영국에 뒤졌다는 나쁜 소식이 2주 내내 주요 뉴스로 나왔으며 미국의 건강 성과가 낮은 원인을 알아보는 미국 국립과학원National Academy of Science의 연구 보고서도 적어도 2개가 나왔다.[20]

미국 경제학자 중에는 의료 시스템에 지출하는 것이 바람직하며 의료 시스템에 지출을 늘리면 건강이 향상될 것이라고 주장하는 사람들이 있다.[21] 의아한 노릇이다. 미국은 어느 나라보다도 의료비 지출이 많지만 15세 소년이 60세까지 생존할 확률이 세계 50위밖에 안 된다.[22] 모성사망률을 기준으로 하면 세계 63위에 불과하다. 한편 영국에는 전 국민 대상의 보편 의료 제도가 있어서 소득이 낮아도 의료 접근성에 크게 문제가 없다. 하지만 영국에도 건강 불평등은 존재한다.

이런 대조에서 우리는 두 가지 교훈을 얻을 수 있다. 첫째, 건강의 사회적 결정 요인과 의료 시스템은 상호작용을 한다. 미국이 그리스보다 훨씬 부유하고 의료비 지출도 훨씬 많다면 모성사망률도 최소 그리스 수준만큼은 낮아야 마땅하다. 하지만 그리스의 모성사망률(출생 10만 건당 2명)이 미국보다 훨씬 낮다. 그렇다면 미국에서 어떤 여성들이 임신과 출산으로 목숨을 잃고 있는지 알아봐야 한다. 가난하고 흑인이고 교육 수준이 낮고 이민자일 가능성이 크다.[23] 이런 이유들로 가뜩이나 사망 위험이 높을 때 의료 접근성마저 부족하면 사망률이 더 높아질

것이다. 질병통제예방센터에 따르면 미국 모성 사망의 절반 이상이 충분히 예방 가능한 경우였다.[24]

둘째, 의료 시스템이 '얼마나 많이' 존재하느냐보다는 '어떻게 분포돼 있느냐'를 물어야 한다. 이는 첫 번째 교훈과도 관련이 있다. 의료 서비스 제공이 늘어나는데도 그 분포가 불평등한 나머지 건강 불평등이 악화되는 일은 만들지 말아야 한다.

의료 접근성 부족이 건강 비형평에 미치는 영향이 정확히 어느 정도인지 가늠하기는 어렵다. '맥락에 따라 다르다' 정도가 최선의 답일 것이다. 영국에는 치료 시점에 무료인 보편 의료 시스템이 있어서 의료비가 큰 장벽이 되지 않는데도 여전히 건강 비형평이 존재한다. 이것을 보면 의료 접근성이 보편적이지 않다는 점이 꼭 건강 비형평을 야기하는 주 원인이라고 보기는 어려울 것 같다. 마찬가지로, 의료보험도 있고 의료비 지출도 많은 미국인이 영국인보다 건강이 나쁜 것을 봐도 의료 시스템을 얼마나 이용하느냐의 차이는 건강 격차를 설명하는 데 그리 큰 설명력이 없는 것으로 보인다.

그렇다 해도, 건강의 사회적 결정 요인들에 대해 의료 및 보건 분야 전문가가 할 수 있는 일은 아주 많다.[25]

고소득국에서는 '생활습관'에 초점을 맞춰 공중보건 정책을 내 놓고 있는 추세다. 중위소득국도 점점 그렇게 되어가고 있으며 저소득국 중에도 그런 곳들이 있다. 국가가 우리더러 날마다 감자튀김과 탄산음료를 먹으라고 간섭한다면 그것은 우리의 자유에 대한 용납할 수 없는 침해가 될 것이다. 우리가 무엇을 먹을지, 운동을 할지 말지, 담배를 피울지 말지, 술을 얼마나 마실지는 **우리가** 결정한다. 이것은 우리의 선택이고 우리의 책임이다.

하지만 여기에 '하지만'이 있다. 아주 커다란 '하지만'이다. 우리가 내리는 선택은 우리의 통제 범위 밖에 있는 요인들에 의해 영향을 받는다. 가격, 접근성, 그리고 우리의 선택에 영향을 미치기 위해 기업들이 쏟아 붓는 수십억 달러의 광고와 마케팅 비용 등이 그런 요인이다. 식품 회사, 주류 회사, 담배 회사가 스포츠 경기를 후원하는 것은 그들이 스포츠를 좋아해서가 아니다. 비만의 증가, 또 흡연과 비만의 사회계층적 분포를 보면 우리의 통제 범위를 벗어난 요인들이 우리의 선택에 영향을 미치고 있음을 분명히 알 수 있다.

이런 점들을 볼 때, 건강을 향상시키려면 두 가지 방식의 접근이 필요하다. 첫째는 건강에 좋은 선택이 쉬운 선택이 되도록 만드는 것이다.[26] 신선한 채소와 과일이 가까운 가게에 없거나 포화지방, 소금, 설탕 범벅인 패스트푸드보다 비싸다면 과일과 채소를 소비하기가 어려울 것이다. 둘째는 건강과 후생에 좋은 의사결정을 할 수 있도록 사람들의 역량을 강화하는 것이다. 아마티아 센의 표현을 빌리면, 사람들이 스스로 가치 있다고 여기는 삶을 영위할 자유를 갖게 하는 것이다.[27] 알 만한 의사가 위험한 줄 알면서도 늦은 밤에 술 마시고 자전거로 집에 가기로 했다면 이것은 그의 선택이다. 자전거가 미끄러져 다쳤다면 그의 탓이다. 하지만 데이비드 고든의 열 가지 목록에 있는 요인들은 정작 그것이 가장 필요한 사람들의 통제 범위를 벗어나 있다. 우리는 사회적 환경을 개선해야 하고, **그와 동시에** 사람들이 가치 있는 삶을 영위할 자유를 가질 수 있게 해야 한다.

그래야 하는 이유는 그것이 옳기 때문이다. 이것은 사회정의의 문제다. 이쯤에서 사회정의의 개념을 조금 더 알아보는 게 좋겠다. 3장에서 알아보기로 하자.

3

공 정 한   사 회 ,   건 강 한   삶

피커링 자네는 도덕이란 게 없나?

두리틀 (주저 없이) 그런 것도 돈이 있어야 있지요, 나리. (…) 두 분께 여쭙겠습니다. 제가 뭡니까? 네? 저는 그들이 말하는 '무자격 빈민'입니다. 그게 접니다. 이게 한 인간에게 무슨 의미일지 생각해 보십쇼. 그것은 중산층의 도덕과 늘 어긋나고 충돌하면서 살아야 한다는 말입니다. 무슨 일이 있어서 내가 뭘 조금이라도 받으려 하면 늘 같은 이야기를 듣습니다. "당신은 무자격자라서 받을 수 없습니다." (…) 저라고 구호 대상 자격자보다 뭐가 덜 필요한 게 아니에요. 저는 더 많이 필요합니다. 그들보다 적게 먹지도 않고 술은 훨씬 더 많이 마십니다. 그리고 생각이 많아서 여흥거리도 필요합니다. 기분이 가라앉을 때는 노래나 악단 같은 것도 원합니다. 그런 것들에는 자격자나 무자격자나 돈이 똑같이 들어요. 중산층 도덕이 대체 뭡니까? 내게 아무 것도 주지 않으려는 핑계 아닙니까?

히긴스 피커링, 우리가 이 자를 석 달만 데리고 있으면 각료나 웨일스의 인기 설교사가 되게 할 수 있을 것 같군요.

두리틀 싫습니다, 나리. (…) 무자격 빈민이 제 노선이에요.

—조지 버나드 쇼George Bernard Shaw, 《피그말리온Pygmalion》 2막

푸치니Puccini의 오페라 〈투란도트〉에서 투란도트 공주와 결혼하려는 구애자는 공정한 선택지를 하나 받는다. 수수께끼 세 개를 맞추면 공주와 결혼하고 못 맞추면 처형된다. 공주에 대한 열정에 불탄 남자건 출세의 기회를 잡으려 혈안이 된 남자건 간에, 누구도 강요에 의해 참여하지는 않는다. 참여할지 말지는 그의 선택이다. 이런 점에서 이 과정은 공정하다고 할 수 있다. 하지만 과정과 달리 결과는 공정하지 못하다. 구혼자들은 줄줄이 죽어 나가고 공주는 여전히 동정童貞인 상태니 말이다(물론 테너 가수가 등장하기 전까지만 그렇다. 오페라에서 테너의 등장은 소프라노의 동정 상태를 변화시키는 효과를 낸다). 투란도트 공주가 사는 왕국은 공정한 사회일까?

명백히 아니다. 수수께끼를 못 풀어 처형되는 구혼자를 보면서 우리는 소름이 끼친다. 우리 사회는 그렇게 막무가내로 일을 다루지 않는다. 어떤 철학자는 일을 잘 다루는 것의 핵심은 '과정'이라고 주장한다. 과정이 공정하면 결과는 어떻게 나오든 공정한 것으로 간주해야 한다는 것이다. 대표적으로 고전 자유주의 철학자 존 롤스John Rawls가 그런 주장을 폈다.[1] 롤스의 주장이 타당한지 보기 위해 이런 실험을 해 보자. 아이 두 명과 아이스크림 두 개가 있다. 하나는 바닐라 맛이고 하나는 초코 맛이다. 아이는 둘 다 초코 맛을 원한다. 당신은 아이들에게 차근차근 설명한다. "너희 둘 다 아이스크림을 가질 수 있지만 초코 맛은

한 명만 가질 수 있단다." 그리고 이것을 결정하는 공정한 방법으로 동전 던지기를 제안한다. 아이들이 동의할까? 아마도 그럴 것이다. 동전 던지기 결과 피터는 초코 맛, 존은 바닐라 맛을 얻었다. 존이 어떤 반응을 보일 것 같은가? "불공평해!"

당신은 존에게 우리 모두 기회의 평등이라는 원칙을 믿고 있다는 것을 설명하려고 애쓴다. 초코 맛을 가질 기회는 존에게도 동등하게 주어져 있었으며, 운이 나빠 결과가 안 좋았을 뿐이라고 말이다. 하지만 존은 전혀 설득되는 낌새가 아니다. 그가 원한 것은 기회가 아니라 초코 아이스크림이었다. 존이 관심 있는 것은 결과의 평등이지 기회의 평등이 아니다.

존이 실망을 겪으며 살아가는 법을 알게 되고 비록 결과가 만족스럽진 못해도 똑같은 기회를 가졌으므로 공정한 과정이었다는 것을 인정할 수 있는 나이가 몇 살부터인지는 내가 미처 연구해 보지 못했다. 어쨌든 어린아이에게는 결과도 중요하다. 어쩌면 우리 모두에게 그럴 것이다. 동전 던지기가 나이순이나 미모순보다야 낫겠지만, 어쨌거나 둘 다 초코 맛을 원했는데 피터만 갖고 존은 갖지 못했다.

"전적으로 출생 시의 운에 따라 어떤 사람들에게서는 성공의 기회를 박탈해야 한다고 저는 굳게 믿습니다." 이렇게 역설하는 정치인을 상상할 수 있는가? 상상할 수 없을 것이다. 그의 정책이 실제로는 기회의 평등을 보장하지 못한다 해도 기회의 평등을 원칙적으로 반대하는 정치인은 없다. 하지만 사회정의에 대한 우리의 논의는 여기에서 멈추면 안 된다.

의사인 나는 기회와 과정뿐 아니라 결과에도 관심이 많다. 결과는 정말로 중요하다. 어떤 비용이라도 무릅써야 한다거나 다른 모든 것을 배제하면서까지 결과만 추구해야 한다는 것은 아니지만 어쨌든 결과는 중요하다. 의사가 당신에게 항암 치료를 제안했다고 해 보자(항암 치료는 몇 달이나 걸리고 매우 고통스러우며 머리도 빠진다). 당신이 의사에게 제일 먼저 물어볼 것은 치료가 병의 진행 과정에 어떤 영향을 미칠지일 것이다. 치료를 받아서 좋은 결과가 나오리라는 전망이 있다면 괴로운 과정을 참을 각오를 할 수 있겠지만, 치료를 해도 나을 가능성이 그리 높아지지 않을 것 같다면 고통스런 치료를 감당할 가치가 없다고 생각할 수 있다.

많은 영역에서 결과는 중요하다. 사형 제도를 반대하는 사람들이 말하듯이 아무리 재판 과정이 공정했더라도 사형된 사람이 뒤늦게 결백했던 것으로 밝혀지는 경우가 생길 수 있다. 실제로 그런 사례가 없지 않다. 또 '공정한' 과정의 의미가 무엇인지 분명치 않았던 사례들도 있다. 사형을 당하고 나면 나중에 결백이 판명나도 보상받을 길이 없다. 과정뿐 아니라 결과도 중요하다.

CSDH 글로벌 보고서를 펴내면서 우리는 표지 뒷면에 이렇게 적었다. "사회적 불의는 대규모로 사람들을 죽인다." 영국판 보고서에서는 '사회정의'나 '사회적 불의'라는 말이 사회주의자를 연상시켜 읽는 사람을 겁나게 할까봐 '공정'이라는 말을 대신 사용했다. 그래서 영국판 보고서에는 〈공정한 사회, 건강한 삶〉이라는 제목이 붙었다(그때 이후로 다른 나라 동료들은 '공정'이라는 단어만 보면 크리켓이 연상된다고 농담하곤 한다). 이 책에서는 '정의'와 '공정'을 같은 의미로 사용했다.

건강과 정의를 둘러싼 윤리적 논쟁은 의료 접근성에만 초점을 맞추는 경향이 있다.[2] 하지만 건강이 사회적 결정 요인에 강하게 영향 받는다는 사실을 인정한다면, 논의는 더 나은 건강을 위해 사회를 공정하게 조직하는 방법이 무엇인가를 중심으로 이뤄져야 한다. 아마티아 센은 도덕적인 사회 시스템은 모두 무언가의 평등을 요구하게 마련이라며, 문제는 '무엇의' 평등이냐라고 언급한 바 있다.[3] 그 '무엇'이 무엇인지에 대해 철학자들의 견해는 일치하지 않는다.

외람되지만 나는 우리가 철학자들을 도울 수 있다고 생각한다. 1장에서 나는 건강과 건강 비형평을 한 사회의 성공을 재는 척도로 삼을수 있다고 말했다. 같은 맥락에서 나는 사회정의에 대한 여러 이론 중어느 것이 우리가 그것을 따랐을 때 건강 형평성을 가장 크게 증진시켜 줄 수 있을지 살펴보고자 한다. 자유지상주의자, 아리스토텔레스주의자, 칸트주의자가 각기 자신이 옳다고 주장한다면, 나는 어떤 접근방식이 건강 비형평을 가장 많이 줄여 줄 수 있을지를 기준으로 판단할 것이다. 건강 비형평 감소는 분명히 우리 모두가 동의할 수 있는 목표일 것이다.

논의가 좀 더 쉬워지도록, 건강 비형평의 불운한 쪽에 위치한 사람들의 현실을 먼저 살펴보자. 이들은 각자의 사회에서 계층 사다리의 불리한 쪽에 있는 사람들, 그래서 더 나은 사회적 여건에서 나고 자라고 살았더라면 누릴 수 있었을 만큼의 건강을 누리지 못하는 사람들이다.

사회정의와 피할 수 있는 건강 격차, 즉 건강 비형평

건강 비형평의 불운한 쪽에 처한 세 사람 이야기

1장에서 우리는 기타와 지미를 만났다. 복기해 보면, 인도 구자라트주 아마다바드에 사는 기타는 채소 노점상이다. 학교는 다니지 못했고 '비공식 거주지'(슬럼)에 산다. 어린아이 둘은 기타가 채소를 파는 동안 길옆에 앉아서 놀고 큰딸은 장사를 돕는다. 도매시장에서 채소를 떼 오기 위해 월 이자율 20퍼센트로 약간의 대출을 받았다. 남편은 다른 주에 가서 일하면서 매달 약간씩 돈을 보내온다. 기타는 겨우 수입과 지출을 맞추며 살고 있었지만 딸이 열네 살이 되면서 지참금과 결혼식 비용을 준비하기 위해 빚을 갚는 대신 돈을 모으고 있다. 원조 활동가들은 기타가 이렇게 '무책임하게' 돈을 낭비하는 걸 보면서 머리를 쥐어뜯는다. 빚을 갚지 않아서 이자가 비싸졌기 때문이다.

지미는 글래스고의 칼튼에서 태어났다. 학교에서는 늘 문제를 일으켰고 10대 시절에는 청소년 비행으로 경찰서도 들락거렸다. 직업 훈련 과정에 등록했지만 곧 그만뒀다. 제대로 된 직업은 가져본 적이 없고 이런 저런 막노동을 했다. 그와 함께 어울리는 사람들이 대체로 그렇듯이, 조금이라도 돈이 생기면 술과 마약에 다 쓴다. 식단은(그걸 식단이라고 부를 수 있을지 모르겠지만) 술집 주전부리, 패스트푸드, 그리고 술이다. 짤막짤막하게 여자친구가 있었지만 술만 마시면 폭력을 행사하는 통에 관계가 오래가지 않았다. 폭력 조직 활동으로 전과도 있다.

레이첼은 영국 공무원이다. 고등학교는 나왔지만 대학교는 가지 못했고 말단 공무원으로 일자리를 구했다. 25년이나 걸리긴 했지만 꾸준히 승진해서 사무보에서 서기관을 거쳐 낮은 단계의 행정관 직급까지 올라갔다. 레이첼의 임금은 국가 전체의 중위소득보다 높고 퇴직하면 임금의 절반을 연금으로 받을 수 있다. 이혼해서 지금은 혼자 산다. 1년에 두세 번 딸을 만난다. 공공주택 민영화 조치가 시행됐을 때 레이첼은 살던 집을 매입했다. 그때 빌린 주택대출금은 거의 다 갚아간다. 혼자 살기 때문에 식사를 잘 차려 먹지는 않는다.

레이첼은 가난하지는 않지만 삶이 빈곤해졌다고 느낀다. 돈이 부족해 생활이 제약받는다는 느낌이 드는 것이다. 많지는 않았지만 레이첼과 남편이 둘 다 벌던 시절에는 더 많은 일들을 할 수 있었다. 지금은 동료들은 가는 해외여행을 레이첼은 돈이 없어서 못 간다. 그리고 당당한 싱글로 살고자 하지만 외롭다는 것을 인정하지 않을 수 없다.

기타, 지미, 레이첼의 공통점은 사회경제적 여건이 조금 더 나은 사람들보다 건강이 나쁘다는 점이다. 세 명 모두 건강 불평등 지도의 아래쪽에 있다. 이러한 건강 불평등을 바로잡는 것은 사회정의의 문제라는 것이 나의 주장이다.

무엇이 사회정의인가에 대해 정치철학자들은 저마다 다양하고 합치 불가능한 견해를 내놓는다. 철학자들이 그 불일치를 해소할 수 없다면, 나라고 해소할 방책을 내놓을 재주는 없다. 하지만 나는 이 문제에 '의사로서' 접근한다. 나는 사람들의 건강에, 그리고 피할 수 있는데도 존재하는 건강 불평등(즉 건강 비형평)에 관심이 있다. 내가 알고 싶은 것은 사회정의에 대한 여러 이론 중 어느 것이 건강 비형평의 원인을 파악하고 변화를 모색하기에 가장 유용한 틀을 제공하느냐이다.

여기에서 나의 안내자는 마이클 샌델Michael Sandel이다(그는 자신이 나의 안내자인 줄 모르지만). 샌델은 하버드 대학교에서 철학을 가르치는데, 큰 강의실이 수강생으로 미어터진다. 우리 학교에 와서 강연을 할 때 보니 과연 그럴 만했다. 샌델은 일상에서 접할 수 있는 논쟁점들을 가지고 소크라테스식 문답으로 청중과 토론하면서 정치 철학의 원칙들을 끌어낸다. 샌델이 딱히 건강과 정의를 주제로 이야기한 것은 아니지만 그의 논의는 이 문제를 생각할 틀을 제공해 준다.

샌델은 사회정의를 논하는 접근법을 다음과 같이 세 가지로 구분한다.

- 후생 극대화
- 자유 증진
- 기여에 따른 보상

각각의 접근법이 건강 불평등 문제에 어떻게 적용되는지 살펴보면 건강과 정의라는 주제를 더 잘 이해할 수 있을 것이다.

후생 극대화

내가 일하는 UCL의 총장실 밖에는 지금도 생전의 옷을 입고 밀랍으로 만든 얼굴을 한 제레미 벤담Jeremy Bentham의 오토 아이콘auto-icon*이 있다. 벤담은 공리주의의 창시자로 "최대 다수의 최대 행복"을 주창했다. 여기서 '행복'은 쾌락과 고통의 정도로 측정된다. 나는 행복보다 건강에 관심이 있으므로 벤담의 공리주의 원칙을 이렇게 적용할 수 있을 것이다. "최대 다수의 최고 건강."

모든 사람의 효용(여기에서는 건강)을 단순 합산하는 방식이 갖는 큰

---

* 벤담은 자신의 시신을 해부용으로 사용하고 그 이후에는 뼈를 재조립해 오토 아이콘(자기 이미지)으로 만들어 달라고 유언했다. 실물 크기의 벤담 미이라가 현재 UCL에 전시돼 있다.

장점은 왕자의 건강과 거지의 건강이 동일한 가중치로 계산된다는 것이다. '아픈 왕자와 건강한 거지'의 경우나 '건강한 왕자와 아픈 거지'의 경우나 사회의 건강 수준은 동일한 것으로 간주된다. 물론 실제 상황은 후자가 훨씬 일반적일 것이다.

건강의 가치를 다른 가치들과 비교해 평가해 보고 싶을 때는 어떻게 하면 될까? 경제학자들은 상이한 것들을 아우르는 보편 단위로 금전 가치를 이용한다. 시카고 대학교의 경제학자와 이런 대화를 나눈 적이 있다. 그가 말했다.

"사람들이 텔레비전에 얼마나 많은 가치를 두는지 알고 싶다면 그들이 텔레비전을 위해 지불할 의사가 있는 돈이 얼마인지 알아내면 됩니다. 인간의 수명도 마찬가지입니다. 사람들이 1년을 더 살기 위해 지불할 의사가 있는 돈의 액수가 수명 1년의 가치입니다."

오스카 와일드Oscar Wilde가 냉소주의자를 일컬어 "모든 것의 가격을 알지만 어느 것의 가치도 알지 못하는 사람"이라고 칭했던 것이라든지 그 경제학자의 놀랍도록 단순한 방법론에 대한 몇 가지 반론 등을 이야기하고 싶은 마음이 굴뚝같았지만, 꾹 참고 대신 이렇게 물어봤다.

"인간의 수명과 텔레비전은 통약通約 불가능*한 것 아닌가요?"

그러자 그가 대답했다.

"생명과 텔레비전의 차이가 뭐죠? 이것에 답하실 수 없잖아요. 안 그런가요?"

나는 그가 던진 꽤나 강력한 반박을 곰곰 생각해 보았다. 네, 공중보건을 전공하는 학생들은 아프리카로 가서 고통받는 텔레비전의 끔

---

* 공통의 척도를 가질 수 없음.

찍한 상황을 개선하고자 합니다. 여성 텔레비전에 대한 폭력이 지속되고 있는 것은 용납할 수 없습니다. 새천년 개발 목표Millennium Development Goals(MDG)* 대신 새천년 텔레비전 목표를 세웠으면 더 좋았을 것입니다. 이 편이 목표 달성도 더 용이했을 거예요. 속으로는 이런 생각들을 하면서, 이렇게 물었다.

"가난한 사람이 1년을 더 살기 위해 지불할 의사가 있는 금액이 부유한 사람이 지불하려는 금액보다 낮다면 가난한 사람의 생명은 부유한 사람의 생명보다 가치가 낮은 것인가요?"

"그렇습니다."

그가 대답했다.

"방글라데시 사람들의 생명은 무가치한가요?"

"꽤 그럴 겁니다."

명쾌해서 좋긴 하군.

그 무렵 나는 《파이낸셜 타임스》에서 '화성에서 온 경제학자, 금성에서 온 유럽인'이라는 제목의 기사를 보았다. 서둘러 덧붙이자면, 모든 경제학자가 그렇다는 말은 아니다.

나는 경제학적 계산을 무턱대고 반대만 할 수는 없지 않느냐는 반론을 듣곤 한다. 가령 무료 유방암 검진 제도 같은 건강 프로그램을 새로 도입하는 것이 좋을지 어떨지를 결정하려면, 유방암 검진으로 구할 수 있는 수명을 달러 가치로 환산해서 검진 프로그램에 들어가는 비용과 비교해 사회가 얻게 될 순편익을 가늠해야 하지 않느냐는 것이다.

---

* 2000년 유엔에서 2015년까지 전 세계 극빈곤 인구를 절반 이하로 줄이려는 목적으로 세운 여덟 가지 목표. 2015년 유엔 총회에서 2016년부터 2030년까지 이행할 지속가능 발전 목표Sustainable Development Goals, SDG 로 대체됐다.

하지만 내가 보기에 공리주의적 계산에는 두 가지 문제가 있다. 첫째, 수명과 텔레비전을 동일한 척도로 잰다. 모든 것을 동일한 방법으로 측정해 비교가능하게 만든다는 생각은 언뜻 보면 매력적이다. 한정된 자금을 기후변화를 막는 데 써야 하는가, 유방암 검진 제도를 도입하는 데 써야 하는가? 아마도 각각이 가져다 줄 효과를 달러 가치로 환산해서 들어갈 비용과 비교하면 쉽게 결정할 수 있을 것이다.

하지만 문제는, 그렇지 못하다는 데 있다. 매우 상이한 속성을 갖는 혜택들에 일률적으로 달러 가치를 부여하는 방법은 문제가 있다. 유방암으로 당신이 숨질 위험을 20퍼센트 줄이는 것(유방암 검진 프로그램의 이득)과 북극 빙하가 녹는 속도를 줄이는 것 중에 당신은 어느 것을 선택해야 하는가? 이 질문에 답하는 것은 '본질적으로' 어려우며 이 어려움은 둘 다 달러 가치로 측정한다는 점이 주는 피상적인 매력으로 해소할 수 있는 게 아니다. 이미 많은 사람들이 이에 대해 연구한 바 있다.[5] 나는 내가 이끈 어느 위원회의 보고서에서도 생명을 구하는 것에 가격을 매기지 않도록 했다.

공리주의적 계산의 두 번째 문제는 분배와 관련이 있다. 이 문제는 좀 더 어렵다. 기타가 사는 아마다바드에서 국제 원조기구가 두 마을을 선정해 2세 아동 영양 개선 프로그램을 실시했다고 생각해 보자. 그 결과 두 마을 모두에서 이듬해에 아이들의 키가 평균 6센티미터 자랐다. 후생 극대화의 논리로 보면 두 마을이 얻은 이득은 동일하다.

그런데 첫 번째 마을에서는 모든 아동이 5~7센티미터씩 자랐고 두 번째 마을에서는 차별받는 극빈층 가구(기타와 같은 노점상 가정 등) 아이들이 프로그램에서 제외됐다. 그래서 전체의 3분의 1 가량인 극빈층 아이들은 키가 2센티미터밖에 자라지 않았고 나머지 3분의 2의 아이들은 평균 8센티미터가 자랐다. 단순 합산으로는 두 마을의 성과가 동일하다. 하지만 이것으로 끝인가? 실제로는 어느 마을이 더 잘했는가? 모든 아이가 골고루 자란 마을인가, 아니면 3분의 2의 아동은 빠르게 발육했지만 3분의 1의 아동은 배제된 마을인가? 이에 대한 판단은 다를 수 있겠지만, 두 경우가 동일하지 않다는 점만큼은 분명하다.

위의 답은 모든 아이가 동등한 가치를 가진 존재로 인정받아야 한다는 데 동의하느냐 마느냐에 따라 달라질 것이다. 가령 당신이 차별받은 아이들의 존재 가치가 그렇지 않은 아이들의 가치보다 더 낮다고 생각하는 사람이라면, 3분의 2의 아이들이 8센티미터씩 자라도록 한 두번째 마을이 더 잘한 것이라고 판단할 것이다.

생명의 가치가 사람에 따라 다른가?

케빈 머피는 시카고 대학교의 저명한 경제학자이며 상도 여럿 받았다. 머피와 로버트 토펠Robert Topel은 '지불 의사' 방법론willingness-to-pay methology을 사용해 인간 수명의 가치를 연구*한다.[6] 텔레비전의 가치를 잴 때와 마찬가지로, 1년을 더 살기 위해 당신이 지불할 의사가 있는 금액이 얼마인지를 묻는 것이다. 지불 의사 방법론에 나는 원칙적으로 반대하는 입장이며, 특히 직업의 임금 수준을 통해 '현시된 선호'를 도출하려는 것에 대해서는 더욱 그렇다. 어쨌든 그들의 방법론에 따르면, 어떤 사회 내에서 건강 향상 또는 늘어나는 수명의 사회적 가치는 그 사회가 다음의 특성을 가지고 있을 경우에 더욱 높다.

---

* 머피와 토펠은 가령 전반적으로 수명이 증가한 경우처럼 어떤 사회에서 건강이 향상됐을 때 그것의 사회적 가치가 얼마인지를 개인의 지불 의사에 기초해 추산했다.

- 인구가 많을수록
- 사람들의 생애소득이 높을수록
- 사람들이 질병을 적게 가지고 있을수록
- 사람들의 나이가 질병 발생 시점에 가까울수록

첫 번째를 제외하고 보면, 부유하고 건강하고 나이가 많은 사람의 수명이 가난하고 아프고 어린 사람의 수명보다 더 가치 있다는 말로 들린다. 만약 그렇다면, 가난하고 아픈 인도 어린이들을 돌보는 것은 쓸 데없는 일이다. 그들의 생명은 무가치하니 말이다. 혹시 당신이 이런 생 각을 가진 사람이라면 이 책을 읽느라 시간 낭비하지 말길 바란다.

나는 일군의 경제학자들과 함께 수명의 가치를 주제로 랜드 연구 소RAND Corporation에서 열린 콘퍼런스에 참석한 적이 있다. 첫 발표는 머 피-토펠의 논문이었고 다음이 내 차례였다. 나는 언젠가 인도 역사학 자와 점심을 먹으며 나눴던 이야기로 발표를 시작했다. 그때 나는 인도 역사학자에게, 시카고에서 나온 새 소식에 따르면 당신의 생명은 별로 가치가 없다고 알려 줬다. 그가 1년 더 살기 위해 지불할 의사가 있는 금액을 달러로 환산하면 미국인이 내려 할 금액보다 적을 것이기 때문 이다. 따라서 우리는 그가 자신의 생명에 그리 높은 가치를 두고 있지 않다고 간주할 수 있다.

몇몇 시카고 경제학자들의 표정은 이렇게 말하는 듯했다. "**바로 그 게 내 생각이긴 한데, 그래도 당신이 그렇게 대놓고 말하지는 않았으면 해요.**" 나는 콘퍼런스에 모인 경제학자들에게 인도 역사학자의 대답을 말해 줬다(경제학자들이 별로 감명을 받는 것 같지는 않았다). "인도의 농촌 마 을 사람들은 천연두 백신을 맞기 위해 가족의 이틀치 식량을 포기할 의사가 있습니다. 그 정도로 생명에 높은 가치를 부여합니다." (아이고, 달러로 이야기해야지, 달러로!) 인도 역사학자는 매우 근본적인 지점을 짚었다. 돈이 거의 없는 사람들에게 돈은 가치의 척도로 삼기에 적절한 단위가 될 수 없다. 그리고 돈이 어느 정도 있는 사람들에게도 돈은 적절한 단위가 아니다. 한번은 딸바보로 소문난 한 경제학자와 이 이야기를 나누는데 내 딸이 문자메시지를 보내 왔다. "생일 축하해요, 아빠! 아빠 최고! 사랑해요!" 문자를 그에게 보여 주면서 달러 가치로 환산하면 얼마가 되겠느냐고 물었다. 그는 목이 메어 대답을 하지 못했다.

생명의 가치를 금전으로 환산해서 자금 배분 결정을 내린다면 금전으로 환산한 효과가 가장 큰 쪽에 자금을 지출하게 될 것이다. 그렇다면 가난하고 아픈 아이를 돌보는 것은 효율적인 일이 못 된다. '사회정의'가 가난하고 아픈 아이들에게 관심을 기울일 것을 요구한다면 우리는 여기에 돈을 지출해야 한다. 하지만 경제학자들은 비용을 계산한 다음에 이렇게 비효율적으로 돈을 쓸 가치가 있느냐고 물을 것이다.

나는 이런 접근법이 불편한 정도가 아니라 경악스러웠다. 그날 콘퍼런스에서 나는 직급이 낮을수록 수명이 짧아지는 화이트홀 사망률 그래프를 보여 줬다. 레이첼도 직급이 낮은 축에 속한다. 레이첼의 상사가 레이첼보다 연금을 많이 받으리라는 것은 이해할 만하지만, 레이첼과 상사가 둘 다 신부전증에 걸린다면 신장 이식을 받을 권리는 둘 다 동일하게 가져야 한다. 내가 이렇게 말하자 경제학자들은 거의 동시에 열변을 토하며 이에 반대했다. 첫 번째 논거는 머피-토펠식 주장이었다. 직급이 높은 공무원의 생명이 더 가치가 크다는 것이었다. 또 다른 논거는 직급이 높은 공무원이 사회에 더 많은 기여를 하므로 직급이 낮은 사람을 죽게 두고 높은 사람을 치료하는 것이 사회에 더 이득이라는 설명이었다. 또 다른 논거는 레이첼에게 수술을 포기하는 대가로 금전적인 보상을 해 줄 수 있으리라는 것이었다. 보상 금액이 많지는 않을 것이다. 보상 금액이 많다면 그 돈으로 수술을 받게 해 주는 게 나을 테니 말이다. 하지만 이것은 누군가가 치료를 받지 않고 서서히 고통스런 죽음을 맞게 하기 위해 던져 주는 돈이나 다름없다.

의료 시스템은 늘 우리가 원하는 것보다 부족하기 마련이다. 그래서 우리는 항상 선택에 직면하게 될 것이다. 하지만 레이첼이 상사보다 더 높은 임금을 받을 자격은 없을지 몰라도 만성 신부전증 치료를 받을 권리는 상사와 똑같이 가진다.

평균적으로 여성은 남성보다 오래 살지만 더 많은 질병을 겪으며 동일한 일을 해도 보수가 더 적기 때문에 남성보다 가난하다. 그러면 여성이 더 아프고 가난하니까 치료의 우선순위에서 남성에게 밀려야 하는가? 이런 제안을 하는 정치인이 있다면 나는 절대로 그에게 표를 주지 않을 것이다. 애석하게도 이런 성차별이 만연해 있는 나라도 존재한다. 사회적 불의는 사람들을 죽인다. 그런데 공리주의적 계산은 이런 문제를 포착하지도 못하고 바로잡지도 못한다.

공리주의적 원칙은 가난한 나라 사람들이 가난하니까 무가치하다고 말한다. 하지만 부유한 나라의 '우리'가 가난한 나라의 '그들'에게 빚지고 있는 것은 없는가? 이 질문에 답이 간단하다는 말은 결코 아니다. 이 책에서 나는 글로벌 공동체가 건강의 사회적 결정 요인과 건강 형평성에 대해 진지하게 생각한다면 어떤 일들이 **가능할지**에 대해 차차로 알아볼 것이다. 다만 분명한 것은, 가난할수록 생명의 가치가 덜하다고 보는 견해는 우리가 어떤 일들을 **해야 할지**에 대해 답을 줄 수 없다.

공리주의 준칙이 최대 다수의 최대 행복을 의미한다면 이는 분배를 고려하는 준칙과 충돌한다. 나는 아일랜드 보건부 장관과 이야기를 나누다가 이를 명확히 깨닫게 됐다. 그 장관은 한정된 자원을 가난하고 더 절박한 사람들에게 사용하려 했다. 그는 이렇게 말했다.

"나는 가장 큰 이득을 가져올 곳에 돈을 쓰고자 합니다."

그래서 내가 대답했다.

"그렇다면 중산층에 쓰세요."

장관이 깜짝 놀라기에 좀 더 자세히 설명했다.

"여러 증거들을 보면 사회경제적 지위가 높은 사람일수록 암 치료 후 생존율이 높습니다. 자원이 한정돼 있으실 테니 건강상의 이득이 가장 크게 돌아올 곳에 지출을 하세요. 그러니까 중산층 사람들에게요. 그러면 최대 다수의 최대 행복 원칙에 부합하게 됩니다."

금전 가치로 따졌을 때, 부유한 사람의 생명을 구하는 것이 가난한 사람의 생명을 구하는 것보다 사회적으로 더 가치 있다는 게 경제학자들의 견해라는 말까지는 차마 하지 못했다.

"하지만 그러려고 정치를 시작한 게 아닌데요. 나는 가난하고 소외받는 사람들을 돕고 싶습니다."

"아, 그러시다면 효율성 준칙 외에 형평성 준칙도 생각하시는 거로군요. 저도 장관님 생각에 찬성합니다."

분명 그 장관에게는 단순한 최대 다수의 최대 행복 원칙보다 형평성의 준칙이 더 중요했다. 내게도 그렇다. 여기서 잠깐, 지금 내가 이것을 매우 명쾌하고 간단한 문제인 양 이야기하고 있지만 사실은 그렇지 않다. 만약 당신이 레이첼의 상관이라면, 레이첼의 치료 효과가 당신보다 좋을 법하지 않은데도 당신이 레이첼보다 지위가 더 높기 때문에 가난한 레이첼에게 순위가 밀려서 신부전증 수술을 받을 수 없다는 말을 받아들이기 어려울 것이다.

　나는 레이첼과 상관 중 누가 치료를 먼저 받아야 하느냐를 정할 때 소득이나 직위를 기준으로 삼지 않을 것이다. 랜드 연구소 콘퍼런스에서 나는 "캐나다에서는 가난한 사람들이 접할 수 없는 의료 서비스를 부유한 사람들이 돈으로 사는 것을 옳은 일이라 생각하지 않는다"라고 말해서 경제학자들을 더 화나게 했다. 이번에는 그들이 정말로 소리를 질렀다. "모두가 메르세데스를 가질 수 없다면 아무도 갖지 말아야 한다는 말입니까?!"

　모든 이가 동일한 액수의 소득을 가져야 한다는 말이 아니다. 보상은 성과나 기여도를 반영해야 한다. 하지만 나는 자동차와 의료가 똑같다고는 생각하지 않는다. 부유한 사람들은 (사회가 받아들일 수 있는 범위 안에서) 더 많은 지출을 할 수 있다. 그것은 좋다. 하지만 돈 있는 사람이 그렇지 못한 사람보다 더 나은 의료 시스템을 누린다는 의미는 **아니어야 한다**.

　이런 딜레마에 쉬운 답은 없다. 그래서 희소한 자원의 분배를 둘러싸고 그토록 열띤 논쟁이 벌어지는 게 아니겠는가? 다행히 이 책에서 내가 제안하는 조치들은 이보다 훨씬 덜 논쟁적이다. 가령 사회경제적 처지가 좋지 않은 아이들은 적절한 취학 전 교육이나 양질의 학교 교육을 접하지 못한다. 이 아이들의 취학 전 교육을 가장 부유한 아이들 수준으로 끌어올리는 것은 현실적으로 분명히 가능하다. 4장에서 설명하겠지만, 그렇게 하면 경제적으로도 득이 된다. 모든 아이가 최상의 수준에서 삶을 시작할 수 있게 하는 것이 도덕적으로 옳지 못한 일이라고 주장할 사람은 없을 것이다.

자유 증진

민주사회에서 자유가 나쁜 것이라고 주장하는 사람을 찾기는 어렵다. 마땅하고 옳은 일이다. 소수의 전체주의자를 제외하면 사람들은 대부분 자유를 옹호한다. 민주주의의 정당성을 주장하는 글을 쓰려고 생각하던 차에, 작고한 옥스퍼드 철학자 제럴드 코언Gerald Allan Cohen의 말이 떠올랐다. 그는 (하버드와 달리) 옥스퍼드에서는 철학자들이 철학적 논증에 들어가기 이전에 자신의 깊은 도덕적 신념을 먼저 선택한다고 말했다. 논증을 통해서 믿음에 도달하게 된다기보다는 내면 깊은 곳의 믿음에서 먼저 출발하고 그 다음에 논증을 한다는 것이다. 그러니 나도 이렇게 말하겠다. 민주주의는 좋은 것이다. 이것은 나의 믿음이다. 그 다음에 '왜냐하면'을 말해서 논증을 해야 한다면 이렇게 말하겠다. "다른 정부 체제들보다 기본적으로 더 많은 자유를 담지하기 때문이다." 아무 문제없는 말로 보인다. 자유를 증진하려는 목적을 가진 사회정의 이론이라면 분명히 옳은 이론이지 않겠는가?

　문제는, 양극화된 정치적 논쟁 속에서 '자유'의 개념이 너무나 오염된 나머지 원래의 의미를 구해 내기가 매우 어렵게 됐다는 데 있다. 정치적 우파는 개인의 자유를 국가의 개입보다 우위에 놓는다. 경제학자 밀턴 프리드먼Milton Friedman은 국가 개입으로부터의 자유와 자유시장을 주창한 자기 저서의 제목을 《선택할 자유Free to Choose》라고 붙였다. 그보다 앞서 프리드리히 하이예크Friedrich Hayek는 비슷한 개념을 좀 더 부정적인 어조로 개진한 책을 쓰고서 제목을 《노예의 길Road to Serfdom》이라고 붙였다. 경제적 의사결정에 정부가 관여하기 시작하면 개인의 자유가 침해되고 우리는 예속의 길에 들어서게 된다는 것이다. 신자유주의가 학문적 기수旗手를 찾고자 했을 때 이 둘은 더할 나위 없는 적임자였다.

로버트 노직Robert Nozick이 저서《아나키에서 유토피아로Anarchy, State, and Utopia》에서 말했듯이, 자유지상주의자들은 국민을 폭력과 사기에서 보호하고 계약의 이행을 보장하는 기능만 갖는, 즉 가장 작은 정부만 정당화된다고 주장한다. 그것을 넘어서면 자유에 대한 용납할 수 없는 침해라는 것이다.

자, 그럼 지미, 기타, 레이첼은 어떤 자유를 누리고 있는가? 얼핏 보기에 글래스고의 지미가 자신의 상황을 바꿀 수 있는 자유를 가장 많이 가진 것처럼 보인다. 문제를 일으키며 돌아다니는 것을 멈추고, 술과 마약을 끊고, 여자친구를 학대하지 않고, 칼을 치우고, 폭력 조직을 떠나고, 마음잡고 일자리를 구해서 성실히 살아가면 되지 않겠는가? 하지만 한 꺼풀 아래로 들어가 보면 지미를 그저 불량배라고만 말할 수는 없다. 지미에게는 사연이 있다(2013년까지 글래스고 살해수사팀을 이끌던 베테랑 형사 존 카노챈John Carnochan이 알려 준 사례 이력을 토대로 재구성한 것이다). 지미는 아버지를 모른다. 어머니는 같이 사는 남자가 계속 바뀌었는데, 그들은 대부분 지미를 신체적으로(성적으로까지는 아니더라도) 학대했다. 지미와 어머니는 거의 18개월마다 한 번씩 이사를 다녀야 했다. 학교 갈 나이가 되었을 때는 이미 행동장애가 있었고 집중을 잘 하지 못했으며 다른 아이들이나 선생님에게 불쑥 불쑥 공격적인 행동을 보이곤 했다. 조금 더 나이가 들어서는 청소년 비행 문제를 일으켰다. 더 나중에는 마약 관련 절도와 폭력으로 전과를 갖게 됐다. 정신과 의사로부터 여러 차례 성격장애, 불안장애, 우울증, 반사회성 장애 등의 진단을 받았다. 감옥에 있는 사람들 대부분이 그렇다. 미국 수감 인구 중 70퍼센트가 두 가지 이상의 정신장애를 가지고 있다.[7] 비수감들과 비교하면

14배나 높은 비중이다.[8]

자유지상주의자식으로 한번 생각해 보자. 감옥에 있을 때만 빼면 지미는 자유롭다. 지미에게는 가난하게 살 자유, 체포될 자유, 그리고 폭력 조직 싸움에서 죽지 않을 경우 마약 또는 알코올 중독이나 심장병으로 54세에 죽을 자유가 있다. 국가의 역할은 지미가 범죄를 저질렀을 때 잡아 가두는 역할로만 한정돼야 한다. 그렇다면 물어보자. 기업 경영자가 연봉 수백만 파운드를 올릴 수 있게 해 주는 자유와 지미가 우울증, 폭력, 마약, 알코올로 점철된 인생을 살 자유는 동일한 자유인가? 그의 비참한 상황을 자유지상주의자들이 '자유'라고 부른다는 걸 안다면 지미에게 퍽이나 위안이 되겠다.

하지만 자유지상주의자의 주장대로 정말로 지미가 그런 삶을 선택한 것이라면 어떻게 되는가? 나는 이렇게 대답하겠다. 실업자가 되고, 친구들과 척을 지고, 여자친구에게 차이고, 분노 조절을 못하고, 취업이 안 되고, 우울증에 걸리고, 노상 술에 취해 살기로 그가 '선택'을 했다는 말인가?

카를 마르크스Karl Marx는 이렇게 말했다. "인간은 역사를 창조하지만 자신이 원하는 대로 창조하지는 못한다. 자신이 선택한 조건 아래서가 아니라 과거에서 이어져 내려와 주어져 있는 조건 아래서 창조하기 때문이다."[9] 마르크스주의자까지 되지 않더라도 지미의 현 상태가 환경의 영향을 받아 만들어졌다는 점을 이해하기는 어렵지 않을 것이다. 지미가 자신의 삶을 바꿀 자유를 갖고 있다고 말하는 것은 생애의 아주 초기부터 겪어 온 열악한 환경이 그에게 각인시켜 놓은 것들에 눈을 감는 것이다(여기에서 내가 '평균'을 이야기하고 있음을 염두에 두기 바란다. 어떤 사람들은 지미 같은 환경에서도 개인적으로나 사회적으로 걸출한 사람으로 성공하기도 한다).

만약 정부가 지원하는 '가족–간호사 파트너십 프로그램' 제도 같은 것이 있었더라면 지미가 어린 시절에 정상적으로 성장 발달을 하는 데 크게 도움이 됐을 것이다. 사회적·정서적·행동적·인지적 문제가 줄었을 것이고, 그런 문제들이 없었다면 학교생활을 더 잘할 수 있었을 것이다. 그랬더라면 괜찮은 일자리와 소득을 갖기도 더 쉬웠을 것이다. 이쯤 되었다면 지미가 자신의 삶에서 선택의 자유를 갖고 있다고 말해도 무방할 것이다. 그 시점에서 지미가 일반적인 삶을 사는 대신 나무 밑에 앉아 도를 닦기로 했다면 이것은 그의 선택이라고 볼 수 있을 것이다.

글래스고의 형사였던 존 카노챈은 이렇게 말했다. "1974년에 경찰이 되었을 때는 조산사 콘퍼런스에 경찰이 참여해서 아이를 꼭 껴안아 주는 것이 폭력 예방에 좋다는 강연을 하게 될 줄 상상하지 못했습니다."[10] 그는 폭력 예방을 위해, 할 수만 있다면, 더 많은 경찰이 순찰을 돌게 하기보다는 더 많은 복지사가 가정을 방문하도록 하겠다고 말했다.

기타의 경우는 어떤가? 자유로운가? 아마다바드 슬럼에서 끔찍하게 가난하게 사는 기타가 어떻게 자유로울 수 있는가? 빈곤의 수렁에 빠질 자유? 아이들이 굶주리는 것을 볼 자유? 교육도 못 받고 미래의 전망도 없을 자유? 이것들이 사람들이 소중히 여길 법한 자유로 보이지는 않는다.

하지만 자유라는 개념은 기타의 삶에 대해 생각해 볼 수 있는 좋은 틀을 제공해 준다. 자유지상주의자들이 말하는 자유 말고, 기타가 스스로 가치 있다고 생각하는 대로 존재하고 행동할 자유 말이다. 자유지상주의자들의 주장과 달리 이런 자유는 사회의 개입을 제거함으로써 달성되는 것이 아니다. 이런 자유는 사회의 행동을 반드시 필요로 한다. 이 자유에 대해 좀 더 생각해 보자.

기타, 지미, 레이첼 삶의 공통점은 역량을 박탈당했다는 점이다. 아마티아 센이 말한 '필수적인 자유'가 부족한 것이다. 그들에게 닥친 일은 그들이 통제할 수 없는 것들이었다. '사회적으로 유리한 처지'에 있다는 말은 삶을 자신의 의지대로 꾸려갈 기회를 기타, 지미, 레이첼 같은 사람들보다 많이 가지고 있다는 의미다.

역량의 박탈은 다음 세 가지 차원으로 생각해 볼 수 있다.

① **물질적 차원** 아이들을 먹일 돈도 없는 상황은 역량을 높여 주는 상황이 아니다.
② **심리사회적 차원** 자신의 삶에 대해 통제력을 가질 수 없으면 역량이 박탈된 것이다.
③ **정치적 차원** 목소리를 낼 수 없으면 역량이 박탈된 것이다.

역량강화를 가능하게 하는 사회적·환경적 여건을 창출하는 것과 건강 형평성을 연결 지어 논하는 것이 나의 이론적 모델이다. 가령 기본적인 필수품을 얻을 수 있다면 기타의 삶은 달라질 수 있을 것이다.

역량강화의 두 번째 차원인 심리사회적 차원은, 자신의 삶에 대해 통제력을 가질 수 있고 존엄을 상실하지 않으면서 사회에 참여할 수 있게 되는 것이다. 통제력의 상실은 사회적 여건이 건강에 영향을 미치는 핵심 메커니즘 중 하나다. 영국 공무원 레이첼은 인도의 슬럼에 사는 기타가 상상도 못할 정도로 건강에 좋은 물질적 여건을 갖추고 있다. 하지만 레이첼은 직장에서도 가정에서도 삶에 대한 통제력을 발휘하지 못한다. 나는 화이트홀II 연구에서 통제력 상실이 건강에 미치는 영향을 조사했다.[11] 무엇을 언제 누구와 하는지와 관련해 업무에서 통제력을 거의 갖지 못한 사람들은 심장병, 정신장애 등의 발병 위험이 높았고 병으로 결근하는 횟수도 더 많았다.[12] 이 연구에서 나는 간단한 설문을 통해 가정에서의 통제력에 대해서도 알아봤는데, 여성의 경우 가정생활에서 통제력을 거의 발휘할 수 없다고 답한 사람들은 심장병과 우울증의 위험이 더 높았다.[13]

'필수적인 자유'는 아마티아 센이 제시한 개념이다. 그는 "합리적으로 판단해 스스로 가치 있다고 여기는 삶을 꾸려갈 자유"를 강조했다.[14] 핵심은 존재와 행동의 자유다. 대부분의 현대 철학자들처럼 아마티아 센도 존 롤스를 존경한다. 하지만 센은 '좋은 사회란 무엇인가'를 알아내려 하지 않는다는 점에서 롤스와 다르며 이는 매우 중요한 차이다. 아마티아 센은 이상적인 사회 체제의 구성 요소를 찾으려 하기보다는, 다양한 사회 체제들을 사람들의 실제 삶에 어떤 영향을 미치는지를 기준으로 평가하려 한다. 각각의 체제에서 사람들이 스스로 선택한 삶을 꾸려갈 자유를 얼마나 가질 수 있을 것인가를 따져보는 것이다.[15] 이는 건강한 사회가 무엇인지를 평가하는 나의 접근법과도 일맥상통한다. 앞에서도 말했듯이, 무엇이 사회정의인가에 대한 철학 이론들 간의 의견불일치를 철학자들이 없앨 수 없다면 나도 없앨 수 없다. 하지만 의사로서 나는 건강 형평성에 어떤 함의를 부여하는지를 기준으로 사회정의 이론들을 판단할 것이다. 역량의 확대, 즉 자신이 합리적으로 가치 있다고 판단한 삶을 꾸려갈 자유의 증진은 기타, 지미, 레이첼의 삶을 변화시키고 그들의 건강을 향상시킬 수 있을 것이다. 역량의 확대를 어떻게 달성할 것인지가 이후의 장들에서 이어질 내용이다.

아마티아 센은 인권이 필수적인 자유들을 포함하는 개념이라고 본다. 인권의 틀로 보면 건강의 사회적 결정 요인에 대해 행동을 취해야 한다는 입장에 힘이 실린다. 영국 철학자 오노라 오닐Onora O'Neill은 단지 권리를 주장하는 것만으로는 충분치 않다고 이야기했다. 권리를 논할 때는 그에 수반되는 의무도 논해야 한다.[16] 그리고 이 의무에는 개인적인 의무만이 아니라 사회적인 의무도 포함된다. "사람들은 건강할 권리를 가진다"라고 말하는 것은 "사람들은 건강의 사회적 결정 요인들에 대한 권리를 가진다"라는 의미를 포함한다. 좋은 취학 전 교육, 양질의 학교, 좋은 주거, 괜찮은 임금을 주는 일자리, 사회보장 등에 접할 권리까지 포함하는 것이다.

이러한 권리들을 보장하는 것은 누구의 책임인가? '아이가 양질의 학교 교육을 받게 하는 것은 부모의 의무'라고 간단히 말해 버릴 수는 없다. 이 책에서 나는 '우리'가 마땅히 해야 하는 일이 무엇인지를 실증 근거들을 통해 보여 줄 것이다. 민주주의 사회에서, 무엇을 할 것인지와 어떻게 할 것인지를 결정하는 것은 우리 모두의 책임이다.

기회의 평등?

앞에서 나는 투란도트의 구혼자가 수수께끼를 맞히지 못해 목이 잘릴 처지라는 이야기를 했다. 초코 아이스크림이 먹고 싶지만 바닐라 아이스크림을 먹게 된 존의 이야기도 했다. 의사 입장에서 내게는 공정한 과정뿐 아니라 공정한 결과 역시 중요하다는 이야기도 했다. 지미, 기타, 레이첼이 각자의 사회에서 불평등의 불리한 쪽에 있으며 그 때문에 불필요한 피해를 겪고 있다고, 즉 불공정한 결과를 겪고 있다고도 이야기했다.

다 합당한 말로 들릴 것이다. 의사인 나만 이렇게 생각하는 것이 아니라 건강에 관심 있는 사람 대부분이 이렇게 생각한다. 그런데 이게 생각만큼 자명하지는 않다. 좌우파를 막론하고 많은 정치인들이 기회의 평등에는 동의하더라도 결과의 평등에는 반대할 것이다. 결과의 평등이 소득, 교육, 생활 여건이 완전히 균등해야 한다는 것을 의미한다면 많은 사람들이 너무 지나치다고 생각할 것이다.

존 롤스는 평등한 기회라는 것은 신기루에 불과하다고 보았다. 출발점의 기본적인 여건이 사람마다 너무 다르기 때문이다. 기회는 권력, 교육, 자원의 불평등에 크게 좌우된다. 이것들은 모두 사회적으로 결정되는 것으로, 운 좋은 유전자를 타고 나느냐 아니냐의 생물학적 요인에 따른 불평등과는 다르다. 롤스는 기회의 평등을 달성하려면 기초적인 사회적 재화에 대한 접근이 모두에게 보장되어야 한다고 언급했다. 사회적 재화는 기본적인 자유, 기회, 공적 권력과 특전, 소득과 부, 자존감의 사회적 기반 등을 포함한다. 롤스는 이러한 사회적 재화가 분배되는 공정한 절차에 정의가 달려 있다고 보았다. 즉 정의를 규정하는 것은 분배의 결과가 아니라 과정이다.

롤스는 기본적인 사회적 재화가 공정하게 분배돼야 한다는 원칙이 불평등을 없애 주지는 않을 거라는 점을 인정했다. 그렇지만 사회에서 가장 혜택을 못 받는 처지에 있는 사람들에게도 관심을 둬야 한다고 보았다. 그래서 모두에게 기본적 자유에 대한 평등을 보장하되, 그래도 여전히 존재하는 사회적 재화의 불평등한 분배는 그것이 다른 분배 방식에 비해 사회에서 가장 열악한 사람들에게 더 도움이 되는 경우라면 허용된다고 주장했다. 이것이 '차등 원칙'이다.

아마티아 센은 롤스의 분배 정의 원칙이 과정에만 치우쳐 결과에 대해서는 충분히 이야기하지 않는다고 비판했다. 아마다바드 슬럼 지역의 모든 아동을 대상으로 교육 프로그램을 시행한다고 해 보자. 태어날 때부터 영양실조로 아픈 아이는 새로 생긴 교육 기회의 혜택을 건강한 아이보다 덜 누리게 될 것이다. 질병 때문에 교육 기회를 교육 효과로 실현시켜 낼 역량이 제약되는 것이다. 아마티아 센은 존재와 행동의 자유는 사회적 재화를 공정하게 분배하는 것만으로는 보장되지 않는다고 보았다. 건강, 숙련도, 필요, 취약성 등의 차이를 감안하지 않은 채로 이뤄진다면 사회적 재화의 공정한 분배만으로는 자유를 달성할 수 없다는 것이다.

기회를 결과로, 가령 교육 기회를 실질적인 교육성과로 유의미하게 바꿔낼 수 있는 역량을 질병이 제약한다는 아마티아 센의 지적에 주목할 필요가 있다. 이에 동의하면서 하나 덧붙이자면, 더 나은 교육, 더 나은 직업 기회, 일반적으로 말해서 '더 나은 여건'은 기타와 지미와 레이첼의 삶을 바꿀 수 있고 그럼으로써 그들의 건강을 향상시킬 수 있다.

여기에 롤스주의자들이 해결해야 할 딜레마가 있다. 사실 우리 모두가 해결해야 할 딜레마다. 적어도 애덤 스미스Adam Smith 시절 이래로 경제학자들은 일부 사람들이 경제적 파이의 큰 조각을 가져가도록 허용하면 전체 파이를 키울 수 있다고 주장해 왔다. 부를 생산하는 사람들을 자유롭게 풀어 주면, 물론 가장 큰 혜택은 그들이 보겠지만 그 아래에 있는 사람들도 어찌어찌 이득을 보게 된다는 것이다. 이것이 낙수효과 이론이다(나는 이 이론을 주장하는 사람들이 본인의 이해관계 때문에 그러는 게 아닌가 싶다). 롤스의 차등 원칙에 따르면 더 많은 불평등을 허용하는 체제가 가장 열악한 처지에 있는 사람들의 삶을 다른 체제에서보다 낫게 해 준다면, 더 공정한 체제다. 그렇다면 가장 열악한 사람들의 건강을 더 많이 향상시켜 줄 수 있다면 건강 불평등이 큰 사회가 다른 사회보다 공정한 사회일까?

실제로 지난 몇십 년간 많은 나라에서 이런 일이 일어났다. 모든 이의 건강이 향상됐지만 사회적 처지가 가장 좋은 사람들이 가장 큰 혜택을 봤다. 모든 이의 건강이 향상되는 것은 매우 환영할 만한 사회적 성취다. 하지만 모든 사람의 건강을 최상의 수준까지 끌어올려서 건강 경사면의 기울기를 평평하게 만드는 것도 매우 환영받을 사회적 성취여야 한다.

이런 점에서, 기회를 공정하게 분배한다는 롤스의 원칙은, 차등 원칙을 고려한다 해도, 건강의 공정한 분배에 대해 적절한 접근법을 제공해 주지 못한다. 이보다는 아마티아 센이 제시한 '스스로 가치 있다고 생각하는 삶을 꾸려나갈 자유' 개념이 우리에게 더 적합해 보인다.

기여에 따른 보상

> 신이 돈을 어떻게 생각했는지 알고 싶다면,
> 신이 누구에게 돈을 주었는지 보라.
>
> — 도로시 파커Dorothy Parker

"삶에서 중요한 것은 승리가 아니라 노력이며, 의미 있는 것은 정복이 아니라 잘 싸우는 것이다." 1896년 근대 올림픽을 창시한 피에르 드 쿠베르탱Pierre de Coubertin의 말이다. 이 말은 "승리가 아니라 참가에 의의가 있다"는 말로 인용되곤 한다.

그런데 그런 것 같지 않다. 경기는 이긴 사람에게 보상을 한다. 참가? 물론 의의가 있다. 하지만 승리는? 우리는 승리자들이 막대한 보상을 받을 만하다고 생각한다. 영국 사람들은 올림픽에서 4연속 금메달을 딴 요트 선수와 5연속 금메달을 딴 조정 선수를 기억한다. '우와, 이정도의 기량을 12년, 16년 유지하려면⋯⋯.' 이런 선수들이 그들 앞에 쌓인 모든 명예와 돈과 존경을 받는 것은 마땅해 보인다. 나라마다 비슷한 이야기들이 있을 것이다. 우리는 용감한 패배자의 참가를 존경하기보다는 경이로운 능력을 보여 준 승리자를 기린다.

운동선수뿐 아니라 은행가나 펀드 매니저도 마찬가지다. 그런데 이렇게 승자가 독식하는 것은 정당한가? 엄청난 고소득을 올리는 은행가나 헤지펀드 매니저에게 당신들이 왜 그렇게 많은 보수를 받는다고 생각하냐고 물어보면 이런 대답이 나올 것이다. "그만한 보수를 받을 가치가 있으니까요." 하지만 당신이 그만한 가치가 있는 줄 우리가 어떻게 아는가? "얼마를 받는지를 보면 알지요." 완벽한 논리군. 앞에서 본 지불 의사 방법론이다. 무언가의 가치를 알려면 누군가가 그것에 대해 지불할 의사가 있는 금액이 얼마인지를 보면 된다는 것이다.

소득 분포의 반대편 극단에 대해서도 동일한 순환 논리가 적용된다. 낮은 임금은 그들의 가치가 낮다는 의미다. 그들이 더 가치가 있다면 돈을 더 받지 않겠는가? 2013년 영국 노팅엄의 한 커피점에서 바리스타 8명을 뽑는다는 공고를 내자 1,701개의 지원서가 쏟아졌다. 시간당 임금이 생활임금living wage*보다 낮았는데도 그랬다. 가격과 가치가 등가라면, 여기 지원한 사람들은 스스로를 건강한 삶을 꾸리기에 충분한 소득을 올릴 가치가 없는 사람이라고 생각하는 모양이다. 그렇지 않았으면 지원하지 않았을 테니 말이다. 하지만 정말 그럴까? 이런 현상이 글로벌 금융위기 이후 대침체로 노팅엄의 실업률이 치솟아 일자리가 없는 것과 관련 있진 않을까?

지불 의사 논리가 말하는 '논리'에 동의하기 어려운 것도 어려운 것이지만, 많은 나라에서 부와 소득의 불평등이 심각하게 증가해 왔다는 데 대해서도 나는 문제 제기를 하고 싶다. 미국과 영국이 특히 두드러진다. 이렇게 막대한 경제적 불평등은 적어도 세 가지 경로로 건강에 크게 해를 끼칠 수 있다.

첫째, 어떤 사람들이 너무 많이 가지고 있다면 어떤 사람들은 너무 적게 가지고 있다는 뜻이다. 헤지펀드 매니저, 은행가 등 상위 1퍼센트가 받는 '보상'이 금융 산업의 그늘에 가린 사람들이 건강한 삶을 꾸릴 수 없을 정도로 적은 보상을 받고 있다는 의미라면 이 시스템은 잘못된 것이다. 미국에서는 2010년과 2012년 사이에 늘어난 소득의 95퍼센트가 상위 1퍼센트에게 간 것으로 추정된다.[17] 같은 시기에 인구의 24퍼센트는 빈곤 상태였다(빈곤은 세후 소득 중앙값의 60퍼센트에 못 미치는 경우를 의미한다[18]). 대조적으로, 소득 불평등 수준이 훨씬 낮은 덴마크와 노르웨이는 빈곤 인구가 전체의 13퍼센트 정도다. 건강한 삶을 꾸리는 데 필요한 최소한의 소득을 '건강생활최저생계비Mininum Income for Healthy Living'라고 부른다. 어떤 사람들은 부유한 나라에 살면서도 건강생활최저생계비만큼을 벌지 못한다.

둘째, 너무 많은 돈이 최상층에 묶여 있으면 정부가 취학 전 교육, 학교, 공동체 시설 및 서비스 등에 쓸 돈이 부족할 수 있다. 1958년에 경제학자 존 케네스 갤브레이스John Kenneth Galbraith가 "사적 풍요와 공적 빈곤"이라고 말한 것이 두 세대가 지난 지금 드러나고 있는 것이다.[19]

---

* 생활을 영위하기에 필요한 최소 수준의 임금.

셋째, 소득과 부의 불평등은 사회 응집성을 해친다. 부유한 사람들은 다른 이들로부터 점점 더 자신을 분리한다. 그들만의 동네, 그들만의 학교, 그들만의 여흥, 그들만 가는 헬스클럽, 그들끼리만 어울리는 휴일……. 사회 응집성이 깨지면 건강이 훼손되고 범죄가 증가할 가능성이 커진다.[20] "제너럴 모터스에 좋은 것은 미국에도 좋은 것"이라던 시절이 있었다. 아마 그랬을 것이다. 하지만 '자산 탈탈 사모펀드 인터내셔널'이나 '빨리 부자 되기 헤지펀드'나 '공매도 유나이티드' 같은 금융 회사와 그런 금융 회사를 경영하는 억만장자들에게 좋은 것이 미국에도 좋은 것이라고 말하기는 어려울 것이다.[21]

이런 이유에서, 현재의 소득 분배에 대해 우리는 우려해야 한다. 당신이 시장 근본주의자라면 내 말에 얼굴이 하얗게 질렸거나 내가 경제학자가 아니어서 쥐뿔도 모른다며 내 말을 무시하고 있을 것이다. 시장 근본주의자에게 시장은 신성한 것이다. 시장은 가치에 따라 소득을 분배한다. 시장에는 오류가 없다. 그런데 웬 경제도 모르는 마멋이란 작자가 나타나서 시장이 작동한 결과 건강 불평등이 나타났다면 시장 실패를 의미한다는 둥의 말을 하다니!

나는 다음과 같은 질문을 많이 받았다. "권력, 돈, 자원의 불평등이 건강 형평성에 나쁘다고 말씀하시는 것을 들었습니다. 그런데 왜 정부는 듣지 않을까요? 만약 정부가 들었다면, 왜 건강을 해치는 권력, 돈, 자원의 불평등이 여전히 이토록 심하게 존재하는 것일까요?"

현재의 소득 불평등은 그럴 만한 이유가 있어서 존재하는 것인가?

건강 형평성에 최적이냐 아니냐를 기준으로 정당화되는 소득 분배와 기타 다른 방식으로 정당화가 가능한 소득 분배는 충돌할 수 있다. 가령 성과나 기여에 따른 보상 체계를 옹호하는 논리는 아리스토텔레스까지로도 거슬러 올라가는 오랜 논리지만, 이런 보상 체계가 사람들의 삶과 건강에 미치는 영향을 반드시 고려하는 체계이리라는 보장은 없다.

그런데 무엇이 '기여'인지는 어떻게 정하는가? 철학자 스튜어트 햄프셔Stuart Hampshire는 사회적 자원의 공정한 분배란 "개인의 역량과 기여에 대해 보상하면서 그와 동시에 우리가 원하는 사회상에 부합하는 분배"를 의미한다고 말했다. 하지만 그는 이렇게 덧붙였다. "공공선의 개념, 사회적 삶의 이상적인 모습, 개인의 역량이나 기여의 의미 등은 상상과 개인의 기억 속에, 또 도시와 국가의 역사 속에 뿌리를 두고 있으며 무한히 다양하고 분열되어 있다."[22] 좋은 삶이란 무엇인가, 그리고 사람의 가치를 어떻게 판단할 것인가에 대한 견해가 "무한히 다양하고 분열되어 있다"면 공정한 분배란 무엇인가에 대해서도 답은 하나가 아닐 것이다.

이어 햄프셔는 '불의'라는 악에 두 종류가 있다고 언급했다. 하나는 재화의 분배와 관련되어 있는 불의다. 이 악은 사람들에게 악으로 체감되기 전에 논증과 논의에 의해 드러나고 밝혀져야 한다. 재화를 분배하는 올바른 방법이 무엇이냐에 대해 동의를 끌어내는 것은 토론과 협상의 공정한 과정을 필요로 하며 그 결과는 시대와 문화에 따라 다를 것이다. 다른 하나는 "극심한 빈곤, 질병, 신체적 고통, 사랑하는 이를 잃는 비참함이라는 악이다." 이런 악은 "정상적인 지각과 감각이 있는 사람이라면 누구나 즉각적으로 체감하게 되는 종류의 악이다."

이 구분은 매우 유용하다. 재화의 공정한 분배가 무엇인가에 대해서는 정답이 없다. 이는 협상을 통해 합의해 나갈 문제며 합리적인 주장과 논증이 이뤄진다면 그 과정이 더 잘 진행될 것이다. 하지만 충분히 피할 수 있는데도 존재하는 건강 불평등이라는 악은 즉각적인 관심을 받아야 마땅하다. 재화의 불평등한 분배가 건강 불평등을 유발하는 한, 이에 대해 우려하는 것은 매우 합당한 일이다. 그리고 '무엇이 공정한 분배인가'와 '어떤 종류의 분배가 건강에 해가 될 것인가'라는 두 질문이 합쳐지는 곳에 '상대적 불평등'과 '체감되는 불의'의 문제가 존재한다.

누군가의 기여도를 그가 받는 돈으로 잰다면, 최고의 농구 선구나 미식축구 선수가 지구상에서 가장 가치 있는 존재이고 B급 영화배우가 수학자보다 가치 있는 존재라는 의미가 된다. 간호사는 은행가의 200분의 1만큼 가치가 있다. 실직 상태인 미혼모는? 경멸할 가치도 없다.

경멸은 사람에게서 최악의 모습을 불러낸다. 2012년 미국 대통령 선거의 공화당 후보였던 밋 롬니Mitt Romney는 정부의 복지 수당에나 의존하는 47퍼센트(오바마의 당시 지지율)는 자신에게 절대로 투표하지 않을 사람들이라고 언급했다. 소득세도 내지 않는 주제에 정부가 모든 것을 책임져야 한다고 생각하는 사람들이라면서 말이다. 국가의 복지 수당을 받으면 가치가 떨어지는 사람이 되기라도 한다는 듯한 발언이었다. 영국에서도 많은 정치인이 사람들을 '노력하는 자'와 '빌붙는 자'로 구분하는 화법을 사용한다. '빌붙는 자'의 정의가 명확히 내려진 적은 없지만 대체로 복지 수급자를 일컫는다. 이런 정치인들은 자신의 정책으로 높은 실업률을 유발해 놓고는 실업은 개개인이 내리는 생활습관상의 선택이라고 주장하는 볼썽사나운 꼴을 보이곤 한다. 이 장 서두에 인용한 조지 버나드 쇼의 날카로운 위트는 '무자격 빈민' 운운한 화법을 이미 한 세기 전에 비판하고 있다. 이 화법에 내가 반대하는 것은 단지 도덕적인 이유에서만이 아니라 사실이 아니기 때문이기도 하다. 영국에서 빈곤 상태에 있는 사람 대부분은 가구원 중 1명 이상이 일을 하고 있는 '취업자 가구'에 속해 있다.[23] 저소득 가구 성인 중 4분의 3이 일을 하고 있다. 가난한 사람들의 문제는 일을 안 하는 게 아니라 임금이 낮은 것이다.

시장이 가치를 정확하게 표현하며 따라서 상위 1퍼센트가 갖는 엄청난 소득이 정당화된다고 보는 견해는 허깨비 논리에 불과하다. 제이콥 해커Jacob Hacker와 폴 피어슨Paul Pierson은 공저《부자들은 왜 우리를 힘들게 하는가Winner-Take-All Politics》에서 소득 불평등 규모가 시장 논리나 기여에 따른 보상이라는 논리보다는 지저분한 정치와 더 관련이 크다는 점을 설득력 있게 주장했다.[24]

그렇다면 공정한 소득 분배는 어떤 모습일까? 사람들이 무엇을 공정하다고 생각하는지부터 살펴보자. 2009년 영국에서 실시된 '사회태도조사Social Attitudes Survey'는 응답자들에게 여러 직종을 제시하고 각각의 소득이 얼마라고 생각하는지, 그리고 각각의 소득이 얼마 정도여야 마땅하다고 생각하는지 질문했다.[25] 응답자들은 대기업 회장이 미숙련 공장 노동자보다 15배 정도 많이 번다고 추측했다. 하지만 6배 정도여야 **마땅하다**고 생각했다(응답자들은 대기업 회장은 10만 파운드 정도, 공장 노동자는 1만6,000파운드 정도가 마땅한 보수라고 답했다).

이 조사는 흥미로운 점을 세 가지 보여 준다. 첫째, 사람들은 모든 이의 소득이 '균등'해야 한다고 생각하지는 **않는다**. 개개인의 숙련도, 훈련과 교육 정도, 책임감 등에 맞게 보상이 따르는 게 마땅하다는 것이 일반적인 견해인 듯하다. 희소성에 대한 보상도 용인되는 것으로 보인다. 다른 데서도 데려가려는 사람을 채용하려면 높은 임금을 제시할 필요가 있을 테니 말이다. 둘째, 그렇더라도 현실에서의 소득 불평등은 너무 크다고 생각한다. 사회태도조사에 따르면 1983년 이후 내내 응답자의 70퍼센트 이상이 현재의 소득 격차가 너무 크다고 생각했다. 셋째, 사람들은 현실에서의 소득 격차가 정말로 어느 정도인지 잘 모른다. 2009년에 실제 소득 격차는 응답자들이 추측한 15배가 아니라 340배였다. 대중에게 설문을 돌려서 임금을 결정하자는 말은 아니다. 하지만 어쨌든 사람들은 우리 사회에서 소득이 매우 불공평하게 분배되고 있다고 생각한다. 요약하면, 우리의 민주주의 사회에서 대다수의 사람들은 기여에 따라 차등적인 보상이 있어야 한다고 생각하지만 어느 정도의 한계 내에서 그래야 한다고 생각한다.

윌 허튼Will Hutton은 《그들과 우리Them and Us》에서 이 문제를 다루면서, 인간이 불공정함에 예민하게 반응하도록 진화해 왔음을 보여 주는 흥미로운 근거들을 제시했다.[26] 우리는 사람들이 성과와 기여에 따라 보상받는 것을 기꺼이 받아들이지만 불공정한 방식이나 정도로 그러는 것까지 받아들이지는 못한다. 생물학적 증거와 심리학적 증거, 그리고 설문조사에서 나타난 사람들의 태도 등을 보건대, 우리는 공정하게 생겨난 소득 불평등은 문제라고 생각하지 않는다. 하지만 건강한 생활을 영위하는데 필요한 최소한의 소득조차 얻지 못하는 사람이 있다면, 그 소득 분배는 불공정한 것이다.

그들의 잘못이므로 그들은 자격이 없다

가난한 사람은 그 가난을 스스로 초래한 것인가? 조지 버나드 쇼의 희곡에 나오는 청소부 아서 두리틀은 무자격 빈민이 자신의 노선이라며 그렇게 남겠다고 했지만, 그전에 그것이 얼마나 모멸적인지를 길게 이야기한다. "그것이 인간에게 무슨 의미인지 생각해 보십쇼." 버나드 쇼의 의도는 명백하다. 사람들이 가난해지고 싶어서 가난한 게 아님을 말하려는 것이다. 하지만 빈곤 자체를 선택하지는 않았을지언정 그들이 선택한 어떤 일들로 인해 빈곤해지고 건강이 나빠졌을 수는 있지 않을까?

아마다바드의 기타가 스스로의 의지로 가난해졌다고 말하기는 어려울 것이다. 기타는 더 나은 삶의 기회와 물질적 여건이 부족해서 가난하다. 전 세계 10억 명의 빈민들도 그럴 것이다.

글래스고의 지미는 조금 다르다. 지미의 물질적 여건은 글래스고 기준으로는 가난하지만 기타에 비하면 매우 풍요롭다. 지미의 빈곤은 그 자신의 선택과 더 관련 있어 보인다. 그의 가족사가 지미의 정신에 깊은 상처를 남겼음을 생각해 보면 그의 '선택'도 이해가 간다. 지미의 배경과 여건은 사회적 이동(계층 사다리에서 위로 올라가는 것)의 가능성에서 그를 멀찍이 떼어 놓았다.

직급이 낮은 편인 공무원 레이첼은 가난하지는 않지만 사회적 위계가 상대적으로 낮아서 삶에 제약을 받는다. 레이첼은 사회적 지위가 더 높은 여성들에 비해 비만하고 담배를 피울 가능성이 높으며 신체 활동과 사회적 접촉은 적을 가능성이 높다.[27] 어린 딸을 혼자 키우던 시절에는 빠듯한 수입으로 직장 일, 육아, 가사 일을 해내기 급급해 꼭 안아 주거나 놀아 주거나 책을 읽어 줄 시간을 내기 어려웠다.[28] 이러한 '선택'들은 레이첼의 건강에 해를 끼쳤고 딸의 기회를 제약했다.

하버드 대학교의 경제학자 센딜 멀레이너선Sendhil Mullainathan과 프린스턴 대학교의 심리학자 엘다 샤퍼Eldar Shafir는 전 세계의 레이첼들, 지미들, 기타들을 관찰하면서 가난한 사람들이 왜 자신의 이해관계에 부합하지 않는 결정을 내리는지 알아봤다.[29] 가난한 사람들은 예방 의료를 덜 이용하고, 비용을 댈 수 있는 상황에서도 약을 잘 먹지 않으며, 자녀에게 신경을 많이 쓰지 않고, 금전 관리를 제대로 못하는 경향이 있어 보였다. 또 저소득국 빈민들은 잡초를 뽑으면 생산성을 높일 수 있을 텐데도 잡초를 뽑지 않았다(하나 덧붙이자면, 이것은 단순히 가난한 사람 대 나머지의 문제가 아니다. 예방 의료를 받아들이고 약 복용법을 잘 따르는 것은 사회 계층적 경사면을 보인다).

어떤 결정은 너무나 자기파괴적이어서 가난한 사람이 자신의 무책임함 때문에 빈곤과 질병을 자초한 것으로 보이기도 한다. 하지만 멀레이너선과 샤퍼는 거꾸로라고 보았다. 의사결정을 잘하지 못해서 가난해진 게 아니라 가난해서 의사결정을 잘하지 못하게 된 것이라는 말이다. 저서《결핍의 경제학Scarcity》에서 이들은 결핍이 사람의 작동기억을 제한한다고 설명했다. 굶주린 사람은 먹을 것 생각부터 하게 되므로 다른 데 관심을 둘 정신적 여유가 없다. 시간에 쪼들리는 사람은 당장의 시간 압박에 신경 쓰느라 장기적인 계획을 세우지 못한다. 빈곤은 사람들이 전략적인 의사결정보다 단기적인 생존에 집중하게 만든다.

여러 실험에서 나온 결과들을 종합해, 멀레이너선과 샤퍼는 빈곤이 통찰력을 떨어뜨리고 미래지향적인 계획 수립 역량이나 스스로의 삶을 통제하고 있다는 느낌을 감소시키는 경향이 있다고 주장했다. 이를테면 돈 걱정을 하게 만드는 것만으로도 하룻밤을 꼬박 새운 상태만큼 인지기능 상실을 초래할 수 있었다. 이 정도로 빈곤은 정신의 기능에 큰 영향을 미쳤다. 그러나 이러한 인지기능 감소는 영구적인 것은 아니었다. 인지기능 감소는 가난이 심해지면 심해지고 가난이 개선되면 나아졌다.

　그렇다면 가난한 사람들에게는 돈만 필요한 것이 아니라 인지기능이 충분히 발휘될 수 있게 할 정신적 안정성도 필요하다. 레이첼이 어린 딸을 키우던 때에 정부가 보조해 주는 돌보미 서비스를 이용할 수 있었다면, 금전적 부담도 완화됐을 테지만 혼자 아이를 키우는 일하는 엄마로서 수많은 일을 저글링하느라 있는 대로 압박을 받던 정신에도 숨통을 트여 줄 수 있었을 것이다. 또 고용과 소득이 불안정하고 단속적인 저소득국에서는 단기 저리 대출 같은 정책이 있으면 급한 불을 끄느라 온 정신을 쏟아야 하는 정신적 부담을 완화해 줄 수 있다.

　이 장에서 우리는 사회정의와 건강의 관계를 알아보기 위해 정치철학을 탐구했다. 우선 단순 합산식의 공리주의 원칙은 정의와 건강의 관계를 고찰하는 데 적합하지 않다. 우리는 분배도 고려해야 하기 때문이다. 이보다는 자유의 증진을 사회정의로 보는 두 번째 접근법이 건강 비평형이라는 우리의 관심사에 더 잘 부합한다. 사람들이 스스로의 삶에서 통제력을 가질 수 있는 여건을 만들어야 한다는 것, 그래야만 유의미한 자유가 가능하다는 것을 인정한다면 말이다. 자유의 개념을 이렇게 보면, 건강에 대한 권리와 건강의 사회적 결정 요인(주거, 교육, 일자리 등)에 대한 권리는 기본적인 인권이 된다. 사회정의에 대한 세 번째 접근법인 기여에 따른 보상의 원칙은 자원의 분배를 결정할 때 중요한 원칙이 될 수 있다. 하지만 이 원칙에 따른 분배가 사람들의 삶과 건강 비평형에 어떤 영향을 미칠지에 대해서는 우려스러운 부분이 있다.

이데올로기와 실증근거

사회정의란 무엇인가, 좋은 사회란 무엇인가에 대해 모두가 동의하는 하나의 답이 있다면 정치철학자들은 다른 직업을 알아봐야 할 것이다. 정치철학자들은 스튜어트 햄프셔의 말대로 이런 문제에 대한 답이 '무한히 다양하고 분열되어 있기' 때문에 바쁘다. 자유지상주의자들이 논리만으로 설득되어 칸트주의자로 개종하는 일은(그 반대의 일도) 벌어지지 않을 것이다. 논리와 논증이 많은 것을 밝혀내고 드러내 주긴 하지만 우리가 다루고 있는 것은 본질적으로 이데올로기다.

과학 영역에서는 이데올로기가 실증근거에 직면해야 하므로 이데올로기적 논쟁이 근거 기반의 논쟁에 밀려나지 않겠느냐고 생각하기 쉬울 것이다. 하지만 너무나 많은 경우에 그렇지가 못하다. 앞에서 이야기한 랜드 연구소 콘퍼런스에서 나와 경제학자들은 견해가 거의 대척점에 있었다. 나는 생명에 금전 가치를 부여해서 가치가 가장 큰 쪽에 의료 혜택을 분배한다는 개념의 이론적 일관성은 높이 평가하지만 그 이론을 주창하는 쪽의 일원이 되고 싶지는 않다. 불리한 처지에 있는 사람들에게 치료를 포기하고 죽어 주는 대가로 얼마간의 돈을 쥐어 주는 격으로 여겨지기 때문이다. 마찬가지로 그날 내 이야기를 듣고서 자신의 견해를 바꾼 경제학자는 한 명도 없을 것이다. 아마 그들은 내가 인간의 고통에 대해 관심을 갖느라, 학문적 정교성이 학계에서 용납되지 못할 정도로 허술해져 버렸다고 생각했을 것이다. 하지만 그들과 나 사이에 실제로 존재하는 차이는 원칙과 이데올로기의 차이다. 그런 차이를 보여 주는 것 하나가 효율성이냐 평등성이냐의 문제다.

거시경제 정책에 대해 말하자면 경제학자들 사이에서도 이견이 많다. 긴축재정주의자와 케인스주의자는 거의 종교적인 열정으로 자신의 주장을 펴며 상대를 비판한다. 경제학자가 아닌 나로서는 이 논쟁이 실증근거를 통해 해결돼야 마땅하다고 생각하지만, 실제로는 그렇지 못하다. 프린스턴 대학교의 경제학자이자 스스로 '자유주의적 케인스주의자'라 말하는 앨런 블라인더Alan Blainder는 시카고의 경제학자 존 코크레인John Cochrane이 다음과 같은 말한 것을 소개한 적이 있다. "케인스주의 경제학은 1960년대 이래로 대학원에서 아무도 가르치지 않으며 케인스주의 개념들은 이미 틀렸음이 입증된 허구다." 이에 대해 블라인더는 이렇게 논평했다. "코크레인의 말 중 앞부분은 사실이 아니고 뒷부분은 터무니없는 말이다." 블라인더는 코크레인 식으로 케인스주의를 배척하는 것은 학문적인 근거에서가 아니라 이데올로기에서 나오는 것이라고 비판했다. 이렇듯 이데올로기는 실증근거를 왜곡하거나 배척하는 데 큰 영향을 미친다. 하지만 그래도 실증근거는 매우 중요하다.[30]

영유아기 성장 발달에 대해 말하자면(다음 장에서 상세히 논의할 것이다) 선천적 요인이냐 후천적 요인이냐nature vs. nurture(본성이냐 양육이냐)라는 오랜 논쟁이 있다. 여기에서도 나는 명료한 논증과 분명한 실증근거들이 이데올로기로 흐릿해진 부분들을 걷어낼 수 있다고 생각한다. 물론 환경결정론자들이 갑자기 "내 탓이오!"를 외치며 유전자 결정론으로 개종을 하는 일도, 그 반대의 일도 없을 것이다. 하지만 그래도 실증근거는 매우 중요하다.

건강과 경제에 대해 말하자면 경제학자와 공중보건학자의 의견이 크게 다르다. 여기 어떤 사람이 경제학자인지 아닌지 판별할 수 있는 진단법 하나를 소개한다. 건강의 사회계층적 경사면 그래프를 보고서 건강이 사회경제적 지위의 원인이라고 생각하면 경제학자이고 사회경제적 지위가 건강의 원인이라고 생각하면 경제학자가 아니다.[31] 모든 진단 검사가 그렇듯이 잘못된 양성반응과 잘못된 음성반응이 있을 수 있다. 하지만 전형적인 경제학자는 '사람들의 건강 상태가 앞으로 그들에게 일어날 일들을 결정한다'고 보는 데서 출발한다. 반면 공중보건학자는 '사람들에게 일어난 일들이 앞으로 그들의 건강을 결정한다'고 보는 데서 출발한다. 경제학자가 출생 코호트cohort 자료를 분석하면 어린 시절의 건강이 성인기의 사회경제적 지위에 영향을 준다는 근거를 찾아낸다. 공중보건학자가 동일한 자료를 분석하면 어린 시절의 사회경제적 환경이 성인기의 건강에 영향을 준다는 근거를 찾아낸다. 그리고는 각자 자신이 찾아낸 근거를 바탕으로 경제학자는 경제학자대로 공중보건학자는 공중보건학자대로 자신이 상정한 경로가 더 중요하다고 결론 내린다.

연구자들이 이런 편견을 가진 경향이 있다는 내 말에 한 경제학자가 매우 강하게 반발했다. 그는 이성적인 사람이라면 인과관계가 양방향 모두로 갈 수 있다고 생각할 것이라고 말했다. 부에서 건강으로, **그리고** 건강에서 부로. 그러면서 그는 내가 후자, 즉 나쁜 건강이 낮은 사회적 지위로 이어지는 경로를 중요시하지 않았다고 비판했다. 맞다. 나는 그 경로를 크게 중요시하지 않는다. 그 경로로 벌어지는 현상이 없기 때문이 아니다. 가령 좋지 않은 건강은 노동 능력을 저하시킬 수 있고 실직에 대한 안전망이 없을 경우에(9장 참조) 노동 능력의 저하는 저소득으로 이어진다. 하지만 내가 보기에는 사회적 여건이 건강과 건강 형평성에 영향을 미치는 경로 쪽의 실증근거가 압도적으로 많다. 나는 경제학자들이 건강에서 부로 이어지는 경로만 강조한 나머지(나는 이것을 역逆인과관계라고 부른다) 건강의 사회적 결정 요인에 대한 관심을 배제해 버리는 것이 우려스럽다. 내가 이렇게 우려하는 데는 실증근거가 있다. 내 강연을 듣고 "좋지 않은 건강이 낮은 사회적 지위를 유발할 가능성을 생각하면 당신이 말한 것이 모두 잘못됐을 수도 있는데, 이에 대해 생각해 보셨습니까?"라고 묻는 사람은 꼭 경제학자다.

이는 학계에서만 오가는 논쟁이 아니다. 두 입장은 매우 상이한 정책적 시사점을 가진다. 주된 인과관계가 건강에서 부로 가는 방향이라면 질병을 관리해서 개인의 사회경제적 지위를 향상시키거나 개인의 사회경제적 지위를 향상시키기 위해, 또는 국가 경제를 향상시키기 위해 질병을 관리하는 것이 적절한 정책이다. 하지만 주된 인과관계가 사회적 결정 요인(나고 자라고 살아가고 일하고 나이 들어가는 환경)에서 건강 불평등으로 이어지는 방향이라면 건강 불평등을 해소하기 위해 사회적 여건과 그런 여건을 만들어 낸 기저의 (경제적·사회적·정치적) 요인들을 다루는 것이 적절한 정책이다.

영국판 보고서 〈공정한 사회, 건강한 삶〉을 펴냈을 때 학술 저널인 《사회과학과 의학Social Science and Medicine》이 8명의 논평가를 초청해 이 보고서에 대해 논의하는 자리를 마련했다.[32] 6명은 우리가 정책과 조치를 촉구하기에 충분한 근거 자료를 제시했다는 데 대해 의문을 제기하지 않았다. 모두 더 강력한 증거가 있었으면 좋겠다고 말하긴 했다(우리도 그렇게 생각한다). 어떤 논평가는 우리가 소득을 너무 강조했다고 했고 어떤 논평가는 우리가 소득을 너무 강조하지 않았다고 했다. 어떤 논평가는 우리가 정치적으로 큰 진전을 이뤘다고 했고 어떤 논평가는 우리가 충분히 정치적이지 않다고 했다. 다 좋은 의견이었고 나는 다 경청했다. 이것이야말로, 즉 논의에 건설적으로 기여하는 의견들이야말로 '논평'을 요청했을 때 기대하는 것들이 아닌가.

나머지 2명은 경제학자였다. 예상대로 그들의 출발점은 사람들의 건강이 그 이후에 그들에게 벌어질 일에 영향을 미친다는 것이었다. 그런데 우리 보고서는 사람들에게 벌어진 일이 그들의 생애 전반에서 누적적인 효과를 내면서 건강에 영향을 미친다는 것을 출발점으로 삼고 있었다.

역인과관계 문제는 매우 오랜 논쟁으로, 역학 분야에서 많은 연구가 이뤄져 왔다. 나는 그런 연구들을 전작 《사회적 지위가 건강과 수명을 결정한다》에서 상세히 검토했고 사회적 인과론(사회적 여건이 건강을 결정한다)을 결정적으로 뒷받침할 근거들이 존재한다고 결론 내렸다.[33] 《사회과학과 의학》이 마련한 토론이 열리던 무렵에 나는 마침 디킨스의 《어려운 시절Hard Times》을 읽고 있었다. 디킨스는 빈민 지역의 주거 환경을 이렇게 묘사했다. "코크타운에서 가장 힘들게 일하는 구역의 주거지에서는 (…) 살인적인 공기와 가스가 새어 들어오는 만큼이나 자연은 강하게 벽돌 건물 밖으로 배제된다." 이 책에는 끔찍한 노동 여건에 대한 묘사도 나온다.

끔찍한 공장과 살인적으로 오염된 주거지가 아픈 사람들과 아플 사람들을 끌어들였을까? 그보다는 사람들이 이런 여건에서 살고 일하게 되면서 질병을 얻게 됐다고 보는 편이 합리적이지 않을까? 디킨스 시절 이후로 생활 여건과 노동 여건이 많이 개선돼 빅토리아 시대 빈민촌 같은 환경이 줄고 사람들의 건강이 향상된 것은 인과관계가 아니라 상관관계일 뿐이라고 봐야 할까? 의료 기술도 좋아졌지만 주거 환경도 명백히 좋아졌는데, 주거가 개선돼 건강이 향상됐다고 보는 공중보건학자들은 학문적으로 허술한 것일까? 또 빅토리아 시대에 공기오염, 열악한 주거 환경, 끔찍한 노동 환경, 빈약한 영양 상태가 질병의 원인이었다고 인정한다면, 왜 21세기에는 생활 여건과 노동 여건이 질병의 원인이 아니라고 미리 판단해 버리는 것일까?

학자들 사이의 견해 차이는 실증근거에 대한 것만이 아니라 이데올로기에 대한 것이기도 하다. 글래스고 대학교의 원로 경제학자 안톤 무스카텔리Anton Muscatelli에게 이렇게 물어본 적이 있다. "나는 공중보건학자들이 왜 부에서 건강으로의 경로를 강조하는지 설명할 수 있습니다. 우리는 건강을 향상시키기를 원하고 실증 자료들은 그러기 위해 사회적 여건을 개선하는 것이 중요하다고 말하고 있으니까요. 경제학자들이 반대 방향의 경로를 강조하는 이유는 무엇인가요? 그들은 사회를 향상시키고 싶어 하지 않습니까?" 무스카텔리는 이렇게 대답했다. "경제학자들은 부가 건강에 영향을 미친다고 배우기보다는 건강이 부에 영향을 미친다고 배웁니다. 수식으로 모델을 만들기 더 좋기 때문입니다." 그리 대단한 이데올로기도 아닌걸?

모든 경제학자가 똑같이 생각하는 것은 아니다. 아마티아 센은 WHO의 CSDH에 참여했고 불평등 연구로 유명한 영국 경제학자 토니 앳킨슨Tony Atkinson은 영국판 보고서인 〈공정한 사회, 건강한 삶〉에 참여했다. 건강이 소득에 미치는 영향에 대한 연구로 자주 인용되는 짐 스미스Jim Smith도 교육이 건강에 미치는 영향을 보여 준 바 있다. 교육의 효과가 매우 커서 모델에서 소득 변수를 제거해도 될 정도였다.

실증근거의 선별과 해석에 이데올로기와 신념이 섞여 들어간다고 해서 실증근거를 존중해야 한다는 점이 달라지지는 않는다. 이 책의 내용도 모두 실증근거에 바탕하고 있다. 하지만 나도 이데올로기가 있다. 피할 수 있는데도 존재하는 건강 격차는 사회적 불의다. 우리는 사회를 더 정의롭게 만들고 건강 비형평을 줄이도록 행동할 수 있게 도와줄 양질의 실증근거가 필요하다.

4

출 발 선 에 서 의   평 등

그러니 물살을 거슬러 가는 배처럼 우리는 끊임없이 과거로 밀리면서도 앞으로 나아가는 것이다.

—스콧 피츠제럴드F. Scott Fitzgerald, 《위대한 개츠비The Great Gatsby》

올더스 헉슬리Aldous Huxley의 디스토피아 《멋진 신세계Brave New World》에는 알파, 베타, 감마, 델타, 엡실론이라는 다섯 개의 계급이 존재한다. 알파와 베타 계급 아이들에게는 정상적인 성장 발달이 허용된다. 감마, 델타, 엡실론 계급 아이들은 화학물질로 처리돼 인지적, 신체적 발달을 제한받는다. 그 결과 인지기능과 신체 발달이 계급과 딱딱 들어맞는, 깔끔하게 분화된 계급 사회가 탄생한다.

이것은 풍자다. 안 그런가? 현실은 이렇지 않을 것이다. 분명코 우리는 사람들을 계급으로 나누고, 낮은 쪽 사람들은 잠재력에 도달하지 못하게 인위적으로 막고 높은 쪽 사람들은 지원하는 사회를 용납하지 않을 것이다. 물이나 음식에 화학물질이 들어가서 전 세계적으로 아이들의 정상적인 인지 발달과 감정 조절 능력을 저해한다는 사실이 알려지면 우리는 즉각 조치를 요구하고 나설 것이다. 화학물질을 없애서 알파나 베타 계급 아이들뿐 아니라 모든 아이가 충분히 양호한 성장 발달을 할 수 있도록 말이다.

하지만 우리는 알게 모르게 그런 상황을 용납하고 있다. '빈곤'이라는 오염물질이 있다. 더 일반적으로 말하면 '사회적 위계의 낮은 쪽'이라는 오염물질이다. 이 오염물질은 아이들의 정상적인 인지적·사회적 발달을 저해한다. 독성 화학물질을 없애자고 촉구하듯이 이런 오염물질도 없애자고 촉구해야 한다. 그래서 사회적 경사면에 상관없이 모든 아이들이 잠재력을 충분히 계발해 풍성한 삶을 누릴 수 있어야 한다.

영유아기의 경험은 삶의 기회에 깊은 영향을 미치고 따라서 성인기의 건강에도 깊은 영향을 미친다. 핵심은 역량의 강화다. 삶에 의미를 주는 '필수적인 자유'를 행사할 수 있게 역량을 계발하는 것이다. 어린 시절의 경험은 이러한 역량의 발달에 결정적인 영향을 미친다.

영유아기의 성장 발달은 양육자(부모 등)가 수행하는 육아의 질에 영향을 받으며, 육아의 질은 육아가 이뤄지는 환경에 영향을 받는다. 빈곤이라는 독성물질을 제거해도 어떤 아이는 지적으로나 사회적으로 다른 아이들보다 풍성한 삶을 누리지 않는가? 맞다. 그래서 '잠재력을 계발한다'든지 '풍성한 삶을 누린다'는 표현을 쓴 것이다. 사회적 소외라는 오염물질을 없애도 개개인은 손재주, 체스 실력, 수학 실력, 창의력, 운동 능력, 사회성 등이 다르다. 풍성한 삶으로 가는 길은 아주 다양하다. 다양성이여, 영원하라! 이와 관련해 최근 많은 저술이 나와 있다.[1] 신이 불공정하다고 말할 게 아니라면, 나는 이러한 다양성도 불공정하다고 생각하지 않는다. 불공정한 부분은, 아이들이 불리한 환경에 노출된 탓에 풍성한 삶을 꾸릴 기회를 박탈당한다는 점이다.

우리는 영유아기 생존율에서 전 세계적으로 이뤄 낸 성과를 축하하곤 한다. 불평등하게 이뤄지긴 했어도 지난 몇십 년간 유아사망률이 크게 감소했다. 그런데 놓치기 쉬운 비극이 있다. 피할 수도 있었을 죽음을 맞는 아이가 1명 있다면 25명 넘는 아이는 죽지는 않았더라도 잠재력을 계발하기에 턱없이 열악한 환경에 처한다.[2]

부모가 어떤 사회적 여건에서 아이를 낳고 키우는지는 아이의 성장 발달을 크게 좌우한다. 좋은 여건에서는 아이들이 생존하는 건 물론이고 잠재력을 잘 계발할 수 있으며 더 건강한 어른이 될 수 있다. 그러면 건강 불평등이 줄어든다. 이를 위해 사회가 나서야 한다는 주장은 매우 설득력이 있다.

모두가 이에 동의하는 것은 아니다. 유럽의 한 보건부 장관은 건강의 사회적 결정 요인에 대한 논의가 전체적으로 잘못됐다고 말했다. 건강은 전적으로 개인의 책임이므로 정부나 보건전문가나 WHO가 개입할 일이 아니라는 것이다.

나는 이렇게 반박했다. 성인이라면 가난한 데 대해 자신의 무책임을 탓할 수 있을지 모른다. 성인이라면 돈이 없어서 싸구려 음식이나 먹고 학대와 폭력에 노출되고 헬스클럽에 등록하지 못해 건강을 해치는 것이 그 자신 탓이라고 말할 수 있을지 모른다. 하지만 그의 아이를 비난할 수는 없다. 아이는 어느 부모에게서 태어날지 선택하지 않았다.

성인에게 자신의 불운을 책임지라고 하는 것과 부모 때문에 아이를 비난하는 것은 다른 문제다. 후자는 "아버지가 신 포도를 먹었으므로 아이들의 이가 시리다"[3]던 성서 시절에나 통했을 원시적인 이야기다. 부모가 얼마나 비난받을 만한 사람인가와 상관없이 아이들의 건강과 후생을 보장해야 한다는 것은 정치적 입장과 무관한 문제여야 한다. 미국의사협회American Medical Association에서 나는 이렇게 말한 적이 있다. "공화당이든 민주당이든 상관없습니다. 우리는 지금 아이들 이야기를 하고 있습니다. 아이들에게 신경 쓰지 않는다고 할 정치인이 미국에 있겠습니까?" 그랬더니 이런 대답이 나왔다. "아마 놀라실 걸요?"

4장에서 나는 사회계층적 경사면에서의 위치가 양육에 영향을 미치고, 이것이 아이의 인지·사회·정서·신체 발달에 영향을 미치며, 이것이 다시 성인기의 신체적·정신적 건강 불평등으로 이어진다고 주장할 것이다. 이 인과관계 모델을 주장하려면 적어도 두 가지를 설명해야

한다. 하나는 '사회계층적 경사면에서의 위치가 양육에 영향을 미친다'
고 뭉뚱그려 표현한 것에는 구체적으로 어떤 일들이 포함되는가이고,
다른 하나는 이러한 사회적·심리사회적 영향은 신체에 어떻게 드러나
는가, 즉 사회적 영향은 신체에 어떻게 각인되는가이다.[4] 이 장에서는
실증근거를 들어 이런 점들을 설명하면서, 인생 출발선에서의 평등이
이후의 건강 형평성과 밀접하게 관련돼 있음을 알아볼 것이다.

하지만 이런 문제가 왜 중요한지부터 살펴보자. 단적으로, 영유아기
의 경험은 성인기의 건강과 범죄에 큰 영향을 미친다.

영유아기의 경험은 성인기의 건강,
아니 범죄에까지 큰 영향을 미친다

아이들이 태어나고 자라고 성장하는 환경이 성인기의 건강 및 건강 비
형평으로 이어진다는 것을 누구보다 강조한 사람으로 두 명의 캐나다
학자 프레이저 머스터드Fraser Mustard와 클라이드 허츠먼Clyde Hertzman을
꼽을 수 있다. 카리스마 넘치는 머스터드는 심혈관계를 연구하는 과학
자였으며 아스피린이 심혈관계 질병을 예방할 수 있다는 것을 알아낸
사람이기도 하다. 맥마스터 대학교의 의대 교수와 캐나다고등연구소
Canadian Institute for Advanced Research(당시 표기는 CIAR, 현재 표기는 CIFAR이다) 창
립 회장을 지내기도 했다. CIAR에서 머스터드는 학과와 상관없이 최고
의 인재들을 모아 하나의 주제를 연구하도록 했는데, '인구집단의 건강'
이 그 주제였다. 그래서 의학자뿐 아니라 경제학자, 교육학자, 심리학자,
사회학자 등이 모여 인구집단의 건강을 연구했다.

1986년에 머스터드가 UCL로 나를 찾아와 화이트홀 연구에 대해 물었다. 35~55세의 영국 남녀 공무원을 대상으로 화이트홀II 연구가 막 시작된 차였다. 그는 심장병 등 주요 질병으로 인한 사망률이 사회 계층적 경사면을 따라 분포한다는 첫 번째 화이트홀 연구 결과를 보고 사회적 결정 요인의 중요성을 확신하게 됐다고 말했다.

나는 연구에만 신경 쓰고 있었는데 머스터드는 정책적 함의에 초점을 두고 싶어 했다. 내가 말했다. "정책적 함의는 없어요. 대처 수상이 사회라는 것은 존재하지 않는다고 공언했잖아요. 영국 보건부도 건강 불평등은 논의의 대상이 아니라고 했고요. 그러니까 제 연구는 정책적 함의 같은 것은 없는 순수과학이라는 이야기지요." 그러자 머스터드는 영국은 몰라도 캐나다에서는 정책적 함의가 있다고 자신 있게 말했다.

그러더니 내게 성인기 건강에서 보이는 사회계층적 경사면에 영유아기 경험이 미치는 영향을 고려해 보았느냐고 물었다. 나는 내 연구가 공무원을 대상으로 하고 있다는 점을 머스터드가 알아듣게 설명하려고 애썼다. 공무원이란 다 자란 성인인 채로 우산 타고 날아오는 존재란 말입니다. 그들은 어린 시절이 없어요. 하지만 머스터드는 영유아기의 경험이 아동의 성장 발달을(사실은 뇌의 형성을) 좌우하고 이것이 성인기의 질병 위험에 영향을 미친다는 근거들에 완전히 설득된 상태였다. 그는 공무원이건 누구건 모든 사람은 영유아기의 경험이 새겨진 채로 성인이 된다고 말했다. 지금은 나도 완전히 설득된 상태다.

클라이드 허츠먼(애석하게도 59세의 젊은 나이로 숨졌다)은 머스터드가 맥마스터 대학교에서 미래의 스타로 점찍은 젊은 의사였다. 그는 생애 초기의 경험이 갖는 중요성을 알아차리고서 과학 연구들을 종합하는 한편 지역공동체에서 실제로 영유아기 성장 발달을 향상시킬 방법이 무엇일지도 연구했다.[5] 나는 CSDH의 지식 네트워크를 구성하면서 영유아기 성장 발달 분야를 맡아 달라고 허츠먼에게 부탁했다. 그의 통찰은 위원회 최종 보고서 〈한 세대 안에 격차 줄이기〉의 영유아기 관련 장과 이 장의 내용에 바탕이 됐다.

허츠먼과 크리스 파워Chris Power는 영유아기의 경험이 성인기의 건강에 영향을 주는 메커니즘을 두 가지로 설명했다. 하나는 생애에 걸쳐 이익과 불이익이 누적되는 것이다. 영유아기에 성장 발달이 부실하면 학교생활을 잘 할 수 없고 이는 성인기의 안 좋은 직업, 낮은 소득, 열악한 생활 여건으로 이어져 건강에 해가 된다. 단지 출발점의 위치가 종착점의 위치를 결정하는 것이 아니라 생애에 걸쳐 이익과 불이익이 누적된다. 두 번째 메커니즘은 잠복 효과로, 어린 시절에 발생한 사건이 나중의 건강에 영향을 미치는 것이다. 어느 한 시점이나 한 시기에 발생한 사건이 오래도록 영향을 남길 수 있다.[6]

생애에 걸쳐 축적되는 불이익은 질병과 범죄로 이어진다

미국 메릴랜드주 볼티모어는 불평등으로 악명이 높다. 도심 빈민 지역인 업톤/드루이드 하이츠Upton/Druid Heights에서 나고 자란 젊은이 '르숀'과 부유한 동네인 롤랜드파크/포플러Great Roland Park/Poplar에서 나고 자란 젊은이 '바비'가 있다고 해 보자. 업톤/드루이드의 기대수명은 63세, 롤랜드파크의 기대수명은 83세로, 글래스고와 비슷하게 20년의 격차를 보인다.

르숀은 편모 가정에서 자랐다. 업톤/드루이드 젊은이는 절반 정도가 그렇다. 2010년에 이곳의 가구 소득 중앙값은 1만7,000달러였다. 르

르숀은 3학년 읽기 능력 검사에서 점수가 '양호'에 미치지 못했다. 그곳 학생들 10명 중 4명이 마찬가지였다. 고등학교 때는 1년에 20일 넘게 결석했다. 그 동네 고등학생의 절반 이상이 그랬다. 고등학교는 졸업했지만 대학교는 가지 못했다. 업톤/드루이드에서는 고등학교 졸업생 중 90퍼센트가 대학교에 가지 못한다. 청소년기에 르숀은 문제를 많이 일으켜 어머니 속을 무던히도 썩였다. 이 동네에서는 그 나이대의 모든 사람이 체포되는 것처럼 보였다. 실제로 업톤/드루이드에서는 10세에서 17세 청소년 중 3분의 1이 매년 청소년 범죄로 체포된다. 매년 3분의 1이라는 말은, 르숀이 전과 없이 17세에 도달할 가능성이 거의 없다는 뜻이다. 또한 업톤/드루이드에서는 2005년에서 2009년 사이에 거주자 1만 명당 100건의 비사망 총격 사건이 있었고 약 40건의 살인 사건이 있었다.

바비는 양친이 모두 있는 가구에서 자랐다. 롤랜드파크의 아이들 중 그렇지 않은 아이는 전체의 7퍼센트뿐이다. 롤랜드파크의 가구 소득 중앙값은 9만 달러다. 바비는 3학년 읽기 능력 검사에서 '양호 또는 우수'를 받았다. 이곳 학생들 97퍼센트가 그랬다. 바비가 다닌 고등학교에는 1년에 20일 이상 결석하는 학생이 8퍼센트뿐이었고 바비는 여기에 속하지 않았다. 고등학교를 졸업한 뒤에는 대학교에 갔다. 이 동네에서는 고등학교 졸업자의 4분의 3이 대학교를 마친다. 롤랜드파크의 연간 청소년 범죄 체포 건수는 50명 중 1명꼴이다. 3명 중 1명꼴인 업톤/드루이드와 크게 대조적이다. 롤랜드파크라고 범죄를 저지르는 청소년을 경찰이 봐주는 건 아닐 텐데도 말이다. 끝으로, 2005년에서 2009년 사이 비사망 총격 사건은 한 건도 없었고 살인 사건은 1만 명당 4건으로 업톤/드루이드의 10분의 1에 불과했다(미국인이 아닌 나로서는 총기 소유가 일반화되지 않았다면 두 곳 모두에서 총격 사건이 훨씬 덜했을 것이라고 덧붙이고 싶다. 가난이 범죄를 야기하더라도 총을 쉽게 구할 수 없다면 범죄가 총격으로 귀결되지는 않을 것이다).

두 지역은 범죄율에서만 차이를 보이는 게 아니다. 건강의 차이도 크다. 르숀 같은 가난한 동네 사람들은 바비 같은 부유한 사람들보다 기대수명이 20년이나 짧다.

업톤/드루이드는 거주자가 거의 흑인이고 롤랜드파크는 거의 백인이다. 질병과 범죄가 피부 색소의 결과일 리는 없다. 질병과 범죄는 생애를 거치면서 불이익이 누적된 결과다. '원인의 원인' 관점으로 보면 미국에서는 생애를 거쳐 누적되는 이익과 불이익이 인종과 밀접하다는 것을 알 수 있다. 인종에 따른 차별이 만연해 있고 제도에 뿌리 박혀 있기 때문일 것이다.

범죄와 질병은 함께 간다. 미국뿐 아니라 영국에서도 그렇다. 2011년 여름에 런던을 쑥대밭으로 만들었던 폭동이 이를 잘 보여 준다. 그보다 1년 전에 내가 조사한 바에 따르면 런던에서 남성 기대수명이 가장 짧은 곳은 토트넘그린으로, 켄싱턴의 퀸즈게이트나 첼시보다 18년이 짧았다. 폭동이 켄싱턴이나 첼시가 아니라 토트넘에서 시작된 것은 놀랄 일이 아니었다.

볼티모어에서도 보았듯이 질병의 지리적 분포는 범죄의 지리적 분포와 나란히 간다. 하나가 다른 하나의 원인이어서가 아니라 둘이 동일한 원인을 갖기 때문이다. 영국의 한 신문은 토트넘 폭동에 대한 기사에서 폭동에 가담한 어느 장물 거래인은 직업이 있었고 또 다른 가담자는 폭스바겐을 소유하고 있었다며 도심의 소요 사태와 빈곤은 관계가 없다고 주장했다. 한 정치인은 이것이 순전하고도 단순하게pure and simple 그저 범죄일 뿐이라고 말했다. 하지만 오스카 와일드식으로 말하

자면, 그 소요 사태는 순전히 범죄이지도 않았고 원인이 결코 단순하지도 않았다.[*]

여기에는 상대적 빈곤과 사회적 불이익이 작동하고 있었다. 《가디언》에 따르면 약식 재판에 넘겨진 1,000명 중 8.6퍼센트만 취업 상태이거나 학업 중인 상태였다. 91.4퍼센트는 무업자NEET: Not in Employment, Education or Training(취업 상태도 학업 중인 상태도 아닌 사람)였다는 뜻이다. 전국적으로 무업자 비중은 10퍼센트다. 이런데도 사회적 불이익과 범죄 가담이 관련 없다는 말인가? 폭동에 가담한 사람 중에서는 무려 91퍼센트가, 그렇지 않은 사람 중에서는 10퍼센트만 무업자였는데도? 소수의 예외를 제외하면 직업이 있거나 학업 중인 사람은 폭동에 가담하지 않았다. 더 정확하게 말하면 폭동이 일어났을 때 범죄 유혹에 빠지지 않았다.

잠복 효과, 어린 시절의 사건은 성인기의 건강에 영향을 미친다

어린 시절이 성인기의 건강에 영향을 미치는 두 번째 메커니즘은 잠복 효과다. 의사 출신의 데이비드 바커David Barker는 태아 때와 생후 1년간의 성장 발달이 성인기의 심장병과 당뇨병 위험에 영향을 미친다는 점을 밝혀냈다.[7] 생애 초기에 영양 상태가 나쁘면 나중의 질병 위험에 변화를 일으킬 수 있다. 질병 위험은 커서 겪는 일들에서도 영향을 받겠지만 영아기의 영양실조는 지속적인 영향을 미친다.

영양실조뿐 아니라 심리사회적 경험도 그럴 수 있다. 오래전부터 알려져 있었지만 연구로 입증된 것은 1998년에 캘리포니아에서 수행된

---

[*] 오스카 와일드는 "진실은 순수하기 어렵고 결코 단순하지 않다Truth is rarely pure and never simple"라고 말한 바 있다.

'부정적인 어린 시절 경험Adverse Childhood Experiences(ACE) 연구'에서였다.[8] 이 연구는 샌디에이고 거주자 8,000명에게 생애 첫 18년 동안 다음 세 가지 종류의 아동 학대를 경험해 본 적이 있는지 물었다.

① 심리적 학대(자주 놀림이나 멸시를 받거나 신체적 위해의 위협을 받음)

② 신체적 학대

③ 성적 학대(성적 행위를 강요받은 적이 있는지 묻는 네 개의 질문에 답변하도록 함)

또 가정 기능 장애의 네 가지 유형에 대해 해당 사항이 있었는지도 질문했다.

① 가구 구성원 중 음주로 문제를 일으켰거나 마약을 한 사람이 있었다.

② 가구 구성원 중 정신질환이 있거나 자살을 시도한 사람이 있었다.

③ 어머니가 폭력을 당했다.

④ 가정 내에서 범죄 행위가 있었다.

이와 같은 부정적 경험 중 하나를 이야기한 사람은 적어도 하나를 더 이야기할 가능성이 높았고 절반 이상은 두 개 이상을 더 이야기했다. 즉 부정적인 경험은 집중되는 경향이 있었다. 이런 경험을 한 사람들은 성인기에 어떻게 됐을까?

사람들은 니체 인용하기를 좋아한다. 니체는 말했다. "(역경과 고통이 닥쳤을 때) 죽지 않았으면 강해졌을 것이다." 그런데 꼭 그렇지는 않다. 죽지 않았으면 병이 들었을 가능성이 크다. 부정적인 경험이 없는 사람을 대조군으로 놓고 보니, 더 많은 유형의 부정적 경험을 겪은 사람일수록 우울증과 자살 시도 위험이 높았다. 어린 시절에 네 가지 이상의 부정적인 경험을 한 사람은 전년도에 2주 이상 우울증을 겪었을 가능성이 거의 5배나 많았고 자살을 시도했을 가능성은 12배나 많았다. 일반적으로 어린 시절에 더 많은 유형의 부정적인 경험을 한 사람일수록 알코올 중독이거나 마약을 하거나 성관계 파트너가 50명 이상인 경우 등이 많았다.

이 연구 결과를 처음 봤을 때 나는 성인기에 정신질환이나 행동장애가 있는 사람은 어린 시절의 안 좋았던 기억을 더 잘 '떠올리는' 경향이 있지 않겠느냐며 반론을 제기했다. 부정적인 경험에 대한 기억은 불안정하고 믿을 만하지 못한 것으로 악명이 높다. 그렇다면 정신질환을 가진 사람들이 어린 시절 기억을 헤집어 무언가 탓을 돌릴 만한 경험을 발굴해 낸 것이지 실제로 그런 경험이 원인이 돼 정신질환을 갖게 된 것은 아닐 수도 있지 않을까? 이 반박을 재반박하자면, 어린 시절에 부정적인 경험이 많을수록 당뇨, 만성 폐쇄성 폐질환(기관지염, 폐기종 등), 뇌졸중, 심장병 같은 '신체적' 질병의 위험도 높았다. 당뇨나 심장병에 대해 어린 시절의 나쁜 기억에서 이유를 찾아내려 하지는 않을 것이다.

ACE 연구에서 주목할 점은 응답자들이 연회비를 내는 의료보험인 '종합건강관리기구Health Maintenance Organization(HMO)' 가입자들이었다는 사실이다. 이들은 빈털터리 노숙자가 아니었다. 의료보험이 있었을 뿐 아니라 94퍼센트는 고등학교를 졸업했고 43퍼센트는 대학교를 졸업한 사람들이었다.

ACE 연구만 이런 결과를 보인 것이 아니다. 한 메타 연구에서 124

개의 이전 연구를 검토한 결과, 아동기의 신체 학대·정서 학대·방임은 성인기의 정신장애·자살 시도·마약 사용·성병·안전하지 않은 성행위 등과 관련되는 것으로 나타났다.[9] 연구자들은 이것이 단순히 상관관계가 아니라 인과관계라고 결론 내렸다.

어린 시절의 학대와 성인기의 질병은 경사면의 분포를 보인다. 따라서 우리는 예외적으로 심한 학대에만 초점을 맞추면 안 되고 더 일반적으로 영유아기 성장 발달의 질을 살펴봐야 한다. 영국은 특정 시기에 태어난 사람들을 장기간 추적 조사한 연구가 잘 돼 있기로 유명하다. 그중 하나인 1958년 출생 코호트 연구는 1958년 3월 첫째 주에 태어난 사람들 중 표본을 추출해 장기간에 걸쳐 추적 연구를 했다. 이에 따르면, 부모가 날마다 책을 읽어 주지 않은 아이, 학교에서 처음에 적응을 잘하지 못한 아이, 키가 아주 느리게 자란 아이(이는 영양실조의 징후다)들은 여건이 더 나았던 아이들보다 23세가 되었을 때 질병을 가진 경우가 더 많았다. 아동기 이후에 발생한 요인들의 효과를 통제한 뒤에도 이 영향은 여전히 유의했다.

어린 시절의 경험은 중요하다. 뻔한 소리 같지만 뻔해 보이는 것이 다 정말로 그렇지는 않다. 니체의 경구만 해도 그렇지 않았는가. 실제로 유전자 결정론자들은 양육(어린 시절의 경험)은 그리 중요하지 않으며 타고난 특질이 성인기에 갖게 될 결과를 결정한다고 주장한다. 물론 유전자는 중요하다. 하지만 어린 시절의 경험이 성인기의 건강에 영향을 미친다는 실증근거들은 부인하기 어렵다. 생애 초기에 겪은 사건들의 장기적인 효과, 그리고 생애에 걸친 이익과 불이익의 누적은 교육, 고용, 소득 등을 통한 성인기의 역량에 영향을 미치며 이는 건강 불평등의 큰 요인이다.

사회계층적 경사면은 일찍 시작된다

소설가 제이디 스미스Zadie Smith는 2012년 발표한 작품《NW》에서 런던 북서부 저소득층 지역 '콜드웰Caldwell' 사람들과 '다른 지역' 사람들의 양육 태도를 설명하면서 사회경제적 여건에 따른 육아의 차이를 다음과 같이 묘사했다. "콜드웰 사람들은 아이가 계단에서 굴러 떨어지게 하지만 않으면 괜찮다고 생각한다. 반면 다른 지역 사람들은 모든 것이 완벽하지 않으면 안 된다고 생각하고 완벽할 때도 이것이 완벽하다는 보장이 없다고 생각한다."[10] 나는 이렇게 덧붙이고 싶다. "이 사이에는 경사면이 있다."

어린 시절에 벌어지는 일은 이후에 큰 변화를 일으키며 그 영향은 사회적 환경에 따라 차이가 난다. 이 점을 염두에 두고, 네 아이 알렉스, 베스, 클레어, 데비를 보자. 생후 22개월에 알렉스와 베스는 인지능력이 상위 10퍼센트였고 클레어와 데비는 하위 10퍼센트였다. 열 살 때 이 아이들의 인지능력은 어떻게 됐을까?

도표4.1이 이를 보여 준다. 우선 22개월 때 똑똑했던 알렉스와 베스를 보자. 사회경제적 지위가 높은 집에서 자란 알렉스는 열 살 때도 인지능력 점수가 높다. 사회경제적 지위가 낮은 집에서 자란 베스는 점수가 점점 내려간다. 다음으로 22개월 때 그리 똑똑하지 않았던 클레어와 데비를 보면, 사회경제적 지위가 높은 집에서 자란 클레어는 열 살까지 점수가 쭉 오르지만 사회경제적 지위가 낮은 집에서 자란 데비는 점수가 줄곧 낮다. 알렉스, 베스, 클레어, 데비는 영국에서 평균적으로 일어나는 일을 보여 주며, 이는 다른 고소득국에서도 마찬가지로 나타난다(22개월 시점에서 110개월 시점으로 가면서 곡선이 수렴하는 것은 평균 회귀 현상

도표4.1 조금만 기다려 보세요. 원래대로 돌아갈 겁니다

시간에 따른 인지능력 점수 변화.

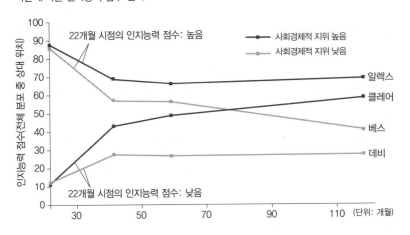

때문인데, 여기에서는 상세히 다루지 않아도 좋을 것이다).

네 아이가 보이는 결과의 차이는 극적이다. 22개월 시점의 인지능력 차이는 유전이나 태아기의 영양 상태와 같은 생물학적 요인으로만 결정되며 그 이후의 모든 변화는 사회적 영향이라고 가정해 보자. 그렇다면 명백히 사회환경적 요인이 생물학적 요인을 압도했다고 볼 수 있다. 베스는 22개월 때 똑똑했지만 가족의 사회적 지위가 낮아서 열 살까지 점점 덜 똑똑해졌다. 클레어는 22개월 때 그리 똑똑하지 않았지만 사회경제적 지위가 높은 가정에서 자라는 행운을 얻은 덕에 좀 기다렸더니 똑똑한 아이가 됐다. 데비는 생물학적으로도 사회경제적으로도 운이 좋지 못해서 22개월 때도 점수가 낮았고 이후에도 점수가 올라가지 못했다(매우 단순화한 설명이긴 하다. 22개월 때의 차이가 모두 생물학적인 것은 아니며 가족의 사회적 위치와 관련된 차이들이 정말로 다 사회적인 것도 아니다. 유전적 효과가 나중에 나타날 수도 있다[11]).

도표4.2 좋은 출발? 누군가는 더 좋은 출발을 한다

5세에 양호한 발달 단계를 보인 아동 비중. 지역별. 2011년 영국.

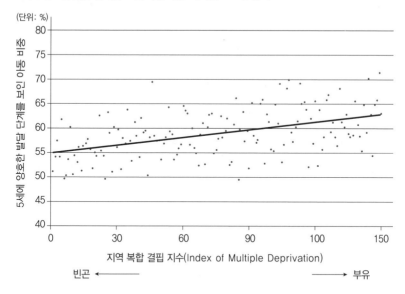

볼티모어의 르숀과 글래스고의 지미가 어린 시절에 갖지 못했던 것은 무엇이었을까? 우파 정치인은 부적절한 양육을, 좌파 정치인은 빈곤을 탓할 것이다. 둘 다 맞다. 맞지 않는 것은, 영유아기 성장 발달의 사회계층적 경사면에 대해 우리가 할 수 있는 일이 없다고 말하는 것이다.

도표4.2는 우파와 좌파 모두에게 좋은 선물이 될 것이다. 이 그래프는 영국에서 양호한 성장 발달을 보인 아이의 비중을 지역별로 보여 준다. 각 지역은 빈곤도에 따라 순위가 매겨져 있는데, 1은 가장 빈곤한 지역이고 150은 가장 부유한 지역이다. 좌파에게 줄 선물 먼저 설명을 하자면, 빈곤도가 높은 지역일수록 5세 때 발달 상태가 양호한 아이의 비중이 적으며 이는 경사면을 따른다. 빈곤이 개선되면 양호한 발달을 보이는 아이의 비중도 증가할 것이다. 빈곤을 줄이면 영유아기 발달의

불평등을 줄일 수 있다. 좌파의 주장대로, 빈곤은 중요하다.

하지만 빈곤은 숙명이 아니다. 직선 위아래로 분포된 점들을 보면 알 수 있듯이 동일한 빈곤 수준에서도 어느 지역은 더 잘하고 있다. 잘 하고 있는 지역들에서 빈곤이 아동 발달 저하로 이어지지 않도록 무엇을 했는지 알아보면 불평등의 개선에 큰 진전을 이룰 수 있을 것이다.

이 그래프에서 읽을 수 있는 것이 또 있다. 전국 평균이 60퍼센트가 안 된다. 영국 전체적으로 5세에 양호한 발달 상태를 보이는 아이가 60퍼센트도 안 된다는 말이다. 더 최근 자료인 2013년 자료에서는 52퍼센트에 불과했다.[12] 영국처럼 잘 사는 나라에서 40퍼센트 넘는 아이들이 양호한 발달 상태를 보이지 못한다는 게 정말일까?

정말이다. 유엔의 아동기구인 유니세프는 주기적으로 국가별 아동 후생 순위를 발표한다(도표4.3). 네 가지 지표로 아동 후생을 측정한 결과 영국은 부유한 21개국 중 16위였다. 나는 미국 좀 보라고 미국 동료들을 놀려댔다. 큰 나라 중에 내가 영국인이어서 다행이라고 생각하게 만든 나라는 미국뿐이었으니, 미국은 21개국 중 꼴찌였다. 미국과 영국의 저조한 성과는 우리가 아동 후생을 단지 가난한 사람들에 대해서만이 아니라 경사면 전체에 걸쳐 향상시켜야 함을 알려준다.

도표4.3이 말해 주는 것이 하나 더 있다. 순위가 비교적 빠르게 달라질 수 있다는 점이다. 2000년대 초와 말 사이 스웨덴은 1위에서 4위가 됐고 영국은 20위에서 16위가 됐다(미국은 계속 바닥을 기고 있다). 정책과 실천을 바꾸면 빠르게 효과를 낼 수 있다는 의미다. 실제로 여러 지역 당국에서 잘 구성된 정책과 실천으로 영유아기 성장 발달을 크게 개선시킨 사례들이 존재한다.

도표4.3 순위가 매겨진다는 건, 반드시 누군가는 아래쪽에 있다는 의미다

2000년대 초와 2000년대 말의 아동 후생 수준 국가 비교.
① 물질적 여건, ② 건강, ③ 교육, ④ 행동 및 위험의 네 가지 차원으로 측정.

순위	2000년대 초	순위	2000년대 말	순위 변동 폭
1	스웨덴	1	네덜란드	+2
2	핀란드	2	노르웨이	+2
3	네덜란드	3	핀란드	−1
4=	덴마크	4	스웨덴	−3
4=	노르웨이	5	독일	+2
6	프랑스	6	덴마크	−2
7	독일	7	벨기에	+1
8	벨기에	8=	프랑스	−2
9=	체코	8=	아일랜드	+4
9=	폴란드	8=	스위스	+3
11	스위스	11	포르투갈	+5
12	아일랜드	12	폴란드	−3
13	스페인	13	체코	−4
14=	캐나다	14=	캐나다	변동 없음
14=	이탈리아	14=	이탈리아	변동 없음
16=	그리스	16	**영국**	+4
16=	포르투갈	17	오스트리아	+1
18	오스트리아	18=	그리스	−2
19	헝가리	18=	헝가리	+1
20=	**영국**	18=	스페인	−5
20=	**미국**	21	**미국**	−1

해결해야 할 문제

실증근거들을 보면 정신의 중요성을 부인하기 어렵다. 물질이 중요하지 않다는 말이 아니라, 물질적 조건이 양육자로부터 아이의 정신에 투입되는 것이 무엇일지에 영향을 미친다는 의미에서다.

우리는 아이들이 똑똑하고, 언어 구사력이 좋으며, 다른 아이들 및

어른들과 좋은 관계를 맺을 수 있고, 감정을 통제하는 법을 배울 수 있기를, 그리고 물론 정상적인 신체를 갖기를 원한다. 다른 말로 하면, 우리는 아이들이 인지 발달, 언어 발달, 사회성 발달, 정서 발달, 신체 발달을 온전히 달성하기를 원한다. 아이들이 양호한 발달을 보일 가능성은 이 모든 영역에서 부모의 소득이 낮을수록 낮다. 이유는 무엇이며 우리가 할 수 있는 일은 무엇일까?

어떤 부모는 자녀에게 더 많은 것을 해 준다

취학 연령 무렵이면 사회적 배경이 낮은 아이들은 이미 언어 발달이 뒤처진 상태다. 캔자스주에서 이루어진 한 연구에서 연구자들은 특정 시간에 가정을 방문해 아이들이 생애 첫 4년 동안 전달받은 단어의 개수를 셌다. 사회경제적 수준이 높은 가구일수록 아이들은 더 많은 단어를 들었다. 부모가 전문직 종사자인 아이들은 부모가 사회복지 수급자인 아이들보다 첫 48개월 동안 **3,000만** 개나 더 많은 단어를 들었다.[13] 하루에 2만 단어 이상을 더 들은 것이다. 숫자에 과장이 있다 해도 전문직 부모를 둔 아이들이 더 잘 연마된 언어 역량을 가진다는 것은 놀라운 일이 아닐 것이다.

또 아이에게 어떤 단어가 전해졌는지를 분석한 결과, 사회복지 수급자 가정 아이들은 기를 꺾는 말을 더 많이 들은 것으로 나타났다. 생각해 보기 어렵지 않다. 미국에서 사회복지 수당은 생활을 꾸려가기에 전혀 충분하지 못하다. 직장 일, 육아, 가사의 급한 불들을 끄느라 기진맥진한 부모(아마도 편부모)는 지치고 우울증에 빠지고 《결핍의 경제학》저자들 표현을 빌리면) 정신의 '대역폭'이 줄어서, 아이들을 더 많이 꾸짖게 되고 아이들이 얌전히 있기를 더 원하게 된다.

양육이 아동 발달의 사회계층적 경사면에 미치는 영향을 검증하기 위해 이본 켈리Yvonne Kelly가 이끄는 UCL의 연구팀은 영국 '밀레니엄 출생 코호트 연구Millennium Birth Cohort Study'의 데이터를 분석했다. 3세 자녀를 둔 엄마들에게 '자녀에게 이야기를 많이 하고 자녀를 꼭 안아 주는 것이 중요한지' 물었더니 약 20퍼센트가 이런 행동이 중요하지 않다고 응답했다. 독서, 노래, 놀이 등에 대한 질문에서도 소득이 낮을수록 이러한 양육 활동의 정도가 낮았다. 언어 발달은 사회계층적 경사면의 3분의 1, 사회성 및 정서 발달은 경사면의 절반가량을 양육의 차이로 설명할 수 있었다.

정치적 주장에서 누가 이겼는가?

'일반적으로 빈곤 가구 아이들이 발달 점수가 낮다'는 사실을 가지고 정치적 리트머스 테스트를 해 보자. 그러면 좌파는 빈곤을 탓하고 우파는 양육을 잘못한 개인들(부모들)을 탓할 것이다. 실증근거를 보면 둘 다 맞다. 하지만 둘 다 부분적으로만 맞다. 좋은 양육은 무작위로 분포하지 않고 사회계층적 경사면을 따라 분포한다. 따라서 개별 부모를 비난하는 것은 결코 전체적인 설명이 되지 못한다. 자녀에게 책을 읽어 줄지, 자녀와 놀아 줄지, 자녀와 대화를 할지는 개별 부모들이 결정하지만, 그들이 그런 결정을 할 수 있는 자유도는 환경에 영향을 받는다. 예를 들면 산모우울증도 사회계층적 경사면을 따라 분포한다. 즉 사회적 지위가 낮은 쪽에 산모우울증이 많다. 나는 우울증에 걸린 여성이 자녀에게 책을 읽어 줄 기운을 내지 못했다고 해서 그 여성을 비난하지는 않을 것이다. 우울증이 아니라 해도 사회적으로 낮은 계층에 있는 부모는 돈 문제, 열악한 주거 문제 등 신경 쓸 문제가 너무 많아서 아이들과 놀아 주는 것이 사치일 수 있다. 요컨대 양육의 질은 양육이 벌어지는 맥락에 좌우된다.

매우 까다롭고 조심스러운 문제다. 한 가난한 여성이 이렇게 불만을 표했다고 한다. "마멋이라는 작자는 내가 가난하다고 나를 나쁜 엄마라 비난한다."

정말 어려운 문제다. 나는 이 불만에 대해 세 가지 이야기를 할 수 있을 것 같다. 맙소사, 세 가지라니. 하나로 깔끔하게 주장을 정리하지 못하면 대중 논쟁에서는 대개 이기지 못한다. 하지만 내가 제시하는 세 가지 이야기는 모두 실증근거에 기반한 것이다. 첫째, 양질의 양육은 중요하며 양질의 양육은 가난한 사람들 사이에서 더 적게 분포한다. 둘째, 개별 부모 탓을 하는 것은 도움이 되지 않는다. 양육이 벌어진 맥락이 중요하다. 셋째, 빈곤은 숙명이 아니다. 동일한 빈곤 수준에서도 어떤 아이들은 다른 아이들보다 발달 상태가 좋다.

우리는 두 가지 수준에서 조치를 취할 수 있다. 하나는 빈곤을 줄이는 것이고 다른 하나는 부모의 양육 활동을 지원하는 것이다. 이것을 알아보기 전에 짚고 넘어갈 게 있다. 아이의 성장 발달 과정에서 부모의 역할이 중요하다면, 부모는 일과 삶의 균형을 어떻게 맞춰야 할까? 자녀에게 2만 단어를 더 말해 주기 위해 직업을 갖지 말고 집에 있어야 할까? 식구들 입에 풀칠하기 위해 뼈 빠지게 농사를 짓거나 공장에서 힘겹게 노동을 해야 할까? 아이들에게도 득이 될 흥미로운 직업 경력을 추구해야 할까? 이런 선택을 '중립적인' 선택이라 말하기는 어려울 것이다.

부모는 어디에 있어야 하는가?

이 질문에 대해 두 어머니가 전해 온 글을 여기 소개한다. 첫 번째는 영국 여성이 보내온 것으로, 다른 고소득국 여성들의 생각 역시 이와 다르지 않을 것이다.

전업주부로 아이를 직접 키우는 여성은 볼품없고 자기만 알고 멍청한 아줌마라는 이미지를 가지고 있습니다. 아이를 직접 키우지만 멍청한 아줌마 이미지는 갖고 있지 않은 여성에 대해서도 편견이 있지요. '여미 마미yummy mummy'*니 뭐니 하면서요. 아이를 낳고서 다시 직장에 가야 하는 여성에 대해서도, 직장에 나가지 않으면서 아이 봐 주는 사람을 고용하는 여성에 대해서도, 파트타임으로 일하면서 나머지 시간에 아이를 보는 여성에 대해서도 편견이 있습니다.

엄마인 당신이 사회적으로 승인받을 수 있는 유일한 길은 남의 도움 없이 아이를 키우면서 풀타임으로 일하되 그것이 사회적으로 유용한 일이어야 하고(자원봉사면 가장 좋지요) 그러면서도 돈을 남자에게 의존하지 않고 국가의 복지 수당도 받지 않는 길뿐인데, 맙소사! 신은 당신이 민간 영역에서 소득을 올리는 것을 허용하지 않으셨습니다.[14]

두 번째 글은 인도 아마다바드의 여성이 보내온 것으로, 이 여성은 '여성 자영업자 연합Self Employed Women's Association(SEWA)'의 회원이다.

---

* 아이가 있지만 젊고 매력적인 엄마라는 의미의 신어.

여기 엄마들의 말을 들어 보면 놀이방은 아이 키우는데 직접적으로 득이 됩니다. 아이를 맡기면 엄마들이 마음 놓고 일하러 갈 수 있거든요. 집에 아이를 돌봐 줄 사람이 없고 '칼리'(담배공장) 소유자가 공장에 아이 데리고 오는 걸 허락하지 않으면 엄마들은 그날치 임금을 날려야 합니다. 남편 혼자 공장에 가면 하루에 8~10루피 정도 벌 수 있는데, 그 돈으로는 생계를 유지하기 힘들지요. 그런 상황에서는 먹을거리 같은 기본적인 것들도 구하기가 어려워서 그저 없이 살아야 합니다.

엄마들은 놀이방 덕에 소득이 늘었다고 말합니다. 일을 하러 갈 수 있으니까요. 바노티 마을의 한 엄마는 다음과 같이 명료하게 만족을 표현했어요. "우리는 하루에 로틀로(두꺼운 빵)를 한 번밖에 먹을 수가 없었어요. 그런데 이제는 하루에 두 번 먹고 채소를 살 돈도 있습니다. 나는 놀이방 서비스가 지속되게 해 달라고 기도합니다. 나와 가족에게 정말 큰 힘이 돼 주고 있어요."[15]

엄마 역할은 힘들다. 10루피가 없어 굶주릴 상황이든 부유한 국가에서 일과 삶의 균형을 맞추느라 고전하는 상황이든, 엄마 노릇은 쉬운 일이 아니다. 가난할수록 더 힘겨울 것이다. SEWA 회원 여성의 사례가 보여 주듯이, 주어진 선택지가 엄마가 돈을 벌거나 식구들이 굶주리거나, 둘 중 하나인 상황이라면 엄마가 일을 하러 나가는 게 낫다. 아이들을 잘 먹일 수 있게 되는 것은 아이들과 충분히 놀아 주지 못하는 것에 대한 보상으로 결코 나쁜 것이 아니다.

부유한 나라에서는 일하는 엄마가 더 좋으냐 전업주부인 엄마가 더 좋으냐를 두고 꽤 오래 논쟁을 벌여왔고 그 과정에서 엄마들은 적지 않은 고통을 받았다. 영국에서 저소득 일자리를 가진 여성은 임금으로 육아비용을 대지 못하는 경우도 있다. 이 경우라면 직장을 다닐 경제적 유인이 없는 셈이다(논의를 '엄마'들에만 집중하는 것은 현재의 일반적인 상황이 그렇다는 것이지 아빠들의 역할을 축소하려는 게 아니다).

실증근거가 이념적 지향과 꼭 맞아 떨어지는 것은 아니지만, 엄마가 직장을 나가는 것이 아이들에게 해가 되는지 아닌지 알아보는 것은 도움이 될 것이다. 2000년에 시작된 '밀레니엄 출생 코호트 연구'에서 앤 맥먼Ann McMunn이 이끈 UCL 연구팀은 가구 구성 양태에 따라 5세 아동의 사회성 발달과 정서 발달이 어떤 영향을 받는지 알아봤다.[16] 아이에게 가장 좋은 가구 구성(아동의 사회정서적 행동 점수가 가장 높게 나온 가구 구성)은 양친이 아이와 한 집에 살고 둘 다 임금을 받는 일자리가 있는 경우였다. 이 효과는 부모의 교육 수준과 가구의 소득 수준이 미치는 영향을 통제하고 난 뒤에도 유의했다.

아이에게 가장 안 좋은 상황은 일자리 있는 부모가 없는 경우, 특히 편모가 실직 상태인 경우였다. 대체로 빈곤과 산모우울증 때문이었다. 특히 여자아이들이 엄마가 일자리가 **없을** 때 더 큰 피해를 입는 것으로 **나타났다**(이 점은 성역할에 대해 시사하는 바가 있는 것으로 보이지만 이 연구에서는 자세히 설명되지 않았다).

부모가 직업을 갖는 것이 아이에게 적어도 해가 되지는 않는다는 연구 결과는 아이와 부모의 유대가 중요하지 않다는 말이 아니다. 부모와 아이의 유대는 매우 중요하며 생후 초기 몇 개월 동안에는 더 그렇다. 남녀 모두에게 유급 육아휴직을 주면 가구에 재정적인 어려움을 야기하지 않으면서도 부모-자녀 유대를 촉진할 수 있을 것이다. UCLA의 조디 헤이먼Jody Heymann은 세계 각지의 여성 유급 육아휴직 제도를 연구했다.[17] 미국은 국가가 보장하는 유급 육아휴직이 없다는 점에서 두드러진다. 다시 말하겠다. 미국은 국가가 보장하는 유급 육아휴직이 없다. 물론 미국만은 없는 것은 아니고 수리남과 파푸아뉴기니도 없다. 하지만 고소득국 중에서는 미국만 없다.

부모는 정말 중요한가, 아니면 단지 지켜보는 사람인가?

육아 고민으로 스트레스를 받고 있다면 행동유전학 논문을 읽으시라. 행동유전학에 따르면 부모가 아이와 함께하는 행동 혹은 아이를 위해 하는 행동은 아이의 인지 발달이나 행동 발달에 거의 영향을 미치지 않는다.[18] 이 말이 맞다면 아이에게 책을 읽어 주는 일, 아니 아이에게 쏟는 사랑과 애정이 모두 쓸데없는 짓이다. 해 봤자 아이의 성장 발달에 차이를 가져오지 않는다. 이런 논문들은 양육이 신체, 인지, 언어, 사회성, 정서 발달에 중대한 영향을 미친다는 다른 연구들과 직접적으로 상충하는 것처럼 보인다. 왜 그럴까?

한 가지 답은 두 연구가 서로 다른 질문에 답하고 있다는 것이다. 나는 국가 간, 국가 내 격차에 관심이 있다. 가령 왜 비숙련 노동자 가구 아이들은 고소득 전문직 가구 아이들보다 발달이 양호하지 못한지를 묻는다. 반면 행동유전학은 왜 어떤 개인이 다른 개인과 다른지에 관심이 있다. 가령 당신의 두 자녀가 왜 서로 다른지를 묻는다.

따라서 둘 중 무엇이 맞느냐는 가짜 논쟁이다. 유전자가 아동 발달에 중요하지 않다고 생각하는 것은 불합리하다. 또 환경이 중요하지 않다고 말하는 것은 실증근거들에 눈감는 것이다. 유전자와 환경 중 어느 것이 우세한지는 설명하고자 하는 바가 무엇인지에 따라 다르다. 키는 대체로 유전이다. 부모가 키가 크면 아이들도 평균적으로 키가 크다. 하지만 왜 1858년의 네덜란드인은 평균 163센티미터였는데 140년 뒤인 1998년에는 184센티미터가 되었는지는 유전자로 설명할 수 없다.[19] 이 경우는 영양 상태가 향상된 것으로 설명해야 한다. 인구 대부분이 영양 상태가 좋은 환경에서 그 안의 개인별 차이를 설명할 때는 유전자가 큰 설명력을 갖는다. 하지만 140년 전후를 비교할 때처럼 환경이 크게 달라진 경우에 평균 신장의 차이를 설명할 때는 유전자가 별로 도움이 되지 않는다.

아동 발달 연구도 마찬가지다. 쌍둥이 연구에서 IQ의 차이 등을 설명할 때는 유전적 편차가 중요하다. 환경이 대체로 통제되는 경우(같은 집에서 태어난 쌍둥이 등)이므로 유전자의 설명력이 크다. 하지만 양친 모두 대학교를 나온 가정의 자녀가 양친 모두 고등학교를 마치지 못한 가정의 자녀보다 대학교에 갈 가능성이 큰 이유는 유전자만으로 설명할 수 없다. 이 경우에는 사회적 요인이 더 큰 설명력을 가질 것이다.

그리고 국가 간의 차이는 유전자로 설명하기 힘들다. 저소득국과 고소득국의 차이도 그렇고 부유한 국가들 간의 차이도 그렇다. 국가 간 아동 발달 상태의 차이는 아이들이 자라는 환경의 차이에서 기인하는 것으로 보아야 한다.

사회계층적 경사면은 어떻게 신체에 각인되는가?

앞에서 나는 다음과 같은 인과관계 모델을 제시했다. 사회계층적 경사면상에서의 위치가 양육의 질에 영향을 미치고 이는 아동의 신체·인지·정서 발달에 영향을 미치며 이는 다시 성인기의 신체적·정신적 건강의 불평등에 영향을 미친다. 그리고 이 모델에 두 가지가 빠져 있다고 말했다. 하나는 '사회계층적 경사면상에서의 위치가 양육의 질에 영향을 미친다'는 말로 뭉뚱그려진 것에는 무엇이 포함되는가이고(앞에서 설명했다), 다른 하나는 사회적·심리적 영향이 어떻게 신체에서 작동하는가, 혹은 허츠만의 표현을 빌리면, 어떻게 신체에 각인되는가이다.[20] 이 둘은 관련이 있다. 신체적 작동 기제를 파악하면 사회계층적 불평등이 영유아기 발달과 이후의 건강에 영향을 미치는 방식을 더 잘 이해할 수 있을 것이다.

뇌는 인간이 어떻게 해서 현재의 인간이 되었는지에 대한 이론들의 각축장이다. 저명한 진화심리학자 스티븐 핑커Steven Pinker는 책 한 권을 통째로 들여서 뇌(그가 말한 것은 마음(정신)이지만 뇌와 정신은 분리할 수 없다)가 빈 서판이었다가 경험에 의해 채워진다는 개념을 비판했다.[21] 그의 말이 맞다. 우리가 보고, 말하고, 집행기능[자기 조절과 관련된 인지기능]을 수행하고, 생각하고, 감정을 느끼고, 사회적 행동을 수행하는 방식을 조절하는 신경망의 경로는 인간 모두 비슷하다. 일부 신경망 패턴은 비인간 영장류와도 공통된다. 유전적으로 신경망에 장애가 있으면 정신심리적 장애로 드러날 수 있다. 이를테면 자폐증은 어떤 형태로든 유전 요인을 찾아낼 수 있다고 한다. 부모가 양육을 잘못한 탓이 아닌 것이다.

하지만 뇌는 경험에 의해서도 모양이 잡힌다. '모양이 잡힌다'는 말은 중요하다. 어떤 아이는 쉽게 산만해지고 어떤 아이는 집중을 잘 한다면(이것도 경사면을 따른다. 가난한 아이들이 더 산만하다), 유전적인 신경망 패턴의 차이도 있긴 하겠지만 '모양이 잡힌다'는 말이 암시하듯이 뇌의 구조가 후천적인 경험에 의해 변화해서일 수도 있다.

클라이드 허츠먼은 '결정적 시기'들에 대한 신경학 연구들을 메타 분석했다.[22] 정상적으로 아동 발달이 이뤄지려면 '결정적 시기'에 아동이 적절한 투입에 노출돼야 한다는 것이 그의 가설이었다. 그렇지 못하면 어떤 신경망 경로들은 결코 발달하지 못할 수 있기 때문이다. 청각·시각·감정 통제는 생애 첫 2~3년 동안 적절한 투입이 있어야 정상적으로 발달할 수 있다. 언어·숫자·사회성은 약간 늦게 발달이 시작되는 것으로 보인다. 외국어는 열 살 이후에도 배울 수 있지만, 그럴 경우에는 더 일찍 배웠더라면 구사할 수 있었을 만큼의 유창한 발음으로 말할 수는 없을 것이다. 핵심은, 환경이 적절한 투입을 제공해야만 한다는 것이다.

사회적 위계가 낮은 가구는 적절한 투입을 아이에게 제공하기 어렵다. 양호한 영양(출산 전과 후 모두), 적은 스트레스, 그리고 앞에서 보았듯이 적절한 인지적 자극이 **모두 중요하다**. 사회적으로 불리한 처지에 있을수록 엄마의 스트레스가 증가하는 경향이 있으며, 이는 형성 중인 아이의 뇌 구조와 뇌 기능에 큰 영향을 미친다. 일례로 부모가 스트레스를 받으면 자녀에게 인지적 자극을 줄 만한 활동을 할 정신적 여유가 없을 것이다. 스트레스가 뇌 발달에 영향을 주는 경로는 이것 말고도 많다.

허츠만과 톰 보이스Tom Boyce는 사회적 불이익이 신체에 각인될 수 있는 생물학적 기제를 네 가지로 설명했다. 첫째는 시상하부 뇌하수체 부신축이다. 이것은 스트레스 호르몬인 코르티솔cortisol의 분비를 조절하는데, 뇌는 이를 통해 신체의 나머지에 스트레스에 대한 반응을 지시한다. 둘째는 자율신경계로, 스트레스에 대한 신체의 '투쟁-도피 반응'(싸울 것이냐 도망갈 것이냐의 반응)에 필수적이다. 셋째는 기억기능, 집중기능, 기타 집행기능들의 발달과 관련된 뇌전두피질이다. 넷째는 세로토닌 등의 호르몬 분비를 통해 사회친화성에 관여하는 편도체와 청반青斑이다.

사회적 환경이 정신과 신체 둘 다에 미치는 영향을 연구하고자 한다면 이보다 흥미로운 영역은 없을 것이다. 그런 연구 중 하나로 캐나다 맥길 대학교 마이클 미니Michael Meaney의 연구를 꼽을 수 있다. 그는 미지의 영역을 한 겹씩 벗겨내면서, 환경이 뇌에 미치는 영향과 스트레스의 작동 기제, 그리고 그것이 유전자의 기능을 어떻게 바꾸는지(후성유전학)에 대해서까지 놀랍도록 일관된 그림을 드러냈다.[23]

새끼 쥐는 인간 아기와 그리 다르지 않은 방식으로 어미의 돌봄을 받는다. 어미 쥐는 새끼를 안아 주고 핥아 준다. 어미가 새끼에게 쏟는 관심을 증가시키는 한 가지 방법은 짧은 시간 동안 새끼를 어미에게서 떼어 놓는 것이다. 그러고서 새끼를 되돌려 주면 어미는 새끼를 더 많이 안아 주고 핥아 준다. 이렇게 더 많은 관심과 애정을 받으면 새끼의 시상하부 뇌하수체 부신축이 특정하게 프로그램된다. 스트레스를 받으면 코르티솔이 분비되지만 어려서 애정을 많이 받은 새끼 쥐는 이후의 생애에서 평균적으로 코르티솔이 더 적게 분비된다. 코르티솔 분비가 적으면 스트레스성 질병도 덜 생긴다. 이러한 조건화는 새끼 쥐의 생애 중 아주 짧은 '결정적 시기'에 이뤄져야 효과가 있다. 생후 첫 1~2일 정도인 이 시기가 지나면 어미 쥐가 추가적인 애정을 쏟아도 그리 효과가 없다.

더 흥미로운 사실이 있다. 어미 쥐의 애정을 받지 못한 새끼 쥐는 코르티코스테론(코르티솔의 기능을 하는 쥐 호르몬)이 만성적으로 과다하게 분비되며 이것이 뇌신경을 손상시켜 인지기능 저하를 일으킨다. 사람은 쥐가 아니지만, 유의미한 공통점을 도출할 수는 있다. 어미 쥐의 애정을 덜 받은 쥐들은 살면서 기억기능과 그 밖의 인지능력이 더 빠르게 감퇴했다.

너무나 오랫동안 우리는 자연이냐 양육이냐nature vs. nurture, 유전자냐 환경이냐의 논쟁을 벌여 왔다. 이것은 잘못된 논쟁이다. 양육은 자연의 모양을 잡을 수 있고 자연은 환경에 영향을 줄 수 있다. 어미 쥐가 새끼를 안아 주고 핥아 주는 행동이 시상하부 뇌하수체 부신축에 장기적으로 효과를 미친다는 것은 환경이 유전자에 영향을 준다는 것을 의미한다. DNA는 유전자를 구성하는 물질이다. 아주 간단히 설명하자면, 유전자는 단백질의 생성을 지휘하고, 단백질이 대략 모든 것을 한다. 결정적 시기에 엄마가 보여 주는 애정은 DNA를 변형시키고 그럼으로써 DNA의 기능과 단백질 생성에 영향을 준다. 시상하부 뇌하수체 부신축의 기능에 관여하는 DNA 영역이 변형(메틸화)돼서 그것의 기능이 바뀌는 것이다.

후성유전학은 신생 영역이지만 빠르게 발달하고 있으며 앞으로 더 빠르게 발달할 것이다. 그러면 사회적 환경이 뇌를 통해 작용하면서 발달, 신체기능, 질병 위험에 미치는 장기적 영향을 더 잘 파악할 수 있게 될 것이다.

우리가 할 수 있는 일은 무엇일까?

나는 도표4.2가 좌파와 우파 모두에게 좋은 선물이 될 것이라고 말했다. 그 도표는 영유아기 성장 발달을 향상시킬 수 있는 두 가지 전략을 암시한다. 하나는 (발달 부진이 빈곤 때문이라고 보는 좌파의 주장대로) 빈곤을 줄이는 것이고 다른 하나는 (발달 부진이 양육의 문제라고 보는 우파의 주장대로) 주어진 빈곤 수준에서라도 성장 발달을 더 향상시킬 수 있도록 양육을 지원하는 것이다.

빈곤 줄이기

빈곤은 신의 뜻도 아니고 전적으로 사람에게 달린 것도 아니다. 한 사회에서 아동빈곤의 수준은 정치 시스템에 크게 좌우된다. 정치 시스템은 아동빈곤을 얼마만큼 허용할지 '선택'할 수 있다. 도표4.4는 국가별 세전과 세후 아동빈곤율을 보여 준다. 여기에서 아동빈곤은 상대빈곤값으로, 해당 국가 소득 중앙값의 50퍼센트 미만을 의미한다.

스페인과 프랑스는 세전 아동빈곤율이 모두 19퍼센트다. 하지만 세후 빈곤율은 스페인이 17퍼센트고 프랑스는 9퍼센트다. 슬로베니아는 부유한 나라가 아닌데도 아동빈곤율은 스페인과 프랑스보다 낮은 6퍼센트다. 재무부 장관은 아동빈곤 수준을 결정함으로써 보건부 장관보다 아동기 성장 발달에 더 큰 영향을 미칠 수 있을지도 모른다.

미국과 리투아니아는 세전 아동빈곤율이 비슷하다. 하지만 세후 아동빈곤율은 미국이 리투아니아보다 높다. 미국은 23퍼센트, 리투아니아는 15퍼센트다. 나는 미국 동료들에게 이렇게 따져 말하곤 한다. "당신은 민주주의 국가에 살고 있습니다. 그러니 이것은 당신이 원하는 수준의 아동빈곤일 것입니다. 그렇지 않다면 아동빈곤을 줄이기 위해 무언가 했을 테니까요." 다시 말하지만, 이 문제에 대해서라면 정당 정치

도표4.4 재무장관이 마음만 먹으면 아동빈곤을 줄일 수 있다

세전(시장소득)과 세후(가처분소득) 아동빈곤율.

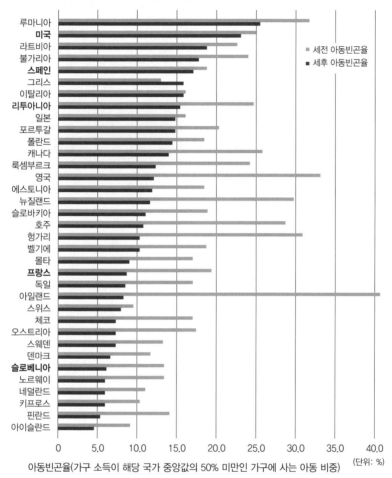

세전 아동빈곤율
세후 아동빈곤율

아동빈곤율(가구 소득이 해당 국가 중앙값의 50% 미만인 가구에 사는 아동 비중) (단위: %)

를 넘어서야 한다. 지금 우리는 아이들 이야기, 가난 때문에 얼룩진 우리 아이들의 미래 이야기를 하고 있는 것이다.

아동 발달 부진에 대해 좌파가 빈곤을, 우파가 양육을 탓하는 데는 이념적 일관성이 있다. 가령 당신이 세금은 도둑질이라고 생각한다면 조세 체계를 통해 빈곤을 줄인다는 생각을 용납하기 어려울 것이다. 하지만 그렇다 해도 당신이 지지하는 세금 제도가 빈곤을 줄이지 못해 아이들의 삶에 해를 끼치고 있다고 인정하기는 마음이 불편할 것이다. 영유아기 성장 발달은 사회계층적 경사면을 따라 분포한다. 아이들이 자라는 물질적 조건은 아이들의 정신이 발달하는 데 큰 영향을 미친다. 양육자의 영향도 존재하지만, 빈곤을 줄이면 아이들의 신체·정신·사회성·정서 발달에 도움이 된다고 보는 것은 전혀 불합리한 결론이 아닐 것이다.

빈곤과 발달 부진 사이의 관련 끊기

2007년에 영국 버밍엄을 방문했다. 버밍엄 지역 당국은 〈공정한 사회, 건강한 삶〉에 제시된 제안들을 실행하려 하고 있었다. 버밍엄은 영국 평균보다 가난하다. 따라서 앞에서 논의한 내용들을 통해 충분히 예측할 수 있듯이, 4세 미만 아동 중 양호한 발달을 보이는 아동 비중이 영국 평균보다 낮았다. 하지만 이것은 2007년 이야기이고 2010년까지 버밍엄은 이 격차를 성공적으로 없앴다. 3년 만에 이룬 성과였다. 3년 만에 빈곤을 없애지는 못했지만 빈곤과 아동이 성장 발달에서 겪는 불이익 사이의 연결을 끊어 낸 것이다.

비결은 집중이었다. 버밍엄은 영유아기 성장 발달을 정책의 우선순위로 삼았다. 영유아기 성장 발달을 향상시킬 수 있는 검증된 프로그램들은 이미 많이 존재한다. '가족－간호사 파트너십 프로그램Family Nurse Partnership', '놀라운 시기를 위한 양육 지원 프로그램Incredible Years Parenting Programme', '대안적 사고 기술 증진 프로그램Promoting Alternative Thinking

Strategies(PATHS)', '트리플P 양육 프로그램Triple P Parenting Programme' 등이 그런 프로그램들이다.[24] 아동 서비스 기관들이 이런 프로그램들을 적용했고 3년 만에 버밍엄은 아동 발달상의 격차를 없앴다. 부모가 도움을 필요로 할 때 그 도움을 제공하면 큰 변화를 만들 수 있다. 이 사례들은 정교하게 변수를 통제한 실험이 아니므로 과도한 해석은 경계해야하지만, 빠른 향상이 가능하다는 점만큼은 분명히 보여 주었다.

더 일반적으로 말하면, 영유아기에 양질의 공공 서비스를 제공하면 큰 변화를 일굴 수 있다. 2세 이후에는 인지적 자극을 주는 집단 돌봄 프로그램에 매주 약간의 시간씩 참여할 경우, 모든 아이에게 도움이 될 뿐 아니라 가난한 아이에게 특히 더 도움이 된다. 또한 공적인 돌봄 서비스는 빈곤을 줄일 수 있는 수단이기도 하다. 부모가 직장에 나갈 수 있게 되므로 가구 소득을 높일 수 있기 때문이다. 이상적으로는 아동 센터를 양육 지원, 건강 관리, 식단 지원 등 다용도로 활용할 수 있으면 좋다. 영국에서는 다용도 활용을 염두에 두고 아동 센터를 마련하긴 했지만 아쉽게도 그렇게 이용되지 못하는 경우가 많다.[25]

보편적으로 접근 가능한 공공 서비스는 사회계층적 경사면을 완화시킬 수 있다. 모두에게 도움이 되면서, 동시에 가장 열악한 처지의 아이들에게 상대적으로 더 많은 도움이 되기 때문이다. 이런 사례는 프랑스에서도 볼 수 있다. 프랑스에는 1880년대부터도 취학 전 교육기관이 있었지만 등록이 급증한 것은 1960~70년대에 들어서였다. 그래서 3세 아동의 90퍼센트 가량이 취학 전 교육기관에 다니게 됐다. 한 연구에 따르면, 취학 전 교육으로 모든 아이가 이득을 얻었지만 가난한 아이일수록 더 많은 이득을 얻었으며 이를 통해 이후 학교생활에서 부유한 가정 출신 아이들과의 격차가 줄어들 수 있었다.[26]

기회의 평등?

3장에서 나는 사회가 기회의 평등만을 목적으로 삼아도 충분한 것인지에 대해 의문을 제기했다. 아동 발달과 관련해서 말하자면 기회의 평등에는 아이들이 잠재력을 온전히 발달시킬 수 있는 기회의 평등도 포함된다. 그리고 건강 형평성에 관심 있는 의사로서 내게는 기회뿐 아니라 결과도 중요하다고 말했다.

그런데 기회의 평등만 하더라도 지지하기는 쉽지만 실현시키기는 어렵다. 특히 오늘날의 미국과 영국처럼 성인 사이에서 증가하는 불평등이 자녀 세대의 삶의 기회에 영향을 미치는 경우에는 더욱 그렇다. '위대한 개츠비 곡선Great Gatsby Curve'이 이를 잘 보여 준다. 2012년에 백악관 경제자문위원장 앨런 크루거Alan Krueger는 불평등과 세대 간 계층이동성의 관계를 그래프로 보여 주면서 이를 '위대한 개츠비 곡선'이라고 칭했다(개츠비의 막대한 부富뿐 아니라 과거가 현재에까지 영향을 미친다는 점도 의미하는 이름인 것 같다. 이 장 서두의 인용문이 보여 주듯이 말이다). 도표4.5는 소득 불평등의 증가가 단지 현재의 성인 인구 사이에서만 문제가 아니라 다음 세대의 삶의 기회까지 제약한다는 것을 보여 준다.

'세대 간 소득탄력성'은 부모의 소득과 자녀가 성인이 된 이후의 소득이 얼마나 비슷한지를 나타낸다. 다음 세대의 소득이 부모와 정확히 동일하면, 즉 부유한 부모는 부유한 자식으로, 중간 소득의 부모는 중간 소득의 자식으로, 가난한 부모는 가난한 자식으로 이어진다면 세대 간 소득탄력성 점수가 높고, 이는 세대 간 계층이동성이 낮다는 의미다. 예를 들면 덴마크에서는 부모의 소득과 자식의 소득이 크게 관련이 없다. 부모가 부유할 때 자식도 부유할 가능성은 부모가 가난할 때

도표4.5 불평등은 엄마 아빠에게만 나쁜 것이 아니다

소득 불평등이 심화되면 세대 간 계층이동성이 낮아진다.

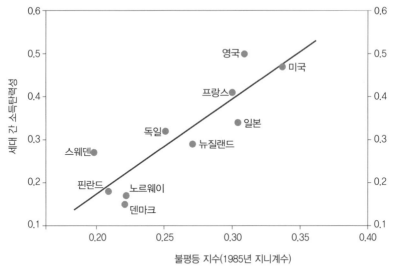

불평등 지수(1985년 지니계수)

* 지니계수는 소득 불평등의 지표로, 0이면 모든 사람의 소득이 동일한 것이고 1이면 한 사람에게 소득 전체가 집중된 것이다.

에 비해 약간 높은 정도이고 세대 간 계층이동성이 크다. 덴마크의 세대 간 소득탄력성은 0.2이다. 반면 영국과 미국은 0.45~0.5 수준이다. 부모가 얼마나 부유한가가 자식이 커서 얼마나 부유할지에 큰 영향을 미친다. 부모가 가난하면 아이도 커서 가난하기 쉽다. 세대 간 계층이동성이 낮은 것이다.

소득 불평등이 큰 나라일수록 계층이동성이 낮다. 사다리의 층간 간격이 클수록 한 층에서 다음 층으로 올라가기가 어렵다. 덴마크, 노르웨이 등은 세대 간 계층이동성이 크고 미국과 영국은 반대 쪽 극단에 있다. 북유럽 국가들에서는 미국이나 영국에 비해 기회의 평등이 실제로 존재한다고 봐도 무방할 듯하다. 미국에 대해 말하자면, '위대한 개츠비 곡선'은 아메리칸 드림이 무너졌음을 보여 주는 우울한 증거로 보인다.

이 장에서 나는 어린 시절의 성장 발달이 이후의 건강과 건강 형평성에 큰 영향을 미치며 양호한 성장 발달은 아이가 나고 자라는 환경에 영향을 받는다고 주장했다. 출발선에서의 평등을 달성하는 것은 가능하다. 하지만 그러려면 소득 불평등과 계층이동성, 빈곤 수준, 공공 서비스의 질, 양육의 질 등 모든 면에서 행동이 필요하다. 발달 중인 아이의 뇌는 정말로 중요하다. 더 나은 영유아기를 보낸 아이는 더 효과적이고 유익한 학교생활을 할 수 있을 것이다. 학교생활이 5장의 주제다.

5

교육과 역량강화

학생들에게 돈을 더 많이 벌게 해 줄 교육만 제공하자.
성격이나 인성을 향상시키는 것에는 신경 쓰지 말자.
여자아이들은 돈 벌 필요가 없으니 교육받을 필요도 없다.

이와 같은 생각이 지속되는 한 우리는 교육의 진정한 가치를 결코 알 수 없을 것
입니다.

—마하트마 간디|Mahtma Gandhi

방글라데시 시골 마을의 초라한 집 앞에 한 여자아이가 앉아서 아기 남동생이 흙바닥에서 노는 것을 지켜보며 몽상에 잠겨 있다. 엄마 아빠는 모두 일하러 나가서 동생 보는 건 소녀의 몫이다. 요정이 나타나 소녀에게 말한다. "안정된 미래, 좋은 영양, 보수가 괜찮은 일자리, 결혼 여부와 시기를 스스로 결정할 수 있는 통제력, 남편의 폭력에 시달리지 않는 삶, 성적인 자기결정권, 임신과 출산을 결정할 자유, 그리고 아이를 낳게 된다면 그 아이가 잘 생존해 건강하게 자랄 가능성을 내가 가져다준다면 어떻겠니? 아, 실내 화장실도. 그러면 엄마처럼 밖에서 볼 일을 보느라 창피하고 자존감이 상하지 않겠지."

요정까지 필요하지도 않다. 교육이 해 줄 수 있는 일들이기 때문이다. 교육은 요정이 말한 것 모두에 더해, 충분한 정보와 지식을 갖추고 삶을 영위할 수 있게 해 주고, 사회의 문화와 가치를 배워서 지역공동체에 참여할 수 있게 해 주며, 정치적 의사결정에 참여할 수 있게 해 주고, 자유를 누리며 권리를 주장할 수 있게 해 준다.[1] 교육은 재미도 있다. 열 살이나 열두 살에 허리가 휘어져라 노동을 하는 것보다 훨씬 재미있고 열세 살에 나이든 남자한테 시집가는 것보다도 훨씬 재미있다.

시골집에 앉아 남동생을 지켜보는 어린 여자아이는 공공재에 대해 생각하기 어렵겠지만 우리는 공공재에 대해 생각해야 한다. 교육은 개인에게만 좋은 것이 아니라 우리 모두에게 좋은 것이다. 사람들이 교육을 더 많이 받은 사회는 더 건강한 사회일 가능성이 크다. 고소득 국가도 저소득 국가도 마찬가지다.

CSDH 보고서 〈한 세대 안에 격차 줄이기〉는 영유아기부터 노년기까지 일생에 걸친 정책 제안들을 담고 있다. 보고서가 나온 후 한 기자가 내게 물었다. "미국 대통령에게 딱 한 가지만 제안하라면 무엇을 제안하시겠습니까?"

"딱 한 가지요? 이 보고서를 읽으라고 제안하겠습니다."

건방진 대답이었을지 모르지만, 딱 한 가지만 필요하다고 생각했다면 보고서에 그 한 가지만 적었을 것이다. 이것을 전제로 하되, 그래도 하나만 골라야 한다면 그것은 교육이며, 전 지구적인 맥락에서 말하자면 여성의 교육이다. 여성의 역량강화에 교육은 핵심이다. 여기에서 교육은 단지 교실에서 몇 년을 보내는가만 이야기하는 게 아니라 지식, 숙련, 기회, 삶에 대한 통제력, 성평등, 사회적 통합 등 교육이 가져오는 결과를 말하는 것이다. 내가 디킨스라면 이것도 덧붙이겠다. "영혼의 은총과 가슴의 감성."*

내가 교육을 꼽은 이유는 교육이 이 책에서 말하는 다른 것들을 반영하기 때문이다. 인생의 초기를 보면 교육의 불평등은 어느 정도 영유아기 성장 발달의 불평등에서 나온다. 개인에게서 사회로 눈을 돌려보면 교육의 불평등은 사회의 불평등에서 나온다. 그리고 좋은 교육은 요정이 말한 모든 좋은 것들로 이어진다. 여아 교육은 여성의 역량강화에 가장 크게 기여하는 요인이며 사회와 국가의 발전, 그리고 그 여성과 아이들의 건강 향상에도 크게 기여한다.

---

* 디킨스의 《어려운 시절》에 나오는 "내 영혼의 은총은 어디에 있나요? 내 가슴의 감성은 어디에 있나요?(Where are the graces of my soul? Where are the sentiments of my heart?)"에서 따온 말.

교육은 아동생존율에 좋다

보편 초등교육을 달성하려는 노력이 전 세계적으로 있어 왔다. 마땅한 일이다. 어느 나라든 초등학교에 다닐 기회를 박탈당하는 아이들이 있다면 엄청난 비난을 사게 될 것이다. 남아든 여아든 마찬가지다. 초등교육 접근성은 어느 정도 해결되는 중이다. 이제 문제는 중등교육과 고등교육*이다. 도표5.1은 저소득국과 중위소득국에서 엄마가 중등교육을 받았는지 여부가 자녀의 삶의 기회에 미치는 영향을 보여 준다.

도표5.1에서는 세 가지를 알 수 있다. 첫째, 저소득국과 중위소득국들 사이에서 영아사망률은 국가별로 차이가 크다. 출생아 1,000명당 120명인 나라(모잠비크)부터 20명 수준인 나라(콜롬비아)까지 존재한다. 둘째, 각 국가 내에서 중등 이상의 교육을 받은 여성(수직선에서 아래쪽)의 자녀는 교육을 아예 못 받은 여성(수직선에서 위쪽 끝)의 자녀보다 생존할 확률이 높다. 도표에는 나오지 않지만 초등교육을 받은 여성의 자녀 생존율은 중간 정도다. 셋째, 가난한 나라에서 여성이 중등교육을 받으면 영아 생존율과 관련해 가난한 나라에 살기 때문에 처하게 되는 불이익을 크게 줄일 수 있다. 예를 들어 모잠비크는 나라 전체적으로 영아사망률이 높지만 교육을 많이 받은 여성들만 보면 자녀의 영아사망률이 콜롬비아 수준과 비슷하게 낮다.

4장에서 본 영유아기 성장 발달의 사회계층적 경사면은 우리가 두 가지 수준에서 행동을 취할 수 있음을 뜻했다. 빈곤을 없애는 것, 그리고 빈곤과 발달 부진 사이의 연관을 끊는 것. 도표5.1이 보여 주는 바

---

* 중등교육은 한국의 중·고등학교 과정, 고등교육은 대학 및 전문 교육기관 과정에 해당한다.

엄마의 교육 수준에 따른 국가 간, 국가 내 영아사망률 격차.

(단위: 명)

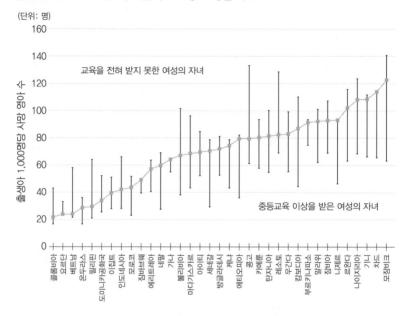

도 마찬가지다. 모잠비크는 콜롬비아보다 가난하다. 영아사망률을 줄이는 한 가지 방법은 가난을 줄이는 것이다. 영양 상태를 개선하고 위생 시설을 확충하고 의료 시스템을 공급하는 것 등이 여기에 속한다. 두 번째 방법은 여성을 교육하는 것이다. 여성이 교육을 받으면 빈곤과 영아사망률이 높은 나라에서도 그 불이익을 줄일 수 있다. 이 효과는 정말로 크다. 모잠비크에서 교육을 못 받은 여성부터 중등교육을 받은 여성들까지 따라 올라가면서 영아사망률의 차이를 보면 출생아 1,000명당 140명에서 60명으로 줄어든다.

여성의 교육이 저소득국에서 아기를 낳는 데 따르는 불이익을 극복하게 해 준다는 점은 잠재적 가치가 너무나 커서, 이것이 교육 자체의 효과인지 다른 요인과 연관돼서 그런 것인지를 확인해야 한다(이 질문은 고소득국에서 교육과 성인사망률 사이의 관계를 살펴볼 때도 다시 제기될 것이다). 그런데 다른 변수들을 통제해도 교육과 자녀의 영아사망률 감소는 분명히 인과관계가 있었다. 엄마가 교육을 받으면 아이를 보호하기 위해 무엇을 해야 하는지 더 잘 알게 되고 영양과 위생도 나아진다. 엄마의 교육은 가구의 부나 소득보다 영아사망률 감소에 더 큰 영향을 미쳤다.

유엔 〈인간개발보고서〉는 이러한 결과를 너무나 확신한 나머지 국제개발 프로그램이 가구 소득보다 여성 교육에 더 집중해야 한다고까지 언급했다.[2] 하지만 이 둘은 겹친다. 가구 소득을 증대시키는 한 가지 방법이 여성의 교육이고 여성의 교육을 확대하는 한 가지 방법이 가구 소득을 늘리는 것이다. 정책을 잘 구성하면 둘 다를 향상시킬 수 있다.

그럼 부유한 나라는 어떨까? 고소득국에서는 영아사망률이 대체로 출생아 1,000명당 10명 이하다. 첫 번째 전략, 즉 생활 여건을 향상시키고 모든 이가 출산 시 돌봄과 진료를 받을 수 있게 하려는 노력이 거둔 놀라운 결과다. 하지만 부유한 나라에서도 엄마의 교육 수준이 높을수록 아이의 생존율이 높다. 모잠비크의 60명과 140명의 차이보다는 훨씬 작은 2.5명과 7.5명의 차이이긴 하지만, 여전히 유의미한 차이다.

출산율을 낮추는 데도 좋다

고소득국에서는 태어난 아기가 모두 생존한다면 인구 과잉이 되지 않을까 하는 걱정은 이제 하지 않는다. 프랑스에서는 오히려 인구 규모를 유지하기에 출산율이 너무 낮아서 문제다. 이탈리아도 그렇다. 여성 1명당 자녀가 1.4명이다. 나는 이탈리아 동료들을 이렇게 놀리곤 한다. "이탈리아는 가톨릭 국가여서 피임이 금지돼 있잖아요. 자녀가 없으시다니 성관계를 포기하신 모양이군요." 그러면 그들은 이탈리아 여성들은 교육을 받았고 임신과 출산의 시기와 빈도를 선택할 줄 알 뿐이라며, 성관계는 즐기고 있으니 걱정 말라고 한다.

저소득국도 그렇다. 출산율이 인구의 자연감소율을 못 따라잡을 만큼 떨어지지는 않았지만 교육을 받은 여성은 임신과 출산을 스스로 결정할 수 있다. 전 지구적으로 아동사망률이 놀랍게 감소했고 이는 기쁜 일이다. 사망하는 아이가 줄어든다고 해서 지구상에 인구가 크게 늘게 되는 것은 아니다. 출산율(여성 1명당 출산 수)이 줄고 있기 때문이다. 여성이 교육을 받을수록 더욱 그렇다. 도표5.2가 이를 보여 준다.

여기에는 4개국만 표시했지만 예는 100개도 더 들 수 있다. 4개국 모두 교육을 많이 받은 여성이 자녀수가 적다는 동일한 결과를 보여 준다. 에티오피아에서는 특히 극명하다. 교육을 가장 많이 받은 여성들은 자녀가 평균 2명이고 교육을 가장 못 받은 여성들은 6명 이상이다.

그런데 여성 전체의 출산율을 보면 에티오피아가 처한 문제가 드러난다. 여성 전체의 출산율이 5.4명으로, 초등교육을 받은 여성들의 출

도표5.2 싫다고 말해야 할 때를 아십니까?
산모의 교육 수준에 따른 출산율(여성 1명당 출산 수).

국가	교육을 받지 못함	초등교육	중등교육 이상	전체
방글라데시	3.0	2.9	2.5	2.7
인도	3.6	2.6	2.1	2.7
에티오피아	6.1	5.1	2.0	5.4
나이지리아	7.3	6.5	4.2	5.7

산율 5.1명보다 높다. 중등 이상의 교육을 받는 여성이 너무 적어서 아무리 이들 사이에서 출산율이 낮더라도 전체적으로는 여전히 출산율이 매우 높은 것이다. 에티오피아에서는 여성이 교육을 아예 못 받거나 초등교육만 받는 것이 일반적이다. 모든 여성이 중등교육을 받을 수 있다면 출산율이 5명보다는 2명 쪽에 더 가까워질 것이다.

1970~90년대에 다른 지역에서는 출산율이 다 떨어졌는데 사하라 이남 아프리카에서만 출산율이 올라갔다. 교육이 줄어서였다. 이와 관련해 '구조조정 프로그램strucural adjustment programme'이 미친 영향을 분석한 연구가 많이 나와 있다.[3] IMF는 경제적 곤란으로 도움을 청하는 국가들에 구조조정 프로그램이라는 엄격한 긴축 조치를 조건으로 요구했다. '긴축정책'은 중립적인 단어로 들리지만 실제로는 정부가 공공 지출을 줄이고 많은 것을 시장에 맡기는 것을 의미했다.

그래서 1980년대에 아프리카에서 공공 지출이 대폭 삭감됐다. 정부 지출을 낭비이자 경제적 실패로 간주하는 사람들이 보기에는 환영할 만한 조치였을 것이다. 하지만 이는 사하라 이남 아프리카에서 1인당 실질 교육비 지출을 50퍼센트 가까이 떨어뜨리는 결과를 가져왔다.[4] 어떤 나라에서는 학교 등록률이 감소했고 어떤 나라에서는 증가 추세이던 여아 교육 비중의 증가세가 둔화됐다.

이 '자연실험(즉 구조조정. 곱게 말한 것이고 훨씬 신랄한 표현을 쓰는 사람도 많다)'은 여성의 역량을 박탈했다. 여성 교육이 감소한다는 것은 지식, 숙련, 임신 및 출산에 대한 자기결정권 등을 부인당하는 여성이 많아진다는 의미였다. 이것이 출산율에 미친 영향은 구조조정 프로그램이 공공선에 일으킨 피해의 명백한 사례다. 여성의 교육은 개인에게만 좋은 것이 아니라 사회에도 좋은 것이다. 1980년대에 출산율이 높아지면서

28년 뒤 가임기에 도달한 인구가 증가했다. 따라서 인구 증가는 한동안 계속될 것으로 보인다. 가뜩이나 가난해서 물자가 부족한 나라에서 말이다.

교육은 요정이 말한 여러 가지 방식으로 출산율을 낮춰 준다. 교육받은 여성은 정보를 더 많이 접할 수 있고 피임을 하거나 모성 서비스를 받을 수 있으며 경제활동을 할 가능성도 높다. 남편이 경제활동을 할 가능성도 크다. 따라서 자녀를 많이 가지려는 유인이 줄어든다. 본인들이 일자리가 있고 추구하고자 하는 경력이 있으므로, 자녀를 보험 삼아 많이 가지려는 생각을 하지 않게 되는 것이다. 또 교육은 여성이 성적 자기결정권을 가질 수 있게 해 준다. 그리고 아기가 살아남을 가능성이 높다면 출산을 많이 하지 않아도 괜찮을 것이다.

당신의 건강에도 좋다

미국은 학력이 높고 능력이 뛰어난 사람에게도, 경제적으로나 정치적으로 절박한 사람에게도 매력적인 곳이다. 장점이 많은 나라다. 하지만 건강은 그 장점에 포함되지 않는다. 1장에서 보았듯이 미국은 소득과 부의 수준에 비해 놀라울 정도로 건강 상태가 좋지 않다. 미국 국립과학원이 '동류 국가'(부유한 국가)들과 자국을 비교해 도출한 연구 결과에서도 알 수 있다. 특히 사회경제적으로 소외된 계층에서 건강상의 불이익이 가장 컸다.[5]

그런 집단으로 흑인을 꼽을 수 있다. 또 하나를 꼽으라면 교육 수준이 낮은 사람들이다. 이 두 집단은 상당 부분 겹친다. 흑인은 백인에 비해 남성의 경우 4.7년, 여성의 경우 3.3년 기대수명이 짧다.[6] 미국은 건강 통계 중 많은 항목을 인종별로 낸다. 피부 색소가 건강을 결정한다는 말은 물론 아니다. 건강의 인종적 차이는 인종을 매개로 한 사회적 차별과 불이익에 따른 것이다.

사회경제적 불이익이 영향을 미친다는 주장이 맞다면, 흑인이 백인보다 건강이 안 좋은 이유는 교육을 받지 못해서라고 해석해 볼 수 있다. 여성의 경우에 이 해석은 설명력이 더 커 보인다. 도표5.3은 흑인과 백인의 교육 수준별 기대수명을 보여 준다.

흑인 여성들의 건강 불이익은 상당 부분 백인 여성들보다 평균적으로 교육을 덜 받는다는 데서 기인한다. 남성의 경우는 두 가지로 해석해 볼 수 있다. 하나는 백인 남성들이 흑인 남성보다 교육을 통한 건강상의 이득을 더 많이 얻는다고 보는 것이고(대졸 남성들 사이에서도 흑인은 백인보다 기대수명이 6년이나 짧다), 다른 하나는 교육 수준이 낮은 백인 남성들 사이에서 무언가 일이 단단히 잘못되고 있다고 보는 것이다. 후자의 가능성이 더 높다. 교육 수준이 낮은 백인 남성은 지난 20년간 건강 상태가 계속 나빠졌다.

여기에서도 사회계층적 경사면에 주목해야 한다. 단순히 교육을 못

도표5.3 수명이 다 같이 길어지는 것 같지는 않은데?
2008년 미국 남녀의 기대수명. (단위: 년)

교육 연수	백인 여성	흑인 여성	백인 남성	흑인 남성
12년 미만	73	73	67	66
12년	78	74	72	68
13~15년	82	80	79	74
16년 이상	83	81	81	75

받은 사람이 기대수명이 짧은 것만이 아니라, 전체적으로 교육 연수와 기대수명 분포는 경사면을 이룬다. 교육 수준이 비교적 높은 사람들끼리 비교해도 마찬가지다. 가령 대학교 중퇴자와 졸업자를 비교하면 졸업자가 중퇴자보다 기대수명이 길다.

건강 불평등을 논할 때는 경사면도 반드시 설명해야 한다. 가난한 나라에서 학교에 못 가는 것이 왜 나쁜지, 부유한 나라에서 교육을 못 받는 것이 왜 나쁜지뿐 아니라, 왜 교육을 더 많이 **받을수록** 건강이 더 좋아지는지도 설명해야 하는 것이다.

또 교육이 건강에 미치는 영향의 강도에 차이가 존재한다는 점도 주목해야 한다. 나는 유럽위원회의 의뢰로 UCL 연구팀과 함께 유럽 국가들의 건강 격차를 연구한 적이 있다. 도표5.4는 유럽의 국가 간, 국가 내 건강 격차를 보여 준다.[8] 에스토니아의 25세 남성이 앞으로 기대할 수 있는 수명은 평균 45년으로, 스웨덴보다 10년이 짧다. 에스토니아의 국내 격차를 보면, 교육 수준이 가장 낮은 25세 남성은 앞으로 기대할 수 있는 수명이 36년으로 교육 수준이 가장 높은 25세 남성보다 17년이 짧다. 현재의 사망률이 변동 없이 이어진다면 교육 수준이 가장 낮은 25세 남성은 평균 61세까지밖에 못 살고 고등교육을 받은 25세 남성은 78세까지 산다. 반면 스웨덴에서는 모든 사람의 기대여명이 높은 편이어서 교육 수준에 따른 격차가 4년 정도에 불과하다.

유럽에서는 일반적으로 중부 유럽과 동유럽 국가들이 교육 수준에 따른 기대여명 격차가 크다. 이 나라들은 다른 유럽 나라들에 비해 상대적으로 가난한 나라들로, 국민소득이 낮고 기대여명도 평균적으로 짧은 편이다. 그런데 여기서 주목할 점이 또 하나 있다. 건강이 개인의 선택이라고 믿는 분들께 말씀드린다. 당신이 교육을 받지 않을 작정이

25세 유럽인들의 기대여명.

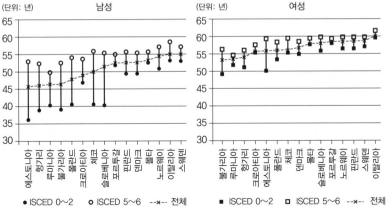

* ISCED: 국제 교육수준 분류기준. 0~2: 무교육부터 낮은 중등교육까지, 5~6: 고등교육 이상.

라면 에스토니아, 헝가리, 불가리아보다는 스웨덴, 이탈리아, 노르웨이에 살기를 '선택'하길 바란다. 교육 수준이 가장 낮은 축에 속하는 사람에게 국가는 건강 상태에 굉장히 중요한 요소다. 하지만 교육 수준이 높은 축에 속하는 사람에게 국가는 상대적으로 덜 중요한 요소다.

나는 방금 '선택'이라고 말했다. 이 단어에 대한 우울한 조롱이다. 우리는 태어날 나라를 선택할 수 없으며 교육 수준도 온전히 개인의 선택만은 아니다.

수명뿐 아니라 체감하는 건강 정도, 장기 질병 등의 지표에서도 분명한 사회계층적 경사면이 발견됐다. 즉 교육 수준이 낮을수록 이러한 지표들이 좋지 않았다. 이 책을 시작하면서 나는 국가 간, 국가 내에 존재하는 건강 불평등은 물질적 빈곤과 역량 박탈의 결과라고 말했다. 국민소득이 낮은 나라들에서는 1인당 국민소득이 물질적 빈곤 정도를 가늠하는 지표로 쓰일 수 있었다. 그리고 교육은 역량의 근사치로 삼기에 좋은 지표다. 그런데 교육은 빈곤과 별도로 건강에 영향을 미치는 요인일까? 아니면 교육을 덜 받은 사람이 가난할 가능성이 커서 건강과 관련되는 것일까?

이에 답하려면 유럽에서 '빈곤'이 무엇을 의미하는지 알아야 한다. 사하라 이남 아프리카와 남아시아에서 빈곤은 물, 위생시설, 식품, 안전한 주거지와 같이 건강에 필요한 기초적인 여건이 부족하다는 의미다. 그런데 유럽에서는 대체로 모든 사람이 기초적인 여건을 구비하고 있는데도 건강 불평등이 존재한다. 우리는 구매력을 알아보는 다음 질문들로 유럽에서의 빈곤을 측정했다.

- 집세와 공과금을 낼 수 있다.
- 집의 온도를 적절하게 유지할 수 있다.
- 예기치 못한 지출거리가 생겼을 때 감당할 수 있다.
- 고기, 생선, 또는 비슷한 종류의 단백질을 이틀에 한 번은 섭취할 수 있다.
- 집을 떠나 1주일간 여행할 수 있다.
- 자동차가 있다.
- 세탁기가 있다.
- 컬러텔레비전이 있다.
- 전화기가 있다.

빈곤을 이렇게 측정하고 보니, 유럽에서도 빈곤할수록 건강이 나빴다.[9] 이 목록은 흥미롭다. 방글라데시에서는 화장실이 없고, 아기들이 못 먹어서 잘 자라지 못하고, 깨끗한 물이 없어 감염성 질병에 걸리는 것이 빈곤이다. 유럽에서는 휴가를 못 가는 것, 자동차가 없는 것, 컬러텔레비전이 없는 것, 식품과 난방을 놓고 고민해야 하는 것이 빈곤이다.

그럼 부유한 나라에서 교육과 빈곤의 관계는 어떨까? 교육과 물질적 박탈은 겹친다. 일반적으로 교육 수준이 낮을수록 가난하다. 하지만 겹칠 뿐이지 동일한 것은 아니다. 물질적 빈곤과 교육은 각기 독립적으로 건강의 사회계층적 기울기에 연결돼 있다.

요약하자면, 부유한 나라에서도 '요정'은 상황을 개선시켜 줄 수 있다. 우리는 이제 일생에 걸친 그림을 그려 볼 수 있다. 영유아기의 불평등은 교육의 불평등을 가져온다. 교육의 결과는 취업에 영향을 미친다. 이는 충분한 소득을 얻을 수 있는지, 담배·술·식단과 관련해 좋은 생활습관을 '선택'할 여력을 가질 수 있는지에 영향을 미친다. 그리고 이 모든 것이 건강과 건강 불평등에 영향을 미친다.

당신을 보호하는 데도 좋다

지금 제시할 숫자는 그 의미를 알게 되는 게 두려울 정도로 끔찍한 현실을 드러낸다. 인구통계건강조사Demographic and Health Surveys는 저소득 및 중위소득 국가들에서도 수행된다. 이 조사에서 여성에게 주는 질문지 가운데는 "남편이 성관계를 요구할 때 아내가 거부하면 남편이 아내를 때려도 된다는 데 동의하느냐"는 것이 있다.[10] 어떤 답이 나왔을 것 같은가? 두 나라 여성들의 응답이 도표5.5에 나와 있다.

2006년 말리에서는 초등교육을 받은 여성 중 절반 약간 넘는 수가

도표5.5 남편이 뭘 해도 된다고?!

남편이 성관계를 요구할 때 아내가 거부하면 남편이 아내를 구타해도 된다고 생각하는 여성 비율.

(단위: %)

국가	연도	전체	교육을 전혀 받지 못함	초등교육	중등교육 이상
말리	2001	73.5	75.8	74.5	51.6
	2006	56.8	59.9	53	37.5
에티오피아	2000	50.9	56.2	44.8	17.1
	2005	44.3	51	40.4	14.5
	2011	38.6	48.9	32.8	11

남편이 아내를 때려도 된다고 답했다. 전에는 이 비중이 더 높았다. 다행히 중등교육 이상을 받은 여성들 사이에서는 40퍼센트 이하다. 2011년 에티오피아에서는 초등교육을 받은 여성 중 약 33퍼센트가 자신의 신체에 대한 통제력을 행사하는 대가로 구타를 당하는 게 받아들여질 만한 일이라고 답했다. 45퍼센트에서 줄어든 것이다. 중등교육 이상을 받은 여성들 사이에서는 이 비중이 11퍼센트였다. 교육은 정말로 변화를 일으킨다. 거꾸로 말하면 교육의 결핍은 여성들을 더 취약한 처지로 내몬다. 남편이건 주류 인종 집단이건 독재 정권이건 간에, 권력을 가진 사람들은 취약한 사람들을 먹잇감으로 삼는다. 하지만 교육은 여성의 취약성을 줄여 줄 수 있다.

전 지구적인 문제를 생각할 때는 문화의 다양성을 인정해야 한다. 즉 '그들'이 '그곳'에서 살아가는 방식을 존중해야 한다. 하지만 문화를 존중하는 것이 여성의 권리보다 우선하지는 않는다. 인류의 절반인 남성이 다른 절반에 대해 마음껏 폭력을 휘두르는 것은 옳지 않다. 여성이 스스로의 신체에 대해 자기결정권을 갖는 것은 문화에 대한 존중보다 우선해야 한다. 여성에게 폭력을 행사하는 것이 '그들'의 방식이라면 그들의 방식이 틀렸다. 여성 교육이 만들어 내는 효과를 보면 이 점을 분명히 알 수 있다. 그리고 교육을 통해 상황이 개선되고 있다(남편이 아내를 구타하는 것이 용인된다고 답한 여성 비중이 줄고 있다)는 점은 나의 '근거 기반 낙관주의'를 강화해 준다.

교육은 또 다른 방식으로도 여성이 스스로를 보호하는 데 기여한다. 교육받은 여성은 직업을 가질 수 있다. 경제적 독립성이 생기면 배우자의 폭력에서 자신을 지킬 수 있는 가능성도 커진다.

나라의 발전에도 좋다

'발전development'은 긍정적인 이미지의 단어다. 우리는 '발전 도상에 있는 국가developing countries〔개발도상국〕'라든지 '발전된 국가developed countries〔선진국〕'와 같은 용어를 사용한다. 그런데 '발전된 국가'는 무엇을 의미하는가? 발전이 다 완료되었다는 의미인가? 누군가가 낙관주의와 염세주의를 이렇게 정의했다고 한다. 낙관주의자는 현 상태가 인간에게 가능한 상태 중 최선이라고 믿는 사람이고, 염세주의자는 현 상태가 인간에게 가능한 상태 중 최선일까 봐 두려워하는 사람이라고 말이다. 우리는 사회가 더 발전하기를, 더 나은 사회가 되기를 원한다. 예전이 더 나았고 진보주의자들이 모든 것을 망쳤다고 생각하는 사람도, 좋았던 옛 시절로 돌아간다는 의미에서라도 '발전'을 원할 것이다.

유엔에는 '발전' 관련 사안을 전담하는 기관이 있다. 유엔개발계획 UN Development Programme(UNDP)이다. 이곳이 펴내는 〈인간개발보고서Human Development Report〉는 매우 유용하다. UNDP는 발전이 경제성장만을 의미하지는 않는다고 본다. 경제학자 마붑 울 하크Mahbub Ul Haq는 아마티아 센의 영향을 받아 국민소득뿐 아니라 교육과 건강(기대수명)을 함께 감안한 복합지표인 '인간개발지수Human Development Index(HDI)'를 개발했다. UNDP는 HDI를 바탕으로 〈인간개발보고서〉를 작성한다. 또 세계를 개발도상국과 선진국의 이분법으로 나누지 않고 HDI 점수에 따라 순위를 매긴다. 2013년에는 노르웨이가 1위였고 콩고민주공화국과 니제르가 186위로 순위가 가장 낮았다. 건강과 교육은 가치 있는 삶의 핵심 요소다. 유엔이 건강과 교육을 중시한다는 것, 그리고 국민소득만을 발전의 척도로 삼지는 않는다는 것은 반가운 일이다.

국민소득에 대해서는 각국의 성장을 지구가 감당할 수 있을지, 지속가능한 발전이 위협에 처하지 않을지의 문제가 제기되기도 하지만, 건강과 교육을 향상시키는 것은 모두가 바람직하다고 동의한다. 그러므로 전체적으로 HDI가 높아지는 것은 좋은 일이다. 그런데 불평등이 크다면 문제일 수 있다. 2013년 〈인간개발보고서〉에 따르면 교육과 건강의 불평등은 HDI를 크게 악화시켰지만 소득 불평등은 그렇지 않았다. 또 교육과 건강이 평등하면 소득 불평등의 문제를 어느 정도 상쇄할 수 있는 것으로 나타났다. 경제성장만 본다 하더라도, 공공 교육은 메이지 시대 일본(1868~1912년), 그리고 나중에는 한국, 타이완, 싱가포르, 홍콩, 중국의 경제 발전에서 중요한 역할을 했다.[11]

요점은 다음을 기억해야 할 것이다. 교육과 건강의 평등을 달성하는 것은 시골의 어린 소녀에게만 좋은 것이 아니라 사회 전체의 발전에도 꼭 필요한 것이다. 교육으로 세계가 더 나은 곳이 될 수 있고 더 나은 곳이 돼 왔다는 점을 알기 위해 요정까지 필요하지도 않다. 진보가 꼭 매끄럽게 이뤄지는 것은 아니고 불평등도 존재하지만, 실증근거들이 보여 주는 바는 분명하다. 교육을 향상시킬 수 있다면 건강의 향상도 뒤따를 것이다.

핀란드의 교훈, 불평등을 파악하고 해결하기

핀란드 초등학생들은 유독 말쑥하고 건강하며 활발해 보인다. 선생님들도 그렇다. 헬싱키에 있는 레수Ressu 종합학교comprehensive school* 교장 선생님은 이곳 학생들이 딱히 부유한 집안 아이들은 아니라고 말했다. 이 학교가 속한 학군에는 세 부류의 사람들이 있는데 학자, 예술가, 노동자라고 했다. 교육의 성지 핀란드에 순례를 온 사람이 나 말고도 숱하게 있었을 텐데도 교장 선생님은 많은 시간을 내서 친절하게 여러 가지 정보를 알려 줬다. 국제학업성취도평가Programme of International Student Assessment(PISA)에서 핀란드의 15세 학업 성취도가 다른 유럽 국가들보다 월등하게 높다는 것이 알려지자 많은 사람들이 핀란드의 비밀을 알고 싶어 했다. PISA는 OECD가 정기적으로 수행하는 조사로, 15세 학생들의 수학·과학·언어 역량을 표준 시험을 통해 측정한다(국가 간에 '표준'이라는 것이 가능한지에 대한 문제제기도 있긴 하다). 국가마다 자국이 어느 정도인지 알고 싶어 하기 때문에, 결과가 발표될 때면 많은 관심이 쏠린다.

영국은 수많은 발명과 발견, 창의적인 예술 작품, 명성 있는 대학교로 정평이 나 있지만 PISA 결과는 그리 좋지 않다. 미국도 혁신이나 기술 발달로 보면 어디에도 뒤지지 않지만 PISA는 핀란드보다 훨씬 뒤진

---

* 핀란드의 종합학교는 한국의 초등학교와 중학교 통합 과정에 해당한다.

다. 영국과 핀란드는 교육 체제가 매우 상이해서 거의 자연실험을 보여준다.

교육을 향상시키기 위해 영국이 취한 접근 방식은 중앙정부가 통제력을 갖고 과거 지방정부가 가지고 있던 학교에 대한 통제를 없애는 방식이었다. 즉 중앙정부가 교과과정을 정하고 장학관이 학교를 돌면서 제대로 하고 있는지 시찰한다. 학년별로 학생들이 어느 정도의 수준을 갖춰야 하는지도 중앙정부가 기준을 설정하고, 매년 일제고사를 통해 성취도를 조사해서 전국 학교 순위를 공개한다. 그리고 '창조력을 육성하기 위해서'라는 이유로 교사가 될 수 있는 최소한의 자격 기준을 없앤다. 이런 과정을 거치면서 영국의 교육과 교육 기준은 매우 심하게 정치적이 됐다.

핀란드의 접근 방식은 반대다. 공통된 교과과정은 있지만 무엇을 가르칠지에 대해서는 교사가 상당한 자율성을 갖는다. 학교는 중앙정부가 아니라 지역 당국의 통제를 받는다. 학업 성취도는 학년마다 평가하지는 않고 종합학교 9년의 기본 교육을 마치고 나면 전국 시험을 한번 치른다. 이 결과는 학교들이 통계적 목적으로만 사용할 뿐 학교 순위를 공개하거나 개별 학생에게 점수를 통보하지는 않는다. 모든 교사는 석사 학위가 있다. 그보다 낮은 학력을 가진 교사는 상상할 수 없다. 교사는 매우 존경받고 선망받는 직업이다. 교사 훈련은 연구 기반으로 이뤄지기 때문에 교사들은 학습에 어려움을 겪는 학생들을 어떻게 도울지 연구하고 탐구하도록 독려받는다.

핀란드 시스템은 교사를 관리하고 통제하기보다는 교사와 학생 모두가 책임을 다하게 하는 것에 기초를 두고 있다. 일제고사를 강조하지 않는 것은 일제고사가 교육성과를 높이는 데 꼭 필요하지 않아서이기도 하지만(일제고사 없이도 PISA 결과가 좋다), 그것이 교육에 대해 너무 협소한 접근법을 나타내기 때문이기도 하다. 핀란드는 학생들을 다양한 배경의 사람들과 더불어 살아가는 방법을 알고, 음악과 문화에 교양이 있으며, 목공이나 직물 공예 같은 핀란드 전통 기술을 알고, 음식을 만들 줄 알게 키워 내는 것을 목표로 한다.

나는 핀란드에서 나를 맞아준 교장 선생님과 교원 노조 간부인 선생님에게 두 가지의 상충하는 가설을 제시하고 의견을 물었다. 하나는 학교가 소외 계층 학생들이 받는 교육상의 불이익을 완화해 준다는 가설이고, 다른 하나는 지적으로 더 자극적인 배경에서 자란 아이들이 학교 교육에서 더 많은 것을 얻을 수 있을 터이므로 학교가 사회계층에 따른 교육성과의 격차를 증폭시킨다는 가설이다. 핀란드 선생님들에게는 답이 너무나 분명했다. 핀란드 학교들은 사회적 불이익이 교육성과에 미치는 악영향을 완화한다. 어려움을 겪는 아이들(많게는 전체 학생의 30퍼센트까지로 추산된다)에게는 특별한 관심을 기울인다. 핀란드의 교육에서는 평등이 가장 중요하다.

학습에 어려움을 겪는 학생들에게 특별히 관심을 기울일 경우 부진한 학생은 줄일 수 있겠지만 특출나게 뛰어난 학생이 나오기는 어려워지지 않을까? 그렇지 않다. 핀란드 교사들은 학습이 부진한 아이들을 도울 뿐 아니라 뛰어난 아이들에게는 도전적인 과제를 제시해 역량을 확장한다.

핀란드의 교육성과가 학교 덕분이 아니라 상대적으로 균질한 인구구성 때문은 아닐까? 아니면, 빈곤이 심하지 않기 때문은 아닐까? 연구자들이 단골로 던지는 질문이다. 연구자는 각 변수의 효과를 분리하고 싶어 한다. 하지만 핀란드의 교사들은 점잖게 나를 꾸짖었다. "학교의 성과를 사회와 문화의 성과에서 분리할 수는 없어요. 학교는 사회와 문화에서 영향을 받습니다. 그리고 학교의 임무는 사회와 문화에 긍정적으로 기여하는 것입니다."

이것이 핀란드가 주는, 그리고 전 세계에 적용 가능한 교훈이다.

빈곤은 숙명이 아니다

다른 나라처럼 핀란드도 사회경제적·문화적 수준이 높은 가구의 학생일수록 15세 때의 시험 성적이 좋다. 도표5.6이 이를 보여 준다. 5개 나라 모두 교육성과에 사회계층적 경사면이 존재한다. 그런데 기울기가 다르다. 마카오와 핀란드는 경사면이 상대적으로 평평하고 슬로바키아 공화국은 가파르며 미국과 영국은 중간쯤이다. 미국, 영국, 그리고 핀란드 이외의 유럽에 사는 사람들은 핀란드와 마카오를 따라잡고 싶을 것이다. 그렇다면 경사면을 평평하게 만들기 위한 노력을 기울여야 한다.

나는 타워햄리츠Tower Hamlets의 교육 문제를 주제로 열린 콘퍼런스에서 이런 결과들을 발표한 적이 있다. 타워햄리츠는 런던 동부의 가난한 동네다. 내가 발표를 마치자 타워햄리츠 지역 당국의 교육 담당자가 이렇게 말했다.

"교수님이 보여 주신 결과는 이미 다 알려진 이야기입니다."

뜨끔했다. 어떤 의미로 한 말이었을까?

"우리는 늘 빈곤은 숙명이 아니라고 말하는 걸요? 타워햄리츠는 빈곤과 교육 부진의 연관을 끊어 냈습니다."

그는 타워햄리츠의 자료를 내게 보내 줬다. 정말로 빈곤과 학업 부

도표5.6 모두를 위로 끌어올리자! 마카오를 따라잡자!

각국의 ESCS* 4분위별 수학 점수.

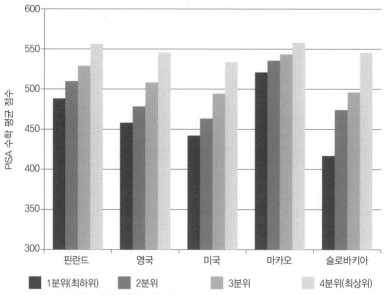

■ 1분위(최하위)　　■ 2분위　　■ 3분위　　■ 4분위(최상위)

* ESCS: PISA가 채택하고 있는 사회적 지위 지표.

진의 연관이 끊어져 있었다. PISA 결과에서도 빈곤은 숙명이 아님을 알 수 있다. 모든 국가에서 사회경제적 경사면이 발견되지만, 그래도 많은 학생들이 자신의 경제·사회·문화적 지위Economic, Social and Cultural Status(ESCS)로 예측되는 수준에 비해 좋은 성과를 내고 있다. 사회경제적 불이익에 처해서도 어떤 불굴의 학생들은 좋은 성과를 낸다. 또 가정과 학교도 중요하다. 타워햄리츠의 경우에는 교사들의 헌신이 타워햄리츠의 학교들을 핀란드 수준으로 끌어올리면서 성과를 냈다.

하지만 어떤 상황에서는 사회적 불이익이 숙명이 되기도 한다. 인도의 카스트 제도가 그런 안타까운 사례다. 카스트에 따라 경제·사회·문화적 배경이 달라지고 이것이 교육성과를 크게 좌우한다. 한 연구에서 세계은행 연구자들은 인도 10~12세 아이들에게 문제를 풀게 했다.[12] 정해진 시간 안에 문제를 풀어야 했고 맞힌 정도에 따라 보상을 받았다. 높은 카스트의 아이들도 있었고 낮은 카스트의 아이들도 있었는데, 첫 실험에서는 누가 어느 카스트인지가 겉으로 드러나지 않게 했다. 그랬더니 계급의 높고 낮음은 지적 능력에 차등적인 영향을 미치지 않았다. 안타까운 점은 두 번째 실험에서 드러났다. 두 번째 실험에서는 누가 어느 카스트인지를 밝힌 상태로 문제를 풀게 했다. 그랬더니 카스트가 낮은 아이들이 현저하게 점수가 낮았다. 계급이 겉으로 드러나지 않았을 때보다 25퍼센트나 문제를 못 풀었다. '위축 효과'가 이를 설명하는 한 가지 해석이 될 수 있을 것이다. 카스트가 낮은 아이들은 권위 있는 사람이 자신의 배경을 안다고 생각하면 게임이 이미 끝났다고 여기게 된다. 아무리 노력하고 아무리 잘해도 보상을 받을 수 없을 것이라고 생각하는 것이다.

여기에 매우 분명한 교훈이 있다. 우리는 카스트가 숙명이 되지 않는 여건을 만들어야 한다. 아이들이 배경과 관계없이 잠재력을 발휘할 수 있는 여건을 만들어야 한다. 미국에서 있었던 한 강연에서 이런 결과들을 보여 줬더니 청중 가운데 한 흑인이 나와서 나를 와락 끌어안았다. "미국 빈민가에서 흑인으로 자라는 게 어떤 것인지 아시겠지요?"

요약해 보자. 교육성과는 모든 나라에서 사회경제적 경사면을 보인다. 하지만 기울기는 차이가 있다. 기울기에 영향을 미치는 것은 크게 세 가지다. 가정 배경, 사회경제적 조건, 그리고 학교. 아이들의 교육성과를 예측할 수 있는 한 가지 지표는 학교에 입학하는 시점에 얼마나 학교 교육에 준비가 돼 있느냐이다. 취학 전의 준비 상태는 어느 정도 양육의 결과이고 학교에 다니는 동안에도 부모의 영향은 계속 존재할 것이다. 또래집단의 효과도 중요한데, 이는 사회경제적 환경과 관련이 있다. 가령, 앞서 보았듯이 볼티모어에서 가난한 동네는 결석 학생의 비중이 부유한 동네보다 현저히 높다. 마지막으로, 핀란드와 타워햄리츠가 보여 주듯이 학교는 정말 중요하다.

교육은 성평등에도 좋다

현재 핀란드에서는 초등교육과 중등교육에서 성평등이 완전히 달성됐을 뿐 아니라(남아와 여아 모두 취학률이 100퍼센트다) 고등교육은 여학생이 남학생보다 많이 받는다. 핀란드만이 아니다. 고등교육기관에서 여성이 남성보다 많아지는 것은 경사면이 아니라 문턱 기준을 따른다. 국민소득(PPP 환산)이 1만 달러보다 낮으면 여성이 남성보다 고등교육 참여율이 낮다. 1만 달러가 넘으면 대부분의 국가에서 여성이 남성보다 고등교육 참여율이 높다. 성별도 숙명이 아니다.

PISA에서도 이것을 볼 수 있다. 여학생은 언어에, 남학생은 수학에 뛰어나다는 연구 결과들이 많이 있었지만 핀란드에서는 아니다. 읽기 능력에서 여학생이 남학생보다 뛰어난 것은 다른 나라와 같지만 수학에서도 여학생이 더 점수가 높다. 스웨덴과 아이슬란드도 그렇다.

다른 나라들은 교육에서 성평등이 아직 달성되지 못했다. 좋은 소식은 초등학교 취학률이 지난 40년간 전 세계적으로 크게 높아졌고 성별 격차도 크게 줄었다는 점이다. 정말 좋은 소식이다. 그리고 도표5.7이 보여 주듯이 중등교육 취학률도 크게 상승했다.

좋은 소식을 계속 전하면 남미, 동아시아, 태평양 국가들에서 여아

도표5.7 학교생활이 일찍 끝나는 나라들이 있다

1970~2009년 중등교육기관 취학률. 모든 지역에서 성별에 관계없이 상승 추세를 보인다.

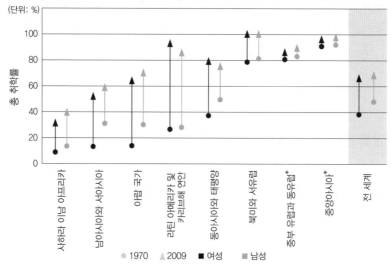

의 중등교육 참여가 남아를 따라잡았다. 하지만 사하라 이남 아프리카 와 남아시아에서는 중등교육의 성별 불평등이 여전히 큰 문제다(도표 5.7 참조). 교육에서의 성별 불평등은 사회에서의 성별 불평등을 반영한 다. 곧 보겠지만, 이는 매우 해결 가능한 일이어야 마땅하다.

교육을 위해 우리는 무엇을 해야 하는가?

많은 것을 해야 한다. 문제는 명확하다. 저소득국 학교에는 아이들이 너무 많다. 교육성과가 높지 않으며, 결석도 많다. 그리고 저소득국, 중 위소득국, 고소득국 모두 교육성과에 사회계층적 경사면이 존재한다.

여기에서 시작하지 말 것

학교 교육의 성과를 향상시키기 위한 개입은 취학 연령이 되기 전에 이뤄지는 것이 가장 좋다. 취학 전 프로그램을 이수한 아이들은 15세 때 PISA 점수가 그렇지 못한 아이들보다 상대적으로 더 높다. 취학률을 높이는 것도 중요하지만 취학 전 교육을 잊으면 안 된다. 양질의 취학 전 교육이 무엇인지는 이미 잘 알려져 있다. 부유한 나라에서만 양질의 취학 전 교육을 받을 수 있는 것은 아니다. 케냐의 '음와나 음웬데Mwana Mwende' 프로젝트는 마을 전체가 영유아의 양육과 교육에 관여한다. 부모를 대상으로 아동 발달, 공동체 개발, 참여적 과정 등을 교육하며, 취학 전 교육을 담당하는 교사들이 전문성을 갖추도록 교육한다.

남미 국가들을 보면 취학 전 교육 참여율이 높은 나라들은 학교에서의 읽기 점수도 높다. 쿠바와 코스타리카는 3~5세 교육 참여율이 거의 100퍼센트며 6학년 읽기 점수가 남미에서 가장 높다. 파라과이와 도미니카공화국은 취학 전 교육 참여율이 낮고 6학년 읽기 능력 점수도 낮다. 아르헨티나와 페루는 중간쯤이다. 성급한 결론은 내리면 안 되겠지만, 쿠바와 코스타리카는 건강도 아주 좋고(기대수명 79세), 도미니카공화국과 파라과이는 그리 좋지 않으며(73세 정도), 아르헨티나(76세)와 페루(74세)는 중간쯤이다.

돈은 중요하지만 전부는 아니다

교육은 돈을 가져오고 돈은 교육을 가져온다. 가난한 나라들 사이에서도 그렇고 그 나라 안의 가난한 가구들 사이에서도 그렇다. 더 정확하게 말하면, 가난한 나라들 사이에서는 국민소득이 높을수록 교육비 지출이 크다. 그리고 가난한 나라 안의 가난한 가구들 사이에서도 소득이 높을수록 교육비 지출이 많다. 반대 방향으로도 작용한다. 개인이 교육을 받으면 가구 소득이 높아진다. 그리고 인구 전체적으로 교육은 국가의 경제성장에 기여한다.

하지만 저소득과 저교육의 악순환을 깨는 것은 불가능하지 않다. 인도는 성인 중 63퍼센트만 글을 읽을 줄 알지만 인도와 소득 수준이 비슷한 베트남과 스리랑카에서는(베트남은 인도보다 약간 가난하고 스리랑카는 약간 부유하다) 성인문해율이 90퍼센트가 넘는다. 연 6~8퍼센트에 달하는 인도의 경제성장률을 많은 나라들이 부러워하지만 교육이 더 널리 퍼졌더라면 더 높은 성장률도 가능했을 것이다.

국가와 가정이 저소득→저교육→저소득의 악순환에서 벗어나게 하는 한 가지 방법은 가정을 외부에서 지원하는 것이다. 조건부 현금 공여 제도가 그런 사례다. 이 제도는 멕시코와 브라질에서 빈곤을 줄이고 이와 더불어 장기적인 변화를 만들기 위한 목적으로 시도됐다. 아이의 영양을 챙기고 아이에게 예방 접종을 시키며 큰아이들이 학교를 그만두지 않게 하는 등의 조건을 지키는 한에서 가난한 가구에 고정적인 현금을 지급한다. 멕시코에서는 이 프로그램을 통해 2004년에 500만 저소득 가구가 혜택을 보았다.[13] 현금 보조의 주된 목적은 큰아이들과 여자아이들이 학교를 그만두지 않게 하는 것이다. 멕시코의 프로그램은 원래 '프로그레사Progresa'(진보)라고 불렸는데 나중에 '오포르투니다드Oportunidades'(기회)로 이름이 바뀌었다.

나는 오포르투니다드 프로그램이 진행되고 있는 마을을 방문해 본 적이 있다. 멕시코시티 인근의 농촌 지역이었다. 우리 일행 중 한 명이 수당을 받기 위해 줄 서 있는 사람들을 보면서 전부 여성이고 키가 작으며 토착민처럼 보인다고 말했다. 정확한 관찰이었다. 전부 여성인 이유는 남성보다 여성에게 돈을 지급해야 그 돈이 가족을 위해 더 믿을 만하게 지출되기 때문이다. 키가 작은 이유는 빈곤층이어서 영양이 충분치 않기 때문이다. 다 토착민처럼 보이는 이유는 토착민이 빈곤 가구일 가능성이 높기 때문이다.

　이러한 프로그램들은 효과를 내고 있다. 일반적으로 조건부 현금 공여 제도의 수혜 가구는 그렇지 않은 가구에 비해 아이들을 학교에 보내고 있을 가능성이 컸다.[14] 하지만 '조건부'라는 부분에는 다소 불편한 면이 있다. 정부가 가난한 가구에 돈을 주면서 아이들을 병원에 데리고 가라, 큰아이들도 학교에 보내라 등등의 지시를 하는 셈이니 말이다. 한 메타 연구는 35개의 이전 연구에서 다룬 75개의 프로그램을 조사해 조건부 공여와 조건 없는 공여가 효과에 차이를 보이는지 조사했다. 조건부가 아닌 경우에도 학교 등록률은 높아졌지만 조건을 제시하고 그것의 이행을 확인하면 학교 등록률을 높이는 효과가 더 컸다.[15] 이것을 전제로 하되, 말라위 같은 곳에서는 조건 없는 현금 공여가 조건부 공여만큼 여아의 취학률 증가에 큰 효과를 내기도 했다.[16]

　이 연구는 자명하지만 중요한 점 하나를 드러냈다. 아이들을 학교에 보내는 것과 아이들이 실제로 배움을 얻게 하는 것은 다르다. 조건부 현금 공여가 학업 점수를 올린다는 보장은 없다. 학교에 안 가고서 교육의 혜택을 얻을 길은 없지만, 정말로 필요한 일은 단지 아이들을 학교에 가게 하는 것이 아니라 교육의 질을 높이는 것이어야 한다. 교육의 질을 높이는 것은 국민소득 수준이 어떻든지에 상관없이 모든 나라의 관심사여야 한다. 그리고 꼭 부유한 나라여야만 좋은 교육성과를 달성할 수 있는 것은 아니다.

양질의 교육 제공하기

나와 경제학자들 사이에도 의견 불일치가 있지만, 경제학자인 친구 말에 따르면 그건 경제학자들 사이의 의견 차이에 비하면 약과라고 한다. 매사추세츠 공과대학교 경제학자 아브히지트 배너지Abhijit Barnerjee와 에스테르 뒤플로Esther Duflo는 빈곤 감소에 대한 연구를 진행하면서[17] 다른 경제학자들이 주장한 바들을 실증근거들을 통해 검증했다. 그중 하나가 교육을 정부 주도의 '탑 다운' 방식으로 제공해야 하는가, 아니면 시장에 맡겨야 하는가에 대한 것이었다. 전자는 정부 주도가 더 높은 교육성과를 낸다고 보고, 후자는 사람들이 양질의 교육을 원하니 교육에 대해서는 지불 의사가 있을 것이고 따라서 민간 영역에서 양질의 교육을 제공할 것이라는 논리다.

이데올로기가 작동하고 있음에 주의하기 바란다. 핀란드에 가서 교육을 민영화해야 하며 교육비는 세금으로 충당할 것이 아니라 학부모가 내야 한다고 말한다면, 그들은 나가는 문을 가리키면서 나를 쳐다볼 것이다(핀란드 사람들이니까 예의바르게). 핀란드는 그들의 방식대로 교육 시스템을 운영하면서 매우 좋은 성과를 내고 있다. 반면 배너지와 뒤플로가 언급했듯이, 인도에서는 사람들이 정부가 제공하는 교육을 신뢰하지 못하며 여기에도 그럴 만한 이유가 있다. 그렇다고 민간 영역이 제공하는 교육을 믿기에는 교육의 질이 들쭉날쭉하며 가난한 사람이 감당하기에 학비가 너무 비싸다. 하지만 인도에서도 몇몇 비정부기구는 양질의 교육을 제공하고 있다. 핵심은, 단순히 공공 교육이 좋으냐 민영화가 좋으냐의 문제가 아니라는 것이다. 그렇게만 보는 것은 너무 제한적인 논의다. 우리는 맥락과 상황을 고려해야 한다.

한국은 좋은 사례다. 도움닫기 없이도 교육성과에서 괄목할 만한 향상을 보이는 것은 가능하다. 한국의 경우에는 상당한 규모의 교육 투자가 성과에 크게 기여했다. 교육부 예산은 1990년보다 6배나 늘어서 중앙정부 지출의 20퍼센트를 차지한다. 한국에서 교사는 존경받는 직업이고 유능한 사람들이 택하는 직업이다. 보수도 좋은 편이다(세계 10위). 지난 50년 동안 교재도 크게 개정됐으며 현재 교재는 개인성, 창조성, 한국 문화 및 타문화에 대한 지식 등을 강조한다. 한국의 고등학교 졸업률은 93퍼센트로 77퍼센트인 미국보다 훨씬 높다.

교육은 삶에서 매우 중요한 부분이다. 그렇기 때문에 교육만의 효과를 따로 떼어서 보기가 어렵기도 하다. 아이들이 자라는 환경은 아이들이 학교생활을 얼마나 잘 해 나갈지에 큰 영향을 미친다. 그리고 학교생활의 결과(숙련, 지식, 통제력 등)는 직업의 세계에서 얼마나 잘 해 나갈지를 결정하고 이는 성인기 삶의 수준을 결정한다. 이 모두가 건강 형평성에 영향을 미친다.

교육을 개선하려면 물론 좋은 학교가 필요하지만 교육은 사회적 맥락하에서 이뤄진다. 좋은 교육성과를 달성하려면 학교 개선 외에도 빈곤과 사회경제적 불평등 감소가 필요하며 가정과 지역공동체가 처한 여건도 개선해야 한다. 사회경제적 불평등을 바로잡고 가정이 처한 여건을 개선할 수 있는 한 가지 통로는 직업이다. 이것이 6장의 주제다.

6
삶 을 위 한 노 동

… 그날의 단조로운 일과를 위해 단장을 하고 기름을 바른, 우울한 광증에 사로잡힌 코끼리들이 다시 무겁게 움직였다. (…) 스티븐이 일하는 직조기의 숲에 있는 모든 노동자가 그러듯 그 역시 부수고 찢고 분쇄하는 기계 장치에 맞춰…….

—찰스 디킨스, 《어려운 시절》

앨런은 거대한 창고에서 일하는 '피커'(물건을 집는 사람)였다. 당신이 온라인으로 주문을 하면 앨런은 창고를 돌아다니며 물건을 집어 카트에 넣고 '패커'(포장하는 사람)에게 간다. 패커가 물건들을 상자에 담고 라벨을 붙이면 이틀쯤 뒤에 당신에게 배송된다. 아주 깔끔하다. 당신은 클릭하고 피커는 집고 패커는 포장한다. 당신에게는 편리하지만 앨런에게는 그렇지 않았다. 앨런은 피커였다. 지금은 아니다. 벌점 3점이 쌓이는 바람에 해고됐다. 나는 BBC TV 프로그램 〈파노라마Panorama〉를 촬영하면서 앨런에게 이 이야기를 들었다(앨런은 가명이다. 이 프로그램은 2013년에 방영됐다).

밤 근무는 보통 10시간 반이었고 15분짜리 휴식이 두 번, 30분짜리 휴식이 한 번 있어서 9시간 반을 일했다. 근무시간이 되면 앨런은 그의 지배자이자 양심인 작은 전자장치를 지급받았다. 손에 들고 다니는 이 장치는 그에게 X열로 가서 Y물건을 집어 카트에 넣으라고 지시하고 그 다음에는 P열로 가서 Q물건을 집으라고 지시했다. 카트 무게가 250킬로그램이 되면 패커에게 가라고 지시했다. 그러면 패커에게 가서 물건을 내려놓은 뒤 다시 카트를 채우러 갔다. 앨런의 목표량은 큰 물건 기준 시간당 110개였다(작은 물건은 더 많이 담아야 한다). 1분당 2개꼴이다.

전자장치는 지시만 하는 게 아니라 피커의 업무 속도를 확인하고 회사 시스템에 보고했다. 목표 대비 얼마나 일을 잘 하고 있는지가 실시간으로 보고돼 그가 속도를 따라잡지 못하면 경고가 나왔다. 많이 뒤쳐지면 0.5점, 더 뒤쳐지면 1점의 벌점이 쌓였다. 내가 물었다.

"거기서 일하는 동안 목표를 달성하고 성취감을 느끼면서 근무시간을 마쳐 본 적이 있습니까?"

그는 1초도 주저 없이 대답했다.

"한 번도 없습니다. 매시간, 매일, 언제나 따라잡지 못하고 있다는 느낌을 받았습니다."

"익숙해지고 난 뒤에는 적어도 고용은 안정적으로 유지되리라고 생각했습니까?"

"아뇨."

그는 벌점 때문에 언제 잘릴지 몰라 늘 전전긍긍했다고 말했다.

"다른 직원들은 그 일에 대해 어떻게 생각했나요?"

"모릅니다."

앨런은 직속 팀장을 제외하고는 누구와도 이야기를 나누지 못했는데 팀장이 하는 말이라곤 목표치를 달성하지 못했을 때 하는 경고뿐이었다. 근무시간 중에는 다른 직원들과 이야기 나눌 시간이 없었고, 쉬는 시간에는 창고 끝에 있는 매점으로 가려면 너무 오래 걸리는 데다 나가고 들어올 때 보안 검색을 통과해야 했기 때문에 무언가를 함께 먹거나 마시면서 대화를 나누기가 불가능했다.

하루는 보행측정기를 달고 다녀 보았는데, 일을 마치고 보니 18킬로미터가 찍혀 있었다. 뼈가 부서지고 발이 찢어지는 것 같았고 그보다 더 지친 날이 없었다. 한번은 몸살이 나서 결근했더니 벌점이 올라갔다. 앨런이 하는 일은 집으로 일거리를 가지고 갈 수 없고 문에는 보안장치도 있다. 그런데 앨런이 집으로 가져가는 것이 하나 있었으니, 마음속에서 계속 울려대는 전자장치의 사악한 경고음이었다.

앨런의 이야기를 듣다 보니 마치 그의 고용주가 노동의 해로운 점이라고 알려진 모든 것을 모아 꾹꾹 뭉쳐서 앨런에게 주입하고 있는 것 같았다. 앨런의 일은 육체노동이었고, 업무 부담은 많되 통제력은 없는 일이었으며, 일할 때 사회적으로 고립됐고, 일자리의 안정성이 없었고, 조직 내 불의가 있었고, 교대 근무제였다. 이 모든 것이 건강을 해친다. 유일하게 '좋은' 점이 있었다면 앉아만 있는 일이 아니었다는 점이다. 너무 고되고 무거운 짐을 들어야 하는 일이어서 문제였지만 말이다.

1930년대 영화 〈모던 타임즈Modern Times〉에서 찰리 채플린Charles Chaplin은 생산 라인에서 나사 조이는 일을 하다가 보이는 족족 모든 것을 조이려는 강박증에 걸린다. 사악한 생산 라인에서 건강을 잃은 것이다. 지금은 노동 여건이 건강에 끼칠 수 있는 해로움에 대해 그때보다 많은 지식과 정보가 있다. 오늘날 지위가 높은 사람들의 일은 앨런이나 채플린의 일과 다르다. 지위가 낮은 사람들의 일도 그래야 마땅하지만 우리는 너무나 자주 그렇지 못한 것을 본다. 열악한 노동 여건은 건강 불평등의 주요인이다. 이 책의 주제를 한 문장으로 말하면 '권력, 돈, 자원의 불평등이 피할 수 있는 건강 격차의 근본 원인이다'라고 표현할 수 있다. 앨런과 채플린의 직업은 이 주제를 잘 보여 준다. 그들의 일터에서는 세 가지 불평등 모두가 극명하게 드러난다. 직위가 낮을수록 역량이 박탈되고 소득이 적으며 물리적·정신적·사회적 자원도 적다. 그러면 건강이 나빠진다. 노동은 역량을 박탈시키는 요인들의 온상이다.

앨런의 일은 건강에 안 좋은 것 투성이일 뿐 아니라 우리가 직업에 기대하는 긍정적인 면들을 전혀 가지고 있지 못했다. 우리는 직업에서 소득을 기대하지만 앨런은 돈을 많이 벌지 못했다. 직업은 우리의 정체

성과 사회적 지위(우리가 스스로를 어떻게 생각하는지와 사회가 우리를 어떻게 생각하는지)를 규정하는 데 중요하지만 앨런은 자신이 생각 없는 기계처럼 느껴졌다고 말했다. 앨런이 정말 기계로 대체되지 않은 유일한 이유는 인간 앨런이 조금 더 유연하기 때문이었지 지적인 능력과는 아무 상관이 없었다. 우리는 직업에서 자아실현과 자아성장을 기대하지만 앨런의 일은 그렇지 못했다. 또 직장은 사회적 관계를 맺어 나가는 장소가 될 수 있지만, 1시간에 무거운 물건 110개(작은 물건은 최대 240개)를 날라야 하는데 평균 80개밖에 못 나르는 상황에서는 언감생심이었다. 그리고 일과 삶은 균형 잡혀야 하지만 앨런의 일은 교대 근무제인데다 극도로 피로가 쌓이는 일이어서 일과 삶의 균형은 상상도 하기 어려웠다. 일은 삶의 안정성과 역량에 근본적으로 중요하다. 일이 없으면 방향 상실, 불안정성, 제약성을 느끼게 되고 가난해진다.

그런 노동을 하다니 앨런이 안 됐기는 했지만 그 일이나마 하지 않으면 상황이 더 나쁘지 않았을까? 실업은 건강에 해롭지 않나? 맞다. 하지만 우리는 단순하게 취업과 실업만 비교해서는 안 된다. 노동의 질은 정말로 중요하다. 그리고 직업의 질을 논할 때는 노동 여건뿐 아니라 고용 여건도 생각해야 한다. 고용 여건은 고용 계약이 존재하는지, 고용 계약의 속성이 어떠한지 등을 의미한다. 노동 여건과 고용 여건 모두 건강에 영향을 미친다.

앨런이 했던 것과 같은 일은 우연히 생겨난 게 아니다. 이런 일은 '만들어지는' 것이며 특정한 사회 여건들을 필요로 한다. 그런 여건에는 낮은 노조 조직율(노조가 있으면 노동 여건이 나아질 것이다), 이직 기회의 부재(갈 데가 있다면 다른 일자리로 옮겨갈 것이다), 수익률에 대한 가차 없는 강조, 그리고 이런 종류의 노동과 고용을 용인하고 육성하는 사회 등이 포함된다. 노동과 고용이 질병의 원인이라면, 여기에서도 우리는 '원인의 원인'을 보아야 한다. 왜 노동과 고용이 현재와 같은 방식으로 조직돼 있는가? 앨런의 일은 직업 세계가 상층의 고숙련 일자리와 바닥의 기계적인 일자리로 양극화되고 중간은 점점 줄어드는 미래의 우울한 징후일까? 6장에서는 노동과 건강의 관계를 살펴볼 것이다. 하지만 그전에……

앨런이 안쓰럽다면

랄타는 똥 치우는 사람이었다. 인도 라자스탄주 알와르에 사는 랄타는 재래식 변소에서 손으로 인분을 퍼서 갈대 바구니에 담아 머리에 이고 인분 쓰레기장에 가서 내다 버렸다. 이보다 더럽고 악취 나는 일을 상상할 수 있는가? 랄타도 상상할 수 없었다. "내게는 존엄이 없었습니다. 나 자신이 내가 머리에 이고 있는 오물처럼 느껴졌습니다."[1]

랄타는 라자스탄주에 살지만 다른 주에도 이런 일을 하는 사람은 많다. 인도는 물이 부족해서 20세기에 지어진 변소도 대부분 수세식이 아니다. 이 비참한 일은 수세기 동안 달리트Dalit(힌두교의 4개 카스트에 속하지 못하는 불가촉천민)들 사이에서 대를 물려 이어져 왔다. 랄타의 경우에는 17세에 달리트에게 시집을 왔다. 부연하자면, 많고 많은 인도 인구 중 6명 가운데 1명이 달리트다. 비참한 직업을 가진 사람이 아주 많다는 이야기다.

랄타는 동굴처럼 된 별도 통로로 들어와서 손으로 인분을 퍼담았다. 이 일은 이중으로 건강에 해롭다. 신체적 부담과 생물학적 해로움

뿐 아니라 존엄을 훼손하고 막대한 스트레스를 주는 것이다. 랄타는 벗어날 길이 없다고 느꼈다. 숙명이라고 누누이 들어온 탓이다. 담담하게 받아들일 수 있었다는 말은 아니다. "우리 삶에는 행복이란 없었습니다. 삶에 의미 자체가 없었어요. 우리 삶은 남의 오물을 머리에 이고 있거나 남의 오물에 대한 진저리나는 생각을 마음에 갖고 있거나의 연속일 뿐이었습니다."

이후 나는 비정부기구인 '술라브 인터내셔널Sulabh International'의 활동가로부터 그 뒤에 벌어진 일을 전해 들었고, 내 평생 변소에서 받을 수 있는 가장 큰 감동을 받았다. 랄타 혼자서는 문제를 풀 수 없었지만 조직의 힘을 모아서는 풀 수 있었다. 술라브 인터내셔널은 재래식 변소 대신 적은 비용으로 안전한 공중 화장실을 세웠다. 사람들은 약간의 돈을 내고 공중 화장실을 이용하며, 이를 통해 공중 화장실 운영비가 충당된다. 1970년 이후에 술라브 인터내셔널은 총 140만 개의 가정 화장실을 지었고 6,500개의 유료 공중 화장실을 지어 운영하고 있다.[2] 화장실 박물관도 열었다.

변소보다는 사람에 관심 있는 나는 인분 치우던 여성들에게 벌어진 변화에 큰 감명을 받았다. 그들은 직업 재훈련을 받았다. 내가 본 사례의 여성은 미용사가 됐다. 모든 사람이 내놓기는 하지만 인정하기는 싫어하는 인분을 나르며 존엄을 잃은 채 괴로워하던 여성들이 다른 여성들을 아름답게 해 줌으로써 그들의 존엄과 자신의 존엄을 높이게 된 것이다. 전에는 똥을 푸던 우아한 미용사들의 모습을 보니 너무나 기뻤다. 미용 교육 이외에 피클 등 음식 가공업이나 사무직 등으로 직업 재훈련을 받은 사람도 있고 소액대출을 받아 소규모 사업을 시작한 사람도 있다.

랄타의 소득은 월 600루피에서 2,000루피로 늘었다. 그뿐 아니다. "모멸의 무게에 짓눌려 있다가 자존감과 자신감으로 높이 올라섰습니다. 기적처럼 인생이 좋은 쪽으로 방향을 튼 것 같아요. 더 바랄 것이 없습니다. 존엄을 가지고 스스로 세상에 직면할 수 있게 됐으니까요."

부유한 나라 사람들이 끔찍한 노동 여건과 생활 여건에서 벗어날 수 없다고 한탄할 때면 나는 비참한 일로 고통받는 전 세계의 랄타에 대해, 그리고 비전과 집단적인 행동이 삶을 바꿔 내는 힘에 대해 이야기한다. 잘 조직된 행동과 조치를 통해 인도 인분 처리꾼의 삶을 개선할 수 있었다면 세계 어느 곳의 어느 노동 여건이라도 개선할 수 있을 것이다.

일과 건강

직업보건의 아버지, 베나르디노 라마치니

노동과 건강에 대한 우리의 지식은 많은 부분 베나르디노 라마치니 Bernadino Ramazzini에게 빚지고 있다. 이탈리아 학자들을 만나면 나는 늘 라마치니 이야기를 꺼낸다. 그러면 대개 이런 반응이 나온다. "누구라고요?" 라마치니는 직업보건의 아버지다. 이탈리아 북부 카프리 출생으로, 모데나 대학교에서 의학 교수가 됐고 1700년에 위대한 저서 《노동자들의 질병De Morbis Artificum Diatriba》을 펴냈다. 라마치니는 당대의 의사들에게 무엇이 노동자를 병들게 하는지 알고 싶다면 코를 막지 말고 그들의 일터로 가 보라고 했다. "변소로 의사들을 초대한다면 그들의 증오를 사지 않을까 하는 생각이 들었다."[3]

당시에 의사들은 노동 현장에서 병을 얻어 고생하는 사람들과 다른 계급에 속해 있었다. 라마치니는 계급 경계를 건너서 내려가면 무언가를 배울 수 있을 것이라고 말해서 다른 의사들의 조롱을 샀다. 그는 "때때로 더 열악한 종류의 일터에 가서 기계적인 일들의 모호한 작용을 연구하는 것이 그의 격보다 낮은 일이라고 생각하지 않았다."[4] 노동과 건강에 대해 파악하려면 낮은 계급 사람들을 실제로 만나서 그들의 이야기를 들어봐야 한다고 생각한 것이다("환자들에게 이야기를 하라고? 아이고, 기막혀!" 당시 다른 의사들이라면 이렇게 말했을 것이다).

역학과 독성물질학의 발달로 지금 우리는 1700년대의 라마치니보다 직업과 건강에 대해 더 많이 알고 있다고 생각하고 싶지만, 사실 아주 많이 더 알고 있지는 않다. 그는 관찰하고 기록했으며 노동자의 고통을 그들이 하는 노동의 속성과 연결시켰다. 하지만 그가 '노동 여건'을 강조했다고 해서 노동자의 삶의 그것만으로 이뤄져 있다고 봤다는 말은 아니다. 노동자의 삶에는 다른 측면도 있으며 이 역시 건강에 영향을 미친다.

일터로 들어온 권력·돈·자원의 불평등
노동은 어떻게 건강을 해치는가

"권력, 돈, 자원의 불평등은 건강의 비형평을 야기한다." 우리는 CSDH 보고서에 이렇게 적었다. 이 말은 노동이 건강에 어떻게 영향을 주는지를 묘사하는 말로도 손색이 없다. 일반적으로 사회적 지위가 낮을수록 노동의 유해성이 커져서 건강 비형평을 야기한다.

라마치니는 물리적 유해성, 즉 신체적·화학적 유해성에 초점을 맞췄다. 아직도 세계의 많은 지역에서 농업, 광업, 공장, 건설 현장, 서비스직 등의 종사자들이 이런 종류의 유해성을 겪고 있다. 이를 물리적 차원의 불평등이라고 부를 수 있을 것이다. 한편 탈산업사회에서 노동의 속성이 달라지면서 권력의 불평등에 대한 우려는 한층 더 높아졌다. 앨런의 일도 그랬고 서비스직과 사무직도 그렇다. 이를 심리사회적 차원의 불평등이라고 부를 수 있을 것이다. 또한 일은 돈이라는 명백한 기제를 통해서도 영향을 미친다. 일은 사람들을 부유하게 할 수도 있고 가난에서 헤어나지 못하게 할 수도 있으며 그 중간 어디쯤에 있게 할 수도 있다. 가지고 있는 돈의 절대 액수뿐 아니라 상대적인 처지도 건강과 건강 불평등에 영향을 미친다. 인분 처리꾼이던 시절의 랄타는 노동에서 세 가지 불평등을 동시에 겪었다.

물리적 해로움

직장 안전 기준이 높은 고소득국에서는 신체적·화학적 유해성이 이제 없어졌을 거라고 생각하기 쉬울 것이다. 그랬으면 좋으련만 그렇지가 못하다. 인체공학적인 유해성까지 포함한다면 더 그렇다. 내가 받은 이메일 한 통을 여기 소개한다. 보낸이를 '에밀리'라고 부르기로 하자. 에밀리는 미국에 살고 앨런이 하던 것과 비슷한 일을 한다.

여러 차례 물류 창고에서 부상을 입었지만 계속 일을 해야 했습니다. 안 그러면 일자리를 잃었을 테니까요. (…) 나를 포함해서 많은 사람이 안

전 담당 직원에게 토트(피커가 패커에게 가지고 가는 짐) 무게가 안전 기준을 넘는다고 이야기했지만 묵살됐고 계속해서 전과 같은 비율(시간당 물건 수)이 적용됐습니다. 안전 기준보다 3배나 무거운 토트를 들어야 했어요. 한 동료는 아래쪽 선반에 있는 것을 집으려고 허리를 구부렸다가 삐끗하는 바람에 디스크로 고생하고 있습니다.

2005년에 유럽에서 일터의 여건을 조사한 결과 노동자들은 6명 중 1명꼴로 유해물질에 노출돼 있었고 많은 이들이 적어도 간헐적으로라도 소음에 노출돼 있었다.[5] 응답자 중 24퍼센트는 진동에 시달린다고 답했고 45퍼센트는 고통스럽고 진 빠지는 여건에서 일한다고 답했으며 50퍼센트는 (주로 컴퓨터 작업 때문에) 신체 움직임이 반복적인 팔 동작으로만 제한된다고 말했다. 그리고 사회계층적 경사면이 분명하게 관찰됐다.[6]

가만, 이런 유해성을 다루려고 직장 안전 기준을 마련한 게 아니었나? 에밀리의 이메일을 좀 더 읽어 보자.

이곳에서는 일자리 구하기가 매우 어렵기 때문에 많은 동료들이 여전히 그 일을 하고 있습니다. 그들은 덫에 걸렸다고 느끼고 있어요. 다른 방법이 없기 때문에 고되고 험한 여건에 계속해서 자신을 밀어 넣게 될 것입니다. 이들은 노조를 원하고 자신의 목소리가 들리기를 원하지만 그런 노력을 했다가 이름이 회사에 알려지면 해고되거나 제 풀에 그만두도록 더 힘든 일로 배치될까 봐 두려워합니다.

다른 취직자리가 없고, 노동자의 이해를 대변할 노조도 없으며, 안전 기준은 없거나 제대로 지켜지지 않는다. 더 나은 노동 여건을 쟁취해 온 역사가 명확히 알려 주는 바, 노조와 안전 기준은 매우 매우 중요하다. 당신이 탄 비행기의 조종사가 졸거나 조종석에서 술을 마시기를 원하는가? 우리는 비행기에서 합리적인 안전 기준이 지켜지리라고 기대한다(섬뜩한 농담 한 토막: "우리 아버지처럼 자다가 숨질 수 있으면 좋겠어요. 아버지의 승객들처럼 공포에 질린 채 비명 지르면서가 아니고요").

하지만 신문에는 '노조'와 '도를 넘은 안전 규제'가 단골로 비난의 대상이 돼 올라오곤 한다. 1970년대 영국에서 노조가 문제가 많았던 것은 사실이다. 아마 노조가 홍보 회사를 고용해 최대한 안 좋게 기사를 내달라고 했더라도 실제만큼 안 좋은 기사가 나오기는 어려웠을 것이다. 1978~79년 노조가 잇따라 파업을 하면서 시민들에게 막대한 불편을 일으킨 '불만의 겨울winter of discontent'만 생각해 보더라도, 사람들은 '노조가 제약 없는 권력을 가진 시절'로 돌아가고 싶지 않을 것이다. 하지만 그렇다고 '기업 경영자의 제약 없는 권력'을 환영해야 하는 것은 아니다. 노동자의 신체적·정신적 건강을 갉아먹어 가며 이윤을 취하지 않고도 수익성 있게 기업을 운영하는 것은 가능하며 바람직하다. 그간의 경험으로 보건대 이를 경영진의 이타심에 의존해 달성하려는 것은 현명한 전략이 못 된다. 그보다는, 안전 기준을 지키도록 강제하고 노조의 활동을 보장하면 변화를 더 잘 일굴 수 있을 것이다.

안전 기준을 지키도록 강제하기란 고소득국에서도 어려운 마당이니 저소득국이나 중위소득국에서는 말할 것도 없을 것이다. 우리에게 이 사실을 알려 주기 위해 방글라데시의 의류 공장 붕괴 사고까지 일어나지는 않았어야 했다(2013년 느슨한 안전 규제 때문에 공장이 무너져 1,100명의 노동자가 숨진 사고가 났다).[7] 대부분의 노동자가 '비공식' 고용 상태인 나라도 많다. 이는 안전 기준을 지키도록 강제하기가 막대하게 어렵다는 의미다.[8] 하지만 절망하지 말자. 랄타의 삶이 달라질 수 있었다면 앨런과 에밀리의 삶도 달라질 수 있다.

심리사회적 해로움

앨런의 일은 역량 박탈이라는 말로도 표현할 수 있고, 구체적으로는 다음 여섯 가지로 이야기할 수 있다. ①업무에 대한 높은 부담감과 낮은 통제력, ②노력과 보상의 불균형, ③사회적 고립, ④조직 내 불의, ⑤직업 불안정성, ⑥교대 근무제. 각각은 질병의 위험을 높이는 요인이며, 다 합하면 치명적 요인이 된다.

각각이 질병의 요인이라는 데 대해서는 수많은 실증근거들이 있다. 이런 근거들은 직장 스트레스를 설명하던 기존의 통념에 문제를 제기한다. 흔히 직위가 높은 사람이 업무 부담이 많아서 스트레스로 인한 질병의 위험이 높다고 알려져 있다. 하지만 이런 설명을 덮어놓고 믿으면 안 된다. 특히 고소득, 고위직 사람들을 안쓰럽게 여기게끔 유도하는 글이라면 더욱 의심해 봐야 한다. 더 조용한 생활을 위해 임원실을 버리고 책상들이 다닥다닥 들어선 아래층 사무실로 옮겨가려는 사람이 있겠는가?

직장 스트레스를 연구할 만한 곳으로 영국 공무원 조직이 대번 떠오르지는 않겠지만 사실 영국 공무원 조직은 스트레스가 건강에 미치는 영향을 연구하기에 매우 훌륭한 실험실적 조건을 제공한다. 몇 년 전 영국 조세국(지금은 국세청)은 조세 공무원의 자살률이 높아서 걱정하고 있었다. 조세 공무원들은 미결 서류함이 너무 괴롭다고 말했다. 출근하자마자 보이는 미결 서류함이 정말 적대적으로 보인다는 것이었다.

이들에게 업무의 어려움은 조세 회피자를 찾아내는 데 있는 게 아니라 홍수처럼 쏟아져 들어오는 미결 서류들을 해결하는 데 있었다. 서류가 쌓일수록 서류 쓰나미에 가라앉고 말 것이라는 느낌이 커졌다. 출근하면 미결 서류함부터 붙들고 일을 시작했지만 하루 종일 일을 하고 근무시간이 끝나도 서류는 시작했을 때보다 많아져 있었다. 휴일에도 불행했다. 휴일이 지나 출근하면 더 쌓인 서류에 파묻히게 될 테니 말이다. 쏟아져 들어오는 일이 아니라 일에 대한 통제력을 가질 수 없다는 것이 문제였다. 아무리 열심히, 아무리 꾸준히 일을 해도 계속 뒤처질 뿐이라고 느끼게 됐다.

게다가 일을 잘할수록 욕을 먹기 때문에 스트레스가 더 심했다. 사람들은 세금 환급에 '실수'가 있었다고 알려 주는 그들의 성실함에 고마워하지 않는다. 노력은 많이 들이는데 보상을 그만큼 받지 못하고(이 경우에는 오히려 욕을 먹고) 업무에 대해 통제력도 갖지 못하는 상황은 물류 창고 피커의 상황과 다르지 않다.

나와 UCL 연구팀은 런던 공무원 1만 명을 대상으로 진행한 두 번째 화이트홀 연구에서 직장 스트레스 문제를 체계적으로 연구했다. 첫 번째 화이트홀 연구에서 심장병 등으로 인한 사망 위험이 사회계층적 경사면의 분포를 보인다는 점이 드러났다. 직위가 낮을수록 사망률이 높았다.[9] '경사면 위의 삶과 죽음'은 두 번째 화이트홀 연구에서도 마찬가지로 발견됐다.[10] 그리고 업무에 대한 부담감은 큰 반면 통제력은 낮고, 노력과 보상이 불일치하는 속성을 가진 일을 하는 사람들이 심장병[11]과 정신질환[12]을 얻을 위험이 컸다. 또 조직 내에서 얼마나 정당하게 대우받고 있다고 느끼는지 물어본 결과, 조직 내 정의가 부족하다고 답한 사람들의 신체·정신적 질환의 위험이 컸다.[13]

공무원이 전형적인 경우가 아니라고 생각한다면 당신 자신의 삶을 생각해 보기 바란다. 일이나 삶이 가장 큰 스트레스로 다가오는 때가 언제인가? 그에 대한 통제력을 잃었을 때 아닌가? 사람들은 대개 바쁜 건 잘 감당한다. 일하는 부모, 특히 일하는 엄마들은 직장과 가정의 수많은 일들을 실로 경이롭게 해 나간다. 감당할 수 없다고 느끼게 되는 때는 닥치는 일들을 통제할 수 없을 때다. 공과금을 마련하기 힘들고, 직장에서 아픈 아이 걱정하느라 정신이 없고, 집 주인이 요구하는 것들을 무시하기 힘들고, 집에 난방이 안 되고, 배우자가 해고를 당해서 우울증에 시달리는 경우 말이다. 이 모든 것이 자신에게 닥치는 일들을 통제할 수 없다는 느낌을 강화시킨다.

몇몇 메타 연구에서 '업무긴장도' 이론과 관련된 실증근거들을 분석했다. 업무긴장도는 업무 부담은 높은데 업무에 대한 통제력은 낮은 경우를 일컫는다. 다양한 업무 여건에 있는 사람들을 조사한 21개의 연구를 검토한 결과, 업무긴장도가 높은 일을 하는 사람들은 그렇지 않은 사람들에 비해 관상동맥 심장병의 위험이 34퍼센트 높았다.[14]

직장 스트레스의 두 번째 요인은 노력과 보상의 불균형이다. 앨런의 이야기를 들으면서 가장 안타까웠던 점은 그가 받은 보상이 너무 미미했다는 점이었다. 돈이든, 자존감이든, 다른 이들의 존중이든, 승진 기회든, 그 밖에 어떤 보상이든 말이다. 보상은 위계가 낮은 사람에게만이 아니라 우리 모두에게 필요하다. 언젠가 노벨상 수상자와 함께 콘퍼런스에 참여한 적이 있다. 노벨상을 받았으니 당연히 '세계적인 학자'로 부르기에 손색이 없는 사람이었다. 나는 발표 때 그의 연구를 인용하면서 그 연구가 내게 큰 영향을 줬다고 말했다. 그랬더니 그 세계적인 학자가 너무나 기뻐했다. 노벨상이라는 인정을 받은 사람도 누군가가 그의 일을 알아준다는 보상을 필요로 했던 것이다. 보상은 삶에 의미를 주고 노력에 가치를 부여해 준다.

"노력을 했는데 남들이 진심으로 고맙다고 말해 주지 않으면 병에 걸릴 위험이 높아진다는 말인가요?" 이렇게까지 말하는 것은 지나친 단순화지만, 어쨌든 노력은 돈, 지위, 인정, 자존감 등과 상호적으로 교환돼야 한다. 이것이 부족하면 스트레스가 생긴다. 노력과 보상의 불균형은 심장병과 정신질환의 위험을 높이고 병결 가능성도 높이는 것으로 나타났다.[15] 마찬가지로, 조직 내 불의와 교대 근무제도 질병 위험을 증가시켰다.[16]

사회적 고립도 중요한 요인이다. 이 단락의 제목을 '물류 창고 피커와 공무원의 고독'이라고 지어보면 어떨까? 일은 우리를 다른 이들과 사회적으로 연결해 줄 수도 있고 고립시킬 수도 있으며 그 중간 어디쯤에 있게 할 수도 있다. 사회적 고립은 건강에 해로우며 이것도 사회계 층적 경사면을 따른다. 또 건강에 해를 끼치는 데서 그치는 게 아니라 사회적 지원과 지지를 얻을 수 있는 원천도 차단한다. 화이트홀II 연구는 지위가 낮을수록 친구, 동료, 이웃, 동호회, 단체 등과의 사회적 연결이 적다는 것을 발견했다. 이 밖에도 많은 연구가 이를 보여 준다. 사회적 위계가 가장 낮은 사람들이 더 많은 접촉을 보인 유일한 유형은 가족과의 관계였다. 하지만 가족 관계만으로는 다른 종류의 사회적 유대가 부족하다는 점을 메우지 못한다.

UCL의 앤드류 스텝토Andrew Steptoe와 미카 키비마키Mika Kivimaki는 이에 관한 아홉 개의 연구를 메타 분석했다. 기존 연구는 모두 시작 시점에 질병이 없었던 사람들을 선정해 장기 추적 조사한 연구였다. 스텝토와 키비마키는 연구 시작 시점에 사회적으로 고립되어 있거나 혼자였던 사람들이 나중에 관상동맥 심장병을 겪을 위험이 50퍼센트 높다는 점을 발견했다.[17] 물론 사회적 고립을 다 일터 탓으로 돌릴 수는 없다. 사실 노동은 사회적 관계를 맺어 나갈 수 있는 중요한 원천이다. 이렇게 보면, 일터에서의 고립은 외로움을 완화할 수 있는 경로 중 하나가 차단되는 것이라 볼 수 있다.

재정적 해로움

제2차 세계대전 무렵 영국 경제학자 윌리엄 베버리지William Beveridge는 〈사회보험 및 관련 서비스Social Insurance and Allied Services〉(일명 베버리지 보고서)라는 보고서를 펴냈다.[18] 제목만 보면 누가 관심이나 가질까 싶지만 이 보고서는 전 세계적으로 막대한 영향을 미쳤다. 과장이 아니다. 베버리지 보고서는 영국에서 복지국가의 기틀을 놓았고 다른 많은 나라에서도 복지국가 제도를 구성하는 데 큰 영향을 미쳤다. 베버리지는 소득 부족이 후생에 크게 영향을 미친다는 점을 파악하고, 소득 부족을 '결핍'이라고 불렀다. "결핍은 재건의 길을 가로막는 5대 악 중 하나며 그중 가장 무찌르기 쉬운 악이다. 나머지 악은 질병, 무지, 불결, 나태다."

아직도 우리는 베버리지가 말한 5대 악과 싸우고 있다. 가난한 나라와 부자 나라 모두 그렇다. 베버리지의 말을 더 현대적으로 풀어 보면 무지는 교육의 부족이다. 불결은 저소득국에서 아이들을 숨지게 만들 정도로 비참한 환경, 또는 고소득국에서 사람들이 난방을 못해 추운 집에서 지내야 하는 상황이다. 나태는 일자리가 없는 것이다. 건강 불평등에 관심이 있는 나는 이 네 가지 악(결핍, 무지, 불결, 나태)이 다섯 번째 악인 질병으로 이어진다고 본다. 이 악들은 서로 연결돼 있다. 가령

도표6.1 일은 더 이상 빈곤 탈출의 길이 아니다

1996~2012년 영국의 비취업자 가구와 취업자 가구의 빈곤 인구수. 비취업자 가구에 속하는 빈곤 인구보다 취업자 가구에 속하는 빈곤 인구가 이제 더 많다.

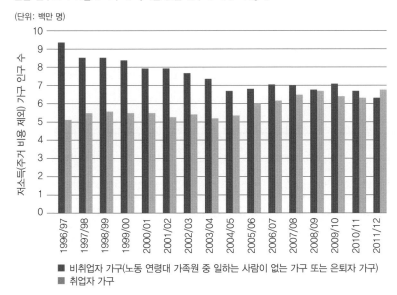

(단위: 백만 명)

■ 비취업자 가구(노동 연령대 가족원 중 일하는 사람이 없는 가구 또는 은퇴자 가구)
■ 취업자 가구

교육이 부족하면 실업이 늘고 실업 상태이면 빈곤해진다.

하지만 보상이 불평등하게 분배되면 일자리가 있어도 빈곤을 줄이지 못한다. 빈곤은 건강한 삶을 꾸리기에 필요한 정도보다 소득이 적은 것을 의미한다 도표6.1은 최근 영국이 보이고 있는 놀라운 추세 하나를 보여 준다. 가족 구성원 중 일하는 사람이 없는 '비취업자 가구'(은퇴자 가구 포함)의 빈곤 인구는 줄었다. 좋은 일이다. 그런데 가족 구성원 중 일하는 사람이 있는 '취업자 가구'의 빈곤 인구는 증가했다. 2011~12년에 대다수의 빈곤 인구는 취업자 가구에 속해 있었다.

정치인들은 상투적인 개념을 남발해 소통과 숙고를 방해하곤 한다. 사람들의 경제적 상태를 두고 그들이 흔히 하는 상투적 표현은 '이 세상은 열심히 일하는 사람들과 정부 수당에 빌붙어 사는 사람으로 나

년다'는 것이다. 이 화법에는 여러 가지 문제가 있지만 가장 큰 문제는
내용이 사실과 다르다는 점이다. 가난한 사람 가운데 대다수가 직장이
있다.[19] 저소득 가구에 속하는 노동 연령대 성인 중 4분의 3이 일을 하
고 있다. 일이 빈곤을 벗어나게 해 줄 수 있었다면 정부는 이들 가구에
수당을 지급할 필요가 없었을 것이다. 문제는 사람들이 일을 안 하는
것이 아니라 임금이 낮은 것이다.

미국도 비슷하다. 도표6.2는 지난 25년간 전일제로 일하는 사람의
소득이 어떻게 달라졌는지를 보여 준다.[20] P10은 소득 하위 10퍼센트를
의미하고 P90은 상위 10퍼센트를 의미한다. 지난 25년 사이 상위 10퍼
센트는 소득이 매우 많이 증가했다. 하지만 시작점(25년 전) 소득이 낮
은 사람일수록 소득 증가율이 낮았다. 소득이 하위 50퍼센트였던 전
일제 취업자 남성은 실질 임금(인플레이션을 감안한 임금)이 지난 25년간
감소했다.

누누이 말했듯이 나는 빈곤 자체뿐 아니라 경사면에 관심이 있다.

도표 6.2 쥐꼬리만큼 받는 사람들
1980~2005년 소득 10분위별 미국 취업자들의 실질소득 증가율(전일제 취업자 기준).

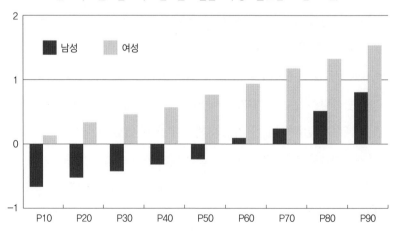

따라서 소득이 중간쯤인 사람들에도 관심이 있다. 미국은 매우 부유해 졌지만 늘어난 부의 상당 부분이 가장 부유한 10퍼센트에게 집중됐고 하위 80퍼센트에게로는 그리 많이 가지 않았다.

노동 연령대 인구의 저소득을 해결하는 방법으로 세 가지를 생각해 볼 수 있다. ①일하는 빈민의 소득을 높이는 것, ②더 많은 사람이 일자리를 갖게 하는 것, ③어떤 이유에서든 일을 할 수 없는 사람들의 소득을 높이는 것. 세 가지 모두 건강 불평등을 줄여 줄 것이다.

고용 여건에 대한 논의로 넘어가기 전에 생각해 볼 중요한 질문이 하나 있다. 건강에 해를 끼치는 것은 노동인가, 노동자인가?

앞의 두 장에서 나는 영유아기의 성장 발달과 취학 연령대에서의 교육성과가 유전자보다는 사회적 환경으로 결정된다고 말했다. 하지만 내 말이 틀리면 어떻게 되는가? 유전자가 결정하는 것이라면? 누가 고소득 직업을 가질 만한 교육을 받을 수 있고 누가 그렇지 못해 앨런처럼 지옥 같은 일을 하게 될지, 누가 안정적인 일자리를 얻고 누가 실업자가 될지를 유전적 차이가 결정한다면 어떻게 되는가?

이것이 사실이라 해도 노동 여건과 고용 여건이 건강에 미치는 영향이 달라지는 것은 아니다. 건강할지 병을 얻을지는 그 노동자 개인의 특성만이 아니라 그가 하는 노동의 속성에 의해서도 결정된다. 그가 일자리를 어떤 방식으로 얻었든 간에, 부유한 부모 덕에 얻었든 스스로 노력해서 얻었든 운이 좋아서 얻었든 유전자가 결정했든 간에, 노동의 속성과 고용 계약의 속성이 건강에 미치는 영향을 살펴보는 것은 매우 합리적인 일이다. 랄타의 노동 조건, 앨런의 노동 조건을 개선해 그들의 건강에 해를 덜 끼치게 하는 것은 그들의 유전자가 어떻든지에 상관없이 중요한 일이다.

고용 여건과 건강

고용 여건은 두 가지 측면에서 생각해 볼 수 있다. 하나는 실업이고 다른 하나는 직업 안정성이다. 둘 다 건강에 영향을 미친다. 먼저 실업부터 알아보자.

스페인 젊은이들이 거리로 나왔다. 그들은 스스로를 '인디그나도스 indignados'(분노한 사람들)라고 부른다. 그들의 분노에는 이유가 있다. '사회가 약속한 것'으로 간주되던 것들이 깨진 것이다. 태어나고 자라고 학교에 가고 공부를 해서 사회생활을 할 준비가 되면 그 다음에는 이전 모든 세대가 그랬듯이 직업의 세계로 가서 생활을 꾸리고 경력을 쌓을 수 있을 줄 알았다. 그런데 지금 젊은이들은 그럴 수 있을 것 같아 보이지 않는다. 스페인에서는 15~24세 실업률이 58퍼센트나 된다. '비공식' 취업 상태인 사람들(실업으로 잡히지만 실제로는 경제의 음지에서 고용돼 일하고 있는 사람들)이 있기 때문에 이렇게까지 많지는 않을 수도 있지만, 그렇다 하더라도 청년실업은 심각한 문제다. 그리스에서는 이 숫자가 더 높아서 60퍼센트나 되고 이탈리아에서도 40퍼센트가 넘는다.

청년실업의 고통이 모든 청년에게 퍼져 있지는 않다. 학교를 졸업한 시점에 기술 수준과 교육 수준이 높으면 일자리를 가질 가능성이 크다. 여기에서도 우리는 일생에 걸친 인과관계의 기제를 볼 수 있다. 영유아기에 성장 발달이 부진하면 학교생활을 잘 하지 못할 것이고 그러면 실업자가 될 가능성이 높아질 것이다.

글로벌 금융위기에 이은 경기 침체는 전 지구적으로 고용 상황에 큰 해를 끼쳤다. 국제노동기구International Labor Organization(ILO)에 따르면 2013년에 전 세계 실업인구가 2억 명이 넘는 것으로 추산됐다. 2008년

금융위기 이후로 6,000만 명이 늘었다.[21] 15~24세 젊은이들이 특히 크게 타격을 받았다. 이들의 실업률은 다른 연령대보다 3배가량 높았다. 월가와 런던 금융가에서 시작된 경제 위기가 북아프리카, 중동, 몇몇 라틴 아메리카와 카리브해 연안 국가, 그리고 남유럽 젊은이들을 빈곤으로 내몰고 있다.

괜찮아 보이는 숫자 뒤에 심각한 상태가 숨겨져 있는 경우도 많다. 인도에서는 일하는 사람들의 80퍼센트가 비공식 부문에 종사한다. 이들은 경기가 나빠져서 일자리를 잃게 돼도 실업 수당을 신청하지 않는다. 그런 게 없기 때문이다. 이들은 쓰레기를 줍고 변소를 치우고 닥치는 대로 무슨 일이건 하면서 살아간다. 이들에게는 '일을 하거나 실업 수당을 받거나'의 선택지가 없다. 무슨 일을 해서라도 벌지 않으면 굶어야 한다.

과장된 표현을 별로 좋아하지 않지만 나는 청년실업이 공중보건의 시한폭탄이라고 말하곤 한다. 실업은 건강에 해롭고 생명을 갉아먹는다. 젊은이들이 학교를 졸업하고 쓰레기를 뒤져야 하면 직업 경력을 쌓지 못하게 돼 사회의 주변부를 평생 못 벗어날 수도 있다. 안 좋은 노동 여건도 건강에 안 좋지만 실업은 더 안 좋다.

1980년대에 영국에 경제 불황이 닥쳤을 때 실업률이 급격히 올라가면서 실업 증가와 건강의 관련을 두고 논쟁이 일었다.[22] 어떤 경제학자들은 질병이 있는 사람이 실업 상태일 확률이 높은 것이지 실업이 질병을 유발한 것은 아니라고 주장했다. 이는 꽤 열띤 논쟁이 됐는데, 정부의 정책이 사람들을 일자리에서 몰아냈다는 점만큼은 이견이 없었기 때문이다. 사람들을 일자리에서 몰아내는 것이 건강에 해를 끼치고 죽음으로까지 몰고 간다면, 정부 정책이 사람들을 죽이고 있다고 볼 수 있었다. 재무부 장관은 이렇게 말했다. "증가하는 실업과 경제 불황은 인플레이션을 꺾기 위해 우리가 치러야 할 비용이며 이 비용은 치를 만한 가치가 있다."[23] 그가 이렇게 말했을 법하지는 않다. "증가하는 실업과 그것이 사람들에게 유발하는 건강상의 피해는 우리가 인플레이션을 꺾기 위해 치러야 할 비용이며 이 비용은 치를 만한 가치가 있다." 어떤 재무장관도 그렇게 말하지는 못할 것이다. 적어도 공식적으로 말할 수는 없을 것이다. 정부로서는 실업과 건강의 관련을 최대한 축소해서 말하고 싶을 수밖에 없다.

하지만 100만 명이 안 되던 실업자 수가 3년 만에 300만 명으로 급증한 마당에 질병이 있는 사람들이 실업 상태에 처할 가능성이 크다는 설명은 설득력이 없다. 이 논쟁에 핵심적으로 관여했던 피터 골드블라트Peter Goldblatt, 캐스 모저Kath Moser, 존 폭스John Fox는 1971년 인구통계총조사에서 1퍼센트의 표본을 뽑아 장기 추적 연구를 했다. 이 연구에서도 화이트홀 연구에서 보았던 것과 비슷한 '사망률의 사회계층적 경사면'이 발견됐다. 즉 직업을 기준으로 했을 때 사회적 계층이 낮을수록 사망률이 높았다. 그런데 더 중요한 사실이 있었다. 각각의 계층에서 1981년에 실업 상태였던 사람들은 취업 상태인 사람보다 사망률이 20퍼센트나 높았다.[24]

UCL의 마틴 보박Martin Bobak과 나는 동유럽 연구자들과 함께 'HAPIEE'라는 연구를 진행해 실업이 건강에 미치는 영향을 알아보았다. 'HAPIEE'는 '동유럽의 건강, 알코올, 심리사회적 요인Health, Alchohol and Psychosocial factors in Eastern Europe'의 약자다. 처음에는 체코, 폴란드, 러시아 연구자들과 협업했고 나중에는 리투아니아도 참여했다. 연구 목적은 중부 유럽과 동유럽의 구공산권 나라들이 서유럽보다 저조한 건강 지표를 기록하는 이유를 알아보는 것이었다. 우리가 세운 가설은 제목에 잘 요약돼 있다. 우리는 체코, 폴란드, 러시아에서 약 3만 명을 대상으로 통계 연구와 장기 추적 연구를 진행했다. 연구 결과, 시작 시점에 실업 상태였던 사람들은 취업 상태였던 사람들보다 6년 뒤에 사망할 확률이 두 배 높았다. 실업 상태이면 사회경제적 지위가 낮을 가능성이 커서 부실한 식단이나 흡연 등으로 사망률이 높아질 수 있다는 점을 감안한 후에도, 실업 상태이던 사람들의 사망률이 70퍼센트 높았다.[25]

실업이 생활습관에 따른 개인의 선택이라고 말하는 정치인들도 있는데, 우울증과 자살 위험을 높이는 생활습관을 군이 선택하는 사람들이 이렇게 많다니 기이한 일이다. 실업이 건강에 미치는 영향을 조사하는 한 가지 방법은 취업자와 실업자를 장기 추적 조사해 비교하는 것이고, 다른 방법은 한 나라에서 실업률이 높아졌을 때 그 나라의 건강이 어떻게 달라졌는지를 보는 것이다. 옥스퍼드 대학교의 데이비드 스터클러David Stuckler는 유럽 국가들의 통계를 분석해 한 국가의 실업률 증가가 그 국가의 자살률 증가와 상관이 있음을 보였다.[26] 놀라운 점은, 이 효과의 크기가 그 국가의 사회보장 지출 규모에 따라 차이를 보였다는 것이었다. 사회보장 지출에는 실업 수당, 적극적인 노동시장 정책, 가구 지원, 의료보험 등이 모두 포함된다. 사회보장 지출이 하나도 없을 경우 실업률이 3퍼센트 올라갈 때 자살률이 3퍼센트 높아진다고 하자. 동유럽 국가들은 평균적으로 1인당 37달러의 사회보장 지출을 한다. 이런 국가들에서는 실업률이 3퍼센트 증가할 때 자살률이 2퍼센트 증가했다. 서유럽 국가들은 평균적으로 사회보장 지출이 1인당 150달러다. 이런 나라들에서는 실업률이 3퍼센트 증가할 때 자살률이 1퍼센트 미만으로 증가했다.

분석은 복잡하지만 결론은 간단하다. 첫째, 실업은 자살로까지 이어질 정도로 정신 건강에 안 좋다. 둘째, 하지만 정부 정책은 이런 영향을 완화할 수 있다. 그런데 동유럽 국가들이 겪은, 그리고 남유럽 국가들이 현재 강요당하고 있는 상황은 '높은 실업률 + 사회보호 지출 감소'라는 치명적인 조합이다.

경제 위기 이전에 그리스 정부가 재정을 잘 관리했다는 말은 아니다. 그리스에서는 개업 의사 중 연간소득을 1만 유로 이상으로 신고하는 사람이 아무도 없다고 한다. 이 말을 듣고 그리스 동료에게 그리스 조세 당국이 부패한 것인지 무능한 것인지 물어봤더니 그는 그리스에서는 둘의 차이를 잘 알 수 없다고 했다. 그리스 당국자들은 장부를 조작하거나 아예 작성하지 않고 그리스 사람들은 대대적으로 세금을 회피한다. 그렇더라도, 유럽위원회, 유럽중앙은행, IMF의 트로이카가 강요하는 재정 긴축정책이 그리스 사람들의 건강에 막대한 해를 끼치고 있다는 사실은 부인하기 어렵다.

직업 불안정성과 건강

직업 불안정성은 바람직한 것으로 여겨지기도 한다. 이는 노동시장 유연성이라고 불린다. '평생직장'은 개인과 직장을 경직시킨다. 통념상으로는 그렇다. 일자리가 불안정해야 노동자가 열심히 일하려 할 것이다. 나는 어느 직장에 나붙은 만화에 이렇게 쓰인 것을 본 적이 있다. "도덕이 향상되기 전까지는 채찍질이 멈추지 않을 것이다."

한 콘퍼런스에서 스페인을 예로 들어 불안정한 일자리를 가진 사람들이 안정적인 일자리를 가진 사람들보다 정신질환의 위험이 높다고 말했더니 당연하게도 이런 질문이 나왔다. "인과관계는 고려해 보셨나요?" 정신질환이 있으니까 불안정한 일자리를 가지게 된 것이 아니냐는 것이었다. 정신질환이 직업 불안정성의 원인이지 거꾸로가 아닐 것이라는 반론이었다.

나는 이에 대해 답을 가지고 있다. WHO 유럽사무소의 의뢰로 유럽판 CSDH 보고서 작업을 진행하면서 우리는 정보를 모으기 위해 영역별로 작업 그룹들을 구성했다. 그중 고용과 노동 환경 그룹에서 직업 불안정성에 대한 65개 기존 연구들을 검토하는 메타 분석을 진행했다. 그 결과 이 연구들 중 압도적 다수가 직업 불안정성이 건강에 해를 끼친다는 점을 확인했다. 특히 정신 건강에 피해가 컸는데, 직업 불안정성이 직장 폐쇄 위협이나 구조조정 등을 통해 강제되는 경우에 설명력이 더욱 컸다.[27]

고용 권리를 쟁취해 노동 상황 개선하기

공정한 고용은 고용주와 피고용인 사이의 공정한 관계를 의미하며 여기에는 다음과 같은 것들이 필요하다. ①강요받지 않을 자유, ②고용계약의 측면과 안전한 노동 환경이라는 측면에서의 직업 안정성과 안전성, ③공정한 보수, ④일자리 보호와 복지 수당 접근성(일과 삶의 조화를 가능하게 하는 복지 정책 포함) 그리고 퇴직 후 소득 접근성, ⑤일터에서의 존중과 존엄, ⑥일터에서의 참여, ⑦소외되지 않고 삶을 풍성하게 할 수 있는 기회.[28]

나는 고용주와 직원이 서로를 존엄하게 대했으면 좋겠다. 웬 동화 나라 이야기냐는 핀잔이 나오기 전에 다음 사례를 보자. 너무나 비참했지만 긍정적인 변화를 일궈 낸 사람들의 이야기다.

아마다바드에서는 약 3만 명의 여성이 길에서 종이나 쓰레기를 주우며 살아갔다. 불결한 노상에서 일하면서 20킬로그램이나 나가는 종이를 날마다 12시간이나 지고 다녀야 하는데도 벌이는 하루에 고작 5루피였다. 법적인 보호는 전혀 없었고 비위생적인 노동 조건에 대해 통제력도 전혀 발휘할 수 없었다. 직업 안정성도 물론 없었다.

그런데 '여성 자영업자 연합'이 이런 여성들이 조직적인 목소리를 낼수 있도록 지원했다. 여러 조직이 생겨났는데 '사운다리야 청소 협동조합'도 그중 하나였다. 이 조합은 고객들(개인 가구도 있고 거주자용 건물들이 있는 일정한 지역도 있으며, 대학교나 연구소, 사무실도 있다)과 협상에 나섰다. 그 결과 이제는 노동자들이 노동 조건과 고용 안정성에 대해 통제력을 발휘할 수 있다. 보수도 높아져서 하루 5루피가 아니라 월 5,000루피를 벌며 결혼식과 큰 명절인 디왈리Divali 축제 때는 하루에 300루피를 번다.

물류 창고 피커 이야기를 할 때도 주장했듯이, 노동 여건을 향상시키는 한 가지 방법은 노동조합을 조직하는 것이다. 오늘날 일각에서 조롱을 사는 것과 달리 노동조합은 원래 존경받는 말이었다. 그리고 노동 여건을 향상시키는 또 한 가지 방법은 안전 규제를 마련하고 지키는 것이다.

일자리를 없애는 게 아니라 창출하는 정책 추구하기

대침체Great Recession[*] 이후 발생한 실업, 특히 청년실업은 금융 산업 붕괴를 야기한 금융기관들의 탐욕과 무책임에서 기인했다(못 믿겠으면 마이클 루이스Michael Lewis의 《빅 숏The Big Short》을 읽어 보기 바란다[29]). 그리고 위기 이후에 도입된 긴축정책이 실업 문제를 더 악화시켰다. 이 말이 맞다면, 정부들은 왜 긴축정책을 취했을까?

2008년의 금융위기 이후에 국가들이 직면한 경제 문제를 두고 경제학자와 정치인들은 입장이 두 가지로 갈린다. 한 쪽은 국가 부채를 줄여야 경제성장을 할 수 있다고 보고, 다른 쪽은 국가 부채를 줄이려면 경제성장을 해야 한다고 본다. 단순하게 설명하자면, 팽창적 긴축주의자들은 긴축정책을 실시해서 재정 적자를 줄이고 국가 부채를 갚으면 민간 영역의 신뢰도가 올라가 경제가 회복될 것이라고 본다. 반면 케인스주의자들은 수요가 위축돼 가계와 기업이 투자와 소비를 꺼리고 있는 것이므로(케인스가 말한 '절약의 역설'), 공공 부채가 많더라도 정부가 일단 지출을 늘려 부양책을 펴야 한다고 주장한다. 노벨상을 탄 경제학자이자 케인스주의자인 폴 크루그먼Paul Krugman은 팽창적 긴축정책이 '신뢰 요정'을 믿는 것이나 다름없다고 비판하며, 긴축주의자들은 케인스주의자들이 '많은 부채를 더 많은 부채로 해결하려 한다'고 비판한다.

이러한 견해들은 이데올로기적 입장과 관련이 있다. 긴축주의자들은 우파와, 케인스주의자들은 좌파와 맥이 닿는다(케인스 자신은 좌파가 아니었고 자본주의를 구하는 데 관심이 있었지만). 어느 정책이 효과가 있을지는 실증 데이터로 검증하면 되지 않겠냐고 생각할 수도 있을 것이다. 하지만 긴축주의자는 정부 개입을 일단 의심하며 저소득층에 부담을 지우는 정책을 크게 우려하지 않는 경향이 있고, 케인스주의자들은 정부

---

* 2008년 글로벌 금융위기로 인한 경기 침체.

개입의 중요성을 일단 인정하며 불평등에 더 관심을 갖는 경향이 있다 (아마 케인스 자신보다도 더 그럴 것이다). 이러한 정치 이념적 편향 때문에 실증근거에 기반해야 마땅할 논쟁이 너무나 자주 정치적 신념이나 현실 정치의 난투장이 되곤 한다.

경제학자가 아닌 나로서는 경제적 처방에 대해 독자적인 판단을 내리기가 어렵다. 다만 긴축정책을 뒷받침하는 몇몇 학술 연구가 최근에 타격을 받은 바 있다. 긴축주의자들은 하버드 경제학자 카르멘 라인하트Carmen Reinhart와 케네스 로고프Kenneth Rogof의 연구를 즐겨 인용한다. 라인하트와 로고프는 국가 부채가 GDP의 90퍼센트 수준을 넘어서면 경제성장이 둔화된다고 주장했다.[30] 실증 데이터에 바탕한 주장이긴 했지만 그들의 데이터를 한 대학원생이 다시 검토한 결과, 결론에 의구심을 제기할 수 있을 만한 실수가 발견됐다.[31] 또 일률적으로 긴축정책을 강요해 수많은 나라의 경제를 엉망으로 만든 장본인인 IMF마저 최근 긴축정책이 경제성장을 둔화시키는 효과가 기존에 예측됐던 것보다 컸다고 발표했다.[32] 또 영국에서는 예산책임청Office of Budget Responsibility이 긴축재정이 성장을 저해한다는 널리 받아들여진 가정을 지지한다고 밝히기도 했다. 긴축정책을 뒷받침하는 학문적 토대는 이처럼 흔들리고 있지만, 정치 논쟁과 대중 홍보에서는 긴축주의자들이 여전히 우세하다.

나는 좀 다른 이유에서 이 논쟁에 반대한다. 이 논쟁에서 경제 정책의 성공을 가늠하는 기준은 GDP의 성장이다. 하지만 그보다 더 폭넓게 생각해 보아야 하지 않을까? 우리는 경제 정책과 사회 정책이 경제 성장보다 많은 것을 가져오기를 바란다. 정책은 사람들의 삶에 미치는 영향을 기준으로도 평가받아야 한다. 한 가지 방법은 그 정책이 건강에 미치는 영향을 따져보는 것이다. 긴축정책을 둘러싼 논쟁에 내가 들어가는 지점도 바로 이 부분이다. 긴축정책이 실업, 특히 청년층의 실업을 가져온다면 건강에 해로울 것이다. 따라서 적극적인 노동시장 정책과 주도면밀한 투자로 그 해로움이 완화돼야 마땅하다.

지역적으로 일하기

청년실업이 증가하면서 많은 젊은이들이 학교를 졸업하고서 곧바로 실업 상태로 떨어지고 있다. 취업 상태도 아니고 학업 중도 아닌 상태에 있는 사람을 무업자NEET: Not in Employment, Education or Training라고 부른다. 젊은이의 현재와 미래에 이것이 무엇을 의미하는지는 충분히 상상할 수 있을 것이다. 바로 앞에서 보았듯이 거시경제 정책은 일자리의 수와 접근성에 영향을 미친다. 그런데 거시 정책 논쟁이 진행되고 있는 동안에는 젊은이들이 무엇을 하고 있어야 하는가?

다행히 국가 차원의 거시 정책 외에 지역공동체 단위의 조치로도 변화를 만들 수 있다. 웨일스의 도시 스완지의 청년 '개러스'와 '데릭'의 사례를 보자. 둘 다 스완지의 가난한 마을에서 자란 전형적인 젊은이이고 둘 다 동네의 공립학교를 다녔다.

개러스는 학교를 별로 좋아하지 않았다. 안 좋은 행동으로 문제를 일으킨 적이 있었으며 무단결석 문제도 있었다. 개러스와 교사는 서로를 존중하지 않았다. 하지만 어쨌든 '중등교육 학력 인정시험General Certificate of Secondary Education exams'에서 C를 다섯 개 받았다. 이것은 영국에서 모든 15~16세 학생이 치르는 시험으로, 정부가 '통과'라고 생각하는 기준은 C 다섯 개다. 전국적으로 68퍼센트가 통과한다. C 다섯 개가 그리 뛰어난 것은 아니다. 옥스퍼드나 케임브리지 대학교에 가는 학생들은 평균적으로 A+ 여덟 개와 A 두 개를 받는다.

개러스는 딱 평균적인 학생인 셈이었다. 딱히 더 공부해 보고 싶은 것이 없어서 '식스 폼 칼리지sixth form college'(16~19세 과정)에 가지 않고 16세에 학업을 마치기로 했다. 일자리를 구하고 싶었지만 어디로 가서 무엇을 해야 할지 몰랐다. 한두 군데 지원해 보았지만 경력이 많고 자격 조건이 더 좋은 사람이 그 자리를 차지했다. 18세가 되었을 때 개러스는 실업 수당을 신청했고 그 일환으로 6개월 후에 단기 교육 과정에 등록했다. 하지만 이것으로는 안정적인 일자리를 구할 수 없었다. 21세에는 지난 4년을 거의 무업자로 지낸 상태가 됐다. 집에서 독립하고 싶었지만 집세를 구할 수 없었다. 여자친구와 함께 살려고 했지만 잘 되지 않았다. 여자친구는 동네 슈퍼마켓에서 일하고 있었는데 개러스를 위해서까지 집세를 내는 것은 내켜하지 않았다. 개러스는 다시 부모 집으로 들어갔고 부모와는 늘 싸웠다. 실업 수당을 받으면서 풋내기 마약 거래로 수입을 보탰다. 개러스의 이야기는 무업자의 전형적인 경우다.

데릭도 스완지에서 공립학교에 다녔고 중등교육 학력 인정시험에서 대체로 C를 받았다. 하지만 시험을 치르기 전인 11학년 초에, 그가 무업자가 될 위험이 높다는 것을 학교(개러스가 다닌 학교와는 다른 학교다)에서 알았고 그래서 '커리어 웨일스'와 지역 의회, 그리고 학교가 제공하는 지원을 받을 수 있었다. 데릭은 학교에 다니면서 일을 경험할 수 있게 연결해 주는 지역 당국의 서비스를 받았다. 또 개인 조언자도 할당받아서 미래에 대해 상담할 수 있었다. 학교는 그가 무단결석을 하지 않도록 노력했다. 데릭도 학교를 딱히 좋아하지는 않았다. 그래서 개인 조언자가 교직원이 아니라 다행이었다. 조언자와 데릭은 학교 밖에서 만나서 대화를 나눌 수 있었다. 데릭도 개러스처럼 16세에 학업을 마쳤지만 지원은 계속됐다. 특히 졸업 직후 여름에 지원을 받을 수 있었고 그 덕분에 9월에 시작하는 6개월짜리 교육 프로그램을 신청할 수 있었다. 그 프로그램은 취업에 유용한 기술을 가르치고 지역 제조업체의 일자리를 알선했다. 또 프로그램 담당자 재량으로 집행할 수 있는 자금이 있어서 그것으로 데릭은 필요한 도구와 면접용 양복을 구매할 수 있었다. 6개월의 교육 기간이 끝났을 때 데릭은 한 지역 업체에서 면접을 봤고 1년짜리 견습 일자리를 얻었다. 지금은 정규직 기술자로 그 회사에서 일하고 있다.

스완지와 렉섬(또 다른 웨일스 도시)에는 데릭과 같은 사례가 많다. 도표6.3이 이를 보여 준다. 문제에 전략적으로 집중하고, 당사자인 청년들과 함께 일을 풀어가며, 그들에게 정보를 제공하고, 무엇보다 그들에게

도표6.3 스완지와 렉섬에서 일자리 구하기

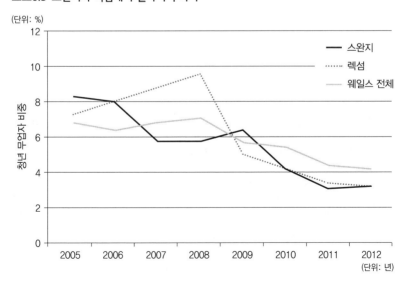

관심을 기울임으로써 지역 당국은 무업자 청년의 어려움을 완화해 줄 수 있었다.

의외의 이득도 있었다. 스완지의 청년 폭력 사건이 1년 사이에 1,000건에서 400건 이하로 줄었다.[33] 물론 상관관계는 인과관계가 아니다. 무업자가 줄었기 때문에 청년 폭력이 줄어든 것은 아닐지 모른다. 하지만 그럴 가능성은 분명히 있다.

실업은 건강에 해를 끼치며 일은 꼭 필요하다. 좋은 일은 역량을 강화해 준다. 즉 권력, 돈, 자원을 제공해 준다. 세 가지 모두 건강한 삶에 꼭 필요하다. 그런데 일의 긍정적인 점들은 사회계층적 경사면을 따라 분포한다. 더 많은 역량과 더 좋은 노동 여건은 더 높은 사회적 지위와 함께 간다. 고소득 변호사와 고위 경영자는 어마어마한 시간을 일하지만 굉장한 보상을 받는다. 채권 거래인들(미국의 소설가 톰 울프Tom Wolfe는 이들을 '우주의 지배자'라고 칭한 바 있다)은 스트레스를 많이 받지만 업무에 대해 통제력을 가지고 있다.[34]

저소득국에서는 노동이 디킨스가 묘사한 상황과 닮은 경우가 너무나 많다. 이에 더해, 고소득국 사람들이 원하지 않는 일자리가 저소득국으로 수출되면서 고소득국의 문제는 해결됐다기보다는 이전됐다. 노동 여건을 향상시키려는 노력은 전 세계를 염두에 두면서 이뤄져야 한다. 그와 동시에, 지역공동체 단위에서의 활동으로도 고용과 노동 여건을 개선할 수 있다. 인도의 인분 처리꾼과 웨일스의 청년 무업자 사례에서 보았듯이 말이다. 노동이 고소득·고역량의 일과 그렇지 않은 일로 양극화되는 추세는 우려스럽다. 전 지구적인 경쟁은 노동 여건을 바닥까지 내리누르는 압력으로 작용할 수 있다. 초국적 기업 입장에서는 노동 여건이 안 좋고 노동 비용이 싼 나라가 매력적이다. 이런 문제를 드러내고 강조하는 것은 해결책을 찾아나가는 노력의 출발점이 될 수 있을 것이다.

5장에서 나는 교육이 영유아기의 삶과 성인기의 직장 세계 사이에 중요한 연결고리가 되기 때문에 중요하다고 말했다. 노동에 대해서도 똑같이 말할 수 있다. 노동은 유소년기의 삶과 퇴직 이후의 삶 사이에 중요한 연결고리가 되기 때문에 중요하다. 노동 연령이 지난 이후의 삶, 노년기의 삶이 다음 장의 주제다.

7

우 아 한 노 년

광대　아저씨, 아저씨가 내 광대라면 내가 좀 패 주겠어요. 너무 일찍 나이가 들어 버렸으니 말이에요.

리어왕　무슨 말이지?

광대　현명해지기 전에 나이가 들어 버리면 안 되잖아요.

— 윌리엄 셰익스피어, 《리어왕King Lear》 1막 5장

'노년은 끔찍한 시기다. 빈곤, 비참, 사회적 고립, 인지기능과 신체기능 감퇴, 사회적 역할 부재, 그리고 진화 과정상의 불운으로 겪게 되는 온갖 종류의 질병. 노인들 본인도 비참하지만 사회에 부담이 됨으로써 다른 이들에게까지 비참함을 더한다.'

전형적인 사례가 다 그렇듯이, 이 묘사는 완전히 틀리지는 않았지만 부적절하고 오해를 일으킬 소지가 있다. 이 묘사로는 서로 다른 나라, 서로 다른 사회적 여건 속에서 살고 있는 다양한 노인들의 실제 삶을 제대로 포착할 수 없기 때문이다.

나이가 들면서 불가피하게 겪게 되는 쇠퇴는 사람들의 건강과 사회적 의료 시스템에 큰 어려움을 제기한다. 하버드 대학교 병원의 외과 의사이자 작가인 아툴 가완디Atul Gawande는 《어떻게 죽을 것인가Being Mortal》에서 환자의 입장에서 환자의 존엄을 최대한으로 지켜주고자 하는 의료 시스템이라면 죽음이 임박한 노인을 어떻게 돌봐야 할 것인지를 섬세하고 유려한 필치로 질문했다. 그는 죽음을 맞이하는 노인을 방치하는 시스템도 안 되겠지만 불가피한 것(죽음)을 무찌르겠다는 무모함에서 비롯한 과잉진료도 안 된다고 말했다.[1]

이것도 매우 중요한 주제이긴 하지만, 삶의 마무리와 의료 시스템은 내가 다루려는 주제가 아니다. 나는 최종적으로 임종을 위한 돌봄이 필요해지기 전의 노년 시기에 사회가 노인들의 삶을 위해 무엇을 해야 하는지에 관심이 있다. 이 책의 전체 주제와 일관되게 7장에서는 노년의 건강, 신체기능, 정신기능에 영향을 미치는 여건들의 불평등을 살펴볼 것이다. 어떤 이들에게는 노년이 나락으로 떨어지기 직전에 거치는 정거장이다. 하지만 꼭 그래야 하는 것은 아니다. 어떤 이들에게는 노년이 본인도 풍성한 삶을 누리고 가족과 사회에도 기여하는 시기다. 90세의 브라질 여성 마리아의 이야기를 들어 보자.

노인권리법(2003)이 제정된 다음부터 노인들의 삶이 달라졌어요. 앞서 '노인을 위한 정책'을 도입했을 때도 노인들은 실내화와 흔들의자를 박차고 인생을 다시 살기 시작했지요. 그런데 이제는 법으로 지원을 받아요. 우리는 우리의 권리를 요구할 수 있습니다.

전반적으로 사회가 노인을 바라보는 방식이 바뀌었어요…… 이제 우리에게 필요한 것은 일자리와 거리에서의 존중입니다. 길에 움푹 팬 구멍은 노인들에게 가장 큰 적이에요. 그래서 낙상 방지 강좌가 중요해요. 나는 심하게 넘어지는 일이 많았어요. 한 번은 얼굴에도 멍이 들었죠. 그런데 강좌를 들은 후에는 넘어지지 않아요. 또 다른 문제는 버스 운전자가 노인들을 배려할 준비가 돼 있지 않은 거예요. 골목에서는 버스가 일단 서 줘야 하는데 그러지 않아요. 회사들도 신경 쓰지 않고요.

이제는 더 존중을 받아요. 극장과 공연장에서 반값 표를 살 수 있는 것도 좋고요. 전에는 너무 비싸서 어디도 갈 수 없었거든요. 이제는 그런 데 갈 여력이 되고 버스비는 공짜예요. 시외버스도요. 이런 삶을 살 수 있어서 행운이라고 생각해요. 모든 사람이 이렇게 운이 좋지는 않겠지요.

전에는 은행에 가기가 꺼려졌어요. 돈은 그냥 집에 두었죠. 노인들은 다 그랬어요. 몇 시간이고 줄서서 기다리는 것을 노인들은 할 수 없거든요.

서 있다가 포기하고 집에 돌아온 적도 있어요. 이제는 노인 전용 창구가 있어서 얼마나 좋은지 몰라요.

이제 노인과 젊은이 구분하는 걸 그만 뒤야 해요. 우리는 서로의 경험을 공유할 수 있고 그것은 신나는 일이에요. 젊은이들은 노인들을 더 잘 이해하기 시작했어요. 그들은 우리에게도 노래하고 춤추고 이야기할 권리가 있다는 것을 알아가고 있어요.

아직 갈 길이 멀지만 정말 많이 나아졌어요.[2]

이런, 이 할머니 단단히 잘못 생각하고 있군? 노인이란 비참하고 가난하고 병들어서 사회가 제공하는 작은 자선 한 조각에도 고마워해야 하는 존재라고 생각하지 않고 있잖아?

노인도 무언가를 하기에 충분한 돈과 자원을 가질 수 있어야 한다(물질적 역량)고 생각하잖아? 도로의 구멍을 수리하는 일이건, 접근성 있는 대중교통을 마련하는 일이건, 구매 가능한 가격대의 표와 존중과 일자리건, 자신이 삶에 대해 통제력을 가질 수 있고 참여할 수 있는 여건(심리사회적 역량)을 원한다고 말하잖아? 게다가 노인의 권리와 법적 지원(정치적 역량)까지 원하네?

마리아의 명료한 글을 읽노라면 그가 일반적인 노인이 맞나 싶을 정도다. 하지만 여기에 포인트가 있다. 노인도 다른 연령대 사람들과 마찬가지로 평범할 역량뿐 아니라 비범할 역량도 가진다. 사회의 행동은 그 역량을 더 강화시킬 수 있다. 모든 연령대의 권리를 인정하면 우리 모두의 삶이 향상될 것이다.

이 책 전반에 걸친 주제는 사회에서의 불평등이 건강에서의 불평등으로 이어진다는 것이다. 7장은 노년기의 국가 간, 국가 내 건강 불평등을 다룬다. 이 논의를 통해 도덕적 사회로 가는 것을 가로막는 커다란 장애 하나를 생각해 볼 수 있기를 바란다. 그 장애는 노년과 나머지 시기 사이의 불평등이다. 나 역시 나이가 들어 가면서, 연령에 따른 불평등이 점점 더 신경 쓰인다. 브라질의 마리아는 내 영웅이다. 노년에도 사회를 조금 더 나은 곳으로 만들고 있는 소설가, 교향악단 지휘자, 롤링 스톤스, 자선단체 활동가, 자원봉사자 모두 내 영웅이다.

선진국의 노년, 개도국의 청년?

잠깐, 브라질의 90세 여성 마리아가 노년의 권리를 요구하기 위해 무엇을 하고 있느냐보다 브라질 같은 중위소득국에서 90세 여성이 어떻게 존재할 수 있는지를 먼저 질문해야 하는 거 아닌가? 개발도상국에는 젊은 사람이 많고 선진국에는 나이든 사람들이 많은 것 아니었나? 전에는 그랬는데, 빠르게 달라지고 있다.

  1865년에 프랑스는 전체 인구의 7퍼센트가 노인(65세 이상)이었다. 115년 뒤인 1980년에는 노인 인구 비중이 14퍼센트로 두 배가 되었다. 프랑스에서 115년 걸린 일이 브라질에서는 21년 걸릴 것으로 추정된다. 브라질은 2011년에 노인 인구 비중이 7퍼센트였고 2032년경 14퍼센트에 도달할 것으로 보인다. 한국은 이 기간이 18년가량일 것으로 추정된다.[3] WHO에서 노년 관련 부서를 이끌다 은퇴한 알렉스 칼라치Alex Kalache의 말을 빌리면, 선진국은 나이 들기 전에 부유해졌지만 개도국은 부유해지기 전에 나이 들고 있다. 부유한 나라들은 사람들이 노동 연령 이후까지도 합리적인 수준의 생활을 영위하게 할 수 있을 만큼의

도표7.1 그레이의 여러 단계

1950~2050년 전 세계 노인 인구 및 유아 인구 비중.

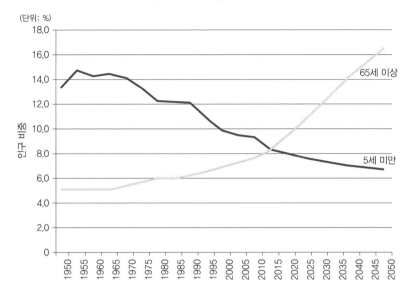

(단위: %)

돈이 있다. 그 나라들이 그러고자 하는 의지만 있다면 말이다. 당연히 노인들은 그런 변화를 원할 것이다. 민주국가에서 이런 요구는 점점 더 무시할 수 없는 정치적 목소리가 되고 있다.

　세계는 빠르게 나이 들고 있다. 2020년이면 균형이 젊은 층에서 노년층으로 기울 것이다. 그때면 65세 이상 인구가 5세 미만 인구보다 많아질 것으로 보인다(도표7.1 참조).

　인구 고령화는 두 가지 이유에서 반가운 일이다. 우선 인구가 고령화된다는 말은 사람들이 일찍 죽지 않는다는 뜻이다. 저소득국에서 아기가 성인까지 생존할 확률이 괄목할 만하게 향상됐다. 형용사를 아무리 많이 붙여도 다 표현하기 어렵겠지만 이런 성취는 놀랍고 대단하고 굉장하다. 게다가 이 성취가 대부분의 전문가가 예측했던 것보다 훨씬 빠른 속도로 이뤄졌다.

기뻐할 두 번째 이유는 노년이 멋진 시기가 될 수 있기 때문이다. 마리아를 보라. 65세가 넘은 사람도 창조적이고 생산적인 사람이 될 수 있고, 돌보는 사람, 사랑하는 사람, 투표하는 사람, 시민, 소비자, 그리고 사회가 마땅히 제공해야 할 것들을 누리는 사람이 될 수 있다. 노인들은 많이 받고 있기도 하지만 많이 제공하고 있기도 하다.

노년은 젠더를 떼놓고 생각할 수 없다. 고령화와 함께 인구는 더 여성화되고 있다. 나의 아버지는 90세가 되기 조금 전에 돌봄 서비스가 있는 거주지로 옮기셨다. 공동 식사가 제공되는 아파트였다. 어느 날 그곳에서 아버지와 점심을 먹는데, 멋지게 머리를 손질한 백발의 할머니가 보행 보조기를 짚고 우리 옆을 지나갔다. 아버지는 미소를 지으며 말했다. "내 사랑 중 한 명이지." 그러자 할머니가 장난스런 얼굴로 말했다. "이 할아버지는 여기에 내 사랑이 많아요." 이 노인 거주지에서는 정말로 남성이 선택의 주도권을 질 수 있을 것 같아 보인다. 남성이 3명, 여성이 45명이기 때문이다.

여성은 남성보다 강인하다. 끔찍한 차별을 받지만 않는다면 여성이 남성보다 오래 산다. 그 결과 오늘날 60세 이상 인구의 성비는 여성 100명당 남성 84명이다. 80세 이상은 여성 100명당 남성 61명이다. 이는 교육, 일자리, 자산 소유, 재정 지원, 사회에서의 일반적인 위치 등에서 여성 차별이 큰 사회일수록 노년기 인구의 상태가 열악하리라는 것을 의미한다.

전 지구적인 건강 문제를 고려하려면 때로는 관점을 바꿔야 한다. 우리는 영아의 사망을 막는 방법을 알고 있다. 하지만 전 지구적으로 더 큰 문제는 노인의 사망이 될 것이다. 유엔 예측에 따르면 2025~30

년이면 전 지구적으로 모든 사망의 62퍼센트가 65세 이상 인구에서 벌어질 것으로 보인다.[4] 물론 어려서 죽는 것보다 나이 들어서 죽는 게 낫다. 문제는 노년의 사망에 비형평이 존재한다는 점이다.

국가 간 수명 불평등

당신은 60세에 도달했고 앞으로 얼마나 더 살지 알고 싶다. 60세에 도달하기까지 산전수전 다 겪어서 굳세어진 편이 유리할까, 아니면 60세까지 순탄하게 살아온 편이 유리할까? 일본에서는 15세 소년 중 92퍼센트와 소녀 중 96퍼센트가 60세에 도달할 것으로 기대된다. 러시아에서는 15세 소년 중 66퍼센트와 소녀 중 87퍼센트만 60세에 도달할 것으로 기대된다. 60세에 도달한 사람들끼리만 비교하면 일본인과 러시아인 중 어느 쪽이 더 오래 살까? 도표7.2에 답이 있다. 일반적으로 60세 이전에 생존율이 낮은 나라는 60세 이후의 수명도 짧다.

도표7.2 60세 이전에 더 건강하면 이후에도 더 건강하다

	15세 소년이 60세까지 생존할 확률 (단위: %)	15세 여성이 60세까지 생존할 확률 (단위: %)	60세 시점에서 남성의 기대여명 (단위: 세)	60세 시점에서 여성의 기대여명 (단위: 세)
일본	92	96	23	29
영국	91	94	22	25
미국	87	92	21	24
브라질	79	89	19	22
인도	76	84	16	18
러시아	66	87	14	20

한두 해의 수명 차이가 별 것 아닌 것 같아도 매우 중요하다. 일본 여성은 세계에서 수명이 가장 길다. 60세 일본 여성은 평균적으로 이후 29년을 더 살 것으로 기대된다. 미국 여성은 이 숫자가 24다. 그러면 일본은 89세, 미국은 84세가 된다. 89세와 84세가 얼마나 큰 차이인지 감이 잘 오지 않는가? 당신이 84세인데 다음 달에 하는 밥 딜런Bob Dylan 공연 티켓을 가지고 있다고 생각해 보라. 아니면 전 세계 인구에게서 관상동맥 심장질환을 싹 없앨 수 있다고 생각해 보라. 그러면 통계상으로 기대여명을 4년 늘릴 수 있다. 사망의 주요 원인이 되는 질병 하나를 완전히 퇴치한다는 것은 매우 혁명적인 성과로 들릴 것이다. 추가적인 수명 4년은 이런 혁명적인 성과를 의미한다. 1년은 매우 소중하다. 4년은 엄청나게 소중하다. 러시아와 일본의 차이인 9년은 막대하게 소중하다.

4장에서 이야기한 니체의 경구를 생각해 보자. 니체는 죽지 않았으면 강해졌을 것이라고 말했다. 영유아기 발달 부진과 관련해서는 니체가 틀렸다. 죽지 않았으면 병들었을 것이다. 노년기도 마찬가지다. '역경으로 굳세어진 생존자 효과'는 존재하지 않는다. 60세 이전에 덜 건강했다면 그 이후에 기대되는 수명도 짧다.

이에 대해서는 두 가지 설명이 있을 수 있다. 먼저, 유해 요인이 있다면 그건 모든 연령 집단에 비슷하게 작용할 것이다. 불결한 물을 마시거나 노숙을 하는 것은 연령대와 관계없이 건강에 안 좋다. 상대적 빈곤, 사회적 불이익, 건강에 해로운 생활습관도 마찬가지다. 다음으로, 노년기의 건강은 이전 삶의 경로에서 영향을 받는다. 아기 때 부모가 많이 껴안아 주지 않았던 노인들에 대해서는 현재 할 수 있는 일이 없다는 말이 아니다. 인생 경로에서 누적된 요인들, 그리고 현재의 여건 둘 다 노년기의 건강 비형평에 영향을 미친다.

국가 내 수명 불평등

놀라운 연구 결과가 하나 있다. 당신은 10대나 20대 초반의 젊은 나이에 교육을 마치지만 당신이 받은 교육 수준은 이후 40년, 50년, 60년 넘도록 수명에 영향을 미친다. 도표7.3은 50세 시점에서의 기대여명을 나타낸다.

도표에는 가장 낮은 교육 수준과 가장 높은 교육 수준만 나와 있지만 중간 정도의 교육 수준은 중간 정도의 기대여명을 보인다. 역시 경사면이다. 그런데 국가 간에 큰 차이가 있다. 특히 교육 수준이 낮은 사람들(ISCED 0~2) 사이에서 국가 간 격차가 크다. 그 때문에 헝가리와 에스토니아는 스웨덴, 이탈리아, 노르웨이, 몰타보다 건강 불평등이 심하다.

도표7.3 교육이 그렇게 장기적인 영향을 미치나?
50세 시점에서의 기대여명

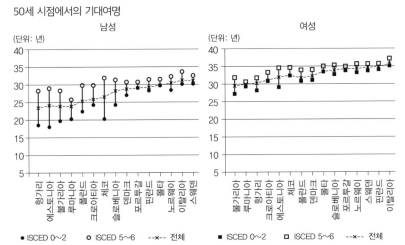

그래프 가로축에서 국가들은 각 성별의 '전체 인구' 기대여명(50세 시점) 순서로 나열됐다.
ISCED 0~2: 무교육부터 낮은 중등교육까지.
ISCED 5~6: 고등교육 이상.

당신이 헝가리에 산다고 해 보자. 이러한 자료들을 가지고 아이에게 학교를 열심히 다니라고 설득하려 한다(근거 기반의 양육이라 할 만하다). 대화는 이렇게 진행될 것이다.

당신 애야, 학교 공부를 더 열심히 해야 해.

아이 하지만 난 아이처럼 지내는 게 재밌는데요? 영혼에 양분을 주고 심장을 기쁘게 하고 꽃향기를 맡고 반짝이는 연못의 시리도록 파란 빛을 즐기고요. (시적인 아이로세.)

당신 대학교에 가면 더 오래 살 수 있단다.

아이 나는 어린아이라고요. 오래 사는 것을 벌써부터 신경 써야 하나요?

당신 긴 수명은 그 자체로도 좋지만 네가 삶의 전반에 걸쳐 좋은 사회적 여건을 누렸다는 것을 보여 주는 지표이기도 해.

아이 내가 오래 사는 것 혹은 더 나은 삶을 사는 게 엄마가 그렇게 원하는 거라면 헝가리가 아니라 스웨덴에서 나를 낳지 그러셨어요? 스웨덴에서는 교육을 덜 받은 사람도 50세 시점에서의 기대여명이 헝가리에서 대학교 교육을 받은 사람만큼 길던데요?

당신 밥 먹으면서 떠드는 거 아냐. 어서 콩나물이나 먹으렴.

아이 지위를 이용해 윽박지르는 게 악당이 의지하는 최후의 보루죠.

당신 아이고. 좋아, 우리는 헝가리에 있어. 그것에 대해서는 우리가 할 수 있는 게 없어. 이 도표(도표7.3)를 보렴. 우리가 기대여명을 그 자체의 의미만으로 보는 게 아니라 삶에서 얼마나 좋은 여건에 있었는지를 가늠하는 지표로도 보고 있다는 것을 기억해. 헝가리는 스웨덴보다 기대여명이 낮아. 그건 네 말이 맞아. 하지만 그 불이익은 교육을 많이 받으면 상쇄할 수 있어. 스웨덴, 이탈리아, 노르웨이를 한편에 두고 헝가리, 에스토니아, 불가리아를 다른 편에 두었을 때, 양자 사이의 격차는 교육을 덜 받은 사람들 사이에서 훨씬 커. 그러니까 대학교에 가면 그 격차를 좁힐 수 있단 말이지.

아이 음…… 그러면 교육은 모든 곳에서 중요하네요. 더 긴 수명의 예측 지표로서요. 그리고 엄마가 그렇게 말씀하시니, 더 좋은 삶의 예측 지표로서요. 하지만 가정법 문장을 아는 것만으로 일이 이뤄지는 건 아니에요. 문법을 잘 아는 것이 왜 헝가리에서는 스웨덴에서보다 수명에 더 큰 차이를 가져오죠?

당신 좋은 지적이야. 교육은 그 자체로도 좋은 것일 수 있어. 기술을 알려 주고 네 삶에서 벌어질 일들을 네가 주도적으로 파악하고 처리할 수 있게 해 주지. 하지만 그에 더해서 대부분의 국가에서는 교육을 더 받으면 더 좋은 직업을 가질 수 있고 더 많은 소득을 올릴 수 있고 더 나은 삶의 여건을 가질 수 있단다. 스웨덴처럼 거의 모든 사람의 삶의 여건이 꽤 좋다면 교육을 더 받는다고 특별히 큰 이익을 얻지는 않겠지. 하지만 헝가리에서는 매우 중요해.

아이 헝가리에서는 교육을 더 받으면 스웨덴까지 가는 발트해를 은유적으로 반쯤 건넌 셈인가요? 여기 헝가리에 있으면서도 말이에요.

당신 이미 도착했어!

삶의 질에서의 불평등

교육이 왜 그토록 장기적인 영향을 미치는지를 논하기 전에, 수명뿐 아니라 삶의 질에 대해서도 생각해 볼 필요가 있다. 젊은 시절에는 영원히 살 것처럼 느껴진다. 젊은이들은 신나고 흥미로운 방식으로 몸을 험하게 다루고도 별 문제가 없는 것처럼 보인다. 브라질의 마리아가 19세 때는 몇 날 며칠이고 몇 시간씩 내리 춤을 출 수 있었을지 누가 아는가? 하지만 90세의 마리아에게는 골목 가까운 곳에 버스 정류장이 있고 길이 움푹 패지 않은 것이 삶의 질을 크게 높여 주는 일이다. 그 덕에 마리아는 반값 티켓의 혜택을 누릴 수 있고 친구들을 만나러 갈 수도 있다.

노년기에 우리는 '살아있고' 싶을 뿐 아니라 '살아가고' 싶다. 이 장의 서두에서 묘사한 '전형적인' 이미지대로 노년의 삶이 비참하다는 것이 사실이라면 1~2년 더 사는 건 그리 좋은 일이 아닐 수도 있다. 앞에서 나는 당신이 84세라면, 수명이 84세인 것과 89세인 것은 큰 차이일 거라고 이야기했는데, 만약 당신이 심각한 장애를 가지고 있다면 그 삶에서의 추가적인 5년은 골프도 치고 오페라도 가고 고급스러운 여행도 할 수 있는 경우보다 훨씬 덜 매력적일 것이다.

가만, 여든에 골프를 친다고? 정말로? '영국 고령화 장기 연구English Longitudinal Study of Ageing(ELSA)'에 따르면 80대 영국인 중 60퍼센트 이상이 자신의 건강 상태가 좋음, 상당히 좋음, 매우 좋음 중 하나라고 답했다. 노인들이 어떻게 느끼는지 뿐 아니라 무엇을 할 수 있는지도 알아보기 위해 이 연구는 보행 속도도 조사했다. 보행 속도는 일상생활에서 필요한 신체기능들과 상관관계가 높아서 신체기능을 측정하기에 좋은 지표다. 80~84세의 영국 여성 중 약 75퍼센트, 남성 중 80퍼센트 이상이 보행 속도에 문제가 없었다.[5]

적어도 신체적으로는 대부분의 영국인이 여든에도 골프가 가능하다. 문제는 그럴 여력이 되느냐다. 많은 이들이 돈이 없어 골프를 못 친다. 오페라와 호화 여행도 그렇다. 골프, 오페라, 여행을 예로 든 데는 이유가 있다. 당신이 부유하다면 골프, 오페라, 여행을 할 돈도 있고 그것들을 즐길 신체적·정신적 역량도 있을 것이다. 노년의 건강, 신체기능, 정신기능은 가파른 사회계층적 경사면을 따라 분포한다. ELSA 연구에서 부와 교육 수준을 기준으로 했을 때 지위가 가장 높은 사람들은 지위가 가장 낮은 사람 중 15년 더 젊은 사람들과 신체적·정신적 체감 역량이 비슷했다. 남녀 모두 그랬다. 가령 높은 교육 수준을 가진 75세 남성은 낮은 교육 수준을 가진 60세 남성과 체감하는 건강 정도가 비슷했다. 사회적 지위가 높은 사람은 중·노년기에 더 천천히 늙는다.[6]

아니면 나이 드는 속도는 동일한데 지위가 높은 사람들이 더 나은 상태에서 출발했을 수도 있다. 어느 체스 챔피언이 전에는 아홉 수를 내다 볼 수 있었는데 노년에 치매 때문에 다섯 수밖에 내다보지 못하게 됐다고 한탄했다고 한다. 사망한 뒤에 보니 정말로 뇌에 알츠하이머병이 많이 진행된 상태였다. 그는 노년에 자신의 인지기능이 많이 감퇴된 것을 알았지만 그래도 대부분의 사람들은 꿈도 못 꿀 정도의 인지 역량을 가지고 있었다. 높은 수준에서 출발하면 노년에 불가피하게 기능이 저하되더라도 충분히 높은 수준의 기능을 가질 수 있다. 독립적인 생활을 유지하는 데 필요한 정도로는 물론이고 풍성하고 번성한 삶을 누리기에도 충분한 정도로 말이다.

노년은 인생의 끝이 아니다. 우리는 잃는 것뿐 아니라 얻는 것도 생각해야 한다.[7] 관절이 뻣뻣해지고 모든 것(돌아다니는 것, 상처가 낫는 것, 이름을 기억하는 것 등)이 굼떠지지만, 좋아지는 것도 있다. 지식, 경험, 합리적인 문제 해결 능력 등은 나이가 들면서 나아진다. 이런 것을 '지혜'라고 부를 수 있을 것이다. 그리고 지혜도 사회계층적 경사면을 따라 분포한다.

그렇다면 노년기의 건강 비형평을 줄인다는 것은 수명뿐 아니라 신체적·정신적 기능에서의 비형평을 줄이는 것까지 의미해야 한다. 도표 1.1에서 보았듯이 장애 제거 기대수명의 경사면 기울기가 기대수명의 경사면 기울기보다 가파르다. 사회적 위계에서 지위가 낮을수록 가뜩이나 더 짧은 인생을 더 오랫동안 몸이 불편한 상태로 살게 된다.

다행히 우리가 할 수 있는 일이 있다. 이 일의 핵심은 노인의 역량을 강화하고 노인이 사회에 속할 권리를 인정하는 것이다.

노년기의 건강 형평성 달성하기

> 인생에서 큰일들은 육체의 힘이나 재빠름이나 기민함에 의해 수행되는 게 아니라 인성과 숙고와 판단력에 의해 수행된다네. 이런 것들은 노년에 빈약해지는 것이 아니라 대개 더 풍부해지지.
> ―키케로Cicero, 《노년에 관하여On Old Age》

비참한 노년의 모습만 생각한다면 인구 고령화를 한탄하고 절망하는 것밖에 할 수 있는 일이 없다. 세계 인구가 고령화되고 있는 것은 명백한 사실이며 나이 드는 것은 우리 모두에게 닥칠 일이다. 이것을 받아들이자. 그리고 많은 나라에서 노인들이 풍성한 삶을 누리고 있으며,

다만 여기에 사회계층적 경사면이 있음을 인정하자. 그러면 우리가 무엇을 해야 할지 명확해진다. 모든 이가 경사면 꼭대기 사람들 수준의 건강, 신체기능, 정신기능을 갖도록 끌어 올리는 것, 즉 상향평준화를 통해 경사면을 평평하게 만드는 것이 우리가 할 일이다.

노년기의 건강 비형평을 줄이는 가장 좋은 방법은 더 이른 시기에 시작하는 것이다. 더 나은 신체기능, 인지기능을 가지고 60세에 도달한 사람은 그 후로도 더 나은 노년을 보낼 가능성이 크다. 부, 소득, 교육 수준이 가장 높은 사람들은 가장 낮은 사람들보다 건강한 삶을 15년이나 더 기대할 수 있다.

하지만 노년이 된 이후의 삶에 대해서도 사회는 많은 일을 할 수 있다. 이를 뒷받침하는 좋은 자료를 유엔 보고서에서 볼 수 있다. 유엔 보고서들은 회원국들이 서명을 할 무렵이 되면 구겨지고 주름진 모양이 되곤 하지만, 다 그런 것은 아니다. 유엔인구기금과 비정부기구 '헬프 에이지 인터내셔널Help Age International'이 펴낸 〈21세기의 고령화: 축하와 도전Ageing in the Twenty-First Century: A Celerbration and a Challenge〉은 매우 훌륭하고 탄탄한 보고서다.[8] 이 보고서는 존엄을 지키고 안정성을 가지면서 나이 드는 것과 삶의 마지막까지 인권(혹은 필수적인 자유)을 온전히 누리는 것을 중심으로 삼고 있다. 실천적인 면에 대한 분석도 설득력이 있지만 존엄과 자유를 핵심에 두고 존엄과 경제 안정성을 명시적으로 연결시켰다는 점에서 특히 호소력이 크다.

나는 의대 1년차 학생들에게 '건강생활최저생계비Minimum Income for Healthy Living'라는 개념을 강의한다.[9] 이는 음식과 주거비용을 감당할 정도만이 아니라 존엄한 삶을 살고 사회의 일원으로 참여하기에 필요한 최소한의 소득을 말한다. 노인에게는 교통수단을 이용할 돈이 필요하고 사회에 참여하는 데 드는 돈이 필요하며 손주에게 선물을 사 줄 돈이 필요하다. 의대에 들어올 만큼 공부를 잘했던 학생들에게 나는 이렇게 말하곤 한다. "유전학이나 단백질체학Proteomics을 배우러 UCL에 오셨을 텐데 여기 웬 교수가 당신 할머니가 손주에게 선물 사 줄 돈이 부족해서 존엄한 삶을 부인당하고 있으며 그것이 건강에 해를 끼친다고 말하고 있군요." 학생들은 이런 이야기를 아주 좋아한다.

여기에서 잠시 옆길로 새는 것을 용서하기 바란다. '건강생활최저생계비'는 제리 모리스Jerry Morris 교수가 고안한 개념이다. 그는 예전에 '사회의학Social Medicine'이라고 불리던 분야의 저명한 학자로, 신체 활동과 건강을 하나의 지도 위에 올린 사람이다. 그는 런던의 버스 차장이 운전사보다 심장병 위험이 낮다는 것을 발견했다. 작은 키에 강단 있고 열정적인 모리스가 당신의 팔꿈치를 꽉 잡고서 점심이나 같이 먹자고 하면 곧 당신은 생화학에서부터 사회복지 정책까지 다양한 영역을 넘나들며 그가 전해 주는 해박한 이야기를 듣게 된다. 91세에 모리스는 자신이 개발한 '새로운' 개념이 실린 논문을 발표했다. 그 개념이 '건강생활최저생계비'다. 2008년에 CSDH 보고서 〈한 세대 안에 격차 줄이기〉가 나오고 나서 토요일 오후에 그가 우리 집으로 전화를 해왔다.

"마이클! 당신의 보고서가 논쟁의 지형을 완전히 변화시켰어요!"

칭찬이라 반갑긴 했는데, 어리둥절했다. 내가 건강생활최저생계비에 대한 그의 연구를 보고서에 인용했던가? 마침 책상에 보고서가 있어서 급히 넘겨보았다. 아하!

"저희가 90쪽에서 교수님을 인용했지요."

그러자 그가 대답했다.

"79쪽에서도요."

이때 그는 98세였다. 이 나이에도 모리스는 여느 연구자와 마찬가지로 새로운 연구를 내놓고 반응을 궁금해하며 긍정적인 반응에 기뻐하고 있었다. 건강하게 나이 들어간다는 게 이런 것 아닐까?

이제 옆길은 그만. 본론으로 돌아가자.

〈21세기의 고령화: 축하와 도전〉에 따르면 세계적으로 노인들이 가장 많이 우려하는 것은 소득 불안정성과 건강이다. 이 둘은 연결돼 있다. 노년기 건강의 사회계층적 경사면은 이제껏 살아온 삶의 과정에 영향을 받는다. 뭔가를 해야 한다면 시작 지점은 출생 이전이 되어야 한다. 하지만 노년이 된 뒤에도 건강을 향상시키고 사회적 불평등을 줄이기 위해 할 수 있는 일은 많다. 실증근거들의 신뢰도는 들쭉날쭉하지만, 그래도 나는 다음과 같은 결론에 도달할 수 있었다.

실증근거들이 정확하지 않다고 치자. 노인들이 존엄하고 자율적인 삶을 영위할 역량을 갖게 하는 것이 건강과 아무 관련이 없고, 노인들이 신체적·사회적으로 활동적일 수 있게 지원해도 인지기능 저하의 속도를 늦추는 데 아무 도움도 안 된다고 치자. 하지만 그런 목적들을 추구해서 나쁠 것이 무엇인가? 노인들이 난방과 식품 구매 중 하나를 포기해야 하는 상황에 처하지 않게 하는 게 나쁜 일인가? 노인들이 대중교통을 이용할 수 있고 반값으로 영화를 볼 수 있고 친구와 친지를 만나러 다니기에 편한 환경을 갖게 하는 것이 나쁜 일인가? 나는 이러한 조치가 건강에도 영향을 미칠 것이라고 본다. 하지만 설령 내가 틀렸더라도, 즉 그런 것들이 건강에 영향을 못 주더라도, 노년의 후생과 존엄한 삶에는 크게 기여할 것이다. 그것만으로도 정당성은 충분하다.

물질적 · 심리사회적 · 정치적 차원의 역량강화

브라질에 사는 마리아의 말에 다시 귀를 기울여 보자. 마리아는 물질적·심리사회적·정치적 역량강화에 대한 욕구를 이야기했다. 이 세 측면은 겹친다. 사회에 참여하는 것은 심리사회적인 것이지만 마리아에게 사회적 참여가 가능해진 이유는 충분한 돈이 있어서였다. 도로의 구멍을 메우는 것은 '물리적'인 것이지만 그 덕분에 마리아는 걱정 없이 외출할 수 있게 됐다. 권리를 갖는 것은 정치적인 것이지만 이 또한 다른 영역으로 이어질 것이다.

물질적 역량강화: 부를 통해

퇴직 연령이 됐다. 이제 더 이상 일해서 얻는 소득은 없다. 그러면 당신은 무슨 돈으로 생활을 꾸려 나가겠는가? 어느 영국 상류층은 자신의 아버지가 '유한계급'의 일원이라고 표현했다. 하는 일 없이도 놀고먹을 수 있다는 것이다. 그는 자신의 아버지보다 더 부자인 사람은 있었지만 누구도 자신의 아버지보다 한량이지는 않았을 거라고 했다. '일해서 얻는 소득이 없을 때 무엇으로 먹고 살 것인가'에 대한 첫 번째로 가능할 법한 대답은 가지고 있는 자산으로 먹고 사는 것이다. 하지만 그건 극소수에게나 가능한 일이다. 이들은 사실 자산소득자 계층에 속한다. 하지만 부유한 나라에서도 대체로 사람들은 기껏해야 살고 있는 집과 연금, 이 두 종류의 자산만을 가지고 있을 뿐이며, 이마저도 없는 이들이 많다. 따라서 고소득국에서조차도 자산소득은 대부분의 사람들에게 노년의 빈곤을 막아 줄 수 있는 길이 되지 못한다.

노동을 통해

두 번째로 가능할 법한 대답은 퇴직 연령 이후에도 일을 계속하거나 사회가 퇴직 연령을 늦추는 것이다. 여기에는 성차별과 사회경제적 불평등이라는 쌍둥이 이슈가 있다. 인도의 랄타는 직업 재훈련을 받아 미용사가 됐지만 비공식 고용 상태여서 직업 안정성이 없고 보수도 낮다. 더 젊은 여성이 진입하면 랄타는 쉽게 밀려날 것이다. 60세나 65세까지 일할 능력이 된다 해도 일자리를 구할 수 없을 것이다.

전 세계적으로 여성이 남성보다 비공식 영역에 고용된 경우가 많다. 교육도 남성보다 덜 받았을 가능성이 크고 일자리 기회의 면에서도 더 많은 차별을 받으며 동일한 일을 해도 남성보다 임금이 적다. 그리고 여성이 대개 남편보다 오래 살아서 혼자 남게 되고 집에서 살림이나 돌봄을 떠맡게 되기도 한다. 이런 요인들을 다 합하면 노인빈곤은 곧 여성빈곤이라고도 말할 수 있을 듯하다. 여성의 교육이 남성을 따라잡고 있으며(제발) 성차별도 줄어들고 있으니 앞으로는 달라지기를 기대한다.

퇴직 연령이 65세에서 68세로 조정됐다고 해 보자. 그러면 사람들은 더 늦은 나이까지 일할 수 있어서 (적어도 실업 상태에 비해서라도) 빈곤을 피할 수 있다. 그런데 고용주와 취업 지원자의 입장을 생각해 보자. 고용주는 기술과 교육 수준이 더 높은 사람을 원할 것이다. 취업 지원자는 그만큼의 실력을 쌓아야 할 것이다. 따라서 늦은 나이까지 일할 수 있는 가능성도 사회계층적 경사면을 따라 분포하게 된다.

도표1.1을 보면 장애 제거 기대수명에는 가파른 사회경제적 경사면이 존재한다. 사회경제적 지위가 낮으면 장애 제거 기대수명이 짧다. 바닥에 있는 사람들은 55세밖에 안 되고 맨 위에 있는 사람들은 72세나

된다. 이들은 육체노동을 할 신체적 능력은 가지고 있겠지만 그런 노동을 하기 싫어할 것이다. 바닥 쪽에 있는 사람들은 육체노동을 하고 싶어도 할 수 없을 것이다.

더 늦은 나이까지 일하는 것은 노년기 소득을 유지할 수 있는 중요한 가능성이며, 중요한 가능성이어야 마땅하다. 그런데 이런 유연성을 실현하는 것은 왜 이렇게 어려울까? 좋은 직장을 가진 사람들이 퇴직하지 않으려 하는 것이 이유일까? 미국 어느 대학교의 교수인 한 친구는 자기 학교 정교수 절반이 70세가 넘었고 80대 교수들도 있다고 말했다. 젊은 교수들이 들어오도록 나이 든 교수들이 물러나야 할 것처럼 보인다. 세상에는 일자리가 한정되어 있으므로 노인이 움직이지 않으면 젊은이가 진입하지 못한다는 논리다. 자명한 말로 들리지만 실은 틀린 말이다. 노년층이 젊은층의 일자리를 막고 있다는 개념은 '노동총량의 오류'로, 이미 깨진 신화다.[10] 이 신화에서 틀린 부분은 일자리 수가 한정돼 있다고 가정한 것이다. 여러 자료에 따르면 일반적으로 노동시장에 노년층 참여가 많은 곳일수록 젊은이의 고용도 **많고**, 노인 일자리가 많은 곳일수록 젊은이 일자리도 많다. 노인들이 새로움(젊은 직원, 새로운 아이디어 등)이 들어올 수 있게 길을 내어 줘야 하는 경우도 있겠지만, 노인이 퇴직하지 않으면 젊은이들이 일할 수 없게 되기 때문에 그래야 하는 것은 아니다. 역할은 나이에 따라 달라질 수 있으며 달라져야 한다.

일이 즐거운 사람은 나이 들어서도 일할 수 있게 되는 것을 아주 반길 것이다. 일의 속성은 사람들이 일을 더 오래 하고 싶은지 아닌지에 영향을 미친다. 6장에서 말했듯이 노력에 비해 보상이 낮으면 스트레스가 생기고 질병 위험이 높아진다. '노력-보상' 개념을 발전시킨 뒤셀도르프 대학교의 연구자 요하네스 지그리스트 Johannes Siegrist 는 이 개념이 퇴직과 어떤 관련이 있는지를 15개 유럽 국가를 대상으로 알아봤다. 노력-보상 불균형이 큰 일일수록 더 많은 사람들이 퇴직을 원하는 것으로 나타났다.[11] 프랑스에서는 퇴직 연령을 늦추려던 시도가 대대적인 파업을 불러와 파리가 마비됐다. 일을 형편없는 상태로 두고서 그 일을 더 오래 하라고 하면 사람들이 반대하는 것도 놀라운 일이 아니다.

영국의 큰 유통업체에서 조사한 결과, 나이 든 직원들이 일을 계속할 때 얻게 될 이익에는 재정적인 안정성만이 아니라 동료들을 계속 만날 수 있고 더 많은 경험을 쌓을 수 있으며 고객들에게 자신만의 특별한 서비스를 제공할 수 있다는 점도 포함돼 있었다.[12]

노인 일자리 문제는 이렇듯 매우 복잡하고 까다롭다. 그렇다고 합당한 방안을 찾을 수 없다는 말은 아니다. 노년기의 빈곤에서 벗어나는 한 가지 길은 더 늦은 나이까지 일하는 것이다. 흥미로운 일을 하고 있고 높은 기술과 숙련과 교육 수준을 갖고 있는 사람에게는 퇴직 연령이 유연하게 조정되면 좋을 것이다. 어느 나이가 되면 모두 일제히 일을 멈춰야 한다는 것은 개인에게도 좋지 않고 그들의 숙련, 기술, 경험, 지혜를 활용하지 못한다는 점에서 다른 이들에게도 좋지 않다. 사회는 노년층을 위한 파트타임제, 퇴직 연령 완화 등의 제도를 고려해 볼 수 있을 것이다. 문제는 이들뿐 아니라 육체적으로 고되고 단조로운 노동을 하고 있는 사람들도 고려해야 한다는 점이다. 앨런이나 랄타가 더 늦은 나이까지 일하는 것은 그들에게 좋은 일이 아닐 수 있다. 그들도 돈은 필요하겠지만 모멸과 스트레스까지 필요하지는 않을 것이다. 젊은 나이대에서도 노동 여건은 건강에 해를 끼칠 수 있기 때문에 중요했다. 하물며 노년층에 대해서는 말할 것도 없다. 우리는 노년층이 일을 계속 할 수 있도록 유연한 고용 조건을 마련해야 하며 노년층이 일을 계속 하기에 적합한 노동 여건을 만들어야 한다.

그렇더라도 영원무궁 일할 수 있는 것은 아니다. 학자, 오케스트라 지휘자, 소설가는 영원히 일을 하고 싶어 할 것 같지만 사실은 그렇지 않다. 60~70대에 위대한 작품을 내놓은 소설가 필립 로스Philip Roth도 80세에는 집필을 하지 않겠다고 선언했다. 퇴직 연령을 늦추더라도 언젠가는 퇴직을 한다. 그랬을 때 쌓아둔 자산이 많지 않다면 연금 같은 사회보장과 가족의 지원이 필수적이다.

연금을 통해

> 연 소득 20파운드에 연 지출 19파운드 19실링 6펜스면 행복하고 연 소득 20파운드에 연 지출 20파운드 6펜스면 비참하다.
>
> ─찰스 디킨스 소설 《데이비드 코퍼필드David Copperfield》의 등장인물 '미코버' 씨의 말.

몇 해 전에 핀란드에서 듣기로, 핀란드에서는 사람들이 40년을 일하고 퇴직 후에는 곧 사망할 것이라는 가정하에 사회보장 체계를 설계했다고 한다. 그런데 교육 기간이 길어지면서 노동시장에 진입하는 시기는 26세가 됐고 노동시장에서 나가는 시점은 52세가 됐다. 일하는 기간이 40년이 아니라 26년이 된 것이다. 이에 더해 60세 시점에서의 기대여명은 계속 증가하고 있었다. 핀란드는 미코버씨가 말한 비참함 쪽을 향해 가고 있는 셈이었다.

인구가 고령화되면 사회는 정책적 선택을 해야 한다. 연금 제도는 매우 복잡하다. 노동자, 고용주, 정부가 이런 저런 조합으로 돈을 부어서 퇴직 이후에 수당을 지급한다. 현재의 노동자가 자신의 미래를 위해 소득의 일부를 떼어 연금에 붓는다고 볼 수도, 현재의 노동자가 현재의 노인 인구를 부양한다고 볼 수도 있다. 이렇게 부은 돈을 연금 관리 기관이 금융시장에 투자할 경우, 이 투자의 시장 성과도 매우 중요하다.

퇴직자에게 지급할 돈이 충분치 않아진 경우에 사회는 보통 세 가지 선택지를 가진다. ①더 늦은 나이까지 사람들이 일하게 하거나, ②연금 수급액을 줄이거나(노인이 전보다 가난해진다), ③현재의 노동자들이 연금을 더 많이 붓게 하거나(현재의 노동자가 전보다 가난해진다). 연금 운용 기법들까지 고려하면 더 복잡하겠지만 사회가 선택할 수 있는 것은 기본적으로 이 세 가지다.

실제로 나라마다 다른 방식을 택한다. 도표6.1에서 보았듯이 영국에서는 비취업자 가구 중 빈곤 인구는 줄고 있지만 취업자 가구 중 빈곤 인구는 늘고 있다. 도표7.4는 OECD 국가들이 어떤 선택을 하고 있

도표 7.4 노년층은 나머지 인구보다 가난한가? 꼭 그렇지는 않다

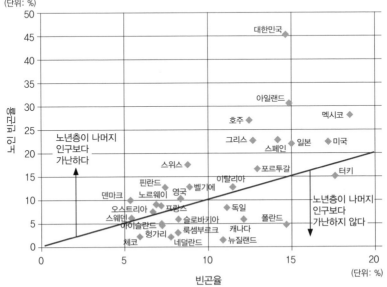

는지를 보여 준다.

아일랜드와 폴란드는 둘 다 빈곤율이 15퍼센트지만 노인빈곤율은 폴란드가 5퍼센트인 반면 아일랜드는 30퍼센트에 달한다. 역사적인 영향에서든 사회의 선택 때문이든, 폴란드는 노인층이 인구 전반보다 잘 산다. 아일랜드는 반대다. 스웨덴과 오스트리아는 인구 전체적으로도, 노인층에서도 빈곤율이 낮다. 물론 가장 좋은 것은 빈곤율이 다 낮은 것이다. 하지만 빈곤을 **상대적으로** 정의하면(가령 소득 중앙값의 60퍼센트 이하) 그 사회에서 누군가는 빈곤층에 속할 수밖에 없다. 사회는 어려움을 누구에게 집중시킬지 결정하는 데 상당한 재량권을 가지고 있다.

도표7.4에 나오는 나라는 부유한 나라들이고 대체로 잘 발달된 사회보장 체계나 연금 제도를 가지고 있다. 이런 제도를 중위소득 국가나 저소득 국가에서도 상상할 수 있을까? 할 수 있다!

볼리비아는 남미에서 가장 가난한 축에 든다. 볼리비아의 '닐다'는 68세이고 소득이 없다. 어느 날 닐다는 국가 연금 제도가 있다는 이야기를 들었다. 노인에게 연간 약 217달러를 준다는 것이다. 닐다는 시골에 살고 연금은 도시에 있는 은행에 가야 받을 수 있었다. 연금을 받기 위해 도시로 길을 떠나려는데, 연금 수급자로 등록하려면 신분증이 있어야 한다는 말을 들었다. 닐다는 신분증이 없었다. 볼리비아에서는 노년층의 6분의 1이 출생증명서나 신분증이 없고 시골에서 태어난 토착민은 거의 다 없다. 신분증이 없으면 행정상 존재하지 않는 사람이 된다. 비정부기구 '헬프 에이지 인터내셔널'은 출생증명서를 받을 수 있도록 돕는 법률 센터를 운영한다. 이들의 도움으로 닐다는 출생증명서를 받았고, 연금을 통해 삶이 바뀌었다. 연금 액수는 볼리비아 평균소득보다 낮았지만 생필품과 기본적인 의약품에 쓸 만큼은 되었다. 몇몇 이웃 노인들에게는 연금이 또 다른 생명줄 역할을 했다. 그들이나 자녀들이 자그마한 사업을 시작할 수 있는 종잣돈이 된 것이다.[13]

저소득국 중에도 많은 나라가 연금 제도를 가지고 있다. CSDH에서 알아본 결과, A부터 V까지, 즉 아르헨티나부터 베트남까지, 그리고 그 사이에 방글라데시, 보츠와나, 네팔, 우루과이 등 많은 저소득국과 중위소득국에 연금 제도가 있었다. 물론 한계도 많다. 남미에서는 인구의 65퍼센트만 연금에 가입돼 있고 남아시아에서는 20퍼센트, 사하라이남 아프리카에서는 10퍼센트 미만이다. 본인이나 고용주가 돈을 붓는 기여식 연금 체계가 부족하다면 어떤 형태로든 국가가 부담하는 사회적 연금이 필요하다. 오늘날 100개 이상의 국가가 사회적 연금을 운용하고 있다.[14]

어느 나라가 가난하다면 노년층에도 가난한 사람이 많을 것이다. 하지만 저소득국에서도 좋은 제도를 통해 노인의 역량을 강화한 사례를 많이 볼 수 있다.

심리사회적 역량강화: 생활습관을 통해, 사회참여를 통해

노년층의 심리사회적 역량강화는 두 가지로 알아볼 수 있다. 첫째는 건강에 좋은 행동이나 습관을 가질 수 있는 여지를 보는 것이고 둘째는 사회참여 정도를 보는 것이다. 첫 번째부터 알아보자.

한 친구가 내게 말했다. "나는 성실하게, 양심적으로, 부단히 노력해서 신체 활동을 최대한 피하고자 해 왔는데 60대가 된 이제 와서 왜 그걸 바꿔야 하지?" 그는 불룩 나온 배 때문에 똑바로 섰을 때 발가락이 보이지 않는다. 허리를 구부려 발가락 끝에 손이 닿게 하는 것은 불가능한 일이다. 하지만 그는 이것을 셰익스피어가 말한 "인생의 제5막"에 도달한 징표로 여긴다. "그간 쑤셔 넣은 닭고기로 불룩 나온 배"를 하고 있지만 이것은 "현명한 격언들과 현대적인 판례들"과 함께 온 것이라고 말이다.[15] 매우 시적이고 문학적인 내 친구는 육즙이 흐르는 구운 고기와 기름으로 윤이 나는 구운 감자를 폴스타프Falstaff*처럼 탐식하는 것에 대해 눈물이 날 정도로 감동적인 묘사를 할 수 있는 사람이다. 포화 지방? 있으라지 뭐. 그는 언젠가 채소를 먹어 보았는데 대체 그런 것을 왜 먹는지 알 수가 없었다고 했다. 그가 진한 푸딩의 맛을 묘사하는 것을 듣노라면 셰익스피어의 싯구 "당신을 여름날과 비교해도 될까요?"는 법률 서류 문장처럼 들릴 정도다.[16]

적어도 내 친구는 사회경제적 지위가 높으니 그 점에서는 생존 확률이 불리하지 않다. 그렇더라도 나는 그가 삶을 관리해야 하고 건강에 좋은 식품을 먹어야 하며 신체 활동을 해야 하고 술을 줄여야 하고 금연을 유지해야 한다고 주장한다. 우디 앨런Woody Allen 스타일로 내 친구는 100살까지 살고 싶게 만드는 바로 그 이유를 포기해야 한다면 100살까지 사는 게 무슨 의미냐고 물었다. 그리고 더 근본적인 질문도 했다. 자신의 식습관과 운동 부족으로 말하자면 어린 시절부터 거의 70년 동안의 문제였는데 지금 바꾸는 게 무슨 소용이냐고.

좋은 질문이다. 사실 7장 전체의 전제와 관련된 질문이다. 노년기의 건강과 건강 비형평이 그 이전의 삶의 경로 전체에서 결정되는 것이라면 노년이 된 다음에 무엇을 하는지는 상관이 없지 않을까? 그렇지 않다. 앞에서 나는 빈곤과 관련해서 노인이(그러니까 노인이 된 다음에) 처하게 되

---

* 셰익스피어의 희곡에 등장하는 인물로 뚱뚱하고 쾌활하며 대주가, 대식가임.

는 사회적 여건이 매우 중요하다고 말했다. 생활습관에 대해서도 마찬가지다.

11개 유럽 국가에서 70~90세 노인을 대상으로 진행한 한 연구가 이를 강력히 뒷받침한다.[17] 지중해식 식사(올리브유, 콩, 견과류, 곡물, 과일과 채소, 생선을 많이 먹고, 고기와 낙농품은 적게 먹으며, 술은 적당히 마시는 것), 활발한 신체 활동, 15년 이상 금연을 한 사람들은 건강 상태가 좋았다. 10년간의 장기 추적 조사 결과, 이런 습관을 가진 사람들은 내 친구처럼 '잘못된' 일들을 한 사람들에 비해 사망률이 절반 이하였다.

하지만 70세가 되기 전에도 사람들은 오랫동안 습관을(좋은 습관이든 나쁜 습관이든) 가지고 있었을 것이다. 그래서 이 연구는 '현재의' 습관이 중요한지에 대해서는 분명한 답을 주지 않는다. 흡연에 대해서라면 현재의 습관이 확실히 영향을 주는 것으로 보인다. 담배를 끊고 어느 정도 시간이 지나면 명백히 건강상의 이득이 드러난다. 신체 활동에 대해서도 현재의 습관이 건강에 영향을 줄 가능성이 크다. 일부 연구를 보면 신체 활동은 사망률을 낮출 뿐 아니라 인지기능 저하를 막는 데도 도움이 되는 것으로 보인다(곧 다시 설명할 것이다).

논문이 나왔다고 사람들의 행동이 바뀌는 거였다면 진작 모든 사람이 건강해졌을 것이다. 2장에서 보았듯이 건강에 유익한 습관을 갖는 것은 어떤 환경에 처해 있는지에 따라 제약을 받는다. 어린 시절에만 그런 게 아니라 노년기에도 그렇다. 노년층에서도 신체 활동과 흡연은 사회계층적 경사면을 따르며 몇몇 나라에서는 식습관도 그렇다.[18] 이는 건강의 사회계층적 경사면에 영향을 준다. 행동과 습관에 대해 통제력을 갖게 하는 것은 심리사회적 역량강화의 한 형태라고 볼 수 있다.

인지기능과 치매에 대해 많은 연구가 이뤄져 왔는데, 연구자들의 입장은 둘로 나뉜다. 한 쪽은 '안 쓰면 없어진다'고 보는 사람들이고 다른 쪽은 그 반대로 보는 사람들이다. 스도쿠를 그만두어서 인지기능이 저하되는 것인가, 인지기능이 저하되어서 스도쿠를 그만두게 되는 것인가? 양쪽 다 각자의 견해를 뒷받침할 근거를 가지고 있다.

이를 알아 본 연구[19] 중 하나는 뉴욕 브롱크스에서 75~85세의 건강한 사람들에 대해 면접 조사와 검진을 실시했다.[20] 연구자들은 신체 활동과 여섯 가지의 '인지적' 활동(책이나 신문을 읽는다, 재미 삼아 글을 쓴다, 십자 낱말 풀이를 한다, 보드게임이나 카드게임을 한다, 집단 토론에 참여한다, 악기를 연주한다)을 얼마나 자주 하는지 질문했다. 신체 활동은 인지 저하나 치매 예방에 효과가 없었지만 인지적 활동은 효과가 있었다. 그 다음으로는 무엇이 먼저인지를 알아봐야 했다. 치매냐, 인지적 활동 저하냐? 연구자들은 기준 시점에 인지역량 테스트를 해서 일정 수준 이상이 나온 사람들에 대해서는 치매가 먼저라는 가설을 배제했다. 그래서 인지적 활동이 인지기능 저하를 막는다는 결론을 낼 수 있었다.

다른 연구들에서는 약한 강도의 신체 활동도 인지기능 감퇴를 막아줄 수 있는 것으로 나타났다. 인지능력 감퇴가 먼저 와서 그 때문에 신체 활동을 덜 하게 되는 가능성을 감안한 뒤에도, 신체 활동이 인지기능 감퇴를 막아 준다는 결론은 여전히 유의했다.[21] 또 미국에서 75세 이상의 전직 간호사들을 대상으로 9년 전의 신체 활동 정도를 평가해 조사했을 때도 신체 활동은 노년기의 인지기능 감퇴를 낮춰 주는 효과가 있는 것으로 나타났다. 걷기 같은 가벼운 활동도 효과가 있었다.[22]

이제까지 나는 인과관계의 양방향 중 한 쪽만 이야기했다. 인구 집단에 대한 장기 추적 연구 중 하나인 '빅토리아주 장기 연구 Victoria Longitudinal Study'에 따르면 활동과 인지기능의 관계는 양방향 모두로 작용한다.[23] 사회적·인지적·신체적으로 활동적인 사람은 인지기능 저하가 덜할 것이고, 인지기능 저하가 덜한 사람은 사회적·인지적·신체적으로 활동적일 것이다.

안 써서 사라지는 것이냐 사라져서 안 쓰는 것이냐는 아직 결론이 나지 않았다. 그렇더라도 사회적·인지적·신체적 활동이 노년기의 신체기능과 정신기능에 **어느 정도** 보호 효과를 갖는 것은 분명해 보인다. 이러한 활동이 사회계층적 경사면을 따라 분포하므로, 이는 노년기 건강의 사회계층적 경사면으로도 이어질 것이다.

심리사회적 역량강화의 두 번째 방법은 사회참여다. 방금 보았듯이, 활동 부족은 뇌와 신체 모두에 해로울 수 있다. 사회적 고립은 여기에서 상황을 더 악화시킨다. 하지만 해결 불가능한 문제는 아니다.

미스터 O는 68세로, 당뇨 때문에 발을 절단해 휠체어를 타고 다닌다. 오래도록 담배를 피웠다. 5년 전에 노인용 고층 아파트로 이사를 와서 거기에 살고 있다. 새로운 프로젝트인 '익스피리언스 코프'는 노인 자원봉사자를 모집해 학교에서 어린아이들과 시간을 보내도록 한다. 미스터 O는 자원봉사 신청을 했고 1주일에 3~4차례, 총 15시간 학교에 가서 아이들을 만난다. 교장 선생님은 처음에 휠체어에 앉은 미스터 O를 보고 교장실로 들어가 혼자 엉엉 울었다고 한다. 학교 운영하는 것만도 힘들어 죽겠는데 노인 돌보는 일에까지 참여해야 하는 것인가 싶어서 말이다. 하지만 한 달 뒤에 그 교장 선생님은 나에게 이런 이야기를 해 주었다. 어느 날 어린이 세 명이 엘리베이터 앞에서 휠체어를 탄 미스터 O 주위에 서서 언쟁을 벌이고 있었다고 한다. 가까이 가서 들어 보니 누가 미스터 O의 휠체어를 엘리베이터로 밀어 줄 것인지를 결정하기 위해 실랑이 중이었다. 곧 아이들은 나름의 결정을 내렸다. 한 명이 밀고, 한 명이 엘리베이터 버튼을 누르고 있고, 한 명은 미스터 O의 무릎 위에 앉아 있는 것으로. 두 달 뒤에 교장 선생님은 60명의 노인 자원봉사자를 신청했다. 원래 계획보다 45명 많은 것이었다.

— 린다 프라이드Linda Fried(노인병 전문의, 노인학자, 역학자)

사회적 통합이 부족하면 건강에 치명적일 수 있다. 미스터 O가 담배를 끊을 것이냐 사회적으로 더 통합될 것이냐 중 하나를 선택해야 했다면 막상막하였을 것이다. 둘 다 잠재적으로 생명을 구할 수 있다. 그런데 사회적 통합이 건강에 약간 더 좋다.

한 메타 연구에서 연구 시작 시점에 평균 64세였던 남녀를 대상으로 수행한 148개의 기존 연구를 종합해 검토했다. 평균 7.5년의 추적 연구를 했을 때 사회적으로 더 활발한 사람은 사망 확률이 50퍼센트 적었다. 다양한 방식으로 사회에 통합되는 것은 결혼을 하거나 독거 상태가 아닌 것보다 건강을 보호하는 효과가 컸다.[24]

이러한 보호 효과는 남녀 모두에게 나타났다. 성별에 따른 차이가 적다는 것은 흥미로운 결과다. 배우자가 있는 사람이 미혼, 사별, 이혼으로 혼자인 사람보다 사망률이 낮다는 것은 오래도록 알려져 있었다. 하지만 누군가가 결혼은 남성에게만 좋고 여성에게는 그렇지 않다고 말하면 언제나 동의의 웃음이 이어진다. 그럴 만한 이유도 분명히 있을 것이다. 그런데 사회에 더 통합돼 있고 동호회나 단체에 더 많이 연결돼 있으면 **남녀 모두에게** 건강을 보호하는 효과를 낸다.

미스터 O 같은 미국 흑인만 노년에 사회적으로 고립되는 것이 아니다. 영국 등 다른 나라에도 있는 문제다. 영국의 상황을 연구한 '영국 고령화 장기 연구'에 따르면 꼭대기가 외로운 것이 아니라 바닥이 외로웠다.[25] 여기에도 사회계층적 경사면이 있다. 자산을 기준으로 분류한 결과, 자산이 적을수록 동호회나 조직에 소속이 덜 돼 있고 사회적 활동이 적었으며 친구들을 덜 만났고 외로움을 더 느꼈다.

사회적 고립은 개인의 선택 문제가 아니라 광범위한 의미에서 환경의 영향을 받는 문제다. 노년층이 일할 수 있고, 돌볼 수 있고, 정부 보조를 받아 대중교통을 이용할 수 있고, 충분한 소득을 가질 수 있다면, 또 노인친화적인 도시가 만들어지고 범죄 없는 동네가 된다면, 노년기의 사회적 고립 문제를 줄일 수 있을 것이다.

'익스피리언스 코프'는 노년층의 사회참여를 확장하려는 흥미로운 시도였다. 이 프로그램은 볼티모어 대학교 교수였고 지금은 컬럼비아 대학교 보건대학원 원장인 린다 프라이드가 고안했다.[26] 프라이드는 사회적으로 고립되고 사회에서 유용한 역할을 부여받지 못한 볼티모어의 노년층에 관심이 있었다. 린다의 팀은 사회적 고립을 해결하고, 유용한 역할을 부여하고, 건강과 후생을 향상하는 일을 동시에 달성할 수 있었을까? 노인이 참여할 수 있는 '사회적으로 유용한 역할'로 그들이 택한 것은 가난한 지역의 학교에서 어린아이들을 돕는 일이었다. 이는 전략적으로 현명한 선택이었다. 노인은 사회에 무언가를 되돌려 주고 싶다는 욕구를 충족시킬 수 있었고 아이들은 그 혜택을 받았다.

좋은 뜻을 위해 자원봉사를 하는 사람들은 고소득 백인 여성이라는 통념이 있다. 하지만 익스피리언스 코프는 저소득 흑인 남성이 가진 열정의 샘을 건드렸다. 초기 결과들은 일단 긍정적이다. 아이들은 읽기 점수가 향상됐고 행동상의 문제를 일으키는 경우가 줄었다. 자원봉사에 참여한 노인들은 사회적 통합 정도와 성취감이 높아졌으며 지적·신체적 활동도 다소 증가했다. 또 '뇌에서 거미줄을 걷어낸' 것 같다고 느끼게 됐다.

정치적 역량강화

당신이 나이가 들었는데 그렇게 느껴지지 않는다면 어떨까? 75세 이상인 영국인 중 60퍼센트 이상이 자신이 '늙었다'고 생각하지 않는다고 답했다.[27] 이 숫자를 보고 처음 떠오른 생각은 '좋네!'였다. 75세인 사람이 자신이 늙었다고 느끼지 않는 것은 좋은 일이다. 그 다음에 떠오른 생각은 '맙소사!'였다. 나 자신도 '늙었다'는 말이 으레 떠올리게 하는 부정적인 이미지에 사로잡혀 있었다는 걸 깨달아서였다.

우리는 노년을 다르게 생각해 볼 수 있다. '늙었다'는 단어에서 허약하고, 보잘 것 없고, 의존적인 모습을 떠올리지 말고 키케로가 말한 지혜, 우디 앨런의 위트, 장난기 많은 노인, 할아버지 할머니만 줄 수 있는 방식의 손주 사랑을 떠올리면 어떻겠는가? 그렇다면 75세가 넘는 사람 중 겨우 40퍼센트만 자신이 늙었다고, 즉 현명하고 재치 있고 장난스럽고 손주들을 사랑한다고 생각한다는 것이 안타깝게 느껴질 것이다.

'늙음'의 문화적 의미를 바꾼다는 것은 신체와 정신의 쇠퇴를 부인한다는 말이 아니다. 하지만 사회가 '늙음'을 60세나 65세로 규정하더라도 많은 사람들은 그로부터 15년이나 20년이 더 지날 때까지도 자신이 '늙었다'고 여기지 않는다. 사회적으로 불리한 위치에 처해 있다면 더 이르게 쇠퇴가 올 것이고 유리한 위치에 처해 있다면 더 늦게 쇠퇴가 올 것이다.

문화의 변화와 법 제도의 변화 중 무엇이 먼저여야 하는지는 모르겠다. 분명 둘 다 필요하다. 브라질의 90세 여성 마리아는 법이 노인의 권리와 혜택을 보장해서 자신의 삶이 바뀌었다고 말했다. 민주주의 국가는 노년의 권리와 노인의 요구를 더 이상 무시할 수 없다. 이들이 유권자의 상당 부분을 구성하기 때문이다. 미국은퇴자협회American Association of Retired Persons(AARP)는 회원이 3,700만 명이나 된다.

나는 매 연령대를 이야기할 때마다 그 연령대가 중요하다고 주장했다. 영유아기의 성장 발달은 인생의 나머지에 영향을 준다. 교육은 이후 사회생활의 출발점이 어디가 될 것인지에 영향을 주고, 이는 좋은 삶의 기회를 가질 수 있느냐에 영향을 준다. 노동 연령대도 중요하다. 우리는 일터에서 많은 시간을 보내므로 일이 우리 건강에 어떤 영향을 미치는지는 매우 중요하다. 또 일이 자녀 세대에게 좋은 삶을 보장할 경제적 안정성을 줄 수 있는지도 중요하다. 그리고 인생 전체에서 이런 과정들이 미친 종합적인 결과가 노년기에 나타난다. 아동사망률이 줄고 전 세계적으로 인구가 고령화되며 비감염성 질병이 주된 사망 원인이 되면서, 노년기의 건강 비형평은 중요성이 더욱 커지고 있다.

연구 결과들은 인생 경로 전체에서 벌어진 일들이 노년기의 후생과 건강에 영향을 준다는 점을 분명히 보여 준다. 더불어, 노년기에 진입한 이후에 처하는 삶의 여건도 그 이후 10년이든 20년이든 남아 있는 삶에 큰 영향을 준다. 사회가 무엇을 하는가는 노년기에도 다른 시기에 만큼 중요하다. 이러한 사회적 측면을 더 잘 알아보기 위해, 8장에서는 사람들이 나고 자라고 살아가고 일하고 나이 들어가는 지역공동체를 살펴볼 것이다.

8

회 복 력 강 한 지 역 공 동 체

이렇게 기품 있는 사원에는 병든 기운이 머물 수 없어요. 병든 기운이 이렇게 좋은 집을 갖는다면 좋은 것들도 그곳에 살려고 기를 쓰지 않겠어요?

— 윌리엄 셰익스피어, 《태풍The Tempest》 1막 2장

2011년 5월, 메리(가명)는 목을 매 숨진 채로 조부모님 집 뜰에서 발견됐다. 캐나다 브리티시컬럼비아주의 원주민 구역 '퍼스트 네이션스 리저브First Nations Reserve'에서였다. 메리는 캐나다 원주민이고 사망 당시 14세였다.[1]

모든 자살이 그렇듯이 메리에게도 그만의 사연이 있다. 가정과 동네에서 신체적·정신적 학대를 당했고 성적 학대도 당했을 것으로 보인다. 엄마는 정신이 불안정했고 아이의 머리를 때리라고 명령하는 환청을 들었다. 당국은 제대로 기능하지 못한 아동복지 시스템과 학대 사실을 호소하는 메리의 말에 아무도 귀를 기울이거나 행동을 취하지 않은 것을 원인으로 꼽았다. 그런데 메리가 슬프도록 생을 짧게 마감한 것은 다른 관점에서도 볼 수 있다. 메리의 비극에는 개인적인 사연도 있지만 캐나다에는 비슷한 비극을 겪는 원주민 아동이 많다. 브리티시컬럼비아주의 아동·청소년 원주민 자살률은 캐나다 전체의 5배나 된다.[2] 메리가 왜 출구가 없다고 느꼈는지를 알려면 왜 많은 브리티시컬럼비아 원주민 아이들이 비슷한 느낌을 겪는지를 알아야 한다.

브리티시컬럼비아주 빅토리아 대학교의 심리학 교수 크리스토퍼 라론드Christopher Lalonde는 이렇게 말했다. "퍼스트네이션스의 마을들에서 아동·청소년 자살이 전염처럼 퍼지고 있다는 언론 보도들이 있습니다. 하지만 우리가 연구한 마을 중 절반에서는 21년 동안 아동·청소년 자살이 한 건도 없었습니다." 라론드와 마이클 챈들러Michael Chandler(현재 브리티시컬럼비아 대학교 명예교수)는 1987년부터 2000년까지 브리티시컬럼비아 원주민의 아동·청소년 자살률을 연구했다. 이곳에는 약 200개의 원주민 부족이 있지만 첫 6년 동안 자살의 90퍼센트 이상이 그중 12퍼센트의 부족에서만 발생했다.

자살이 발생한 부족과 그렇지 않은 부족 사이에는 어떤 차이가 있었을까? 챈들러와 라론드가 처음 생각한 것은 빈곤이었다. 그들은 원주민의 처지를 "뼈를 부수는 빈곤"이라고 표현했다. "북미 원주민은 북미 대륙에서 빈곤으로 가장 크게 고통받는 집단이며, 실업률이 가장 높고, 교육 수준이 가장 낮고, 수명이 가장 짧고, 건강이 가장 안 좋다."[3] 하지만 빈곤은 설명의 일부이기는 해도 전부는 아니다. 모든 원주민 공동체가 빈곤하다. 똑같이 가난한데 왜 어떤 마을은 다른 마을보다 자살 위험이 큰가?

라론드에 따르면, 부족의 문화적 역사를 지키고 공동체의 미래를 스스로 촉진할 수 있는 마을은 자살률이 낮았다. 라론드와 마이클은 6개의 지표로 문화적 연속성을 측정했다. 여기에는 토지 점유권에의 참여, 자치의 정도, 교육·치안·화재·보건 서비스에 대한 공동체의 통제, 문화시설 등이 포함됐다. 결과는 분명했다. 문화적 연속성이 높고 공동체가 스스로의 운명을 잘 통제할 수 있을수록 아동·청소년 자살률이 낮았다. 빈곤은 나쁘다. 하지만 타워햄리츠 선생님의 말처럼, 숙명은 아니다.

지역의 아동복지 시스템이 실패해서 메리의 자살을 막을 수 없었다는 당국의 설명에 대해 라론드는 견해가 달랐다. "자살률 자체를 목표로 삼지 말아야 합니다. 목표가 돼야 할 것은 지역공동체를 아동·청소년이 살기에 더 건강한 장소로 만드는 것입니다." 내 용어로 말하자면 공동체의 '역량을 강화'하는 것이고 라론드의 표현으로는 공동체가 '자신의 문화를 지키고 미래를 스스로 촉진할 수 있게 하는 것'이다.

캐나다 원주민에게 치명적인 결과를 초래한 암울한 측면들은 미국에도 존재한다.[4] 호주 원주민인 애버리지니[5]와 뉴질랜드 마오리족 공동체[6]에서도 마찬가지다. 사회적 배제와 역량 박탈은 사람들을 죽인다. 사회적 배제는 배제되느냐 아니냐의 이분법적 현상이 아니다. 사회적 배제와 역량 박탈의 정도는 건강의 사회계층적 경사면에 영향을 미친다. 원주민만이 아니라 모든 지역공동체가 그렇다. 사람들이 나고 자라고 일하고 살아가고 나이 들어가는 환경은 건강에 해로울 수 있다. 하지만 지역공동체는 그러한 해로움에 직면해서 잘 버티고 잘 회복할 수 있는 역량을 갖춰 나갈 수도 있다.

지역공동체 단위에서 어떤 일이 벌어지는지는 범죄, 음주 사망, 비만, 교통사고, 우울증, 공기와 수질오염으로 인한 질병, 주거 문제 등을 야기할 수 있다. 동시에 지역공동체 단위에서 어떤 일이 벌어지는지는 사회 응집성 제고, 사회참여 제고, 범죄 감소, 교통수단과 도보 가능한 환경 제공, 양질의 식품과 공공 서비스 접근성 제공 등을 통해 사람들의 건강에 도움이 될 수 있다.

가장 좋은 것은 "뼈를 부수는 빈곤"을 갖지 않는 것이다. 하지만 그런 빈곤에 직면한다 해도 공동체는 건강 형평성에 기여하는 방식으로 어느 정도 상황들을 잘 다뤄 나갈 수 있으며 실제로 그런 사례들이 존재한다. 지역공동체의 영향은 모든 연령대에서, 그리고 사회계층적 경사면의 모든 지점에서 중요하다. 8장에서는 먼저 사회적 유해 요인에 대해, 이어서 물리적 유해 요인에 대해 지역공동체가 어떻게 '회복력resilience'을 가질 수 있을지 알아보자.

사회적으로 더 살기 좋은 지역공동체 만들기

사회적인 것과 물리적인 것 사이의 경계는 다소 자의적이다. 가령 좋은 도시 설계는 사회적 상호작용을 촉진한다. 편리한 대중교통은 노인이 더 많은 사회적 활동을 할 수 있게 해 준다. 이를 전제로 하되, 명백히 '사회적'인 것이라고 볼 수 있는 영역에서 출발해 보자.

범죄 공포 해결하기

"많이 가진 자들은 문에 자물쇠를 채우더라만, 아무 것도 없는 사람들은 자물쇠가 필요 없지." 미국의 작곡가 조지 거슈윈George Gershwin의 가극 〈포기와 베스Porgy and Bess〉에서 포기는 이렇게 노래한다. 재산 범죄는 부자들에게나 일어난다는 말일 것이다. 하지만 도둑이 들어봤자 가져갈 게 없으니 자물쇠가 필요 없다고 생각한다면, 포기가 미국 법무부 통계를 보고 노래한 것은 아님을 기억하기 바란다.[7] 한 공직자는 (약간 냉소적으로) 이렇게 말했다. "군소 연립 정부랄까요. 대중교통이 너무 나빠서 자기네 동네를 털어야 해요."

유명한 은행 강도 윌리 서턴Willie Sutton은 "거기에 돈이 있어서" 은행을 털었다지만, 영국과 미국에서 재산 범죄는 돈이 없는 곳에서 더 많이 일어난다. 폭력 범죄도 저소득 지역에서 더 많이 발생한다. 그리고 절도와 폭력 모두 범죄에 대한 공포를 높인다.

자살은 개인의 행동이지만 자살률은 공동체의 특성이다. 범죄도 그렇다. 폭력을 당하거나 도둑을 맞는 것은 개인이지만 범죄율은 공동체의 특성이다. '범죄 공포'를 생각해 보면 잘 알 수 있다. 범죄 공포는 실

제 범죄율에 따라 달라지긴 하지만 그만큼 빠르게 달라지지는 않을 수 있다.[9]

나는 매 스태포드Mai Stafford, 타라니 찬돌라Tarani Chandola와 함께 화이트홀II 연구를 진행하면서 범죄 공포와 건강 악화 사이에 상관관계가 있음을 발견했다.[10] 50~70세의 공무원을 대상으로 조사한 결과 매우 가파른 사회계층적 경사면이 관찰됐다. 직급이 낮을수록 범죄 공포, 즉 도둑을 맞거나 강도를 당하거나 자동차 범죄를 당하거나 성폭력을 당할지 모른다는 공포를 더 많이 느꼈다. 낮은 직급 사람들 중에서는 3분의 1이 날치기를 걱정했지만 높은 직급 사람들 중에서는 7퍼센트만 날치기를 걱정했다. 낮은 직급 사람들 중에서는 3분의 1이 강도를 걱정했지만 높은 직급 사람들 중에서는 6분의 1만 그랬다.

범죄 공포를 많이 느낄수록 정신 건강이 나빴고 일반적인 신체기능도 나빴다. 범죄 공포는 걱정과 스트레스에 직접적으로 영향을 줄 뿐 아니라 사람들을 고립시키는 효과도 있다. 범죄 공포를 많이 느끼면 친구들을 방문하거나 사회적 활동에 참여하거나 걸어 다니거나 운동을 하는 등의 활동에 시간을 덜 쓰는 것으로 나타났다. 따라서 범죄 공포는 건강을 악화시키며[11] 범죄 공포의 사회계층적 경사면은 건강의 사회계층적 경사면의 요인이 된다. 또 범죄 공포가 노년층의 사회적 고립으로 이어진다면 노인들은 범죄 공포라는 공동체적 특성의 간접 피해자가 된다.

신체적 해로움 해결하기

웨일스 최대의 도시 카디프의 토요일 밤은 바쁘다. 응급실도 바쁘다. 주로 젊은 남성들이 여러 가지 심각한 상태로 응급실에 온다. 전형적인 경우는 술집에서 싸움이 벌어져 누군가가 깨진 술잔으로 얼굴이나 목을 긋는 바람에 다친 사람들이다.

얼굴 성형 전문 외과 의사 조너선 셰퍼드Jonathan Shepherd는 응급실에서 얼굴이 찢어진 사람들을 꿰매면서 토요일 밤을 보내다가 궁금증이 생겼다. 왜 아무도 (공중보건 용어로 표현하자면) '상류'의 원인을 보지 않을까? 외과 의사들은 대개 찢어진 얼굴을 꿰매긴 하지만 얼굴이 찢어지는 일을 예방하거나 공중보건을 향상시키지는 않는다. 하지만 훌륭한 의사는 환자도 치료하고 공중보건에도 기여한다(고 나는 생각한다). 조너선 셰퍼드가 바로 그런 의사다.

셰퍼드는 폭력이 무작위로 분포하는 게 아니라 '빈발 지역'이 있음을 발견했다. 문제는 경찰이 폭력 사건의 상당 부분을 인지하지 못해서 어디가 빈발 지역인지 알아내지 못하고 있다는 것이었다. 영국에서는 응급처치가 이뤄진 폭력 사고 중 4분의 1정도만 경찰에 신고된다. 다른 나라들도 신고율이 높지 않다. 피해자들은 보복이 두렵거나 가해자의 신원을 몰라서('술집에 있던 웬 미친 놈'이라고 말하는 건 도움이 되지 않는다), 혹은 자신이 조사당할 것이 우려돼 신고를 꺼린다.

셰퍼드는 폭력 피해를 막기 위해 의사, 경찰, 주류 면허 당국, 교육 기관, 교통기관, 구급 서비스 등과 협업을 했다. 응급처치를 담당하는 사람들이 사건을 '익명화'해서 경찰에 신고한 것이 특히 주효했다. 그 덕에 피해자의 신원은 보호하면서도 사고 장소를 특정할 수 있어서 빈발 지역을 알아낼 수 있었다.

하지만 범죄 장소가 이동하면 어떻게 되는가? 위험 지역에 경찰력이 집중되면 폭력이 다른 곳으로 장소를 옮겨 발생하지 않겠는가? 의

외로 그렇지 않았다. 폭력이 사회의 속성이라면 그 사회의 한 지점에서 폭력을 저지를 수 없게 될 경우 다른 지점으로 옮겨가서 폭력을 저지르게 될 것 같지만, 실제로는 그렇지 않다. 술 취해서 깨진 유리를 휘두르며 날뛰는 젊은이들이 그 행동을 합리적 효용 극대화를 통해 '선택' 한 것으로 보이지는 않는다. 깨진 병으로 누군가의 얼굴을 베는 것이 가져올 이득과 위험을 계산해서 효용을 극대화하는 방향으로 결정을 내린 것이라면, 한 장소에서 그럴 수 없게 됐을 때 다른 곳으로 가서 그렇게 했을 것이다.

폭력으로 인한 손상을 예방하기 위한 노력에는 빈발 지역에 경찰력을 집중시키는 것 외에도 도로를 걸어 다닐 수 있게 만들고, 밤에 대중교통을 이용할 수 있게 하며, 술집 직원들과 협업하는 일도 포함됐다. 이런 조치들은 효과가 있는 것으로 보인다. 카디프는 이런 조치가 취해지지 않은 비슷한 도시들에 비해 폭력 사건으로 병원에 오는 환자가 42퍼센트나 줄었다.[12]

셰퍼드 팀은 이 접근방법을 영국과 웨일스 전체로 확장해서 지역 간에 폭력 손상율이 3배 넘게 차이 나는 이유를 설명하고자 했다. 연구 결과, 폭력 손상율이 높은 지역은 더 가난하고 청년실업률이 더 높았다. 또 주요 스포츠 경기가 있는 여름에 폭력 손상이 많았다. 이에 더해 맥주 가격도 중요한 요인이었다. 맥주 값이 오르면 폭력 손상률이 줄어든다.[13] 가격이 올라가면 소비가 줄어든다는 경제학 이론대로다. 합리적 선택 이론이라는 경제학 모델을 과도하게 적용하는 것에는 반대지만, 맥주 값을 올려서 〔술 소비가 줄고, 따라서〕 폭력이 줄어든다면 살기 좋은 지역공동체를 만드는 데 도움이 될 것이다.

폭력 조직 문제 해결하기

대부분 폭력 손상은 폭력 조직끼리 싸워서 발생한다. 아마 그들끼리 싸우고 다치게 두라고 말할 사람들도 (많지는 않겠지만) 있을 것이다. 하지만 나는 두 가지 점에서 반대한다. 하나는 현실적인 면에서, 다른 하나는 도덕적인 면에서의 반대다. 현실적인 면에서 볼 때 길거리에서 싸움이 나면 당사자뿐 아니라 모두가 피해를 입는다. 범죄가 많으면 범죄 공포도 커지고 죄 없는 사람도 폭력의 그물에 걸릴 수 있다. 다음으로, 도덕적인 면에서 볼 때 아프고 다친 사람들을 돕는 것은 의사가 가진 신념의 핵심이다. 의사는 자신의 가치판단으로 누군가를 치료할지 말지 결정하지 않는다. 의사는 병을 자초한 사람도 치료한다. 의사는 자발적으로 폭력 행위에 가담했다가 다친 사람도 치료한다.

폭력 조직 범죄는 매우 만연해 있다. 미국과 멕시코의 국경 지대에서 지난 7년간 마약 카르텔끼리의 싸움으로 수천 명이 숨졌다. 국경의 미국 쪽에는 6,700명의 합법적 무기 거래인이 있다. 그런데 멕시코 쪽에는 합법적인 무기 소매업체가 하나뿐이다. 멕시코의 범죄 사건에서 회수되는 총의 70퍼센트는 미국에서 온 것이다.[14] 이를 해결하면 폭력 집단과 관련된 손상을 줄일 수 있을 것이다. 브라질에서는 파벨라favela(도시 슬럼)에서 발생하는 조직 범죄가 세계 최고의 살인율에 일조하고 있으며 콜롬비아는 마약 관련 폭력 범죄로 악명이 높다.

미국은 조직 폭력 범죄를 다루는 몇몇 획기적인 접근법을 개발했다.[15] 이 중 일부를 영국의 글래스고가 적용했다. 글래스고 경찰은 폭력 조직의 일원이 범죄를 저지르면 개인보다는 조직을 기본적인 단위로 삼는다. 범죄를 저지른 개인들을 불러서 지금 여기에 있지 않은 사람이라도 그 조직에 속한 사람이 범죄를 다시 저지르면 조직 전체를 쫓을 것이라고 경고한다. "우리는 네가 누구인지 알고 있다. 또 범죄를 저지르면 가만 두지 않을 것이다." 험한 글래스고 억양으로 경찰이 이렇게 말한다고 생각해 보라. 범죄가 또 발생할 경우 집단 전체를 처벌하겠다는 경고는 범죄 조직이 스스로의 행위를 규율하게 만드는 효과를 낸다.

경찰뿐 아니라 많은 관련자가 관여한다. 가령 피해자의 엄마가 회의에 참석해 아들이 폭력 조직의 싸움에서 칼에 찔리는 게 엄마에게 어떤 의미인지 이야기한다. 응급실 의사는 폭력 조직원을 치료하는 것에 대해 이야기한다. 마을 사람들은 폭력 조직이 지역공동체에 어떤 피해를 주는지 이야기한다. 그리고 다 함께 토론을 벌인다. 그런 가운데 한 젊은이가 화를 내며 말했다. "나는 저 녀석들(다른 조직에 속한 사람들)하고 몇 년 동안이나 싸웠다고요. 내가 왜 그래야 하는지 설명해 보세요!"

경고가 채찍이라면 당근도 필요하다. 그들에게 기술을 익힐 기회나 구직에 필요한 요령들을 배우게 해 주는 것이다. 이때는 지역 업체들과의 협업이 필수적이다. 공공기관과 민간 업체 모두 참여한다. 폭력 조직 구성원들은 교육·의료·경력 조언·사회보장 서비스 등을 한 번에 상담할 수 있는 원스톱 서비스의 연락처를 받는다. 그곳에 등록하면 필요한 것이 무엇인지를 평가해 적절한 프로그램을 제공해 준다. 분노 조절·갈등 해결·직업 교육 등 여러 가지가 있다. 경찰의 폭력감소팀에 따르면 이 프로그램을 거쳐 간 400명 정도의 폭력 조직 구성원들에게서 약 50퍼센트의 폭력 감소 효과가 있었다.[16] 이런 프로그램에는 돈이 든다. 하지만 단기적인 폭력 감소는 물론이고 장기적인 이득도 크다.

지속가능하고 회복력 강한 지역공동체 만들기

지역사회의 단체들과 함께

영국판 보고서 작업을 하던 시절에 리버풀에서 지역사회 단체들을 대상으로 강연을 한 적이 있다.[17] 그들은 내 강연을 듣고나서 자기들끼리 토론을 하더니 돌아와서 다음과 같이 문제를 제기했다.

- 우리는 외부 전문가가 우리에게 무엇을 하라고 말하기를 원하지 않는다. 우리의 목표는 우리의 가치에 따라 정해져야 한다.
- 우리는 무엇을 측정해야 할지에 대해 전문가가 우리에게 지시하기를 원하지 않는다. 우리의 가치에 따라 설정된 목적이 성공 척도를 무엇으로 삼을지 또한 결정해야 한다.
- 결과뿐 아니라 과정도 중요하다. 우리가 어떻게 그곳에 도달했는지도 우리가 어디에 도달하고 싶은지만큼 중요하다.
- 전에는 프로그램의 질이 문제라고 생각했지만 이제는 사회의 속성이 문제라는 것을 안다. 그렇더라도 우리가 할 수 있는 일은 많다.

나는 "외부 전문가가 우리에게 무엇을 하라고 말하기를 원하지 않는다"라는 말에 움찔했다. 런던에서 새벽 기차로 막 도착한 나는 그 자리에서 유일한 외부 전문가였다. 단도직입은 리버풀의 장점이다. 그들은 (은유적으로) 팔짱을 끼고 나를 보았다.

나도 (은유적으로) 팔짱을 끼고 질문했다.

"그러면 개입이 효과적으로 이뤄지는 것보다 지역공동체 사람들에 의해 고안되는 것이 더 중요하단 말씀이군요? 그러면 저는 효과가 있으리라고 여겨지는 것이 무엇인지 자료를 보여 드리는 것만 할 수 있겠네요."

분위기가 서먹해졌다.

"좋아요. 효과가 있다고 밝혀진 것을 알려 주세요. 하지만 우리는 우리 방식대로 그것을 할 거예요."

아주 좋은 원칙이라고 생각했다. 지역공동체는 스스로 통제력을 가질 수 있어야 한다. 하지만 다른 곳에서 무엇이 효과가 있었는지 아는 것은 도움이 된다.

해결해야 할 문제는 두 가지다. 안 좋은 일이 벌어지지 않게 예방하는 것, 그리고 안 좋은 일이 벌어졌을 때 잘 버텨 내고 빠르게 회복할 수 있는 역량을 갖추는 것. 후자를 지역공동체의 '회복력'이라고 부른다. 회복력은 사회적으로 지속가능한 공동체가 가져야 할 중요한 특성이다.

리버풀 사람들은 실로 적확하게 역량강화의 의미를 표현했다. 회복력 강한 지역공동체를 짓는 과정에서 공동체 스스로가 통제력을 가져야 한다는 것, 그리고 비록 당면한 문제가 더 큰 사회(국가)와 관련된 것이더라도 지역 단위에서 할 수 있는 일 또한 많이 존재한다는 것.

지역 단위의 개입이 잘 이뤄진 사례로 시애틀을 들 수 있다. 시애틀의 '돌보는 지역공동체Communities that Care' 프로그램은 '지역공동체가 역량을 모아 개입해야 하는 시점은 아이들이 학교에 있는 시기'라는 합리적인 가정을 세우고, 잘 짜인 일련의 프로그램들을 마련했다. 학교와 가정이 협력해 나갈 수 있게 사람들을 모으는 것이 특히 중요했다. 프로그램은 매 학년마다 제공돼 아이가 학교를 다니는 동안 계속 참여할 수 있게 설계됐다. 미국 7개 주 10~14세 학생을 대상으로 진행된 최근의 한 평가에 따르면, 이 프로그램에 속해 있는 아이들은 12세 무렵에 마약·담배·술에 접할 가능성이 훨씬 적었고 비행이나 폭력 관여도도 낮았다.[18] 또 시애틀에서 이보다 앞서 이뤄진 한 연구에서 젊은이들을 33세까지 장기 추적 조사한 결과, 지역공동체에서 진행된 '시애틀 사회 발전 프로젝트Seattle Social Development Poject'가 학교와 지역사회에 대한 학생들의 유대감을 높이는 데 기여한 것으로 나타났다. 장기적으로 마약·술·담배 사용이 줄었을 뿐 아니라 다수의 성관계 파트너를 갖는 것이 줄었고, 안전한 피임을 더 많이 했으며, 범죄 관여도가 낮아졌고, 정신질환 발병도 줄었다.[19]

시애틀이 미국에서 가장 안 좋은 도시도 아니며 '돌보는 지역공동체' 프로그램도 범죄가 많은 대도시 빈민 지역이 아니라 중간 규모의 도시에서 이뤄졌으므로 일반화가 어렵지 않느냐는 반론이 있을 수 있다. 그렇더라도 시애틀은 젊은이들이 사회적으로 더 적절한 행동을 하게 만드는 데 지역 단위의 조치가 효과 있음을 보여 줬다. 즉 개념 증명은 이뤄진 것이다. 큰 도시에 적용하기는 더 어려울 수 있지만 노력할 만한 가치는 충분히 있다.

정작 내가 신경이 쓰인 문제는 다른 데 있었다. 국가 전체적인 소득 불평등과 사회적 여건의 불평등이 문제라면 지역공동체 수준에서 회복력을 강화하기 위해 노력하는 것이 무슨 소용일까? 이에 대한 답은 내가 4장에서 주장한 바와 같다. 영유아기 성장 발달의 불평등을 줄이는 데 두 가지 길이 있었다. 하나는 사회적·경제적 결핍을 줄이는 것이고 다른 하나는 효과가 검증된 양육 지원 프로그램들을 도입하는 것이다. 여기에서도 마찬가지다. 우리는 빈곤 및 배제가 일으키는 유해성을 줄여야 하고, **그와 함께** 지역공동체의 회복력을 키우기 위해 노력해야 한다.

의외의 관련자들

리버풀 머지사이드 소방서 서장이 말했다.

소방관들은 알다시피 다들 우락부락한 사내들입니다. 인명 피해가 발생한 화재 현장에 나갔다 오면 이런 생각이 들곤 했어요. 이렇게까지 될 필요는 정말 없는데…… 이런 피해를 막기 위해 그들은 무언가를 했어야 하지 않나? 그리고 또 이런 생각이 들었죠. 가만, 왜 '그들'이지? 예방을 위해 '우리'가 할 수 있는 일은 없을까?

우리는 근무시간의 6퍼센트만 실제로 불과 싸우는 데 씁니다. 나머지 시간은 대비를 하는 데 쓰지요. 그래서 우리는 가정방문을 해서 화재경보기를 설치하도록 조언했습니다. 다들 소방관을 좋아하니까 우리가 가면 환영을 받아요. 그런데 사람들이 말하더군요. "화재경보기로군요! 저, 그런데 새는 지붕은 어떻게 해야 하나요?" 그래서 지붕 고치는 건 지역 당국에서 도움을 받을 수 있을 거라고 알려 주었습니다. 사실상 사회복지사 역할을 한 셈이지요. 우리 우락부락한 사내들이 말이에요.

우리는 사람들에게 침대에서 담배를 피우지 말라고 조언했습니다. 그리고 생각했지요. 담배를 끊으라고 조언하면 어떨까?

우리는 리버풀 축구 클럽과 협업해서 아이들이 거리를 배회하는 대신 운동을 하게 하는 프로그램을 진행했어요. 또 수급자 카드를 만들어서 그게 있으면 우리 체육관을 공짜로 쓸 수 있게 했습니다. 아이들을 소방서로 데리고 와서 채소도 기르게 했어요. 길거리를 떠돌면서 소란피우는 것보다 훨씬 좋은 일입니다.

요즘 나는 전국 각지의 소방서에서 강연 요청을 받는다. 기차역에서 소방서 차량의 마중을 받는 건 신나는 일이다(빨간색 진짜 소방차는 아니다. 아직 꿈은 이루어지지 않았다). 나는 이제 보건전문가와 의사들에게 이렇게 말할 수 있다. "소방관들이 빈곤한 동네의 건강을 향상시키기 위해 하는 일들을 좀 보세요. 당신들은 무엇을 하고 있습니까?"

일반적으로, 지역공동체 사람들의 삶을 향상시키면 건강 형평성에 긍정적인 효과가 생긴다. 의사나 보건 전문가처럼 건강 증진을 업으로 삼는 사람들만 적극적인 행위자가 될 수 있는 것은 아니다. 영국판 보고서 〈공정한 사회, 건강한 삶〉에서 우리는 '비례적 보편주의'를 이야기했다. 모두를 포괄하는 보편주의적 접근을 취하되 필요가 더 큰 곳에는 그에 비례해 더 많은 노력을 기울이는 것이다. 중산층 동네에서만 그런 활동이 성과를 내는 것이 아니다. 처지가 그보다 안 좋은 '발전도상developing' 지역공동체들에도 그들의 필요에 맞게 더 많은 노력을 기울인다면 많은 성과를 낼 수 있을 것이다.

모든 이를 포함하는 노력: 호주의 사례

> 당신이 나를 돕기 위해 왔다면 시간 낭비일 것입니다. 하지만 당신의 자유가 나의 자유와 관련이 있기 때문에 왔다면, 우리 함께 해 봅시다.
>
> ―원주민 활동가 단체, 퀸즈랜드, 1970년대.

호주 노던테리토리의 주도 다윈에서 두 명의 원주민 남성과 점심을 먹고 있었다. 원주민 의료 서비스를 이끄는 사람들이었다. 그들이 말했다. "우리는 당신의 보고서를 늘 사용합니다."

성공했다! 자랑이지만, 정말이지 그보다 더 기쁠 수가 없었다.

다윈의 맥락을 알려면 호주를 알아야 한다. 호주는 인간개발지수(HDI)가 노르웨이 다음으로 2등이다.[20] 유명한 오페라하우스와 하버브리지가 있는 시드니는 널리 찬사받은 올림픽 개최지이기도 하다.

시드니에서 3,000킬로미터 떨어진 다윈은 호주의 끝 노던테리토리의 주도다. 광산업과 약간의 관광업으로 부유해지고 있는 중이지만 시드니나 멜버른 같은 대도시와는 크게 다른 모습이다. 다윈 자체는 그렇지 않지만 인근에 흩어져 있는 마을은 원주민 마을들이다. 나는 군발라냐를 방문했다. 웨스트 아넘랜드에 있는 1,200명 규모의 마을로, 원주민 마을 중에서는 큰 편이다. 이곳 사람들은 쿤윈지쿠어와 영어를 사용한다. 들어가려면 이스트 앨리게이터강을 건너야 하고, 우기에는 다윈에서 육로로 갈 수 없다. 첫 인상은 두 가지다. 자연 경관의 놀라운 아름다움, 그리고 오페라하우스가 있는 시드니나 크리켓 경기장이 있는 멜버른보다는 파푸아뉴기니와 훨씬 비슷하다는 인상을 주는 낡은 가게들.

호주는 HDI가 2등이지만 호주 원주민은 마치 다른 나라에 사는 것처럼 보인다. 호주 원주민들이 하나의 나라를 구성하고 있다면 이 나라의 HDI는 187개국 중에 122등이다.[21] 한두 해 전에는 호주는 4위, 호주 원주민은 104위였다.[22] 불평등이 심해졌나? 아직 성급히 결론을 내리지는 말자.

2010~2012년 노던테리토리 원주민의 기대수명은 남성 63.4세, 여성 68.7세였다. 원주민이 아닌 남녀보다 14.4년 짧았다.[23] 기대수명의 차이가 이렇게 크다는 것은 사회적 결정 요인, 즉 나고 자라고 일하고 살아가고 나이 들어가는 환경이 크게 차이 난다는 뜻이다.

호주 원주민은 "뼈를 부수는 빈곤" 속에 살고 있다. 그런데 그들의 건강 문제는 HDI가 낮은 다른 나라들과 양상이 다르다. 우리는 제3세계 국가들에서 빈곤이 건강을 어떻게 해치는지 알고 있다. 그곳에서는 아기들이 죽는다. 시에라리온의 영아사망률은 출생아 1,000명당 117명인 반면 아이슬란드는 2명이다(세계에서 가장 낮다). 전 세계적으로 국가별 영아사망률 격차는 2명부터 117명까지인데, 호주 원주민은 9명으로 시에라리온보다는 아이슬란드에 가깝다. 비원주민인 호주인(4.3명)보다 높은 영아사망률이긴 하지만[24] 호주에서 원주민과 비원주민의 수명에 14년의 격차를 만들어 내는 질병은 주로 25세에서 64세 사이에 발생한다. 이런 질병들(심장병, 당뇨, 호흡기질환, 암)과 사고, 그리고 폭력은 사회계층적 경사면을 따른다.

격차는 막대하다. 허혈성 심장질환은 호주 원주민 남성이 비원주민보다 6배, 여성은 11배 많다.[25] 당뇨는 차이가 더 크다. 당뇨로 인한 사망률은 원주민 남성이 비원주민보다 19배, 여성이 27배 높다.

호주 원주민의 빈곤은 제3세계식 빈곤이라기보다는 역량의 박탈과 지역공동체의 붕괴, 즉 캐나다 브리티시컬럼비아의 원주민 청소년들이 처한 상황과 비슷한 것으로 보아야 한다. 문제의 진단은 비교적 분명하다. 이를 해결하는 것은 그보다 복잡하다.

진단부터 해 보자. 한 호주 원주민 지도자가 묘사한 농촌 마을은 원주민 사회가 처한 전형적인 상황을 보여 준다.

밤이면 고통과 공포의 날카로운 비명이 들린다. 아이들은 성폭력이 기다리고 있는 집을 무서워해서 캄캄한 밤거리를 돌아다닌다. 부모는 돈을 받고 아이가 학대당하게 둔다.

뉴사우스웨일스 북서부 작은 마을들의 모습은 절망, 알코올 중독, 마약 남용, 가정폭력, 아동 범죄 등 당신이 떠올릴 수 있을 법한 모든 안 좋은 것들을 담고 있다.[26]

호주에서 토착민 인구는 전체 인구의 2.5퍼센트밖에 안 되지만 수 감자 수의 30퍼센트를 차지한다. 노던테리토리에서는 토착민 인구가 전체의 30퍼센트인데 수감자 인구의 83퍼센트다.[27] 어느 정도는 원주민들의 높은 범죄율을 반영하고 어느 정도는 사법 제도상의 차별을 반영한다.

군발라냐 혹은 뉴사우스웨일스의 시골 벽지에서부터 영국의 리버풀이나 미국의 볼티모어까지는 매우 멀다. 하지만 영국과 미국의 빈민가에서 사람들을 죽게 만드는 것과 동일한 질병, 사고, 폭력이 호주의 원주민들도 죽게 만든다. 질병과 폭력은 어디에서나 비슷한 원인들을 갖는다. 따라서 해법도 원칙적으로는 비슷하다. 영국판 보고서 〈공정한 사회, 건강한 삶〉에서 우리는 다음의 여섯 가지를 강조했다.[28]

- 영유아기 성장 발달
- 교육과 평생학습
- 고용 여건과 노동 여건
- 건강생활최저생계비
- 건강하고 지속가능한 지역공동체
- '사회적 결정 요인' 접근법을 통한 예방

핵심 개념은 권력·돈·자원의 불평등이다.

호주 원주민들이 겪는 극단적인 건강 불이익의 원인은 리버풀, 런던, 볼티모어와 정도만 다를 뿐 종류는 다르지 않다. 어느 곳에서든 건강이 사회계층적 경사면을 보인다면 그곳의 누군가는, 어느 집단인가는 바닥에 있다는 말이다. 호주에서는 이들이 원주민이다. 호주 원주민 집단은 아동 방임과 가정폭력이 많고 교육 수준이 낮으며 실업률이 높고 노동 여건이 열악하고 돈이 없고 적절한 주거가 부족하고 흡연과 음주가 만연해 있고 식생활이 형편없다. 모두 우리가 건강 경사면의 원인으로 강조한 것들이다. 다만 사회적으로 배제된 원주민들에게는 그 정도가 소름끼칠 정도로 심각하다.

너무나 오랫동안 있어 왔고 너무나 뿌리 깊은 문제들이어서 변화가 가능할까 싶을 정도다. 하지만 지금쯤이면 당신은 내가 절망을 설파하려는 게 아님을 알고 있을 것이다. 교육이 좋은 사례를 보여 준다.

내가 쓴 보고서를 다윈의 원주민들이 알고 있어서 무척 기뻤던 것과는 별개로, 호주의 역사에 대해 나는 이중으로 부끄러움을 느꼈다. 1966년에 찰리 퍼킨스Charlie Perkins가 시드니 대학교를 졸업했다.[29] 호주 원주민 최초의 대학 졸업자였다. 이 대학교가 1850년에 설립됐으니 최초의 원주민 졸업생이 생기기까지 116년이 걸린 것이다. 어린 시절 20년을 호주에서 보냈고 시드니에서 의대를 다닌 나는 나 역시 공범이라는 생각이 들어 부끄러웠다. 이중으로 부끄러웠던 이유는 퍼킨스가 졸업한 1966년에 내가 시드니 의대를 다니고 있었으면서도 충분히 분노하지 않았기 때문이다. 나는 그때 무슨 생각을 했던가? 혹은 무슨 생각을 하지 못했던가?

다행히 나를 포함해 그때 호주 사람들이 무엇을 생각했든 하지 못했든 간에 세상은 달라졌다. 25년 뒤인 1991년에는 호주에서 3,600명

넘는 원주민이 대학교를 졸업했다. 이 숫자는 2006년이면 2만 명을 넘어설 것으로 예측됐다.[30]

1998년에 20명의 원주민이 의대를 졸업했다. 이제는 150명이 됐고 매년 노던테리토리에서 12명 정도의 원주민이 의대에 입학한다. 문제가 거대해도 진보는 빠르게 이뤄질 수 있다. 열악한 상황 속에서도 그들이 의사, 교사, 행정가가 된다면 역할 모델이 될 수 있을 것이다. 사실 그렇게 간단하지는 않다. 한 원주민 의사가 말하길, 분노한 원주민 젊은이들이 그더러 영혼을 팔아먹었다고 비난했다고 한다. 백인과 함께 일하고 백인들이 만든 위원회에 참여하기 때문이라는 것이다.

원주민 젊은이들의 분노는 매우 중요한 점을 드러낸다. 사회적 여건을 개선하는 데는 전국적인 조치가 필요하지만 캔버라나 멜버른이나 시드니에서 만들어져 이곳에 이식된 해법들은 거의 실패했다. 우리는 '원주민들 입장에서' 볼 때 성공이 무엇일지 생각해야 한다. 전통문화를 버리고 간호사, 은행원, 교사, 목수가 되는 것이 성공일까? 아니면 전통적인 방식으로 수렵채집을 할 수 있는 것이 성공일까? 어쨌든 분명한 것은, 알코올 중독, 실업, 아동학대, 당뇨, 신장병, 요절은 성공이 아닐 것이다.

그리고 그 두 가지 말고 또 다른 방법도 있다. 캐나다 브리티시컬럼비아의 지역단체 사람들에게 배웠듯이, 공동체의 문화적 연속성, 그리고 공동체의 미래에 공동체 스스로가 주도력을 갖는 것이 핵심이다. 교사나 간호사가 되면서도 문화적 유산을 지키는 것은 불가능한 일이 아닐 것이다.

이러한 실험을 보기 위해 이스트 앨리게이터강을 건너 군발라냐에 다시 가 보자. 군발라냐는 지역 주민이 적극적으로 관여하는 방식의 지역 개발 프로그램이 진행되고 있는 29개 원주민 마을 중 하나다.[31] 효과는 아직 판단하기 이르지만 초기 결과들은 좋은 편이다.

군발라냐는 학교가 특히 인상적이다. 군발라냐의 학교는 현재 웨스트 아넘 칼리지(군발라냐와 자비루의 학교가 통합)로 편입됐다. 웨스트 아넘 칼리지는 '좋은 출발, 밝은 미래'라는 프로그램을 운영한다. 정말 옳은 말이다. 나는 프로그램 디렉터인 존, 오랜 경력을 가진 원주민 교장 선생님 에스더, 백인 교감 선생님 수를 만났다. 에스더가 말하길 2010년에 웨스트 아넘 칼리지가 생기기 전에는 무단결석이 많고 졸업률이 낮았으며 졸업해도 일자리가 없었다고 한다.

하지만 이제 이 학교는 완전히 새로운 프로그램을 가지고 있다. 전환이 쉽지는 않았다. 충돌이 많았겠지만 내가 방문했을 무렵에는 모든 것이 조화로워 보였다. 중요한 조치 중 하나로, 정부는 12학년을 마치면 모든 학생에게 일자리를 보장해 주기로 했다.

전통문화와 현대적 교육 사이의 충돌을 해결하려는 시도로 '유연 학년제'를 들 수 있다. 전에는 학생들이 전통적인 수렵채집 일정이나 가족, 친족의 일이 있으면 학교를 나오지 못했다. 이런 경우에 학부모에게 경고를 하기보다는(이것은 효과가 없다) 학기 일정을 조절할 수 있게 허용했다. 군발라냐의 새 교육 체제는 효과가 있을까? 아직 말하기는 이르다. 하지만 분위기는 낙관적이다. 이번에는 더 나아질 것이다. 그렇게 희망을 갖자.

뉴질랜드의 사례

'마라에'는 마오리족의 마을회관이다. 나는 뉴질랜드 남부 로어허트에 있는 '코키리 마라에 건강복지센터'를 방문했다. 큰 도시 웰링턴의 외곽에 있는 가난한 지역이다. 한 마오리족 청년이 일자리를 찾으려고 도시로 갔다가 일자리는 못 얻고 사회적 배제만 얻었다고 말했다. 온갖 문제에 빠져 있고 알코올에 중독되어 있으며 여성과 아이에게 폭력을 행사하는 많은 청년에게서 들을 수 있는, 암울하게 익숙한 이야기다.

코키리 마라에는 여성이 세웠으며 여성들이 운영한다. 정부 지원금도 받는다. 우리가 만난 유일한 남성이 그의 할머니가 마라에를 세웠을 때의 이야기를 들려 줬다. 그의 할머니와 조직 폭력배 청년들의 이야기는 영화라고 해도 믿을 정도다. 할머니는 여느 마오리족처럼 로어허트에서 가난하게 살고 있었다. 하지만 폭력 조직에 들어가서 온갖 나쁜 일을 하는 젊은이들을 위해 마을회관을 열고 싶었다고 한다. 날마다 할머니는 구할 수 있는 재료들을 털어서 먹을 것을 만들었다. 그리고 폭력 조직 청소년들을 불러다가 밥을 먹였다. 하지만 할머니가 정한 규칙을 따라야 했다. 신발을 벗어야 하고 서로 존중해야 하며 폭력을 사용하지 않아야 했다. 존중하지 않으면 음식을 주지 않았다. 두 달 동안 할머니와 폭력배의 기 싸움이 계속됐다. 그들이 할머니의 조건을 지키지 않으면 할머니는 음식을 내다버렸다. 결국 그들은 신발을 벗고 들어와 할머니의 음식을 먹었다.

내가 물었다. "할리우드식 엔딩인가요? 폭력배들이 모두 변호사나 의원이 되었나요?" 꼭 그렇지는 않다. 아직도 많은 혼란과 문제와 폭력이 있다. 하지만 할머니의 비전은 더 크게 꽃을 피웠다.

코키리 마라에의 프로그램 중에 '와나우 오라'라는 것이 있다. 나는 영국판 보고서에서 역량강화, 존엄, 사회참여를 강조했고 아마티아 센은 스스로 가치 있다고 여기는 삶을 영위하기에 필수적인 자유를 강조했다. 이런 점에서 나는 '와나우'(대가족)의 역량강화에 대한 목표를 읽고 감명을 받았다.

- 스스로 관리할 역량을 가진다.
- 건강한 생활습관을 가진다.
- 사회에 온전하게 참여한다.
- '테 아오 마오리'(마오리족 세계)에 자신감을 가지고 참여한다.
- 경제적 안정성을 갖추고 부를 창출한다.
- 응집성을 키우고 서로 북돋우며 회복력을 키운다.

굉장하다. 이것이야말로 〈공정한 사회, 건강한 삶〉의 원칙들이 현실화된 것 아닌가? 그런데 효과가 있었을까? 우리는 효과를 측정할 근거가 필요하다는 데 대해 매우 밀도 있는 토론을 벌였다. 더불어, 적합한 기준을 정하는 것의 어려움에 대해서도, 또한 지역공동체의 후생보다는 '연구'에 더 관심 있는 연구자들이 평가를 한답시고 와서 마을 사람들을 비참하게 만들었던 예전의 경험에 대해서도 이야기했다.

이곳 사람들은 배제, 가정폭력, 젊은이들의 비행과 같은 문제가 앞으로도 계속 존재할 것이라고 현실적으로 판단했다. 하지만 그들은 희망과 의지를 가지고 있으며, 이는 우리가 낙관주의를 믿을 이유가 된다.

우리는 이런 운동이 마오리족의 전통과 지역사회 프로그램들을 잘 결합하고 더 넓은 세계에 잘 적응해 나감으로써 성과를 낼 것이라고 믿고 싶다. 실제로 마오리족과 비非마오리족 사이의 기대수명 격차는 줄고 있다. 하지만 이런 운동 말고도 기대수명의 불평등을 줄이는 데 기여한 요인은 또 있을 것이다.

물리적 환경 개선하기

실내 환경의 질 개선

뉴기니 하이랜드 지역에서는 거의 모든 사람이 기침을 한다. 믿기 어렵겠지만 사실이다. 특히 여성과 어린이가 심하다. 여기에는 여러 가지 원인이 있다.[32] 기침 증상을 보이는 폐병 중 어떤 것은 감염성이다. 하지만 많은 경우 주범은 실내 아궁이다. 하이랜드의 오두막에 가면 독특한 냄새가 난다. 고지대의 추운 밤에 난방과 조리를 하기 위해 아궁이를 안에 두기 때문에 실내에 연기가 많다.

추산에 따르면 세계에서 약 30억 명이 재래식 아궁이에서 석탄이나 나무 같은 생물성 땔감으로 조리를 한다.[33] 이는 여러 가지 면에서 좋지 못하다. 지구 환경에도 안 좋고 열효율도 낮다. 동일한 열을 내기 위해 다른 종류의 화덕을 사용할 때보다 연료를 더 넣어야 하고 따라서 온실 기체도 더 많이 나온다.

세계에는 연료가 부족한 곳이 많다. 특히 남아시아와 동아시아가 심각하다. 인도 여성은 땔감을 구하기 위해 점점 더 집에서 먼 곳을 돌아다녀야 한다. 나무나 쇠똥을 모으러 다니는 일의 신체적 부담도 부담이거니와 성폭력의 위험도 크다.

환기가 잘 안 되는 실내에 재래식 아궁이를 두면 건강에 해롭다. 2012년에 WHO는 전 세계적으로 430만 명의 사망이 실내 공기오염 때문이라고 추산했으며, 이는 대부분 저소득국이나 중위소득국에서 발생했다. 실내 공기오염은 국가 간 건강 불평등의 큰 원인이다.

비교적 빠르게 해결 가능한 문제라는 점에서 더 안타깝다. 전 지구적인 빈곤도 해결 가능하긴 하지만 실내 아궁이 문제를 해결하는 것보다는 오래 걸릴 것이다. '깨끗한 아궁이 연대Alliance for Clean Cookstoves'는 효율적인 조리 화덕이 없어서 고통을 겪는 수천만 가구를 위해 노력하는 단체다. 이들은 효율성이 큰 화덕 기술을 개발하고 안전한 조리 화덕을 공급하는 등의 활동을 벌인다.

실외 환경의 질 개선

베이징에 가면 꼭 누려야 할 즐거움들이 있다. 하지만 해 뜰 녘에 걸어다니는 것은 그 즐거움에 포함되지 않는다. 어스름 속에서 노인들은 아침이면 태극권을 하는데, 모두 마스크를 쓰고 있다. 베이징은 스모그 문제가 심각하다.

대기오염에 대한 우려는 역사가 깊다. 작가 존 이블린John Evelyn은 1661년에 런던의 대기오염에 대해 사람들의 관심을 불러일으키고자 《매연 보고서: 런던에서 연기와 불쾌한 냄새 없애기Fumifugium: or, The Inconveniencie of the Aer and Smoak of London Disspated》라는 소책자를 썼다. 2년 뒤에 한 익명의 풍자 작가는 이렇게 적었다.

이블린은 런던 대기에 늘 있는 역청탄 연기가 우리의 폐로 들어가 영혼을 질식시키고 우리의 행색을 망치며 우리의 철을 녹슬게 한다는 점을 보여 주었다. 연기를 막을 수 있는 곳에 있는 사람이 일요일이면 교회에서 '일요일 기침'을 들어야 하는 사람을 조롱하지 못하게 하자.

이블린의 소책자는 성공했다. 아주 아주 아주 장기적인 관점에서 본다면 말이다. 영국은 1956년에 청정대기법을 통과시켰다. 이블린의 문제제기가 법제화되기까지 300년밖에 안 걸렸지 뭔가. 하지만 우리가 직면한 문제의 규모를 감안할 때 이번에는 좀 더 빠르게 해야 할 것 같다. 2012년에 WHO는 전 세계적으로 370만 명의 죽음이 실외 공기오염 때문이라고 추산했다. 실내 공기오염과 마찬가지로 이것은 중위소득국과 저소득국에서 매우 큰 문제며 따라서 세계적인 건강 불평등의 주요 원인이다.

부유한 나라들은 공기오염으로 인한 사망을 막기 위해 많은 노력을 해 왔고, 배기가스가 적은 자동차를 만든다든지 공장 매연을 줄인다든지 도시오염을 제한하는 것이 현실적으로 완전히 가능하다는 것을 보여 줬다. 고소득국에서는 이제 누가 노출되느냐가 문제다. 무언가 안 좋은 일이 벌어질 때면 사회는 더 아래쪽에 있는 사람들이 더 많이 부담을 지게 하는 방식으로 일이 돌아가게 만든다. 환경의 질이 그렇고 그중에서 대기오염만 봐도 그렇다.[34]

이산화질소NO_2는 자동차와 발전소에서 주로 나온다.[35] 미국의 한 연구에 따르면 이산화질소 집중도가 백인보다 비백인 사이에서 38퍼센트 높았으며 빈곤선 이하인 사람들 사이에서는 빈곤선 이상인 사람들 사이에서보다 10퍼센트가 높았다. 경사면은 드러나지 않았다. 이산화질소 노출은 경사면을 따라 분포하기보다는 비백인층과 빈곤층에 유독 집중돼 있었다. 이산화질소 노출이 38퍼센트 차이 난다는 것은 큰 차이일까? 비백인의 이산화질소 노출이 백인 수준으로 줄면 매년 허혈성 심장질환으로 인한 사망자를 7,000명 줄일 수 있을 것으로 추산됐다. 7,000명의 사망을 다른 방법으로 줄이려면 신체 활동이 전혀 없는 사람 1,600만 명이 주당 2.5시간씩 신체 활동을 하게 만들면 된다. 38퍼센트는 큰 차이다.

녹지 공간 조성

녹색은 "조화와 균형의 색"이며 "색상 심리학의 관점에서 볼 때 마음에 안정을 주고 정서에 균형을 주며 머리와 가슴 사이에 조화를 이뤄 준다"고 한다. 꼭 미심쩍어서는 아니었지만 〈색상 심리학으로 역량을 강화하기〉[36]라는 웹페이지에서 본 글이었기 때문에 근거를 좀 더 찾아보기로 했다. 그랬더니 실제로 녹지 가까이에 사는 것이 정신 건강에 좋다는 증거가 많이 있었다. 이제 세계 인구 중 다수가 도시에 살고 있으므로 도시의 녹지가 특히 중요하다.

영국의 한 연구에 따르면 녹지 근처에 사는 사람이 그렇지 못한 사람보다 정신 건강이 좋았고 후생 정도도 높았다.[37] 녹지 효과의 크기가 크다고는 할 수 없었다. 고용 상태냐 실직 상태냐의 차이가 가져오는 효과에 비하면 10분의 1정도였다. 하지만 가치가 없는 것은 아니다.

동일한 연구자들이 그 이후에 진행한 연구에서는 녹지가 있는 곳으로 이사를 하면 정신 건강이 높아진 반면 그 반대의 경우는 생각을 하는 것만으로도 정신 건강이 나빠지는 것으로 나타났다. 건물만 빽빽하게 들어선 곳으로 이사를 가게 된 사람들은 실제로 이사를 하기 전에 이미 정신 건강이 악화됐다.[38]

누가 "녹지가 없어서 죽을 지경이야"라고 말한다면 말 그대로 사실일지도 모른다. 도시에서 녹지 접근성 부족은 심장병으로 인한 사망의 사회계층적 경사면에 기여한다.[39] 글래스고의 리처드 미첼Richard Mitchell과 스코틀랜드 세인트앤드류스의 프랭크 포팜Frank Popham은 녹지 접근성이 저소득층 사람들이 겪는 건강상의 불이익을 완화해 주는지 알아 봤다. 연구 결과 그런 효과가 있는 것으로 나타났다. 녹지 접근성이 가장 낮은 사람들 중에서는 소득이 가장 낮은 사람과 가장 높은 사람 사이에 호흡기질환 사망률 차이가 2.2배였던 반면, 녹지 접근성이 가장 좋은 곳에서는 소득이 가장 낮은 사람과 가장 높은 사람의 호흡기질환 사망률 차이가 1.5배였다. 녹지 근처에 살면 빈곤이 건강에 미치는 악영향을 완화할 수 있다는 의미다. 녹지가 사망률의 사회계층적 경사면을 없애주진 못하더라도 완화는 해 주는 것으로 보인다. 어떻게 해서 그럴 수 있을까?

미첼과 포팜은 폐암 사망률에서는 녹지 접근성에 따른 차이를 발견하지 못했다. 따라서 흡연의 영향은 배제할 수 있었다. 녹지가 사망률의 계층적 불평등을 완화해 주는 메커니즘으로 두 가지를 생각해 볼 수 있다. 하나는 스트레스를 줄여 주는 것이고 다른 하나는 신체 활동을 늘려 주는 것이다. 둘 다 그럴 듯한 설명이고 아마 둘 다 맞을 것이다.

어느 쪽이건 도시계획에서 녹지 접근성을 우선순위에 두는 것은 중요하다. 영국 '건축과 건물 환경 위원회Commission for Architecture and the Built Environment'에 따르면 새 도로를 짓는 데 들어가는 예산을 돌려 공원을 지을 경우 1,000개의 도시 공원을 새로 지을 수 있다. 초기 자본 비용은 각각 1,000만 파운드로 추산됐다. 1,000개의 공원이 더 생기면 탄소 배출을 7만4,000톤 줄일 수 있다.[40] 환경과 건강 형평성에 두루 좋은 도시를 만드는 방법은 분명히 존재한다.

공원에서 더 많은 시간을 보내게 하고 도로에서 시간을 덜 보내게 하는 것과 함께, '능동 교통'도 확충돼야 한다. 능동 교통이란 통상 자전거나 발(걷기)을 의미하지만 신체 활동을 포함하는 교통수단은 모두 여기에 해당될 수 있다. 미국에서는 사람들의 자동차 사랑이 도시 공해에 상당한 책임이 있다. 또 이산화질소 문제와 비만도 자동차 사랑과 관련이 깊다. 능동 교통은 지구에도 좋을 뿐 아니라 건강 향상과 건강 불평등 완화에도 좋다.

한동안 영국에서는 자전거를 탄 보수당 총리와 다우닝가 10번지(총리 공관) 담당 경찰 사이의 실랑이 덕분에 사람들이 자동차 사랑에서 잠시 벗어났다. '자전거 탄 고위층'의 이미지는 실증근거가 보여 주는 사실과도 일치한다. 한 조사에 따르면, 사회적 지위가 높을수록 그 전 주에 자전거를 탔다고 응답한 사람이 많았다. 사회적 지위가 높은 사람들은 모든 종류의 이동을 더 많이 하는 경향이 있었는데, 걷기와 자전거도 마찬가지였다.[41]

다행히 몇몇 도시계획가들이 그들의 재능을 걷기 좋은 도시를 만들고 능동 교통을 촉진하는 데 쓰고 있다. 이와 관련해 나는 두 가지를 강조하고 싶다. 첫째, 학교까지 안전하게 갈 수 있어야 한다. 이를 달성하려면, 둘째, 자전거 타는 것과 걷는 것이 안전해져야 한다. 코펜하겐에서는 통학과 통근의 36퍼센트가 자전거로 이뤄진다.[42] 자동차 길, 보행자 길, 자전거 길이 분리돼 있어서 자전거로 다니는 것이 안전하다.

정치적 의지가 있더라도 능동 교통이 촉진되도록 도시 디자인을 전환하는 데는 시간이 걸린다. 그렇긴 해도 어떤 변화들은 빠르게 이뤄질 수 있다. 조사에 따르면, 시간당 20마일로 속도 제한을 두는 것은 교통사고로 인한 부상과 사망을 줄이는 데 효과가 있다.[43] 또 트래픽 카밍 Traffic Calming * 도 교통사고로 인한 아동 사망의 사회계층적 경사면을 완화해 준다.

---

* 과속방지턱 등 구조물을 통한 교통 안정화

노인친화적인 도시 만들기

노인친화적인 도시가 어떠해야 하는지 물으면 몇 가지 기준을 쉽게 떠올릴 수 있을 것이다. 개념적으로는, 어렵지 않다. 실질적으로는, 너무 어렵지는 않다. 개념대로 하면 된다.

브라질의 알렉스 칼라치는 전 세계 노년층의 삶을 개선시키는 일에 평생을 바쳐왔고 WHO에서 노인친화적 도시를 위한 가이드를 만들기도 했다.[44] 너무나 마땅하고 옳은 일이어서 왜 모든 도시가 이렇게 하고 있지 않은지 의아할 정도다. 마땅하고 옳은 일인 데는 두 가지 이유가 있다. 첫째, 이 가이드는 '활동적인 고령화active ageing'라는 원칙에 기반해 있다. 7장의 내용과 동일한 원칙이다. 노년은 쓸모없어진 시기가 아니다. 둘째, 이 가이드는 아래로부터 개발된 실천적인 제안들을 담고 있다. 노인들의 목소리를 직접 들어서 그들에게 필요한 것이 무엇인지 알아냈고 경험 있는 현장 활동가들의 이야기를 들어 서비스를 고안했다.

이 가이드는 ①옥외 공간과 건물, ②교통, ③주거, ④사회참여, ⑤존중과 사회에의 통합, ⑥시민적 참여와 고용, ⑦소통과 정보, ⑧지역공동체의 지원과 의료 서비스 등 여덟 가지 주제로 돼 있다. 노인에게 좋은 도시를 만들기 위한 지극히 합당한 조언들을 담은 이 76쪽짜리 가이드는 모든 도시계획가와 지역 정치인이 필독해야 마땅하다.

주거 환경 개선하기

우리는 CSDH 보고서의 제목을 〈한 세대 안에 격차 줄이기〉라고 지었다. 여기에서 '격차'란 국가 간 기대수명 격차 40년, 그리고 국가 내 기대수명의 최대 격차 28년을 말한다. 우리는 이 격차를 한 세대 안에 끝내고 싶었다. 그에 필요한 지식과 돈은 있으며 문제는 의지라는 것이 우리 주장이었다.

과감한 주장이기는 하다. 특히 돈에 대해 그렇다. 10억 명의 인구가 슬럼에서 살고 있으며 슬럼을 개선하는 데는 1,000억 달러가 든다. 1,000억 달러는 큰돈이다. 아무리 좋은 일이기로서니 누가 1,000억 달러를 들이겠는가? 그런데 지난번에 보니 '우리'는 11조 달러를 은행 구제에 들이고 있었다. 은행 구제에 들어간 돈의 100분의 1이면 모든 도시 거주자에게 깨끗한 물을 공급할 수 있다. 자, 그러니까 돈과 지식은 있다. 그런데 의지가 있는가?

위의 논리는 물론 단순화한 논리지만 아주 많이 단순화한 것은 아니다. '의지'의 핵심은 정부와 자금 공여자, 그리고 '사람들'을 포함한 행위자들의 연대다. 물론 일은 갖가지 방식으로 잘못될 수 있다. 케냐의 한 학자는 수도인 나이로비Nairobi 중심지에 가까이 있는 키베라Kibera 슬럼 지역을 쓸어 없애고자 했다. 현재 50만 명이 살고 있는 곳을 쓸어 없애고 새로운 건물들을 지어서 재개발한다는 것이었다. 하지만 그는 이것을 키베라 사람들이 원하는지 아닌지 알지 못했다. 그가 아는 것은 그런 식으로 토지 개발을 자유화하면 가치가 큰 부동산이 될 것이고 이것이 가난한 사람들에게 주거를 제공하는 것보다 '더 나은' 토지 사용이 되리라는 것이었다. 거기 살던 가난한 사람들은? 어떤 결과가 닥치건 그저 감사하며 살아야 한다는 게 그의 생각이었을 것이다. 내 말이 과장이길 바란다.

키베라는 아프리카에서 가장 큰 슬럼이고 많은 슬럼 문제를 가지고 있다. 판자촌의 주거 환경은 기준 이하이고 공공 서비스도 충분치 않다. 이곳 사람들은 런던보다 비싸게 물을 사야 하고 그것도 양동이로 날라야 한다. 그렇긴 하지만, 키베라에도 활발한 번화가가 생겼고 식당과 편의점, 병원과 약국, 그리고 휴대전화를 광고하는 가게들이 들어섰다. 키베라는 범죄의 온상이기도 했지만 공동체적인 특성도 분명히 가지고 있었다. 이 공동체적인 특성을 교외에 새로 지은 벽돌 주택들에서 다시 만들어 내기는 어려울 것이다.

이보다 일을 더 잘 다뤄 나간 사례를 인도 구자라트 아마다바드의 '여성 자영업자 연합'이 보여 준다. 이곳 회원들도 판자촌에 살지만 이들은 함께 모여서 주거를 개선하기로 했다. 첫 번째 요구는 이것이었다. "우리는 떠나고 싶지 않다! 우리는 바로 이곳에 거주하기를 원한다. 하지만 욕실과 수도가 있고 음식을 만들 수 있는 집을 원한다." "여성 자영업자 연합은 가구당 약 500달러에 해당하는 대출금 협상을 해냈다. 회원들도 각자 50달러를 부담해야 했다. 하루 2달러로 살아가는 사람들에게는 큰돈이었다.[45]

결과는 놀라웠다. 같은 동네, 같은 집이지만, 가로수가 생겼고 깨끗해졌고 그 밖에 필요한 것들도 갖추어져서 동네가 잘 가꿔지고 있다는 느낌을 주게 됐다. 이것이 범죄 감소의 직접적인 이유인지는 알 수 없지만, '깨진 유리창 이론'이 맞다면 그럴 가능성이 크다.[46] 여성들은 더 이상 물을 긷기 위해 긴 줄을 설 필요가 없게 됐고 수인성 전염병도 감소해 아이들이 학교에 못 가는 날도 줄었다.

소설 《허영의 불꽃Bonfire of the Vanities》에서 톰 울프는 어마어마하게 부유한 은행가가 뉴욕의 번잡함으로부터 '고립'을 달성하는 이야기를 한다. 그는 뉴욕, 런던, 프랑크푸르트 어디에서도 그가 만났던 모든 사람들을 만날 수 있었을 것이다. 하지만 그처럼 높은 지위가 아닌 사람들, 돈과 특권이 없는 사람들에게는 지역공동체가 삶, 그리고 죽음이 벌어지는 곳이다. 지역공동체는 사회적·심리적·생물학적인 유해성이 있는 곳일 수도 있지만, 공동체의 어떤 특성들은 건강 형평성을 향상시키고 사람들이 가치 있는 삶을 영위하게 하는 데 크게 기여한다.

시민사회 및 공동체 주민들과 함께, 지역정부는 건강 형평성을 위한 지역공동체의 노력에서 핵심 행위자다. 이것을 전제로 하되, 중앙정부는 지역공동체와 개인들에게 가용한 자원·돈·권력의 한계를 정하고 맥락을 설정한다. 9장에서는 지역 단위를 넘어서 국가 사회의 영향을 살펴보고, 마지막으로 10장에서는 전 지구적인 영향을 살펴보기로 하자.

9

공　정　한　　　사　회

많은 미국인이 뭔가 중요한 것을 잃었음을 알고 있다. 그들은 전처럼 잘 살고 있지 못하다. 다들 자녀에게 더 나은 기회, 더 나은 교육, 더 나은 일자리가 주어지기를 원한다. 아내나 딸이 다른 선진국 수준의 모성생존율을 가지기를 원한다. 낮은 비용으로 의료비가 충당되기를 원하고 더 긴 수명을 원하며 더 나은 공공 서비스를 원하고 더 낮은 범죄율을 원한다. 그런데 이런 일들이 서구 유럽에서는 가능하다고 말하면 많은 미국인이 이렇게 대답한다. "하지만 거기는 사회주의잖아요! 우리는 국가가 우리 일에 간섭하는 것을 원하지 않아요."

—토니 주트Tony Judt, 《더 나은 삶을 상상하라Ill Fares the Land》[1]

2010년 1월 아이티에서 큰 지진이 나서 20만 명이 숨졌다. 두 달 뒤 파괴력이 500배 강한 지진이 칠레에 닥쳤는데 사망자는 몇백 명 수준이었다. 아이티는 상상할 수 있는 모든 면에서 대비가 부실했다. 칠레는 엄격한 건물 규정, 잘 조직된 응급 대응 체계, 지진을 겪어 온 오랜 경험 등으로 대비가 잘 돼 있었다.

아이티 지진의 진앙지가 칠레의 경우보다 인구 밀집 지역에 가깝긴 했지만 그것만으로는 피해 규모의 차이가 설명되지 않는다.[2] 대응의 차이를 단적으로 보여 주는 것으로, 칠레에서는 한밤중이었는데도 미첼 바첼레트Michelle Bachelet 대통령이 몇 시간도 안 돼 분 단위로 지시를 내리기 시작했다. 사람들은 잘 조직된 응급 대응에 안심할 수 있었다. 안전한 건물도 큰 역할을 했다. 아이티에서는 정부 건물들과 대통령궁이 무너지는 바람에 지진 나고 하루가 지나서도 대통령의 생사 여부를 사람들이 알지 못했다.[3] 자연 현상이 그 장소의 사회적 속성 때문에 재난으로 바뀌었다. 사망자 수는 지진의 세기보다는 사회의 대응과 더 관련이 있었다.

대조적인 사회적 여건을 보여 주는 사례가 또 있다. 어느 날 미국의 한 동료가 내게 이메일을 보내 왔다. "아침에 일어나 보니 미국이 영국과의 건강 전쟁에서 패했더군요." 2장에서 언급한, 미국의 중년이 영국의 중년보다 건강이 좋지 않다는 연구 결과 이야기였다.[4] 내가 이 책을 시작하게 된 계기 가운데 하나는 15~60세 미국인의 건강이 놀라울 정도로 좋지 않다는 것이었다. 그런데 55~64세도 그랬다.

미국 국립과학원이 이를 조금 더 알아봤다.[5] 미국 사람들의 건강을 16개 '동류 국가'들과 비교해 보니 순위가 매우 저조했다. 아홉 가지 건강 영역에 대해 순위를 매겼는데 영역마다 미국이 거의 꼴찌였다. 아홉 가지 영역은 ①출생 시 부정적인 결과, ②손상과 살인, ③청소년기 임신과 성관계를 통한 감염, ④HIV와 AIDS, ⑤마약 관련 사망률, ⑥비만과 당뇨, ⑦심장병, ⑧만성폐쇄성 폐질환, ⑨장애다. 미국이 이들 16개 국가보다 의료비 지출이 훨씬 많다는 점과 위와 같은 건강 문제들이 갖는 속성을 감안해서, 이 보고서는 미국의 저조한 성적을 의료 접근성 문제로 보지 않았다. 보고서는, 미국의 건강 지표가 저조한 데는 한 가지 원인만 있는 것이 아니며 어느 정도 미국 사회 자체의 속성과 관련이 있다고 결론 내렸다. 사회의 속성은 중요하다.

또 다른 사례를 남아시아에서 볼 수 있다. 인도는 방글라데시보다 부유하지만 영유아 사망률은 방글라데시가 더 빠르게 감소했다. 한편, 인도의 케랄라주는 인도 다른 주들과 사회적 속성이 다르다. 여성의 지위가 높은 편이고 더 공동체 지향적이다. 케랄라는 다른 주들에 비해 건강 상태가 좋기로 유명하다.[6] 사회의 속성은 중요하다.

네 번째 사례는 동유럽과 서유럽의 대조에서 볼 수 있다.[7] 공산주의 시기 동안 동유럽과 서유럽은 기대수명 격차가 크게 벌어졌다. 공산권 국가들에서는 기대수명이 정체된 반면 서유럽에서는 매년 향상됐다. 공산권 붕괴 후, 체코와 폴란드는 기대수명에서 놀라운 상승을 보였다. 러시아는 롤러코스터였다. 사망률이 급격히 올랐다가 떨어졌다가 다시 올랐다가 요즘은 다시 떨어지고 있다. 지금은 사망률이 떨어지는 추세지만, 그래도 러시아 남성의 기대수명은 유럽 최고인 아이슬란드보다 여전히 18년이나 짧다. 사회의 속성은 중요하다.

이런 예는 계속 들 수 있다. 쿠바, 코스타리카, 칠레는 중남미의 다른 나라들보다 건강 상태가 좋다. 일본은 다른 모든 나라보다 건강 수준이 높고 건강 불평등은 비교적 작다.[8]

사회의 속성에 따라 건강 상태가 크게 달라지는 사례들을 보면, 어떤 사회가 좋은 사회인지 질문해 보게 된다. 3장에서 우리는 사회정의에 대한 이론들을 살펴봤다. 스튜어트 햄프셔가 말했듯이, 좋은 사회가 무엇인가에 대해서는 정답이 없으며 철학자들의 견해도 서로 매우 다르다. 하지만 나는 그 질문에 건강 형평성을 기준으로 답할 수 있다. 좋은 사회란 건강과 건강 형평성의 수준이 높으며 계속 향상되고 있는 사회다.

국가 간 건강 성과의 차이는 어느 정도 구체적인 정책의 차이에서 나온다. 가령 양질의 의료에 대해 보편적 접근성을 보장하는 정책은(필요 시점에 일단 치료를 받을 수 있다) 건강에 좋다. 앞의 다섯 개 장에서 우리는 건강을 향상시키고 건강 비형평을 줄일 수 있는 구체적인 제안을 다뤘다. 영유아기의 양호한 발달, 양질의 교육, 양호한 고용 여건과 노동 여건, 노년의 생활 여건, 회복력 강한 지역공동체의 발달을 잘 지원하는 국가는 국민의 건강 상태가 좋고 건강 비형평 규모가 작을 가능성이 크다.

또 국가의 문화, 가치관, 경제 제도는 건강에 영향을 미치는 여건들의 맥락을 형성한다. 앞 장에서 지역공동체의 회복력에 대해서도 이야기했지만, 국가의 사회적 속성 역시 그 안의 사람들과 지역공동체가 노출되는 유해성과 그에 대한 회복력에 영향을 미칠 것이다.

9장에서는 국가의 제도와 이것이 건강 형평성에 미치는 영향을 살펴본다. 여기에서도 핵심 주제는 권력·돈·자원의 불평등이다. 이것이 생활 여건의 불평등을 유발하고, 다시 이것이 건강의 불평등을 유발하기 때문이다.

우파와 좌파

영국 사람들은 이렇게 생각한다. 보수당이 정권을 잡으면 경제가 나아지지만 사회적 지출이 줄어든다. 시간이 지나면 국민들은 공공 지출이 줄어서 필요한 서비스를 받을 수 없게 되고 불편을 겪는 것에 진력이 나서 노동당에 투표한다. 노동당은 사회적 지출을 늘리고 공공 영역을 확대하지만 그러는 동안 경제가 어려워진다. 시간이 지나면 국민들은 이제 경제적 곤란에 진력이 나서 보수당에 투표한다. 이렇게 반복된다. 물론 지나친 단순화다. 특히 요즘에는 정당이 두 개가 아니라 여러 개인 데다 공공 영역과 경제를 동시에 말아먹는 일도 흔하다. 하지만 공공 영역이냐 개인의 자유냐는 여전히 맹렬한 논쟁거리이며, 흔히 후자가 경제성장에 필수적이라고 여겨진다. 미국은 사정이 좀 복잡한데, 민주당 대통령에 공화당 의회일 경우 좌나 우로 정책이 치우치진 않겠지만 아예 일이 안 이뤄질 수도 있다. 그래도 미국과 영국에서는 적어도 이런 긴장을 선거와 투표로 다뤄 나갈 수 있다. 하지만 오랫동안 아르헨티나에서는 이와 동일한 종류의 긴장이 각각 포퓰리즘과 부유층의 이해관계에 맞물리면서 민주주의와 군사독재가 번갈아 들어섰다. 나는 피노체트 독재 시기에 망명했다가 민주주의가 복원되고서야 칠레에 돌아갈 수 있었던 칠레의 한 좌파 학자에게 이렇게 물어 봤다.

"우파 사람들은 피노체트가 인권을 짓밟은 우파 독재자였던 것을 별개로 하면 경제를 성공적으로 이끈 지도자였다고 말하던데 당신 생각은 어때요?"

"불행히도 그 말이 맞아요."

"피노체트는 그렇게 오래 군사독재를 하고 나서 왜 선거를 치렀을까요?"(선거에서 졌다.)

"자기가 만들어 낸 사회에 대해 거짓말을 하는 것은 매우 나쁘지요. 하지만 자기 거짓말을 스스로 믿어 버리는 것은 정말 어리석은 일입니다."

칠레에서도 영국에서와 동일한 논쟁이, 다만 조금 더 극단적인 형태로, 펼쳐졌다. 극'우' 정권이 인권, 사회적 응집성, 다양한 견해에 대한 포용성 등과 관련해서는 끔찍했지만 경제에는 좋았다고 말이다.

분명한 것 하나는 사람들이 '국가 대 개인'이라는 이분법적 구도하에서 입장이나 편견을 가지고 있다는 것이다. 한쪽 편에서는 나더러 옛 좌파적 해법을 설파한다고 비판한다. 내가 국가의 역할을 주장하는 것이 납세자들에게 크게 부담이 될 거라면서 말이다. 마멋은 관료제가 비효율적이고 효과도 없으면서 의존성만 키운다는 것을 모르는 모양이지? 마멋은 역량강화를 지지한다는데, 그렇다면 사람들이 국가의 통제로부터 자유로워지게 해야 하는 것 아닌가? 마멋은 유럽식 사회주의(토니 주트가 말했듯이 미국인들은 유럽식 사회주의를 몹시 무서워한다)를 원하는 것인가?

다른 편에서는 내가 자본주의에 대해 너무 너그럽다고 비판한다. 〈한 세대 안에 격차 줄이기〉 보고서가 나왔을 때 UCL의 역사학자들이 건강의 사회적 결정 요인들을 역사학적 관점에서 토론하는 콘퍼런스를 열었다.[9] 비판적인 좌파 학자 한 명이 내게 말했다. "보고서를 다 읽었지만 신자유주의는 딱 한 번만 언급돼 있더군요." 내가 다 없애려고 했는데 하나가 남아있었던 모양이라며 사과하자 그가 놀라서 물었다.

"아니, 신자유주의를 지지하신다는 말인가요?"

"물론 아닙니다. 보고서를 보셨으면 아시겠지만 우리는 교육과 의료 분야에서는 제약 없는 시장 원리를 도입하려는 것에 매우 비판적입니다. 신자유주의가 가져온 불평등에 대해서도 비판적이고요. 우리는 건전한 제도와 시장의 책임성, 그리고 국가의 적극적인 역할을 요구하고 있습니다."

"신자유주의에 반대하신다면 왜 그렇게 말하지 않으셨습니까?"

그도, 그 자리의 다른 학자들도, 이것을 궁금해했다.

어떤 이데올로기를 지지하거나 비판하는 데서 시작하면 분석을 멈추고 진영 논리에 빠지게 될 위험이 있다. 중부 유럽과 동유럽의 공산주의는 좋은 건강을 달성하지 못했다. 하지만 중국에서는 공산주의 기간 동안 건강이 향상됐고 현재의 혼합 형태에서도 건강이 계속 나아지고 있다. 한편 자본주의는 불평등 문제를 가져왔고 이는 건강에 해롭다. 바리케이드 위에 올라가 이데올로기 깃발을 흔들기보다는 개인의 권리와 공적 영역의 역할이 균형을 이루게 할 방법을 찾기 위해 실증근거들을 조사해야 한다.

벨기에에서 태어난 인도의 경제학자 진 드레즈Jean Drèze와 아마티아센은 인도에 대해 중요한 책들을 썼다. 가장 최근 책인《불확실한 영예An Uncertain Glory》에서 드레즈와 센은 1990년대 초 인도가 경제 개혁을 시작했을 때 "경제 거버넌스상 두 개의 거대한 실패"에 직면해 있었다고 언급했다. 하나는 "시장이 건설적인 역할을 하게 만드는 데 실패한 것"이고 다른 하나는 "국가가 성장과 발전에 건설적인 역할을 하게 만드는 데 실패한 것"이었다.[10] 메시지는 분명하다. 시장과 국가 둘 다 중요하다는 것이다.

신자유주의 비판자들의 말처럼, 제약 없는 시장을 모든 영역에 도입하는 것은 그 국가를 성장, 발전, 건강, 건강 형평성으로 이끌어 주지 못했다. 하지만 시장이 국가를 높은 생산성과 경제성장으로 이끄는 길이 될 수 있다는 점도 사실이다. 이제 문제는 자본주의냐 아니냐가 아니라 어떤 종류의 자본주의를 원할 것이냐여야 한다.

북유럽 국가들이 주는 교훈

성공이 주는 교훈

이데올로기적 성향은 잠시 내려놓고 생각해 보자. 경제적 성공과 수익성 있는 민간 영역, 국가의 건설적인 역할을 결합해서 좋은 건강을 달성할 수 있을까? 노르웨이는 HDI가 높고, 스웨덴은 기대수명이 상위이며, 핀란드는 PISA 점수로 판단할 때 유럽에서 교육성과가 가장 좋고, 덴마크는 사회계층이동성이 가장 높다(흥미롭게도 건강이 가장 좋지는 않다). 북유럽 국가들은 좋은 연구 대상이다.

먼저 헛소문 하나를 바로잡자. 1960년에 미국에서 아이젠하워 대통령은 스웨덴의 온정적 사회주의 정책이 '죄악, 알몸, 주정뱅이, 자살'을 늘린다고 말했다. 죄악이나 알몸에 대해서는 내가 바빠서 아직 알아보지 못했지만 뒤의 두 가지는 그의 말이 분명히 틀렸다. 그런데도 '사회주의 낙원 스웨덴에서 사람들이 너무나 불행한 나머지 자살을 한다'는 헛소문은 계속 퍼졌다. 찬물 끼얹어 유감이지만 이것은 사실이 아니다. 스웨덴의 자살률은 OECD 평균보다 낮고 미국보다도 약간 낮다.[11] 노르웨이는 스웨덴과 비슷한 수준이고 핀란드는 약간 높으며 덴마크는 약간 낮다. 사회민주주의 정책과 높은 자살률 사이에는 일관된 상관관계가 없다.

CSDH는 스웨덴 정부의 후원을 받아 '북유럽의 복지국가 경험Nordic Experience of the Welfare State(그들은 NEWS라고 부른다)' 연구팀과 지식 네트워크를 꾸렸다.[12] CSDH의 스웨덴 동료 데니 베제레Denny Vågerö와 함께 NEWS팀을 만났을 때 나는 북유럽 나라들이 다른 행성 같아 보인다고 말했다. 좋은 건강, 낮은 범죄율, 높은 수준의 성평등, 두터운 사회복지 등이 여타 나라들과는 너무 다른 것이다. 나는 다른 나라들에도 적용 가능한 교훈을 북유럽 국가들에서 얻을 수 있을지 물어 봤다. NEWS 팀은 자료들을 분석·검토해, 북유럽에서 좋은 건강을 달성하는 데는 다음과 같은 점들이 중요했다고 제시했다.

- 특정 대상에 대한 자산조사를 기반으로 한 선별적 정책보다는 보편적 사회 정책
- 복지국가적 재분배 정책을 통한 빈곤 감소
- 비교적 작은 소득 불평등
- 성별과 계급, 사회적 배제 등과 관련해 기회의 평등과 결과의 평등 **모두**를 강조
- 주로 지역의 공공 부문에 의해 제공되는 광범한 범위의 공공 서비스
- 복지 지출과 사회보장의 중요성

- 하나의 정책만으로 해결할 수는 없음. 사람들의 생애 전체에 걸 쳐 구체적인 효과를 내는 각각의 정책들이 쌓여야 함.

실패가 주는 교훈

북유럽 국가가 위와 같은 것들을 잘하고 있다면 미국은 무엇을 잘못하고 있을까? 앞서 언급한 미국 국립과학원의 연구에서 16개 동류 국가와 비교했을 때 미국은 건강 성과가 거의 바닥이었다. 사회적 소외 계층 사이에서 건강상의 불이익이 더 심했지만 형편이 나은 사람들이라고 건강이 아주 좋은 것도 아니었다. 또 아이젠하워 대통령이 스웨덴의 '죄악'을 우려한 것이 무색하게, 미국 청소년들이 더 어린 나이에 성생활을 활발하게 했고 더 많은 성관계 파트너가 있었으며 안전한 성관계를 하는 경우가 더 드물었다.

다른 부유한 나라들과 비교했을 때 미국은 75세 이하의 모든 연령대에서 건강이 좋지 않았다. 대부분의 연령대에서 17개국 중 16위 또는 17위였고 50세 이후의 연령대에서 14위 정도로 조금 올라갔을 뿐이다. 건강 불이익의 정도를 나타내는 지표 중 하나는 출생에서 50세까지 잃어버린 수명의 햇수를 세는 것이다. 1900년에 미국과 유럽에서 신생아는 34세까지 살 것으로 기대됐다. 바꿔 말하면 50세가 되기 전에 16년을 잃어버리는 것으로 볼 수 있다. 오늘날 50세까지 못 사는 사람은 많지 않다. 그럼에도 미국은 이 지표에서 순위가 바닥이다(도표9.1). 또 숨지지는 않더라도 질병으로 겪는 고통이 크다.

국립과학원 보고서는 미국의 저조한 건강 성과에 대한 원인을 다음과 같이 설명했다.

도표9.1 메이저리그에서 밀려날 판

50세가 되기 전에 잃는 수명 햇수. 2006~2008년 미국과 16개 동류 국가 간 비교.

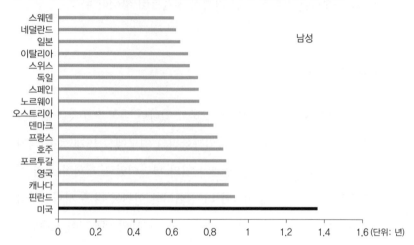

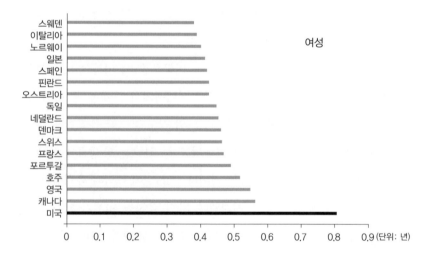

부정적인 사회경제적 조건 또한 건강에 크게 중요하며 미국 인구의 상당수에게 영향을 미친다. 미국은 강하고 규모가 큰 경제를 가지고 있지만 빈곤이 빠르게 증가하고 있고 소득 불평등도 다른 고소득 국가들보

다 심하다. 동류 국가들과 비교하면 미국에서는 빈곤 상태에서 자라는 아이들 비중이 높으며, 자녀가 미래에 부모보다 더 높은 사회경제적 지위를 얻거나 더 많은 소득을 올리게 될 가능성이 작다. 또 한때는 미국이 교육 분야에서 세계적인 선도자였지만 이제는 많은 나라의 학생들이 미국 학생들보다 좋은 성과를 낸다. 그리고 사회안전망 접근성이 떨어져서, 경제적 여건이 악화될 경우에 완충 역할을 해 줄 수 있는 것이 다른 나라들보다 적다.[13]

빈곤, 불평등, 사회 안전망 부재, 특히 어려운 시기를 위한 소득 보전 장치의 부재. NEWS 팀이 이야기한 북유럽 국가 이미지의 역상을 보는 것 같다.

돈, 그리고 그 밖의 중요한 것들

북유럽 연구와 미국 연구 모두 소득 불평등과 빈곤을 질병의 주요 원인으로 강조한다. 이제까지 나는 돈의 중요성을 말할 때 일종의 '밀당'을 했다. 아동빈곤을 줄이기 위해 적극적으로 나서지 않는 나라를 비난하고서는 바로 이어서 아이들이 자라는 환경의 질과 양육에 대해 이야기했다. 사람들이 노동에서 기대하는 중요한 것 중 하나가 금전적 보상이라고 말하고서는 바로 이어서 노동 생활의 질에 대해 이야기했다. 퇴직이후의 빈곤을 걱정하고서는 바로 이어서 노인친화적인 도시와 사회적관계에 대해 이야기했다.

더 일반적으로 말해서, 나는 권력·돈·자원의 불평등이 건강 불평등을 일으키는 여건의 불평등으로 이어진다고 말했다. 역량강화의 중요한 차원 중 하나는 '물질적인' 차원이다. 존엄한 삶을 누리기에 필요한 자원을 갖는 것이다. 이런 점에서 나는 제리 모리스가 제안한 건강생활최저생계비 개념도 소개했다. 기본적인 것들을 마련하고 존엄한 삶을 누리며 사회에 참여할 수 있으려면 돈이 필요하다.

하지만 돈 말고도 많은 것이 필요하다. 건강 불평등과 관련해 돈이 중요하다면 우리는 소득과 부의 불평등을 생각해 봐야 한다. 또한 돈 말고 다른 것들도 중요하다면 그러한 것들의 불평등, 즉 사회적 속성의 불평등도 생각해 봐야 한다.

돈에 대해 먼저 살펴보자. 최근에 경제 불평등과 관련해 중요한 연구가 두 개 나왔다. 하나는 조지프 스티글리츠Joseph Stiglitz의 연구,[14] 다른 하나는 토마 피케티Thomas Piketty의 연구[15]다. 둘 다 건강을 주제로 한 연구는 아니지만 그들의 분석은 우리가 만들고 있는 종류의 사회에 대해 많은 통찰을 주고 이 장 서두에 인용한 토니 주트의 말을 더 명료하게 파악할 수 있게 해 준다.

세습 자본주의가 불평등을 심화시킨다

"사회적 성공이 공부와 재능과 노력을 통해 달성될 수 있다고 보는 것은 환상이다." 발자크Balzac가 1835년에 발표한 소설《고리오 영감Le Père Goriot》에서 중년 남성 보트랭이 몰락 귀족 가문의 청년 라스티냐크에게 한 말이다. 보트랭에 따르면 법학 공부는 쓸데없다. 공부 잘하고 정치적 수완이 뛰어나 봤자 겨우 20명의 검사 중 1명이 돼 연간 5,000프랑을 벌 것이다. 반면 부유한 상속녀 빅토린과 결혼하면(빅토린은 라스티냐크를 마음에 두고 있다) 즉시 그 10배인 연간 5만 프랑을 벌게 될 것이다.

보트랭의 조언이 맞으려면 자본소득이 노동소득보다 크고, 불평등 정도가 크며, 자본의 주 원천은 저축이나 소득이 아니라 상속이어야 한다. 19세기 프랑스 상황과 잘 들어맞는다. 당시에는 영국도 그랬다. 제인 오스틴Jane Austin 소설의 주인공들을 생각해 보라. 노동으로는 적절한 수준의 생활을 유지하기 어렵고 가구 소득은 주로 상속재산에서 나오는 자본소득이다. 제인 오스틴 소설의 등장인물이 우아한 삶을 누리려면 당대 평균소득의 30배가 필요했다.《이성과 감성Sense and Sensibility》에서 불행한 대쉬우드 집안 아가씨들은 상속재산에서 나올 소득이 당대 평균소득의 4배밖에 안 되는 상황에 처하고 만다. 그에 따라 좋은 혼처를 구할 가능성도 크게 줄어든다. 노동으로 돈을 벌면 되지 않겠느냐는 것은 말도 안 되는 생각이다(제인 오스틴은 부유한 사람들에 대해서만 글을 썼다. 나는《오만과 편견Pride and Prejudice》의 유명한 첫 문장을 이렇게 고쳐 쓰고 싶다. "재산 한 푼 없는 미혼 남자라면 수명이 길지 않을 것이라는 사실은 누구나 인정하는 진리다*).

부와 소득이 어마어마하게 불평등하게 분배돼 있고 자산의 주 원천은 상속이라는 점은 19세기 영국과 프랑스의 주된 특징이었다. 19세기에 대한 이러한 통찰과 어쩌면 우리가 지금 그 상황으로 돌아가고 있는지도 모른다는 우려를 토마 피케티의《21세기 자본Capital in the Twent-First Century》에서 볼 수 있다. 대학 출판부에서 펴낸 685쪽짜리 경제학 책이 놀랍게도 베스트셀러가 됐다. 며칠 만에 초판이 다 팔렸고 3개월만에

---

* 원문은 다음과 같다. "재산 깨나 있는 미혼 남자라면 아내를 구하려 할 것이라는 사실은 누구나 인정하는 진리다."

20만 부가 팔렸다. 저자인 프랑스의 경제학 교수는 슈퍼스타가 됐고 사람들은 자본론이 무언가 중요한 것을 건드렸다고 생각했다. 정말로 그렇다.

피케티는 두 가지를 강조한다. 부와 소득의 불평등이 증가하고 있다는 것, 그리고 미래에는 부의 상당 부분이 스스로 벌고 모아서가 아니라 물려받아서 생기게 되리라는 것. 부와 소득의 불평등은 건강 불평등의 면에서도 중요한 문제다. 그리고 상속받은 부의 비중이 커지는 것은 건강에 대해서뿐 아니라 사회 전체적으로 우려할 문제다.

피케티의 핵심 주장은 자본수익률이 소득증가율보다 크다는 것이다. 따라서 자본이 축적된다. 피케티가 공들여 자료를 수집하고 분석하기 전까지 경제학자들은 분배에 그리 관심을 기울이지 않았다. 저명한 미국 경제학자 사이먼 쿠즈네츠Simon Kuznets가 20세기 중반에 경제가 성장하면서 미국에서 불평등이 줄었음을 보인 적은 있었다. 쿠즈네츠는 불평등이 발전 과정상의 한 단계이고 곧 해소될 것이므로 우려할 필요도, 정책적으로 개입할 필요도 없다고 봤다.

피케티는 장기 데이터를 상세하게 연구해서 쿠즈네츠가 관찰한 시기인 1914~1970년이 비정상적인 시기였음을 보였다. 두 번의 세계대전과 그 사이의 대공황은 소득과 자본의 불평등을 크게 줄였다. 그 시기에 자본수익률은 소득증가율보다 **낮았다**. 하지만 1970년 이후로, 그리고 21세기에 들어서도 계속해서, 우리는 19세기식 불평등이 되돌아오는 것을 보고 있다. 피케티는 이를 자본-소득 비율*이라는 간단한 지표를 통해 설명했다. 피케티에 따르면 1870년 영국에서 자본-소득 비

---

* 국민소득 대비 자본의 양. 지은이.

율은 7이었다. 이것이 1950년에는 3까지 낮아지지만 1970년 정도부터 오르기 시작해 2010년에는 5를 넘어섰다. 미국은 19세기에는 자본 집중이 그렇게 심하지 않았지만 지금은 자본-소득 비율이 5 수준이고 피케티는 이 수치가 앞으로 더 높아질 것이라고 우려한다.

미국에서, 그리고 정도는 약간 덜하지만 다른 영어권 국가들에서 불평등 증가는 자본-소득 비율의 증가만으로 생겨난 것이 아니었다. 최상층 소득의 급증도 불평등 증가에 큰 역할을 했다. 1928년에 소득 기준으로 미국의 상위 1퍼센트는 전체 가구 소득의 23퍼센트를 벌었다. 이 막대한 비중은 약간 줄어서 1929년 대공황 이후 약 10퍼센트가 됐다. 하지만 1970년대 이후 빠르게 늘어서 2007년에는 다시 상위 1퍼센트가 전체 가구 소득의 23퍼센트를 차지했다. 1928년의 정점 이후에 대공황이 왔고 2007년의 정점 이후에도 비슷했다. 상관관계인가, 인과관계인가? 피케티는 소득의 집중이 미국 경제의 불안정성을 가져왔으며 2007년까지 30년 동안 하위 90퍼센트의 소득 성장이 0.5퍼센트 미만이었던 것도 큰 이유라고 본다. 소득이 정체됐으므로 사람들은 소비를 줄이거나 돈을 빌려야 했다. 불평등의 증가는 다른 여러 가지 해악에 더해 경제에도 해를 입힌다.

상위 1퍼센트가 번 것은 다 어디로 가는가? 아무리 돈이 많아도 한 가구가 소유할 수 있는 요트와 주택 개수가 무한정일 수는 없는 법이다. 그래서 부자들은 번 돈을 자녀에게 물려준다. 피케티는 이렇게 말했다. "상속, 즉 과거에 쌓인 부의 대물림이 저축, 즉 현재에 쌓이는 부를 능가하게 되는 것은 불가피하다. 과거가 미래를 잡아먹을 것이다." 우리는 발자크와 오스틴이 살았던 19세기식 '상속된 부의 세계'를 다시 만들고 있다. 이렇게 많은 소득과 부가 상층에 집중돼 있으면 부유한 사람을 딱히 더 건강하게 만들지도 못하면서 그 아래쪽 사람들의 건강 향상을 저해한다.

피케티는 불평등의 규모만 우려하는 것이 아니다. 부와 소득 불평등이 발생하는 경로도 우려한다. 즉 그는 무게 중심이 상속으로 이동한 것을 걱정스러워 한다. "우리의 민주주의 사회는 성과 중심적 세계관에, 혹은 성과 중심적 사회가 될 수 있다는 희망에 기초해 있다. 불평등이 노력이나 재능의 결과이지 가문이나 자본소득의 결과가 아니라는 믿음에 기초해 있는 것이다." 하지만 "민주사회에서 '모든 시민의 권리'라는 공언된 개념은 사람들이 실제 삶에서 처하는 여건의 불평등과 매우 대조적이다. 이 상충을 극복하려면 사회적 불평등이 임의적이고 우연적인 요인에 의해서가 아니라 합리적이고 보편적인 원칙에 의해 생기게 만들어야 한다." 여기에서 임의적이고 우연적인 요인은 상속재산이나 자본소득을 말한다(피케티는 자본소득을 부와 비슷한 개념으로 쓴다).

요약하자면, 피케티는 부와 소득의 불평등과 19세기식 가부장적 자본주의의 귀환이 경제에 나쁘다고 본다. 그것은 공정한 사회에 대한 개념에 부합하지 않으며 사회를 불안정하게 만든다.

피케티를 읽다 보니 사회가 정말로 '선택'을 내리고 있음을 알 수 있었다. 사회가 부와 소득의 불평등을 **증가**시키고자 한다면 다음과 같이 하면 된다. 공적 자산을 민간에 넘긴다. 은밀히 소득증가율을 낮게 유지하면서 경제가 아주 상층의 고소득자 중심으로 돌아가게 한다. 그리고 소득세와 공공 지출이 누진적인 성격을 덜 띠게 한다. 기업 법인세, 상속세, 자본소득세 등 자본에 대한 세금을 줄인다. 익숙하게 들리는가? 미국과 영국이 이제껏 해 온 일이다. 건강 불평등을 줄이려는 노력이 큰 문제에 봉착한 것은 이상한 일이 아니다.

미국의 불평등 증가에 대해 스티글리츠도 비슷한 지적을 했다. 돈이 아래에서 위로 들어가는 방식으로, 그리고 대중의 소비를 줄이는 방식으로 소득 재분배가 이뤄지고 있다는 것이었다. 상층에 있는 사람들은 소득의 15~25퍼센트를 저축한다. 바닥에 있는 사람들은 소득을 다 쓴다. 이 때문에 총수요가 감소하면 실업이 발생한다. 내가 하나 더 보태자면, 실업의 증가는 건강을 악화시키고 건강 불평등을 증가시킨다.

스티글리츠는 극단적인 불평등의 결과를 우리가 이미 잘 알고 있다고 말한다. 우리는 그것을 남미에서 보았다. 사회적 응집성이 저해되고, 범죄가 증가하며, 사회의 불안정성이 높아지고, 시민들 사이에 갈등과 충돌이 생긴다. 스티글리츠는 이렇게 언급했다. "상위 1퍼센트가 우리 사회에 지우는 모든 비용 중에서도 가장 큰 것은, 우리가 공정한 경기에 참여하고 있다고, 기회의 평등에 참여하고 있다고, 그리고 지역공동체의 일원이라고 느낄 수 있는 정체성을 갉아먹는 것이다. 이는 매우 심각하다." 다시 내가 하나 더 보태자면, 피케티와 스티글리츠가 지적한 문제들은 건강 불평등으로 이어진다.

돈은 왜 중요한가?

가난한 사람들을 덜 가난하게 해 주기 때문에

탄자니아, 파라과이, 라트비아, 그리고 미국 헤지펀드 매니저 가운데 상위 25명의 공통점은 무엇일까? 연간 소득이 210억~280억 달러라는 점이다(헤지펀드 매니저 소득은 25명 합계).[16]

도표9.2 대체 얼마를 버는 거야?!

	인구수(단위: 명)	총 국민소득(단위: 10억 달러)
탄자니아	48,000,000	26.7
파라과이	7,000,000	22
라트비아	2,000,000	28.7
미국 헤지펀드 매니저	25	24.3

　소득과 부의 막대한 불평등이 건강 불평등으로 이어지는 첫 번째 경로는 부유한 사람들이 이렇게 많이 가지고 있으면 다른 사람들에게 갈 자원이 줄어든다는 점이다. 25명의 헤지펀드 매니저에게 이렇게 말해 보면 어떨까? "1년치 소득을 탄자니아에 기부하면 어때요?" 그들은 내년에 또 240억 달러를 벌 테니 크게 티가 안 날 것이고, 탄자니아는 그 돈을 받으면 국민소득이 두 배로 늘어날 것이다. 국민소득이 두 배로 늘면 탄자니아 사람들의 건강을 두 가지 면에서 향상시킬 수 있다. 첫째, 개개인이 약간 더 부유해질 것이고, 둘째, 공공 지출을 늘려서 하수 시스템, 화장실, 수도, 안전한 화덕 등을 보급하고 학교 선생님들의 보수를 높이는 데 쓸 수 있을 것이다. 어떤 이들은 이것이 완전히 환상일 뿐이라고 본다. 해외 원조를 비판하는 사람들은 이 돈이 그냥 스위스 은행 계좌로 들어가 버릴 것이라고 말한다.

　어떤 이들은 헤지펀드 매니저 25명의 소득 240억 달러를 미국에서 재분배하는 것도 그만큼이나 환상이라고 본다. 경제학과 학생들에게 거의 사실인양 전달되는 주장이 하나 있는데, 상위 1퍼센트가 커다란 파이 한 조각을 가져가도 괜찮다는 주장이다. 그들은 부를 창출하는 사람들이며 부를 창출하는 사람들은 파이의 크기를 더 키울 것이라는 논리다.

하지만 스티글리츠는 이 주장이 실증근거들과 배치됨을 명백히 보여 줬다. 게다가 소득 재분배를 딱히 지지하는 기관이라고는 볼 수 없는 IMF조차 스티글리츠와 비슷한 연구 결과를 내놨다.[17] IMF는 OECD 국가들과 비OECD 국가들을 비교하면서 "순불평등(세후 소득을 기준으로 한 불평등)이 낮을수록 성장이 더 빠르고 안정적으로 이뤄진다"고 밝혔다. '아마도'라는 표현도 없을 정도로 분명하게 언급되어 있었다. 또 재분배가 성장을 저해하는 효과도 내지 않기 때문에 결론적으로 재분배는 성장에 도움이 된다고 언급했다.

불평등을 옹호하는 사람들은 밀물은 모든 배를 밀어 올린다고 주장하기도 한다. 파이 주장과 비슷하다. 하지만 더 있을 법한 결과는 배들이 물결에 덮여 버리는 것이다. 스티글리츠는 밀물 주장도 가차 없이 반박했다. 미국에서 배들은, 특히 작은 배들은 물이 새거나 뒤집히고 있으며 호화로운 큰 배만 자유롭게 큰 바다를 항해하고 있다. 1장에서, 그리고 이 책 전체에서, 나는 저소득이 왜 건강을 해치는지 설명했다. 가난한 나라에서 저소득은 비참한 수준의 빈곤을 의미한다. 부유한 나라에서는 빈곤이 의미하는 바가 약간 다르다. 나는 유럽의 빈곤을 측정하는 데에 다음과 같은 지표를 사용했다(5장 참조).

- 집세와 공과금을 낼 수 있다.
- 집의 온도를 적절하게 유지할 수 있다.
- 예기치 못한 지출거리가 생겼을 때 감당할 수 있다.
- 고기, 생선, 또는 비슷한 종류의 단백질을 이틀에 한 번은 섭취할 수 있다.
- 집을 떠나 1주일간 여행할 수 있다.

- 자동차가 있다.
- 세탁기가 있다.
- 컬러텔레비전이 있다.
- 전화기가 있다.

이는 그 사회의 기준에 비추어 본 상대적 박탈을 의미한다(그렇지 않고서야 텔레비전이 없는 것이 건강에 왜 나쁘겠는가?). 1장에서 소개했듯이, 아마티아 센은 절대빈곤과 상대빈곤 중 어느 것이 중요하냐는 논쟁을 "소득의 상대적 불평등은 역량의 절대적 불평등을 의미한다"라고 말함으로써 해결했다. 역량은 '존재와 행위의 자유도'를 말하며 이것은 얼마나 많은 돈이 있느냐뿐 아니라 그 돈으로 무엇을 할 수 있느냐의 문제이기도 하다. 그리고 이는 내가 어느 사회에 있느냐에 영향을 받는다.[18] 사회가 깨끗한 물과 위생시설을 제공한다면 그것을 위해 자기 돈을 써야 할 필요가 없을 것이다. 사회가 대중교통, 보편 의료보험, 양질의 공립학교를 제공한다면 이런 것들에 접하기 위해 개인이 돈을 많이 들일 필요가 없을 것이다. 소득이 건강에 미치는 영향을 알아보는 한 가지 방법은 사람들이 가진 돈으로 무엇을 할 수 있는지 알아보는 것이다. 이는 지역공동체의 소득과 그 안에 있는 개인의 소득 둘 다와 관련이 있다.

4장에서 본 볼티모어의 르숀을 생각해 보자. 르숀의 문제는 엄마의 빈곤, 그리고 르숀이 영유아기부터 스트레스가 많은 환경에서 지냈던 것과 관련이 있었다. 르숀 가족의 빈곤을 해결할 수 있는 한 가지 방법은 고용 기회를 늘리고 생활임금을 지원하는 것이다. 이런 것들이 노동시장에서 가능하지 않을 경우에는 국가가 그 역할을 해야 한다.

여기서 잠깐, 경고: 이제부터 복지 수당 이야기가 나옵니다.

미국, 영국의 정치인들은 복지 지출을 줄이는 게 자명하게 좋은 일이라고 생각하는 듯하다. 정치인들이 가난한 사람에게 지급되는 복지 수당을 줄여야 한다고 말할 때마다 작은 새가 그의 귀에 대고 이렇게 속삭이면 어떨까? "낮은 복지 지출은 사람들의 건강을 크게 해친다. 어쩌면 죽게 만든다."

NEWS 팀이 북유럽 국가들이 달성한 건강 성과의 요인으로 꼽은 것 중에 하나가 공공 지출과 사회적 보호다. 이를 보이기 위해 NEWS 팀은 세전과 세후의 빈곤 수준을 조사했다(빈곤은 해당 국가 소득 중앙값의 60퍼센트 이하를 말한다).

도표9.3에서 전체 막대는 세전 빈곤율, 짙은 부분은 세후 빈곤율을

도표9.3 빈곤 수준이 어느 정도이면 좋겠습니까?
2000년 전후의 소득 재분배 이전과 이후의 빈곤율.

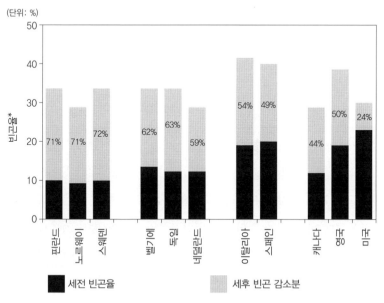

(단위: %)

* 이탈리아와 스페인은 소득이 측정되는 방식 때문에 수치가 높다.

나타낸다. 미국과 영국을 비교해 보면 세전 빈곤율은 영국이 더 높지만 세금과 이전소득을 통해 소득을 재분배한 이후 영국에서는 빈곤 수준이 50퍼센트나 준 반면 미국에서는 24퍼센트 밖에 줄지 않았다(막대에 쓰인 퍼센트 수치). 그래서 세후 빈곤율은 영국보다 미국이 훨씬 높다. 이런 나라에서 빈곤의 의미는 위에서 제시한 것들을 할 수 있는 돈이 없다는 의미다. 건강은 악화될 것이고 건강 불평등은 심해질 것이다. 재무부 장관은 건강 불평등을 줄이는 데 큰 영향을 미칠 수 있다. 핀란드, 노르웨이, 스웨덴은 조세와 소득 이전을 통한 재분배로 빈곤율을 70퍼센트 이상 줄이고 있다.

재분배 정책의 효과에 이어 NEWS팀은 복지 지출이 건강에 미치는 효과도 연구했다. 연구팀은 이를 두 가지로 알아봤다. 하나는 '사회적 권리'에 대한 지출, 다른 하나는 '사회적 보호'에 대한 지출이다. '사회적 권리'는 법으로 정해진 사회 공여를 말한다. 연구팀은 우선 '사회적 권리'에 해당하는 공공 지출의 규모와 보편성을 조사했는데, 둘 다 건강에 영향을 미치는 것으로 나타났다. 사회적 권리의 지출 규모가 클수록, 그리고 모든 사람을 포괄할수록 그 국가의 사망률이 낮았다.

이어 '사회적 보호' 개념은 전체 인구의 평균적인 건강에 미치는 영향만이 아니라 '건강 **비형평**'에 미치는 영향도 보기 위한 것이었다. 스웨덴의 올리 룬드버그Olle Lundburg는 '북유럽이 좋냐 나쁘냐'만 물어서는 안 된다고 말했다. 건강의 사회적 결정 요인들을 다룬다는 것은 사람들의 역량을 강화하는 것을 의미한다. 역량강화의 중요한 방법 가운데 하나는 사람들이 필요 시점에 소득을 확보할 수 있게 하는 것이다. '사회적 보호'는 이를 위한 정책들, 즉 은퇴한 노인, 가장의 사망으로 소득원이 없어진 가족, 그 밖에 여러 이유로 소득 능력이 없는 사람을 보호하는

도표9.4 놀라운 소식! 복지 지출은 건강을 향상시키고 건강 불평등을 줄인다

건강의 상대적 불평등(여성).

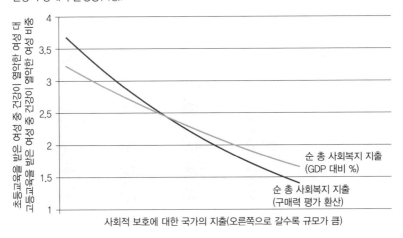

정책과 의료보험, 가구수당, 적극적인 노동시장 정책, 실업 정책, 주거 정책 등을 포괄적으로 의미한다. 연구팀은 이런 정책에 들어가는 지출을 계산한 뒤 이를 세금 우대 금액과 직접세·간접세 납부 금액으로 조정했다. 15개 유럽 국가에 대해 이 숫자와 건강 불평등의 관계를 조사한 결과가 도표9.4다. 이 그래프에는 여성만 나와 있지만 남성도 비슷하다.[19]

초등교육만 받은 여성은 고등교육을 받은 여성보다 건강하지 않을 가능성이 크다. 앞에서 알아본 내용들에 비추어 보면, 이것은 그리 놀라운 일이 아니다. 주목할 점은, 사회적 지출이 클수록 건강 격차가 감소한다는 점이다. 이 그래프는 상대 격차만 보여 주지만 절대적인 격차의 차이도 크다.

복지 지출이 많으면 전체적으로 건강이 향상되고 건강 비형평이 줄어든다. 복지 수당에 의존하는 것보다 일자리가 있는 게 더 좋겠지만, 일을 할 수 없는 상황이거나 일을 해도 빈곤을 벗어날 수 없는 경우라면 정

부가 사회 보호에 들이는 지출이 사람들의 삶에 큰 변화를 가져다준다.

이 그래프는 초등교육만 받은 사람이 고등교육을 받은 사람에 비해 건강이 나쁠 가능성이 얼마나 더 높은지를 각국의 복지 지출 규모에 따라 나타낸 것이다. 사회적 지출이 많은 나라일수록 교육을 못 받은 데서 오는 건강상의 불이익이 작았다.

몇몇 남미 국가에서는 저소득 가구의 생계를 지원하기 위해 조건부 현금 공여 제도가 시행되고 있다. 멕시코의 '오포르투니다드'와 브라질의 '보우사 파밀리아Bolsa Familia'가 그런 사례다. 아이들을 병원에 데리고 간다든지 건강 강좌를 수강한다든지 큰아이들도 학교를 그만두지 않는다든지와 같은 정해진 조건을 만족하는 한에서 저소득 가구에 일정액의 현금을 고정적으로 지급한다(돈이 남성보다 여성에게 지급돼야 가족을 위해 더 안정적이고 믿을 만하게 쓰인다는 가정 하에, 가구 구성원 중 여성에게 현금을 지급한다). 이런 제도들은 환영받을 만하기도 하고 문제적이기도 하다.

환영받을 만한 이유는 빈곤 감소에 효과가 있기 때문이다. 브라질에서는 빈곤 감소에 효과가 있었고[20], 멕시코에서는 영양 상태가 크게 개선됐다.[21] 하지만 이런 제도는 두 가지 점에서 문제가 지적되기도 한다. 첫째, 현금 공여의 조건으로 여자아이들이 학교에 가게 하는 것은 좋지만 학교가 끔찍하게 형편없으면 어떡할 것인가? 가난한 가정에 현금을 지급하는 것이 학교나 보건소 같은 공공 서비스와 제도를 개선하는 것 '대신' 이뤄져서는 안 된다. 둘째, '조건부'는 권위주의적이다. 당국이 가난한 가구의 여성들에게 이렇게 지시하는 셈인 것이다. "당신에게 좋은 것이 무엇인지 우리가 안다. 돈을 줄 테니 우리 말대로 해라." 여기에는 씁쓸한 면이 있다. 최근에는 조건을 두지 않는 현금 공여의 효과에도 관심이 높아지고 있다.[22]

삶을 향상시키는 방식으로 지출될 수 있기 때문에

돈이 르숀과 엄마의 삶을 향상시킬 수 있는 방법 중 하나가 가구 소득을 보장하는 것이라면, 다른 하나는 르숀과 엄마가 필요로 하는 것을 사회가 공급해 가구의 지출 부담을 줄여 주는 것이다. 대중교통을 생각해 보자. 르숀네 집은 가구 소득이 1만7,000달러인데 23퍼센트를 자동차 유지에 쓴다.[23] 그렇게 소득이 낮은데 자동차에 왜 그렇게 많은 돈을 쓰냐고? 나는 "미국 사람들은 두 사람이 자동차를 같이 타고 가면 그걸 대중교통이라고 생각한다"라고 미국 동료들을 놀리곤 한다. 대중교통이 없는데 르숀의 엄마가 자동차 없이 어떻게 일을 하러 가고 병원에 아이를 데리고 가고 그 밖에 꼭 필요한 볼 일들을 볼 수 있겠는가?

나는 런던 동부의 가난한 지역 뉴엄Newham의 아동 센터를 방문한 적이 있다. 지역 당국이 제공하는 어린이집 비용이 한 달에 850파운드였다. 아무리 일자리가 있어도 가난한 여성이 어떻게 그만큼의 지출을 감당할 수 있을까? 영국에서는 2세와 5세 두 아이를 전일제 돌봄 센터에 보내는데 연간 1만1,700파운드가 든다.[24] 보육비에 대해 세액공제를 해 주면 도움이 된다. 하지만 공제액이 줄어든다면 엄마가 돈을 벌어도 비싼 보육비 때문에 빈곤을 벗어나기 어려울 것이다. 정부가 보조하는 아동 돌봄 서비스가 하나의 해결책이 될 수 있다. 뉴엄 아동 센터를 함께 방문한 스웨덴 동료가 말하기를, 스웨덴에서는 돌봄 센터가 국가의 보조를 받기 때문에 비용이 한 달에 113파운드, 1년에 1,356파운드 수준을 넘지 않는다고 했다.[25] 정부가 이런 방식으로 사회 공여 지출을 한다면 일하는 가구가 덜 가난해질 수 있고 양친 모두 일을 하는 데도 도움이 된다.

영유아 교육, 직업 훈련, 실업 수당 등을 사회가 제공하면 사람들은 이런 것들을 이용하기 위해 자기 돈을 내야 할 필요가 줄어든다. 물론 공짜 점심은 없다. 여기에는 돈이 든다. 그 돈을 마련하기에 조세는 좋은 재원이다. 나는 우리에게 돈이 충분하다고 생각한다. 상위 25명의 헤지펀드 매니저들이 받는 연 소득 240억 달러의 3분의 1이면 뉴욕에서 교사 8만 명을 지원할 수 있다.

부자들은 세금을 싫어한다. 미국과 영국 조세 제도의 누진적 특성은 점점 줄어 왔다. 일반적으로 부자들은 막대한 정치권력을 가지고 있고 그 권력을 이용해 세금을 줄인다. 그들은 의료보험, 교육, 교통, 심지어 안전까지 모두 자기들의 돈으로 마련하고 있는데, 다른 이들에게 이런 것들을 제공하기 위해 왜 자기들이 세금을 내야 하냐며 불만을 품고 있을지 모른다. 미국이나 영국에는 삶의 질을 북유럽 수준으로 향상시키기 위해 세금 규모를 전체적으로 늘리고 조세 제도를 더 누진적으로 만들자는 데 대해 성숙한 공공 토론을 할 수 있는 사람이 사실상 거의 없다.

북유럽에 대한 논의를 마치기 전에, 북유럽이 그보다 사회민주주의적 지향이 덜한 나라들에 비해 건강 불평등 정도가 낮은지 아닌지는 아직 논쟁 중이라는 점을 밝혀 둬야겠다. 5장과 7장에서 제시한 그래프들에서는 상대적으로 불평등 정도가 덜한 북유럽 국가들의 건강 상태가 좋았다. 하지만 이를 반박하는 연구 결과들도 있다.[26] NEWS 연구자들은 북유럽 국가들이 국민 전체적으로도 건강 지표가 좋고 가장 열악한 사람들의 건강도 좋다고 말한다. 건강 격차의 규모를 둘러싼 논쟁은 계속 이어지더라도, 일단 북유럽의 성과는 커다란 사회적 진보라고 말할 수 있을 것이다.

지출하되, 비례적 보편주의에 따라!

북유럽 동료들이 제공해 준 실증근거들을 보고 UCL 건강형평성연구소는 '비례적 보편주의'라는 원칙을 이끌어 냈다. 용어가 좀 투박하지만 여기에서 설명해 보자.

영국 정부는 5세 미만 아동을 위한 '슈어 스타트Sure Start' 프로그램을 준비하면서 프로그램 초안을 논의하는 자리에 나를 불렀다. 가서 보니 정부가 생각한 계획은 극빈층만 대상으로 삼고 있었다. 나는 부모의 교육 수준에 따른 자녀 문해력의 사회계층적 경사면을 보여 줬다. 경사면의 꼭대기, 즉 부모의 교육 수준이 가장 높은 경우에는 자녀의 문해력 수준이 스웨덴이나 일본과 비슷하다. 하지만 영국은 스웨덴이나 일본보다 경사면의 기울기가 가팔라서 사회적 위치가 낮아질수록 아이들의 문해력이 훨씬 빠르게 떨어진다. 이는 '슈어 스타트'가 극빈 가구만이 아니라 전체를 대상으로 삼아야 한다는 것을 의미했다(4장 참조).

하지만 당시 재무부 고위 당국자이던 고故 노먼 글래스Norman Glass는 이렇게 말했다.

"나한테 보편주의적 개입 운운하는 스칸디나비아의 난센스를 이야기하지 마세요. 우리는 앵글로색슨이에요. 우리는 가장 가난한 사람들을 대상으로 삼고 그들에게 집중합니다."

앵글로색슨? 노먼은 아일랜드계 유대인인데? 하지만 그가 말하려는 바가 무엇인지는 명확했다. 영국 사회 정책의 기본 입장은 가장 가난한 사람들만을 대상으로 삼는다는 것이었다. 일견 합리적으로 보인다. 왜 군이 필요로 하지도 않는 사람에게까지 돈을 쓰는가? 이 '상식적인' 접근의 문제는 경사면을 무시하고 있다는 점이다. 모든 사회 문제와 그것이 유발하는 건강 문제는 사회계층적 경사면을 따라 분포한다. 가장 가난한 사람들에게만 집중하면 중간에 있는 사람들, 즉 맨 위에 있지 못한 많은 사람들을 놓치게 된다.

보편주의적 접근의 중요성은 북유럽에서만 얻을 수 있는 교훈이 아니다. 칠레에는 '칠레 솔리다리오Chile Solidario'라는 프로그램이 있다. 사회적으로 배제된 사람들을 사회 주류에 통합시키는 것을 목표로 하며, 그들의 권리와 그들이 사회로부터 마땅히 받아야 할 혜택을 강조한다. 국가가 자선하듯 돈을 내어 주면 가난한 사람들은 그게 얼마가 됐든 그저 감읍하며 받아야 한다고 여기지 않는 것이다. 비례적 보편주의는 필요에 비례해 추가적인 노력을 기울이되 사회적 개입이 기본적으로는 보편주의적 속성을 유지하도록 하는 것을 의미한다. 가난한 사람만을 위한 공공 서비스는 빈약한 서비스다. 우리는 모든 이가 보편주의적 정책으로부터 이득을 얻게 하는 동시에 필요에 비례하는 노력을 기울여야 한다. 여기에서 핵심 원칙은 사회의 응집성이다.

잘 지출하면 사회 응집성을 저해하는 불평등을 줄일 수 있기 때문에

일본에서 열린 콘퍼런스에 갔다가 헝가리 연구자와 커피를 마시게 됐다. 그와 나는 헝가리에서 공동 연구를 하려 했는데 무산된 터였다. 중부 유럽과 동유럽에서 건강 지표가 좋지 않은 나라들(체코, 폴란드, 러시아, 리투아니아)을 연구하는 것이었는데, 원래는 헝가리도 포함하려고 했지만 성사되지 못했고 그는 커피를 마시면서 내게 그 이유를 설명했다. 헝가리 특유의 얽히고설킨 개인적 인간관계들 때문이라고 했다. 그러더니 그는 화제를 바꿔 일본이 매우 스트레스가 많은 나라 같다고 말했다. 나는 이런 생각이 들었다. '방금 30분 내내 부다페스트에서는 A와 B가 관계가 있고 B의 남편은 C와 이야기를 하지 않으며 C는 D, E와는 함께 일하려 하지 않고 A, B, C, D 모두 당신과는 일하려 하지 않는다고 말씀하시지 않았나요? 헝가리에서는 모두가 서로를 밀어내지만 내가 보기에 일본에서는 모두가 한 팀 같은데요?' 일본에서는 '성취'가 무엇인지에 대한 공통된 인식과 의지가 있는 것 같았다. 불평등과 빈곤이 비교적 적고 범죄율이 낮으며 노인들을 잘 돌보는 것이 그 증거로 보였다. 기대수명도 세계 1위다.

리처드 윌킨슨Richard Wilkinson과 케이트 피킷Kate Pickett은《평등이 답이다The Spirit Level》에서 대중의 상상력을 사로잡았다.[27] 그들의 책은 다음과 같은 간단하면서도 강력한 주장을 담고 있다. "소득 불평등은 우리 모두의 건강과 후생을 악화시킨다. 가난한 사람이든, 부자든, 그 중간 어디쯤이든, 우리 모두의." 나는 리처드 윌킨슨과 논문 모음집을 공동 기획한 적도 있고 비판자들에 맞서 그의 생각을 지지하는 논문을 공동으로 쓴 적도 있다. 나는 사회경제적 불평등이 건강 불평등을 심화시킨다는 그의 주장에 동의한다. 하지만 이들은 소득 불평등이 그 사회에 있는 모든 이의 건강에 안 좋다는 증거를 부유한 국가들에 대해서만 보였는데 이 증거는 이제 전보다 약해지고 있다. 7장의 도표7.3은 유럽 내 15개 국가들의 교육 수준별 기대여명을 보여 준다. 나는 이 도표를 설명하면서 헝가리 아이와 엄마의 가상 대화를 제시했다. 국가들 사이에 커다란 기대여명 격차가 존재하지만 이러한 국가 간 격차는 대학 교육을 받은 사람들 사이에서만 비교하면 초등교육만 받은 사람들 사이에서 비교했을 때보다 훨씬 작다. 불평등이 '모든 이'의 건강에 해를 끼친다고 하면 흔히들 국가 내의 모든 사람에 대해 국가 간 격차가

클 것이라고 생각할 것이다. 하지만 부유하고 교육 수준이 높은 사람들을 비교할 때보다 열악한 사람들을 비교할 때 국가 간 격차가 훨씬 크다. 불평등은 부유하고 교육을 많이 받은 사람들의 건강보다 가난하고 교육을 받지 못한 사람들의 건강을 더 많이 해친다.

이런 점을 전제로 하되, 심리사회적 요인을 간과하지 말아야 한다는 점에서는 윌킨슨과 피킷의 주장에 여전히 유의미한 면이 있다. 사회경제적 불평등이 크면 사회적 위계가 낮은 사람들의 역량이 박탈된다. 또 가난한 사람들은 중간층과 분리된 세계에 살게 되고 부유층은 다른 모든 이들과 분리된 세계에 살게 된다. 계층별로 분리된 학교, 분리된 거주지, 분리된 교통수단, 분리된 헬스클럽, 분리된 휴가, 분리된 태도를 갖게 되는 것이다.

사회에 '속해서' 사는 것은 공감과 연대감에 꼭 필요하다. 우리 모두가 같은 사회의 동료 구성원이라는 느낌은 사회에 꼭 필요한 요소지만, 상층·중층·하층이 분리되면 이 요소가 저해된다. 앞 장에서 보았듯이 지역공동체에 대한 소속감이 줄면 개인의 건강에도, 공동체의 건강에도 해가 된다.

계층 분화와 건강은 소득만의 문제가 아니다

로버트 사폴스키Robert Sapolsky와 나는 함께할 운명이었다. 우리는 캐나다 경제학자 로버트 에반스Robert Evans가 쓴 어느 글에서 만났다. 그 글에서 에반스는 사폴스키가 세렝게티 생태계에서 조사한 개코원숭이 연구와 내가 화이트홀 생태계에서 조사한 공무원 연구를 비교해 보고 싶다고 언급했다. 개코원숭이와 공무원 둘 다 신체적 증상(질병)이 사회적 위계에 따라 드러나는 영장류다.

나는 스탠포드에 있는 그의 연구실에서 로버트를 처음 만났다. 그의 연구실은 주인을 똑 닮은 모습이었다. 연구실이 긴 머리에 덥수룩한 수염을 가졌으며 따뜻하고 활기차고 공감 능력 있고 지적이고 사회적 문제들에 관심이 많다고 표현할 수 있다면 말이다. 로버트와 나는 인간과 비인간 영장류에서 보이는 계층 경사면 자료들을 검토했다. 인간 사회의 건강 불평등에 대해 시사점을 얻기 위해서였다. 인간 영장류의 건강 경사면을 설명할 때는 의료 접근성, 고지방 식품, 음주, 흡연 등의 가설을 세워 볼 수 있다. 하지만 이런 것들은 개코원숭이에게는 적용되지 않는다. 또 개코원숭이는 신자유주의니 사회민주주의니 하는 것을 알지 못한다. 인간과 개코원숭이에 공히 적용되는 것은 스트레스와 같은 심리사회적 영향일 것이다.[28]

그래도 신중할 필요가 있었다. 원숭이가 '마키아벨리적'일 수는 있지만 어느 원숭이도 '마키아벨리'이지는 않다. 그리고 인간은 양복 입은 원숭이가 아니다. 따라서 원숭이의 행태에서 인간 사회에 대한 시사점을 끌어낼 때는 매우 신중해야 한다. 이를 염두에 두면서, 우리는 인간 사회에서 보이는 위계와 건강 불평등의 관계를 더 잘 이해할 수 있는 실마리를 비인간 영장류 사회에서 얻을 수 있었다.

사폴스키의 연구에 따르면 개코원숭이의 세계에는 분명한 위계가 있다. 이들에게 주된 스트레스는 신체적인 것이라기보다는 심리사회적인 것이다. 세렝게티에는 먹을 것이 풍부했고, 가뭄이 없을 때는 원숭이들이 먹을거리를 채집하는 데 큰 어려움이 없었다. '사치품' 즉 사냥한 동물은 위계가 높은 원숭이가 차지하는 경향이 있긴 했지만 식단의 차이를 크게 가져오지는 않았다. 수컷 원숭이들 사이에서의 위계는 더 좋은 휴식 공간, 더 많은 그루밍 기회, 암컷에 대한 접근성 등의 형태로 나타났다. 그리고 위계가 높은 원숭이가 낮은 원숭이에게 보이는 공격적 행위는 실제로 위해를 가하는 행위라기보다는 상징적인 위협인 면이 컸다.

위계가 높은 개코원숭이가 가죽 재킷을 입고 체인을 둘둘 감고 담배를 꼬나물고서 다른 수컷 원숭이에게 이렇게 말하는 것을 상상해 봤다. "이봐, 여기 사바나는 우리 둘 다 지내기에는 좀 좁은 것 같지 않아?" 그러면 위계 낮은 원숭이가 황급히 먹을 것과 암컷을 넘기고 꽁무니를 빼는 것이다.

성급한 결론을 내리면 안 되겠지만, 필수품은 모든 위계의 개체들이 풍부하게 접할 수 있되, 위계가 높은 개체들은 더 높은 사회적 통제력과 예측 가능성, 더 나은 사회적 관계, 더 높은 사치재 접근성을 누리며, 낮은 위계의 개체에 대한 공격은 실질적이라기보다는 상징적이라는 원숭이 사회의 특성은 인간 사회와 크게 다르지 않다. 동물 연구에서 관찰하는 결과값은 질병이나 기대수명이 아니라(이를 추산하기에는 개체 수가 너무 적다) 스트레스가 남기는 심리사회적 흔적이며, 일반적으로 스트레스 호르몬인 코르티솔 수치를 측정한다. 코르티솔은 비인간 영장류와 인간 모두 가지고 있다.*

사폴스키의 연구 이외에도 개코원숭이에 대한 많은 연구에서 위계가 낮은 수컷 원숭이들이 코르티솔 수치가 높다는 사실이 발견됐다. 홍

---

* 영장류의 혈장 코르티솔 측정하는 법: 몰래 마취 총을 쏜 다음 코르티솔 수치가 달라지기 전에 재빨리 혈액 샘플을 채취한다. 연구자가 샘플을 가지고 현장에 마련된 실험실로 가는 동안 원숭이는 마취에서 깨어나 하던 일을 계속 한다. 지은이

미로운 예외가 있었는데, 위계에 불안정성이 커진 경우였다. 2인자가 치고 올라올 경우 1인자 개코원숭이는 지위를 유지하기 위해 실제로 싸움을 한다. 이런 경우에는 1인자 원숭이의 코르티솔이 2인자 원숭이보다 높았다. 당신이 1인자 인간 남성이라도 기업이나 정계에서 2인자에게 밀려날지 모른다고 생각하면 막대한 스트레스를 받을 것이다.

영장류 중에 사회적 위계와 스트레스 사이의 상관관계를 보이지 않는 종도 있다. 이런 종들 내에서는 위계가 낮은 개체가 딱히 더 높은 코르티솔 수치를 보이지 않는다.

종의 차이뿐 아니라 문화의 차이도 영향을 미치는 것으로 보인다. 사폴스키는 인간 사회와 매우 가까이서 살게 된 개코원숭이 집단을 관찰했다. 이 집단에서는 위계가 높은 수컷 원숭이 중 절반 이상이 죽었는데 그 이후의 일이 흥미롭다. 그 이후로 위계와 관련된 공격적 행위는 줄고 친화적인 행위가 증가했다. 개코원숭이 사회에서 수컷은 청소년기에 외부 집단에서 들어온다. 이는 모든 개코원숭이 집단에서 동일하다. 일반적으로 수컷 개체가 새로 들어오면 이들은 지위를 획득하기 위해 싸움을 한다. 그런데 사폴스키가 연구한 개코원숭이 집단에서는 새로 들어온 수컷이 다른 개체를 돌보는 행위를 학습했다. 이들은 암컷도 위압적이지 않은 방식으로 대했다. 이 '돌보는 원숭이' 집단에서는 위계가 낮아도 더 높은 코르티솔 수치를 보이지 **않았다**.

비인간 영장류와 인간의 유사점을 과장해선 안 되겠지만, 원숭이 사회에서처럼 인간 사회에서도 낮은 위계와 높은 스트레스가 연관되리라 보는 것은 무리한 결론이 아닐 것이다. 그리고 친밀한 행위는 스트레스가 주는 해로운 영향을 완화시킬 수 있다. '사회의 응집성'이란 다른 이들로부터, 그리고 제도나 공공 서비스로부터 얻을 수 있는 신뢰·사회적 지원·소속감을 의미한다. 경제사회적 불평등이 클수록 사회의 응집성이 위협받고 따라서 건강 형평성도 위협받는다.

사회의 건강도 소득만의 문제가 아니다

건강에 중요한 것은 얼마를 가지고 있느냐보다는 가진 것으로 무엇을 할 수 있느냐이다. 국민소득은 높지 않지만 건강이 좋은 국가도 있고 미국처럼 국민소득은 높지만 건강은 그에 비해 안 좋은 나라도 있다.

쿠바, 코스타리카, 칠레는 국민소득은 상대적으로 낮지만 높은 수준의 건강을 달성한 나라들이다. 코스타리카와 칠레는 소득 불평등이 큰데도 건강 수준이 높다.

쿠바에 가 본 적이 없는 사람들은 쿠바에 대해 무엇을 떠올릴까? 소비에트 시절 기관원들이 똑같이 생긴 표준 러시아제 옷을 입고 돌아다니는 것? 사람들이 죄다 가난하고 걱정이 많고 두려워하고 누구와 무엇을 말할지에 대해 언제나 신경 쓰며 사는 것?

최근에 가 봤는데 전혀 그렇게 보이지 않았다. 보건부에 강연을 하러 가서 보니 공무원들도 일제히 똑같은 옷을 입고 있지는 않았다. 화려한 패디큐어를 하고 머리도 멋있게 염색한 여성들은 중산층 남미 여성처럼 보였다. 남성들은 더운 기후치고는 다들 적절하게 차려 입었고 여름휴가를 보내는 영국인보다 조금 더 캐주얼하고 더 패션 감각이 있어 보였다(적어도 양말에 샌들 차림은 아니었다).

나는 스트레스가 심장병 위험을 증가시킨다는 연구 결과를 보여 주면서 일터 스트레스를 측정하는 한 가지 지표가 노력과 보상의 불균형이라고 말했다. 노력은 많이 들였는데 보상은 적게 받는 상황을 겪어 본 적이 있느냐고 물었더니 장내가 소란스러워지면서 앞다퉈 자기 이야기를 했다. 다들 겪어 본 적이 있었고 자신의 경험을 말하는 데 주저함이 없었다. 이어서 일터에서 지위가 낮을수록 노력과 보상의 불균형이 심하다는 유럽의 연구 결과를 보여 줬더니 다시 한 번 야단스럽게 동의의 목소리가 쏟아져 나왔다. 그들은 이런 현상을 너무나 잘 알고 있었다. 그렇다면 쿠바가 계급과 위계가 없는 사회주의 낙원은 아닌 모양이다.

쿠바로 로르샤흐 테스트Rorschach test*를 해 보자. 어떤 사람들에게는 쿠바가 공산주의에 찌든 불모지로 보인다. 또 어떤 사람들에게는 쿠바가 신자유주의를 거부하고 많은 남미 국가들이 겪고 있는 막대한 소득 불평등을 피해 간, 대안적 발전 모델을 보여 주는 나라로 보인다. 정치적 우파는 이에 대해 눈살을 찌푸리면서 쿠바에 평등이란 게 있다면 그건 다 같이 못 살게 되어서라고 말한다.

내게는 쿠바가 사회주의 낙원으로도, 공산주의에 찌든 불모지로도 보이지 않는다. 내게 쿠바는 놀라운 건강 수준을 달성한 가난한 나라다. 여기에서도 우리는 냉전 시기의 이데올로기 싸움을 넘어서야 한다.

쿠바 지지자들마저 열악하다고 인정한 경제 상황 속에서도 쿠바가 이렇게 훌륭한 건강 수준을 달성할 수 있었던 이유를 알아보면 소중한 교훈을 얻을 수 있을 것이다. 쿠바는 수입품을 모두 소련에 의존하고 있었는데 소련이 붕괴하는 바람에 쿠바 경제도 같이 붕괴했다. 자동차와 농기계를 돌릴 연료가 없어서 말과 마차로 돌아갔고 소를 몰아 밭을

---

* 형태가 애매한 그림을 보여 주고 무엇으로 보이는지 묻는 검사. 스위스의 정신의학자 로르샤흐가 개발했다.

도표9.5 누군가는 제대로 하고 있다

1955~2011년 미 대륙 4개 국가의 남성 기대수명.

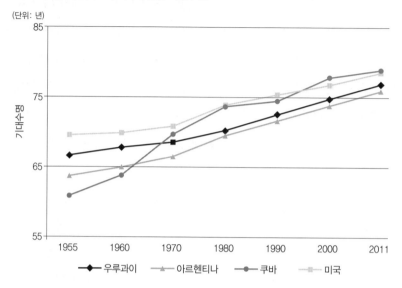

갈았다. 현대적인 발전과는 거리가 멀었다. 그렇지만 건강은 좋아졌다.

도표9.5는 쿠바, 아르헨티나, 우루과이, 미국의 기대수명을 보여 준다. 1950년대에는 아르헨티나와 우루과이가 혁명 이전의 쿠바(1959년에 피델 카스트로Fidel Castro가 혁명으로 정권을 잡았다)보다 나았다. 1910년에 아르헨티나는 1인당 국민소득 기준으로 세계에서 여덟 번째로 부유한 나라였다. 캐나다와 벨기에 바로 다음이었고 덴마크와 네덜란드보다 위였다.

그 이후로 지금까지 벌어진 변화는 놀라울 뿐이다. 1955년에는 쿠바의 기대수명이 미국보다 10년이나 짧았지만 2011년에는 미국과 같아졌고 아르헨티나와 우루과이보다 길어졌다.

쿠바는 어떻게 해서 이렇게 좋은 건강 수준을 달성했는가? 쿠바 사람들은 잘 발달된 의료 시스템 덕분이라고 말한다. 또한 교육과 사회적 보호를 강조하는 분위기도 건강에 기여했을 것이다.

코스타리카의 건강 상태는 쿠바와 상당히 비슷해 보인다. 쿠바와 마찬가지로 기대수명이 미국과 비슷한 수준이다. 하지만 코스타리카는 공산주의 국가가 **아니다**. 코스타리카 사람들에게 어떻게 해서 이렇게 좋은 건강 수준을 달성했는지 물어봤더니 가장 먼저 나온 대답은 1948년에 군대를 없앴다는 것이었다. "왜 우리가 군대를 가져야 하는가? 대부분의 국가는 자국민을 억압하기 위해 군대를 가지고 있다. 우리는 그 돈을 교육과 의료에 쓴다." 쿠바와 강조점이 비슷하다. 도표9.6은 흥미로운 사실을 보여 준다. 남미 국가들의 취학 전 교육 등록률과 6학년 시점에서의 읽기 점수를 보면 쿠바가 둘 다 가장 높고 다음은 코스타리카 그 다음은 칠레다. 소득이 더 높은 우루과이와 아르헨티나의 두 지표는 모두 이들보다 낮다. 그리고 파라과이와 도미니카공화국은 아주 낮다.

솔직히 말하면, 쿠바, 코스타리카, 칠레가 매우 상이한 정치적 역사를 가지고 있고 1인당 국민소득은 미국보다 훨씬 낮은데도 어떻게 해서 미국 수준으로 높은 건강을 달성했는지 나도 정확히는 모른다. 다만 추측컨대, 칠레에서는 극빈층을 포함해 모두를 포괄하는 '솔리다리오'의 보편적 접근, 취학 전 교육과 학교 교육에의 높은 투자, 의료 서비스 제공 등이 큰 역할을 한 것으로 보인다. 쿠바와 코스타리카에서도 이러한 정책이 효과를 내고 있다.

사회는 중요하며, 사회의 중요성을 생각하기에 '원인의 원인' 관점은 매우 적절하다. 아주 많은 연구와 실증근거들이 4장에서 8장까지 살펴본 모든 영역에서 모든 사람을 사회에 포함시킴으로써 건강과 건강 불평등을 개선할 수 있음을 보여 준다. 하지만 그건 우리가 그러기를 원해야만 가능한 일이다. 막대한 경제사회적 불평등은 사회 응집성 부족

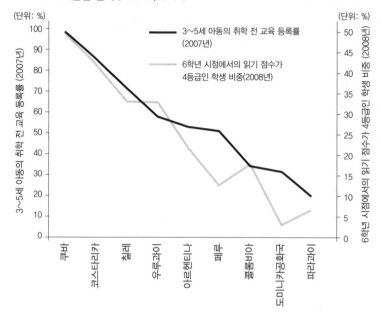

도표 9.6 아이들을 일찍부터 교육시키자

(단위: %)

3~5세 아동의 취학 전 교육 등록률
(2007년)

6학년 시점에서의 읽기 점수가
4등급인 학생 비중(2008년)

(단위: %)

3~5세 아동의 취학 전 교육 등록률(2007년)

6학년 시점에서의 읽기 점수가 4등급인 학생 비중 (2008년)

쿠바 코스타리카 칠레 우루과이 아르헨티나 페루 콜롬비아 도미니카공화국 파라과이

의 원인일 수도 있지만 징후일 수도 있다. 상위 1퍼센트의 소득만 치솟고 대다수의 사람은 빈곤에 묶여 있는 상황을 우리가 왜 참아야 하는가? 응집성이 큰 사회라면 그런 상황을 원하지 않을 것이다. 피케티를 다시 인용하자면, "민주사회에서 '모든 시민의 권리'라는 공언된 개념은 사람들이 실제 삶에서 처하는 여건의 불평등과 매우 대조적이다. 이 상충을 극복하려면 사회적 불평등이 임의적이고 우연적인 요인에 의해서가 아니라 합리적이고 보편적인 원칙에 의해 생기게 만들어야 한다." 불평등은 모든 사회에 존재한다. 그건 어쩔 수 없다. 하지만 불평등의 정도와 규모, 또 불평등이 발생하는 이유와 그것이 위계의 아래쪽 사람들에게 의미하는 바는 건강과 사회정의에 큰 영향을 미친다. 우리는 더 잘 할 수 있다. 수많은 증거가 그렇게 말하고 있다.

10

공 정 한 　　 세 　 계

국민총생산Gross National Product(GNP)은 대기오염, 담배 광고, 도로에서 시신을 치우는 구급차까지 포함한다. GNP는 문에 채우는 특수 자물쇠와 그것을 부순 사람들을 가둘 감옥도 포함한다. GNP는 삼림이 파괴되고 교외 거주지가 미친 듯이 확산되면서 아름다운 자연 환경을 훼손하는 것도 포함한다…….

그런데 GNP는 우리 아이들의 건강, 교육의 질, 놀이의 즐거움을 포함하지 않는다. GNP는 시의 아름다움, 결혼의 견고함, 공공 토론의 지성, 공직자의 고결성을 감안하지 않는다. GNP는 우리의 위트와 용기, 지혜와 교훈, 공감과 애국심도 포함하지 않는다. 요컨대 GNP는 우리 삶을 가치 있게 해 주는 것들을 뺀 나머지 모든 것을 담고 있다.

— 로버트 F. 케네디Robert F. Kennedy, 캔자스 대학교 1968년 3월 18일

내 마음 속에 상상의 만찬이 펼쳐진다. 만찬에는 무정부주의자인 아이슬란드 시장, 분노한 그리스 젊은이, 생계에 쪼들리는 아일랜드 교수, 가난한 살림에 아이 키우느라 고전하는 브라질 여성, 건강하고 잘 교육받은 한국인, 인도 남부 케랄라의 여성, 자살을 생각하는 인도의 면화 농민, 노동 착취적 공장에 다니지만 일자리가 있어 좋아하는 방글라데시의 10대 여성, 아이를 중학교에 보내지 못하는 잠비아 사람, 성이 난 아르헨티나 사람, 뚱뚱한 이집트 여성, 줄담배를 피우는 케냐의 젊은이, 그리고 무작위로 고른 한두 명의 미국인과 유럽인이 초대됐다. 드레스 코드는 전통 의상 아니면 스마트 캐주얼이다.

손님들의 공통점은 그들의 수명과 건강이 세계화 속에서 각자의 나라가 처한 상황에 크게 영향받고 있다는 사실이다. 내 상상이니 내 맘대로 설정해 보자. 음식을 나르는 사람은 IMF, 세계은행, 유럽위원회, 미 국무부, 담배 회사, 식품 마케팅 회사, 의류 소매 체인, 원조기구의 직원들이다. 이들은 음식을 서빙하면서 손님들의 이야기를 듣는다.

내가 제프리 초서Geoffrey Chaucer라면 각자의 이야기를 시로 펼쳐 보는 시 대결 시간을 갖겠지만, 그냥 한 명씩 설명을 하기로 하자. 10장에서는 무정부주의자 아이슬란드 시장부터 손님들이 차례로 모습을 드러낼 것이다.

2010년 아이슬란드 레이캬비크의 시장으로 욘 그나르Jon Gnarr가 선출됐다. 그는 무정부주의적 성향을 가진 코미디언이었다. 원래 정치와 관련이 없었지만 '최고당Best Party'을 창당해 시장 선거에 나섰고 공약을 깨뜨리겠다는 것을 공약으로 내세웠다. 어차피 공약은 아무도 안 지키니까 그냥 공약 파기를 약속하겠다는 것이었다. 그의 황당 공약에는 레이캬비크 동물원에 북극곰을 둔다거나 수영장에서 공짜 수건을 나눠준다거나 부정부패를 아예 대놓고 저지르겠다는 것 등이 있었다.[1] 반대파의 비판에 대해서는 모조리 웃음으로 대응함으로써 반대파를 미치게 했다. 우리는 정치인을 광대라고 생각하곤 하는데 여기 정말로 정치인이 된 광대가 있었다. 욘 그나르는 풍자로 선거를 시작했다가 진짜 정계에 입문했다. 나는 2013년 6월에 그를 만났다. 아이슬란드 정부 초청으로 건강의 사회적 결정 요인에 대해 강연을 하기 위해 방문한 차였다. 욘 그나르 시장은 여느 시장들이 할 법한 일을 했다. 레이캬비크의 특색 있는 장소에서 환영 파티를 준비하고 환영 연설을 했다(농담을 참기 어려운 것 같아 보이기는 했다). 그의 정치 자문관은 그들이 진지하고 책임감 있는 방식으로 시정에 임한다고 말했다. 물론 이것은 농담이 아니었다. 하지만 그는 매우 정치인답지 않은 일을 하나 했으니, 한 번의 임기면 충분하다고 생각해 재선에 나서지 않았다.

상황을 이해하려면 아이슬란드에 대해 두 가지의 배경 지식이 필요하다. 아이슬란드는 인구가 30만 명이 조금 넘는데 3분의 1이 수도인 레이캬비크에 산다. 영국인들은 영국이 옥스퍼드 동문인 '올드보이'끼리 다 해먹는 나라라고 농담하곤 한다(완전히 사실은 아니다. 일부는 케임브리지 출신이다). 그런데 아이슬란드에서는 정말로 모든 사람이 서로 다 아는 사이이다. 그나르의 아내는 가수 비요크와 친구고 그나르의 선거운동 본부장은 누구랑 같이 학교를 다녔고 그나르는 누구와 이웃이고……

그나르 같은 아웃사이더도 오만 곳에 지인이 있다. 나는 토요일에 레이캬비크 외곽의 생선 요리 전문점에서 보건부 장관과 저녁을 먹었다. 아이슬란드의 수감자 수가 몇 명인지 물었더니 그는 "잠깐만요"라고 말하고서는 어디론가 전화를 걸었다. 3분 후에 그가 말했다. "10만 명당 50명이에요." 보건 장관이니 인맥이 넓기야 하겠지만 토요일 저녁에 전화 한 통으로 정보를 얻을 수 있다니! 그건 그렇고, 수감자 수가 10만 명당 50명이라는 것은 일본과 맞먹는 매우 낮은 수치다. 영국에서는 10만 명당 200명이고 미국은 800명에 가깝다. 아이슬란드에서는 당신이 범죄를 저지르면 다음 날쯤 피해자가 당신의 엄마를 슈퍼마켓에서 우연히 만나 하소연할 가능성이 크다. 이러한 응집성은 낮은 범죄율과 양호한 건강의 한 요인일 것이다.

두 번째 배경 지식은 세계화와 관련이 있다. 아이슬란드는 2008년에 끔찍한 경기 침체를 겪었다. 그래서 어업과 지열 에너지(그리고 알루미늄 제련*)에 기반해 잘 굴러가던 경제는 고삐 풀린 카우보이들이 글로벌 경제에서 활개 칠 때 발생할 수 있는 모든 악몽을 대표하는 세 개의 민간 은행이 좌지우지하는 경제가 됐다.

하버드 경제학자 카르멘 라인하트와 케네스 로고프는 국가 부채가 GDP의 90퍼센트 이상으로 올라가면 경제성장이 둔화된다**고 했다.[2,3] 그런데 가장 높았을 때 아이슬란드의 국가 부채는 무려 GDP의 850퍼센트였다. 아이슬란드 은행들은 모든 그래프가 영원히 쭉쭉 오르기만 하리라는 듯이 전 세계에서 자산을 사들였다. 미국에서 벌어진 서브프라임 모기지 사태가 나비의 날개짓이었다면, 아이슬란드에서 이것은

---

* 알루미늄 제련에는 전기가 많이 드는데 아이슬란드는 값싼 전기 덕에 알루미늄 공장이 많다. 지은이
** 6장에서 언급했듯이 나중에 이들의 통계 기법에서 실수가 발견돼 논란이 일기도 했다. 지은이

허리케인을 일으켰다. 경제의 공중누각은 무너져 내렸다. 경제 붕괴는 아이슬란드 사람들의 생계에, 그리고 그들의 자존심과 사회 소속감에 큰 충격을 줬다. 레이캬비크 시민들이 정치인들에게 완전히 질려서 자타공인 광대에게 표를 준 것이 바로 이런 배경에서였다.

그 다음에는 어떻게 됐을까?

아이슬란드는 IMF에 구제금융을 요청했고 IMF는 엄격한 긴축정책을 조건으로 요구했다. 아이슬란드 국민들의 세금으로 은행들이 진 빚을 갚아야 한다는 것이었다. 아이슬란드 국민들은 국민투표에서 이를 거부했다. 아이슬란드는 사회 안전망과 의료 시스템에 들어가는 공공 지출을 줄이지 않았다. 아이슬란드 사람들이 '웃기는 사람'을 레이캬비크의 시장으로 뽑은 것은 그저 하라는 대로 하지는 않겠다는 의사 표시였을 것이다. IMF식의 정통 경제 처방을 받아들이지 않은 것도 그런 맥락이었을 것이다. 아이슬란드의 반응은 그리스나 아일랜드와는 매우 대조적이었다. 이러한 정치적 선택과 높은 수준의 사회적 유대는 아이슬란드가 금융 재앙의 와중에서도 건강 수준이 악화되지 않은 이유일 것이다.[4]

10장은 세계화와 건강을 다룬다. 글로벌 금융, 국제 무역, 시장과 기업의 행동, 그리고 대안적인 성장에 대해 차례로 알아볼 것이다. 각 주제는 좋게든 나쁘게든 건강과 건강 형평성에 크게 영향을 미친다.

세계화가 좋냐 나쁘냐를 묻는 것은 날씨가 좋냐 나쁘냐를 묻는 것과 같다. 좋을 수도 있고 나쁠 수도 있다. 우리가 질문해야 할 것은 세계화가 지식과 자원을 함께 나누게 하고 더 많은 기회들을 창출할 것이냐, 아니면 개인과 지역공동체의 역량을 박탈할 것이냐가 되어야 한다.

공정한 금융

아이슬란드의 무정부주의자와 분노한 그리스 젊은이의 대조적인 상황은 시사하는 바가 크다. 두 나라 모두 글로벌 금융위기로 역량이 박탈됐다. 하지만 대응은 매우 달랐다. 6장에서 설명했듯이 글로벌 금융위기가 초래한 경제 문제에 어떻게 대응할 것인가를 두고 거시경제학자들 사이에는 맹렬한 논쟁이 있다. 케인스주의적 부양책이냐, 긴축정책이냐? 순진한 생각인지도 모르지만 나는 실증근거들이 이 논쟁의 결론을 내려야 한다고 생각한다. 그런데 실증근거의 해석 자체가 정치적 입장에 따라 갈린다. 우파는 긴축을 지지하고 좌파는 부양책을 지지한다. 전자는 경기순환의 흐름을 따르는 정책이다. 빠듯할 때는 지출을 줄여야 한다는 것이다. 후자는 경기순환의 흐름에 맞서는 정책이다. 빠듯할 때일수록 지출을 해야 한다는 것이다. 이렇게 논의가 엇갈리는 속에서, 정치인들은 각자 자신의 목적에 맞는 해석을 고른다. 영국 총리는 긴축정책을 정당화하기 위해 라인하트와 로고프를 인용했다. 부양책을 옹호하는 사람들은 케인스주의 경제학자인 폴 크루그먼을 단골로 인용한다.

이와 관련된 쟁점은 여러 가지가 있지만 세 가지로 생각해 보자. ①어떤 조치가 경제성장을 다시 일으켜 줄 것인가? ②각 정책은 사람들의 삶에 어떤 영향을 미칠 것인가? ③사람들이 원하는 것은 무엇인가? 세 가지 모두 건강 및 건강 형평성과 밀접한 관련이 있다.

라인하트와 로고프는 정부 부채가 너무 많으면 경제성장이 둔화된다고 주장했다. 라인하트와 로고프의 주장은 통계 기법상의 실수로 타격을 받았지만 공적인 논쟁에서 긴축주의자들의 세가 꺾일 만큼 치명적이지는 않았다. 하지만 IMF는 (그 자신의 이전 기조와는 반대로) 다른 조건이 동일하다면 긴축정책이 성장을 둔화시킨다고 밝혔다.[5]

미국과 영국을 비교한다고 딱히 이 문제가 해결되는 것은 아니지만 미국이 부양책을, 영국이 긴축정책을 시행했다는 점은 흥미롭다. 2008년 위기 이후 미국 경제가 영국 경제보다 빠르게 회복됐다. 사실은 이 비교도 지나치게 단순화한 것이다. 영국 정부도 지출을 너무 많이 삭감했다는 것을 깨닫고서 한두 해 뒤에 슬그머니 긴축정책을 완화했기 때문이다.[6] 보수 성향의 잡지 《스펙테이터Spectator》는 총리가 "술 취한 케인스주의자"처럼 정부 지출을 하고 있다고 언급했다.[7]

영국이 긴축정책을 물린 데는 이유가 딱 하나일 것이다. 불경기 때 지출을 줄이면 총수요가 줄어서 경제 회복을 늦춘다. 유럽 전역에서 긴축정책이 맹렬히 추진됐지만 그 결과는 긴축정책이 주장한 경제적 효과와 배치됐다. 긴축정책을 주창한 사람들이 국가의 경제적 이득을 위해서가 아니라 뭔가 다른 목적으로 그런 게 아닌가 싶을 정도로 말이다.

나는 그리스 젊은이들(절반이 실업 상태다)이 긴축정책에 대한 분노로 거리에 쏟아져 나오던 시기에 아테네를 방문했다. 강렬한 경험이었다. 군사 쿠데타로 얼룩진 그리스의 역사를 생각하니 질서 있게 조직된 시위도 무서웠다. 그리스는 위기 이전에 꽤 오래도록 금융 부문이 망가져 고통을 겪었다. 그런데 유로권의 다른 국가들은 이런 상황을 모르는 것처럼 보였다. 그러다 글로벌 금융위기로 문제가 드러났고 불이 붙었다. 부채가 치솟았고 정부가 돈을 빌릴 수 있는 능력은 크게 축소됐다. 그리스는 글로벌 금융 공동체의, 구체적으로 말하면 유럽 통화권의 일원으로 남아있기 위해 극약 처방을 받아들였다. 공공 지출의 대대적인 삭감을 포함하는 초강도 긴축정책이 시행된 것이다. '공공 지출'이라고 하면 추상적인 말로 들리지만 그렇지 않다. 공공 지출은 공무원의 과도한 연금처럼 옹호하기 어려운 것을 의미할 수도 있지만 교사와 간호사, 집배원과 거리 미화원의 일자리와 임금 수준을 의미하기도 한다. 아이들을 위한 보건소와 노인을 위한 사회적 돌봄을 의미하기도 한다. 의료보험, 실업수당, 대중교통을 의미하기도 한다. 정통 경제 이론이 내놓은 극약 처방의 결과 그리스 경제 전체가 내려앉았고 역량을 박탈당한 그리스인들은 거리로 나와 이에 저항했다.

그리스에서 선거가 다가오자 아테네의 소요 사태를 본 한 독일 정치인은 지금이 선거에 좋은 시기가 아닐 것이라고 언급했다. 뭣이라? 그리스 사람들이 그들에게 억지로 부과된 '해법'에 고통받는 것도 모자라서 이제는 말할 권리까지 박탈당해야 한다는 말인가? 그리스 사람들은 민주주의란 것을 모르니까?

하지만 그리스는 민주주의라는 단어가 생겨난 곳이다. 민주주의의 영어 단어 '데모크라시democracy'는 그리스어 '데모크라티아demokratia'가 어원이다. 데모크라티아는 '사람들'을 뜻하는 단어와 '권력'을 뜻하는 단어가 합쳐진 것이다. 고대 그리스에서 데모크라티아는 사람들이 아니라 상류층이 지배하는 체제인 아리스토크라티아aristokratia(귀족정)의 반의어였다. 그리스가 무엇을 해야 하는지를 그리스 사람들이 결정하는 것이 아니라 유럽중앙은행, 유럽위원회, IMF가 지시하고 명령하는 체제는 현대판 아리스토크라티아다. 21세기인 오늘날에 유럽 정치인이 민주정보다 귀족정이 더 안전하다고 말하고 있다니. 대체 누구에게 더 안전한가?

그리스 사람들의 저항에는 타당한 이유가 있다. 그 근거 중 하나를 우리는 잘 알고 있다. 긴축정책이 건강을 크게 해친 것이다. 명백한 경로 하나는 실업이다. 실업은 정신 건강에 악영향을 미치고 자살률을 높이며 살인율에도 영향을 미친다. 긴축정책이 사람들이 삶을 포기하게 만들고 서로를 죽이게 만들고 있다고 말해도 과언이 아니다.

아일랜드도 상황이 크게 다르지 않다. 아일랜드 더블린 공항 제2청사는 아일랜드가 겪어 온 일을 상징하는 듯하다. 가히 '켈트 호랑이'가 달성한 경제적 성취에 걸맞은 웅장한 건물로, 한때 잘 나가던 경제를 증거하는 것처럼 보인다. 하지만 이제는 경기 침체, 그리고 있지도 않은 돈을 서로 빌려줌으로써 부자가 될 수 있다는 공허한 약속을 상징하는 것 같다.[8] 공항에 내리면 택시 운전사가 당신에게 반갑게 악수를 한다. 손님이 있다는 것이 그저 기쁜 모양이다. 더블린 시내에는 "임대합니다" 표지가 나붙은 빈 건물, 버려진 식당들, 손님이 반밖에 안 찬 술집들이 한때 활황이던 경제가 붕괴했을 때의 모습을 보여 준다.

아일랜드 은행들은 (아이슬란드에서도 그랬듯이) 모든 그래프가 영원히 오르기만 하리라는 과도한 믿음을 가지고 과도하게 영업을 확대하다가 온갖 문제를 일으켰다. 그리고 아일랜드 정부는 (아이슬란드에서와 달리) 나랏돈으로 은행의 빚을 갚아 주기로 했다. 그러니까 납세자의 돈으로 말이다. 그 바람에 직장인들은 임금이 크게 줄거나 일자리를 잃어야 했다. 내 상상의 만찬에 참석한 아일랜드 교수는 임금이 40퍼센트나 삭감됐다. 소득이 줄어 삶의 수준이 낮아진 것은 물론, 사회보장 프로그램도 줄었다. 건강에 부정적인 영향을 미치리라는 것은 자명하다.[9]

아이슬란드는 아일랜드와 다른 경로를 택했다. 내가 만난 의사, 학자, 공무원, 정치인들이 꼭 전형적인 아이슬란드인이라고는 말할 수 없지만 어쨌든 그들은 이렇게 생각했다. 왜 아이슬란드 국민들이 무책임한 은행의 과도한 행위가 일으킨 비용을 치러 줘야 하는가? IMF가 제시한 해법은 은행의 손실을 정부가 책임지라는 것이었다(아일랜드가 따른 처방과 같다). 이는 2016~2023년에 국민소득의 절반이 채권자인 영국과 네덜란드 정부로 들어가야 한다는 말이었다.[10] 대통령은 이를 국민투표에 부쳤고 국민의 93퍼센트가 반대했다. 아이슬란드가 경제 위기 속에서도 건강 수준이 악화되지 않은 데 대해 매우 설득력 있는 설명 하나를 여기 소개한다.

아이슬란드는 첫째, IMF의 조언을 무시하고 사회적 보호에 투자했다. 그리고 사람들을 일터로 돌려보낼 적극적인 정책을 병행했다. 둘째, 식사가 개선됐다. 양파와 토마토(버거 재료 중 가장 비싸다) 수입 가격이 올라서 맥도날드가 아이슬란드에서 문을 닫았다. 아이슬란드 사람들은 집에서 음식을 더 많이 만들어 먹기 시작했다. 특히 생선 요리를 많이 해서 어민들의 소득에 도움이 됐다. 셋째, 술 소비를 억제하는 정책을 지속했다. 이것도 IMF의 조언과는 배치되는 것이었다. 마지막으로, 아이슬란드 사람들은 강한 사회적 자본을 활용했다. 사람들은 위기 때 단합하고 있다는 느낌을 가질 수 있었다. 다른 나라에 섣불리 적용하기는 조심스럽지만 아이슬란드는 모든 면에서 정통 경제학적 처방이라고 불리는 것에 도전함으로써 긴축정책이 아닌 또 다른 길이 존재한다는 것을 보여 줬다.[11]

경제가 회복되면서 이제 아이슬란드는 부채도 갚아 나가고 있다.

IMF는 전과가 있다. 나는 오슬로 대학교 총장 올레 페터 오테르센 Ole Petter Ottersen이 위원장을 맡고 의학 저널 《랜싯The Lancet》과 오슬로 대학교가 공동으로 진행한 '글로벌 건강 거버넌스 위원회Commission on Global

Governance for Health '에 참여한 적이 있다.[12] 이 위원회는 건강의 사회적 결정 요인에 대해 효과적인 조치를 취하려면 전 지구적 수준에서 어떻게 거버넌스가 개선돼야 할지 알아보기 위해 꾸려졌다. 금융위기 이후 긴축정책이 유럽 국가들에 미치고 있는 피해를 염두에 두고서, 우리는 일찍이 1980년대에 IMF가 저소득국들에 제시한 구조조정 프로그램 Structural Adjustment Programs(SAP)이 그 나라들에서 어떤 결과를 초래했는지 살펴본 기존 연구들을 검토했다. 결코 읽기에 유쾌한 내용은 아니었다. 1980년대에 IMF는 경제적 곤란에 처한 국가들에 대출을 해 주면서 워싱턴 컨센서스Washington consensus *에 기반한 지침을 조건으로 걸었다. 공공 지출을 줄이고, 기존의 공공 서비스는 시장에서 제공되도록 하며, 경제 규제를 풀고, 공공 자산을 민영화하라는 것이었다. 기존의 연구들을 검토하고 우리는 다음과 같이 결론을 내렸다.

> 구조조정 프로그램들은 공중보건에 재앙적인 영향을 미쳤다. 사하라 이남 아프리카에서 고용, 소득, 물가, 공공 지출, 조세, 신용 접근성을 악화시켜 가난한 사람들의 건강에 해를 끼쳤다. 이는 다시 식량 안보, 영양, 생활 환경과 노동 환경, 의료 접근성, 교육의 악화를 통해 건강 악화로 이어졌다.[13]

긴축주의자와 케인스주의자 사이의 전투는 계속되고 있다. 하지만 가장 중요한 기준은 '사람들이 어떤 삶을 영위하게 되는가'여야 한다. 구조조정이 단기적으로 막대한 고통을 초래했다는 데는 의심의 여지가 없

---

* 1990년대 남미 국가들의 경제위기 해법으로 미국이 주창한 10가지 정책. 무역·투자 자유화, 탈규제화 등이 포함되며, 신자유주의적 경제 개혁이 주 내용이다.

다. 경제 정책을 세우는 사람들은 장기적 가치를 얼마나 많이 확신하기에 단기적으로 그렇게 큰 고통을 남들에게 부과할 수 있는 것일까?

사회적 보호 최저선

6장에서 보았듯이 실업률이 늘면 자살률이 높아진다. 하지만 실업수당, 적극적인 노동시장 정책, 보건 서비스 등 사회적 보호 지출을 늘릴수록 실업이 유발하는 해로움은 완화된다.[14] 그리고 북유럽 국가들이 분명히 보여 주듯이 사회적 보호 지출이 클수록 건강 불평등 수준이 낮다.

고백하자면, CSDH 활동을 시작했을 때만 해도 나는 사회적 보호 지출이 부유한 나라에서나 가능한 줄 알았다. 그러나 실증근거들을 보고 생각이 바뀌었다. 그래서 CSDH는 저소득국에서도 보편적 사회복지를 해야 하며 여기에는 비공식 영역에 고용된 사람들도 포함돼야 한다고 명시적으로 제안했다. 환상일 뿐이라고? 그럴지도 모르지만 아주 약간만 그렇다.

실제로 현실이 그리 희망적으로 보이지는 않는다. 현재 전 세계 인구 중 사회보장 시스템에 완전히 포함되는 이들은 겨우 전체의 27퍼센트다.[15] 73퍼센트는 부분적으로만 사회적 보호의 적용을 받거나 아예 받지 못하고 있다. 사회적 보호의 적용을 받지 못하고 있다는 말은 일자리 부족, 질병, 사회적 배제 등으로 저소득 상태에 처하게 될 때 안전망이 없다는 뜻이다.

하지만 희망적인 소식도 있다. 글로벌 사회가 이 상태를 바꾸기 위해 나서기 시작한 것이다. ILO는 '사회적 보호 최저선Social Protection Floor(SPF)' 자문기구를 꾸리고 미첼 바첼레트 당시 전 칠레 대통령(이자 현 칠레 대통령. 바첼레트는 2006~2010년 대통령을 지냈고 2014년부터 다시 대통령을 맡고 있다)을 위원장으로 임명했다. ILO는 '사회적 보호'와 '사회보장'을 같은 의미로 사용하며 이것을 인권으로 본다. 여기에는 사회보험, 사회 부조, 보편 수당, 기타 현금 이전, 의료 접근성 보장, 그 밖에 사회적 보호 목적으로 지급되는 수당 등 다양한 정책 수단이 포함된다.

바첼레트의 팀이 사회적 보호 최저선을 보장하기 위해 제시한 제안들은 185개 국가에서 승인됐다. 사회 보호는 각 국가의 정책 사안이지만 국제사회 또한 두 가지 면에서 중요한 역할을 할 수 있다. 하나는 무엇이 가능한지에 대한 사례를 수집해 전파하는 것이고 다른 하나는 각국이 일정 수준 이상의 사회적 보호를 달성하도록 돕는 데 글로벌 자원을 사용하는 것이다. 긴축정책을 둘러싼 논쟁과 관련해 ILO는 사회적 보호가 축소돼서는 안 되며 오히려 증가돼야 한다는 입장을 분명히 했다. 또 유럽의 사회 모델을 긍정적으로 평가하면서 긴축정책이 이를 위협해 그리스와 아일랜드를 포함해 많은 유럽 사람들의 삶의 질을 낮추고 있다고 우려했다. 또한 ILO는 브라질 등 중위소득국에서 사회적 보호가 확장되는 것을 환영했다. 이런 이야기들이 긴축을 외쳐대는 소리를 누르고 널리 들릴 수 있을까? 그래서 사회적 보호 최저선이라는 개념이 고소득국에서는 후퇴되지 않고 저소득국에서는 확대될 수 있을까? 우리가 꼭 생각해 봐야 할 중요한 질문이다.

공정한 투자

성장은 좋은 것이다. 안 그런가? 우리는 GDP 수치를 보기 위해 신문을 뒤진다. 지난 분기 GDP가 0.1퍼센트 포인트 내려갔다면 정부의 경제 정책이 통째로 정당성을 잃는다. 0.1퍼센트 포인트 올라갔다면 정부는 찬사를 받는다. 어리석고 불합리한 일이다. 저소득국에서 성장이 중요하지 않다는 말이 아니다. 인도 경제가 연간 7~9퍼센트씩 성장하는 편이 가난하면서 성장도 못하고 있는 경우보다 국민 건강에 이로울 수 있다는 것은 사실이다. 하지만 전 세계가 그 속도로 성장한다면 지구가 질식하고 말리라는 것도 사실이다. 또 경제성장이 반드시 '발전'을 보장하는 것도 아니다. 여기에서 '발전'은 이 장 서두에서 로버트 케네디가 말한 사회적 목표들을 말하는데, 교육과 건강이 특히 중요하다. 사람들이 더 건강하고 풍성한 삶을 누리게 하려면, 우리는 경제성장의 성과가 얼마나 공정하게 분배되고 있는지를 물어야 한다.

상상의 만찬에 온 브라질과 한국 손님을 보자.

진 드레즈와 아마티아 센은 브라질이 1960~80년대에 보인 성장이 "인구 상당수의 낮은 생활수준을 동반한 빠른 성장"이었다며 이를 "바라던 바와 다른 풍요"라고 칭했다.[16] 내 만찬에 참석한 브라질 여성은 1980년대에 극히 가난한 상황에서 아이들을 키우느라 고생했을 것이다. 반면 한국의 경제성장은 성과가 비교적 공평하게 분배됐고, 경제성장의 이득이 교육과 기타 삶의 여건을 향상시키는 분야에 쓰였다.

이후에 브라질도 그런 방향으로 경로를 바꾸었다. 드레즈와 센에 따르면 브라질은 민주적인 헌법을 받아들이고, 군사독재의 잔재를 없앴으며, 사회적 제도들을 마련하고, 보편 무상 의료를 도입하기 위해 노

도표10.1 빈곤은 숙명이 아니다

브라질 인구통계조사에 따른 가구 소득별 발육부진 아동 비중.

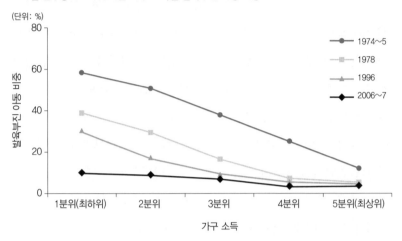

(단위: %)

력했고, 사회복지 프로그램들을 도입했다. 조건부 현금 공여 제도인 '보우사 파밀리아'도 그런 사례다. 저소득층 생계지원을 위해 도입된 보우사 파밀리아는 사람들의 삶의 질을 높였고 건강을 빠르게 향상시켰다. 발육부진 아동에 대한 통계를 보면 브라질에서 여성과 아동의 삶이 얼마나 개선됐는지 가늠해 볼 수 있다. 발육부진 아동 비중은 생후 1년 사이에 적절하게 성장하지 못한 아동의 비중을 말한다. 도표10.1은 발육부진 아동 비중의 사회경제적 경사면을 보여 준다. 1974~75년에는 기울기가 가팔랐지만 해가 지나면서 모든 계층에서 발육부진이 줄었고 경사면의 기울기도 평평해졌다. 2006~2007년이 되면 기울기가 거의 보이지 않는다.

유엔개발계획은 매년 〈인간개발보고서〉를 펴낸다. 2013년 보고서는 드레즈와 센이 "반갑지 않은 성장의 유형"이라고 부른 것을 다음과 같이 설명했다.

일자리 없는 성장, 즉 고용의 기회를 증가시키지 못하는 성장

무자비한 성장, 즉 불평등이 증가하는 성장

목소리가 없는 성장, 즉 취약한 처지에 있는 공동체들의 참여를 거부하는 성장

뿌리 없는 성장, 즉 외부에서 이식된 부적절한 모델을 사용하는 성장

미래 없는 성장, 즉 환경 자원을 제약 없이 약탈하는 것에 기초한 성장.[17]

이 보고서는 경제적 기초를 바로잡아야 한다는 워싱턴 컨센서스와 인간의 발전을 우선시하는 유엔개발계획의 접근법을 대조하면서, 가난한 사람들의 삶(그리고 건강)을 향상시키는 것은 경제가 회복될 때까지 미뤄져도 되는 일이 아니라고 말했다. 매우 맘에 든다. 실제로 보고서의 내용은 더 강하다. 워싱턴 컨센서스(신자유주의)는 역량강화와 필수적인 자유의 증진에 필요한 것들을 무시할 뿐 아니라 불평등까지 심화시킨다. 그리고 사회적 보호와 역량강화는 경제성장과 경제적 생산성 향상에 득이 된다.

유엔개발기구가 '진보'를 측정하는 지표 중 하나는 HDI다. 중요한 점은 이 지수가 건강·소득·교육을 모두 포함한다는 것이다. 우리는 공공 지출이 좋은 것이냐 나쁜 것이냐의 이데올로기 싸움을 넘어서야 하며 도표10.2가 그래야 하는 근거를 보여 준다.

각 점은 국가를 나타낸다. 2000년에 의료와 교육에 공공 지출이 많았던 나라일수록 20년 뒤 HDI가 높다. 이 그래프를 대학원생들에게 보여 주면 인과관계에 대해 여러 설명들을 내놓을 것이다. 다른 건 몰라도 한 가지 인과관계만큼은 분명하다. 공공의 자금을 학교와 의료에 더 많이 지출하는 사회일수록 HDI의 요소인 건강·소득·교육이 양호

도표10.2 어제의 지출은 오늘의 이득

현재의 HDI와 이전의 공공 지출은 양(+)의 상관관계가 있다.

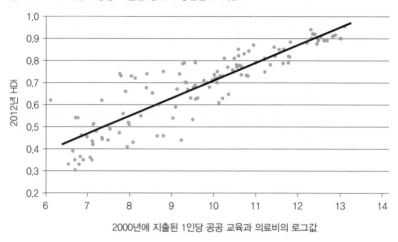

2000년에 지출된 1인당 공공 교육과 의료비의 로그값

한 사회일 가능성이 크다.

2013년 〈인간개발보고서〉는 '발전국가developmental state'의 개념을 단순히 경제성장만이 아니라 사회 발전까지 생각하는 국가라고 설명했다.

발전국가에 대한 최근의 연구들은 제2차 세계대전 이전의 일본과 20세기 후반의 홍콩, 한국, 싱가포르, 대만과 같은 동아시아 국가들의 기적적인 경제를 관찰한 데서 나왔다. 최근에는 중국과 베트남(그리고 캄보디아와 라오스)도 발전국가로 볼 수 있을 것이다. 이들의 공통된 특성은 특정 부문을 명시적으로 지원함으로써 경제 발전을 촉진하는 것, 경쟁력 있는 관료제를 갖춘 것, 발전 전략의 핵심에 탄탄하고 효과적인 공공 제도를 둔 것, 사회경제적 목표를 분명하게 제시한 것, 발전 성과를 통한 정치적 정당성을 획득한 것 등이다.[18]

유엔개발계획은 경제 발전의 중요성을 부인하지 않는다. 하지만 경제 발전만으로는 교육과 건강의 성과를 달성하기에 충분치 않다. 1990년대 이후 브라질이 보인 '인간개발' 측면에서의 성과는 "바라던 바와 다른 풍요"의 시기보다 오히려 빨랐다. GDP 성장은 둔화됐는데도 그랬다.

이제 인도 남부 케랄라주에서 온 여성을 보자. 케랄라주는 인도에서 HDI가 높기로 유명하다. 인도는 여성 기대수명에서 매우 인상적인 성과를 보였다. 1990년 58세에서 2012년에는 68세가 됐다. 그래도 세계 최고 수준인 일본에 비하면 20년 가까이 낮다.[19] 케랄라는 인도의 다른 곳들보다 훨씬 인상적이다. 기대수명이 77세로 인도보다는 브라질이나 중국과 비슷하다. 그리고 케랄라가 주는 교훈도 브라질이나 중국에서 얻을 수 있는 것과 비슷하다. 인간 발전을 강조하고 역량강화에 투자하며 국가의 적극적 역할을 두려워하지 않는 것이다. 케랄라를 인도 전체 평균과 비교해 보면 많은 시사점을 얻을 수 있다(도표10.3 참고).[20]

케랄라의 건강 성과가 처음 주목을 받기 시작한 30년쯤 전에 사람들은 교육 수준이 이렇게 높은데도 왜 케랄라가 여전히 가난한 주에 속하는지 궁금해했다. HDI의 요소 중 공적인 영역에 투자하는 것이 경

도표10.3 케랄라주가 주는 교훈 (단위: %)

	케랄라주	인도 전체
6~14세 중 학교에 다니는 아동 비중	98	80
8~11세 중 읽기 시험을 통과한 아동 비중	82	54
15~49세 여성의 문해율	93	35
빈곤선 이하 인구 비중	20	37
2004~2005년 1인당 소득 중앙값	9,987루피	5,999루피

제 성과와는 상충하는 게 아니냐는 의문이 일었다. 하지만 이 의심은 이제 불식됐다. 그 이후로 케랄라주에서 경제성장도 매우 빠르게 일어났으며 삶의 여건과 건강도 매우 빠르게 향상됐다. 이 모든 것이 공공 영역의 활발한 관여와 함께 이뤄진 일이었다.[21]

다시 말하지만, 경제성장이 진정한 발전과 건강에 도움이 되는지 보려면 성장의 성과가 어떻게 사용되며 얼마나 공평하게 분배되는지도 봐야 한다. 그런데 경제 개발을 다루는 논문들은 성장이 빈곤을 해결하냐 못하냐에만 초점을 맞추는 경향이 있다. 우리는 두 가지 면에서 불평등에 관심이 있다. 첫째, 너무 심한 불평등은 성장을 저해한다. 불평등이 너무 심하면 성장이 가져올 수 있는 빈곤 감소의 효과가 줄어든다. 둘째, '빈곤 감소'가 목표라면 단순히 GDP를 성장시키는 것보다 불평등을 줄이는 것이 더 직접적으로 목표 달성에 기여한다.[22] 당연한 이야기다. 재분배를 하면 경제가 성장하든 아니든 간에 가난한 사람들에게 이득이 된다. 하지만 성장은 그 효과가 공평하게 분배될 때만 가난한 사람에게 이득이 된다. 요약하면, 너무 심한 불평등은 성장에 나쁘며 빈곤 감소에도 나쁘다.

그런데, 어느 국가가 발전을 선택하든 말든 그 국가가 알아서 할 문제 아닌가? 왜 여기서 세계화와 건강을 논하고 있는가? 이 문제에 대한 답은 일단 두 가지다. 우선, IMF나 유럽중앙은행 같은 국제기구들은 그들이 생각하기에 각 국가에 필요할 것으로 여겨지는 정책들을 각 국가에 강요한다. 둘째, 각 국가 경제에 벌어지는 일들은 글로벌 요인들의 영향을 받는다. 월가와 런던 금융가에서 시작된 금융위기가 전 세계적인 영향을 미치지 않았는가?

그리고 또 하나 더 근본적인 답이 있다. 어느 국가가 대외무역과 원조에 어떻게 참여하는지는 그 국가뿐 아니라 다른 국가들의 발전에도 영향을 미친다.

공정한 무역

무역을 위해 죽다

식탁을 돌아 인도의 면화 농민을 보자. 그는 우리와 함께 만찬을 즐기는 것을 기뻐한다. 그도 그럴 것이 인도에서는 농민이 30분에 1명꼴로 자살한다. 1년에 1만6,000명이 넘는다. 면화 농민들이 특히 취약해서 1995년 이래로 27만 명이 스스로 목숨을 끊었다.[23] 인도는 아주 큰 나라여서 통계 숫자들이 크다. 가령 인도에서는 매시간 3,000명이 태어난다. 그러면 1시간에 2명꼴로 자살하는 것은 많은 것인가, 적은 것인가? 많은 것이다. 마하라슈트라, 마르나타카, 안드라흐라데시, 치하티스가르, 마드야프라데시주(인접해 있는 주들이다)의 농민 자살률은 인도 전체 평균(농민, 비농민 포함)의 3배에 달한다.[24]

만찬에 온 인도 농민은 세계화를 좋아한다. 대체로는 그렇다. 그는 아이들의 생존율이 높아진 것이 발달된 서구 의료를 인도도 누릴 수 있게 된 덕이라고 생각한다. 텔레비전으로 월드컵을 보고 가난한 사람도 휴대전화를 가질 수 있게 된 것도 좋아한다. 하지만 늘 빚에 시달리고 있어서 재앙적인 처지로 떨어지기 일보직전이다. 가뭄으로 흉작이 들면 큰 문제가 생길 수 있다. 기후변화가 홍수와 가뭄을 더 자주 일으키는지에 대해서는 논란이 있고, 농민 개인도, 또 어떤 정부도 그에 대해 개별적으로는 어찌할 도리가 없다. 하지만 우리 모두가 함께한다면 무언가를 해 볼 수 있을 것이다.

이보다 좀 더 쉽게 조치를 취할 수 있는 문제도 있다. 미국의 면화 보조금이다. 미국 면화 농민들(거대 기업농이 많다)은 미국 정부로부터 상당한 보조금을 받는다. 2008년과 2009년에는 30억 달러가 넘었다.[25] 이는 미국 면화 농민의 생계를 보조하기 위한 것이지만 세계 면화 가격을 낮추는 효과를 내기 때문에, 인도와 아프리카 면화 농민들이 생산물을 수지가 맞는 가격대에서 판매할 수 없게 만든다. 미국은 좋은 의도에서 국내 생산자에게 보조금을 주는 것일 테지만, 보조금을 없애면 세계 면화 가격을 6~14퍼센트 올릴 수 있다. 미국 면화 농민에 대한 보조금이 인도 면화 농민을 자살로 몰고 있다고 말하는 것이 지나친 주장 같은가? 하지만 미국의 보조금이 인도 면화 농민의 생계에 심각한 영향을 준다는 것은 매우 설득력 있는 설명이며, 인도 면화 농민들이 빚 때문에 자살한다는 것도 매우 설득력 있는 설명이다.

인도 면화 농민의 삶에 영향을 미치는 요인 중 최근에 대두된 것으로 유전자 변형 면화 작물이 있다. 유전자 변형 종자는 목화다래벌레에 저항성이 커 산출량을 늘려 준다는 약속과 함께 인도 농민들에게 판매됐는데 실은 여러 가지 방식으로 생산 비용을 증가시킨다. 목화다래벌레 말고 다른 해충들을 통제하기 위해 살충제 구입 비용은 오히려 증가했고, 유전자 변형 종자는 번식을 하지 않기 때문에 종자를 매년 새로 사야 하는데 일반 종자보다 값이 비싸다. 종자 회사들이 여러 규제 기준을 충족시키는 데 들어간 비용을 회수하려면 가격을 높게 매겨야 한다고 주장하기 때문이다.

브라질, 인도, 중국, 그리고 서아프리카의 몇몇 국가들은 면화 보조금을 없애고 자유무역 원칙을 지키라고 미국에 청원을 냈다. 소용이 없자 브라질은 세계무역기구WTO를 통해 미국에 압력을 넣으려고 했다. 그래도 미국은 꿈쩍하지 않았다.[26] 다른 영역에서는 그렇게나 자유무역을 주장하는 미국이 스스로도 자유무역 원칙을 잘 지킨다면 그 주장을 좀 더 존중해 주련만.

미국만도 아니고 면화만도 아니다. 유럽의 농업 보조금 1주일치가 아프리카의 1년치와 맞먹는다.[27] 세계화된 오늘날의 세계에서, 경제적인 자족은 모든 나라가 달성할 수 있어야 마땅하다. 우리는 부유한 나라에만 늘 유리하고 가난한 나라는 늘 역량을 박탈당하는 여건을 만들지 말아야 한다.

살기 위해 교역하다

인도 면화 농민 옆에는 방글라데시의 10대 여성이 앉아 있다. 그는 의류 공장에 다니는데, 노동 착취적인 여건이지만 자신이 다니는 공장을 좋아한다. 방글라데시 여성은 만찬장에 온 미국인과 유럽인이 입고 있는 옷을 본다. 드레스 코드대로 스마트 캐주얼이고 베네통, 프라이마크, C&A, 망고 등의 제품이다. 그 여성이 말한다. "내가 만들었어요! 내 친구들과 내가 일하는 공장에서 저런 옷들을 만들어요."

미국인과 유럽인의 얼굴에 죄책감이 서린다. 우리가 값싼 옷을 좋아하는 것이 어쩌다 보니 2013년 4월의 라나플라자 의류 공장 붕괴 참사 같은 일을 일으켰다고 생각하니 죄책감이 들 밖에. 그 사고로 1,100명이 숨지고 2,500명 이상이 다쳤다. 런던과 뉴욕의 값싼 옷은 방글라데시 다카에 있는 공장의 열악한 노동 환경을 의미한다. 좋든 싫든 여기에는 우리도 관여돼 있다.

단순하게 말하면 고소득 국가에 사는 우리는 보수가 적고 고된 노동을 방글라데시에 수출하고 방글라데시는 값싼 의류를 우리에게 수출한다. 세계화의 작동이다. 이는 좋냐 나쁘냐로 간단히 이야기할 수 있는 문제는 아니다.

우선, 방글라데시는 자발적인 참여자다. 방글라데시에는 5,000개가 넘는 의류 공장이 있고 의류 산업은 수출로 연간 200억 달러를 번다. 방글라데시는 중국에 이어 세계 2위의 의류 수출국이다. 사람들은 어떤가? 나는 건강 형평성이 모든 정책을 판단하는 핵심 기준이어야 한다고 주장했다. 방글라데시에서 의류 산업은 400만 명을 고용하고 있으며 그중 90퍼센트가 여성이다. 가만, 위험한 노동 여건과 낮은 임금은 여성의 건강을 악화시키는 또 다른 방식에 불과한 것 아닌가? 이것은 6장에서 말한 역량 박탈적인 노동 여건 아닌가?

맞다. 하지만 방글라데시의 젊은 여성은 자신에게 어떤 대안이 있는지를 생각한다. 지금까지 그들이 가져 본 대안 가운데 노동 여건이 더 나은 일자리는 없었다. 시골에서 도시로 온 방글라데시의 젊은 여성들은 조혼이나 농촌의 빈곤 대신 직접 돈을 버는 삶, 결혼 여부와 시기를 스스로 정하는 삶, 유용한 기술을 배울 전망이 있는 삶을 택했다.[28] 캘리포니아 대학교 버클리 캠퍼스의 법학자 샤이나 하이더Shaina Hyder는 방글라데시 의류 공장 노동자들을 면접 조사했는데, 참여한 여성 노동자의 90퍼센트가 일을 하는 것이 결혼을 하는 것보다 나으며 일이 분명히 여러 기회를 가져다준다고 응답했다. 시골 출신의 어느 40대 여성은 딸이 대학교에 다닐 수 있게 됐다고 했다. 3대에 걸쳐 시골 빈민에서 도시의 공장 노동자로, 그리고 대학생으로 여성의 삶이 바뀐 것이다.

방글라데시에서 만들어진 옷을 입는 우리가 그곳의 노동 조건에 대해 마음 놓아도 된다는 말은 아니다. 라나플라자 사고는 방글라데시 의류 산업의 노동 여건에 대해 관심을 불러 일으켰고 이런 관심은 꼭 필요하다. 여기에는 권력의 비대칭이 작동하고 있다. 방글라데시에서 노동자들이 임금과 노동 조건을 조직적으로 협상하는 사례가 늘어난 다면 다국적 기업은 공장을 다른 데로 옮겨 버릴 것이다. 그러면 방글 라데시는 경제가 침체될 것이고 스스로 돈을 벌면서 역량을 강화시켜 가던 여성들의 삶도 악화될지 모른다. ILO 등이 노력하고 있지만 전 지 구적으로 노동 기준을 강제할 수 있는 제도적 장치는 아직 존재하지 않으며 개별 기업을 비난해서 기준을 올리도록 하는 데는 한계가 있다. 이렇게 어려운 상황이긴 하지만, 노조를 인정하고 노동 여건을 높이기 위해 방글라데시 정부는 여러 노력을 기울이고 있다.[29]

승자와 패자

국제 무역에는 승자와 패자가 있다. 인도의 면화 농민은 고통을 받고 방글라데시의 공장 여성은 삶을 바꿀 기회를 얻었다. CSDH와 유럽판 보고서에서 세계화와 건강 영역을 담당했던 오타와 대학교의 론 라본 테Ron Labonté는 무역 정책, 빈곤, 불평등 사이의 관계는 정책 연구 분야 중에서 매우 방대한 영역이지만, 최근 두 가지 사안이 떠오르고 있다 고 말했다.[31]

하나는 WTO의 도하개발라운드 협상이다. 당시 이 협상은 오래도 록 교착상태였는데 어쨌든 연구자들은 협상이 결론에 도달한다는 가정 하에 네 가지의 결과를 초래할 것이라고 내다봤다. 일본, 미국, EU(15개국)는 각기 연간 60억~80억 달러의 실질소득 이득을, 사하라 이남 아프리카는 2억5,000만 달러의 손실을 볼 것으로 예측됐다. '자유무역'은 좋은 말 같지만, 부유한 국가들은 그것이 자신의 이해관계에 맞지 않게 작동할 때면 거리낌 없이 자유무역 원칙을 내던진다. 그러다가도 가난한 나라들을 착취해 자신들에게 이득이 될 때면 자유무역이 모두에게 이득이 된다고 소리 높여 주장한다. 이런 식의 자유무역은 참가자들에게 동등하게 이득을 주지 않는다.

두 번째는 사회 안전망과 사회적 보호 최저선의 중요성이다. 무역 자유화가 벌어져서 가난한 나라들에서, 또 부유한 나라들에서 소득과 고용에 악영향이 발생했을 경우, 사회 안전망과 사회적 보호 최저선을 보장하는 정책은 매우 중요하다.

원조에서 당위성을 이야기할 수 있을까?

세계화와 관련된 위의 논의들에는 공통적으로 한 가지 걱정이 깔려 있다. 좋은 의도로 내려진 결정이 다른 나라의 건강에 해를 끼칠 수 있다는 점이다. 가령 당신이 유럽이나 미국 농촌 지역의 선출직 정치인이라면 당신 지역 사람들에 대해 우선적으로 책임과 책무를 져야 한다고 생각할 것이다. 당신의 지역 농민에게 지급되는 보조금이 인도나 아프리카의 농민을 해친다면, 안타깝긴 하지만 인도나 아프리카의 농민은 당신의 주요 관심사가 아니라고 생각할 것이다. 당신이 한 나라의 지도자라면 다른 나라들에 공정하기를 추구하기보다 당신 나라의 이익을 추구하는 게 더 중요하다고 생각할 것이다. 하지만 정말 그런가? 3장에서 우리는 사회정의에 대한 여러 접근법이 건강 비형평에 어떤 의미를 가지는지 살펴봤다. 우리 모두는 전 지구적으로 상호연결된 커다란 공동체의 일부다. 그렇다면 사회정의에 대한 관심도 국가적이기보다는 마땅히 전 지구적이어야만 한다. 읍! 방금 나는 "마땅히 ~어야만 한다"라고 말했다.

내가 값싼 의류를 즐긴다면 노동자들이 그것을 만들면서 이득을 얻는지 고통을 얻는지에 마땅히 관심을 가져야만 한다. 이에 동의가 되지 않는다면, 당신이 공장의 소유주인 경우를 생각해 보라. 당신은 당신 공장 직원들의 건강에 마땅히 책임을 져야 할 것이다. 그들이 당신 공장에서 일해서 행복하고 좋은 삶을 살게 된다면 당신은 옳은 일을 했다고 느낄 것이다. 반면 당신이 그들의 건강을 악화시키면서 돈을 번다면 죄책감을 느끼게 될 것이다. 공장 소유자가 아니라 제품의 사용자라면 책임감은 약간 약해진다. 그런데 이 책임감이 완전히 없어질 수 있을까?

이 질문을 던지는 이유는 해외 원조에 대한 논의를 하기 위해서다. 원조에 대해 우리가 '당위'를 이야기할 수 있을까? 고소득 국가 납세자의 돈을 저소득 국가 사람들의 생계를 돕는 데 쓰는 것은 '마땅히 해야만 하는' 일일까? 원조에 효과가 없다면 우리는 당위를 말할 수 없을 것이다. 소용없거나 해로운 일을 할 의무는 없는 법이니 말이다.

그렇다면 이제부터는 원조가 효과가 있는지, 그리고 우리가 마땅히 해야만 하는 일인지를 알아보기로 하자.

부채와 원조

부채 상환

만찬에 온 잠비아 사람은 화가 나 있고 아르헨티나 사람은 매우 지긋지긋해하고 있다. 잠비아 사람은 모두에게 거부당했다고 느낀다. 자국 정부부터 국제사회까지, 모두에게 말이다. 아르헨티나 사람은 자존감을 되찾았다고 생각하자마자 다시 자존감이 곤두박질치는 상황에 완전히 진력이 나 있다. 둘의 공통점은 각자의 나라가 가지고 있는 국가 부채다. 이들은 우리가 원조를 부채와 연관지어 생각하기를 원한다.

도표10.4를 보자(글로벌 금융위기 이전의 수치다). 우선, 해외 원조 액수는 부유한 나라들의 경제 규모에 비해 너무나 적다. 합의된 목표 기준은 GDP의 0.7퍼센트지만[32] 실제로는 훨씬 못 미친다. 미국 경제 규모는 연간 13조 달러이고 이것의 0.7퍼센트는 900억 달러다. 여기에 일본, 유럽의 부유한 나라들을 더하면 지금의 원조 금액보다 훨씬 많아야 한다.

그리고 사하라 이남 아프리카를 제외하면 전 세계의 모든 지역에서 원조로 받는 돈보다 훨씬 많은 돈이 부채 상환으로 부유한 나라들에 되돌아간다. 남미와 카리브해 연안 국가들은 부유한 국가들의 큰 수익원이다. 물론 합당한 경우도 있다. 필요해서 돈을 빌렸고 그것을 갚는 것이다. 하지만 그렇지 못한 경우도 많다.

합당하지 않은 부채 상환의 사례로 잠비아를 들 수 있다. 냉전 시기이던 1980년대에 잠비아는 농업 장비 등을 마련하기 위해 루마니아에서 돈을 빌렸다. 그러나 부채 상환이 어려워져서 1999년에 상환 조건 재협상에 들어갔다. 여기에 벌처펀드vulture fund가 등장했다. 벌처펀드란

도표10.4 누가 누구를 돕고 있는가

2000~2008년 개발도상국들의 지역별 부채와 개발 원조.

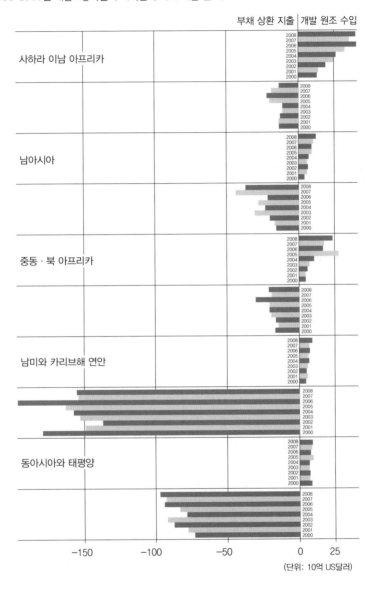

부채 상환 지출 │ 개발 원조 수입

사하라 이남 아프리카

남아시아

중동 · 북 아프리카

남미와 카리브해 연안

동아시아와 태평양

−150   −100   −50   0   25

(단위: 10억 US달러)

부실 채권을 싸게 사들였다가 비싸게 되팔아 단기에 고수익을 올리는 펀드를 말한다. 영국령 버진아일랜드에 설립 등록이 돼 있고 미국 기업인이 운영하는 한 벌처펀드가 잠비아의 부채를 엄청나게 내려친 가격인 400만 달러에 인수했다. 어떻게 이것이 가능했을까? 잠비아가 은행에서 5,000만 달러를 빌렸다고 치자. 그러면 이어서 금융시장에서는 이 부채에 대해 2차적인 거래가 발생한다. 은행이 그 부채를 다른 투자자에게 '판매'하고 그 투자자는 그것을 또 다른 투자자에게 판매한다. 그러다가 잠비아가 부채를 상환하기 어렵다는 것이 드러나면 2차 시장에서 부채 가격이 폭락한다. 가령 5,000만 달러의 부채가 400만 달러가 되기도 하는 것이다. 5,000만 달러어치 잠비아 부채를 가진 쪽은 어차피 떼인 돈이나 마찬가지라고 생각해서 헐값에라도 처분하고 싶어 한다. 떼인 돈이나 마찬가지인 이 부채를 사는 쪽은 이것을 헐값에 사들이면 곧 한몫 벌 수 있을 것이라고 생각한다. 우리의 만찬에 참석한 잠비아 사람은 이런 금융 장난이 그의 자녀가 중·고등학교에 가는 것에 어떻게 도움이 된다는 것인지 당최 이해할 수가 없다.

10년 뒤, 400만 달러의 헐값에 잠비아의 부채를 인수한 벌처펀드는 잠비아에 5,500만 달러를 갚으라고 주장했고 잠비아가 거부하자 소송을 걸었다.[33] 도덕성 따위는 없나? 무슨 말씀을! 이건 아기에게서 사탕을 빼앗는 것과 비슷하다. 아기에게서 사탕을 빼앗는 건 너무 이기적인 것 아닌가? 천만에. 다 아기를 위해 그러는 거다. 사탕을 먹으면 이가 썩고 나쁜 습관이 들어서 비만해진다. 나는 탐욕스런 벌처*가 아니다. 나는 아기가 가진 단점들에서 아기를 구해 주는 자선사업가다. 게다가

---

* 썩은 고기를 먹고 사는 독수리. 남의 불행을 이용해 먹는 사람을 비유적으로 이르는 말.

완전히 합법적이다. 잠비아를 지배하는 부패한 정치인들은 우리에게 돈을 갚지 않으면 그 돈을 꿀꺽할 것이다. 내 손에, 그러니까 벌처펀드를 운영하는 사업가의 손에 맡기는 게 잠비아 사람들에게 더 좋다.

다행히 런던 법원이 여기에 손을 들어 주지 않았다. 도덕적 이유나 법리적 이유에서는 아니었고 제출된 증거에 문제가 있어서였다. 판사는 "(펀드 쪽) 증인 중 일부가 완전히 솔직한 것 같지는 않다고 판단된다"고 언급했다.

2005년에 영국 글렌이글스에서 선진 8개국(G8) 정상회담이 열렸다. 영국 총리 토니 블레어Tony Blair가 이 회담을 주관했다. 각국 지도자들은 (아마도 록 스타들 때문에 부끄러움을 느껴서*) 세계의 빈곤을 없애는 조치의 일환으로 최빈국의 부채 부담을 완화해 주기로 했다. 잠비아도 부채 탕감의 수혜국이었다. 부채 상환 부담이 줄면 그 돈을 교육과 의료 등에 지출할 수 있게 될 터였다(잠비아의 부정부패 때문에 회의적인 면도 있지만 어쨌든 이론상으로는 그렇다). 그런데 자발적으로 헐값에 잠비아 부채를 아주 많이 사들였던 벌처펀드가 들어와서는 부채 탕감 조치에서 합의된 것보다 훨씬 많은 돈을 내놓으라고 한 것이다.

부채 때문에 문제에 봉착하는 것은 최빈국만이 아니다. 아르헨티나도 벌처펀드의 먹이가 되었지만 잠비아와 달리 최빈국이 아니어서 부채 탕감의 대상국이 되지 못했다. 하지만 아르헨티나도 국내의 여러 문제들을 해결할 수 있는 역량이 부채 부담 때문에 심하게 제약됐다. 한쪽 편만 들려는 건 아니다. 2001년 디폴트 이전에 아르헨티나가 재정 관리를 잘 하지 못했던 것은 사실이다. 하지만 아르헨티나가 자초한 것

---

* 당시 비정부기구와 가수 밥 겔도프, 엘튼 존, 폴 매카트니, 마돈나 등 유명 가수들이 순회공연을 벌이며 신자유주의 세계화에 반대했다.

이든 아니든 상관없이 벌처펀드의 행동은 정당화되지 않는다. 2001년 디폴트 전에 아르헨티나의 부채는 금융시장에서 정어리 통조림마냥 거래됐다. 헤이그의 투자자가 프랑크푸르트로부터 아르헨티나의 부채를 사는 금융거래에 의해 아르헨티나 사람이 어떻게 이득을 본다는 것인지는 알기 어렵다. 어딘가에서 이런 거래를 하는 누군가는 "어찌어찌해서 아르헨티나의 모든 사람에게 도움이 될 것"이라고 설명할 수 있겠지만 나는 그를 믿지 않는다.

2001년에 아르헨티나가 빚을 갚지 못할 상황이 되자 채권자들은 부채 가치를 최대 70퍼센트까지 낮춰 주는 것 외에는 방법이 없다는 데 동의했다. 이러한 원리금 삭감을 '헤어컷haircut'이라고 한다. 그런데 아르헨티나 부채를 많이 사들인 벌처펀드가 협조를 거부했고 이들이 보유한 아르헨티나 부채는 헤어컷 대상에 포함되지 않았다. 이후 10년간 아르헨티나는 부채 규모가 관리 가능한 수준이었고 헤어컷에 동의한 채권자들에게 돈을 갚아 나갔다. 그런데 벌처펀드가 다시 들어와 예전에 헐값에 사들인 아르헨티나 부채에 대해 삭감 없는 전액 상환을 요구했다. (무슨 말인지 이해가 되시는지?)

놀랍게도 미국 법원은 아르헨티나가 벌처펀드에 전액을 '상환'하지 않으면 다른 채권자들에게 헤어컷에 기반한 상환을 계속할 수 **없다**고 결정했다. 아르헨티나는 벌처펀드가 소유한 부채를 전액 상환할 역량이 있었으면 애초에 나머지 부채의 헤어컷을 요청하지도 않았을 거라며, 판결대로 하는 것은 불가능하다고 주장했다. 내가 보기에도 매우 말이 되는 항변이었다. 하지만 법원은 단호했다. 헤어컷 채권자들과 벌처펀드에 동시에 돈을 갚든지, 아무에게도 갚지 말든지. 그래서 아르헨티나는 2차 디폴트를 선언했고 국제 금융시장은 혼란에 빠졌으며 아르헨티나는 물론 다른 남미 국가들도 자국의 문제 해결을 위해 공공 지출을 할 여력이 크게 제약됐다. 공공 지출이 타격을 받으면 이 책에서 내내 설명한 그 모든 이유들 때문에 건강이 악화된다.

헤지펀드의 이해관계가 국가들이 스스로의 미래를 결정할 역량을 갖는 것보다 우선한다면, 글로벌 금융 거버넌스에 심각한 문제가 있는 것이다.

원조는 효과가 있는가?

중세 유대인 학자 마이모니데스Maimonides는 자선의 여덟 가지 수준을 이야기했다. 가장 낮은 자선은 비자발적인 자선이다. 중간은 건너뛰고, 위에서 두 번째 수준은 누구에게 주는지 모르는 채로 익명으로 주는 것이다. 가장 높은 수준은 받는 사람이 일자리를 갖거나 그 밖의 방식으로 진보하도록 해서 더 이상 도움받을 필요가 없어지게 하는 것이다.

마이모니데스는 주는 쪽 관점에서 이야기하는 것처럼 보인다. 가령 비자발적으로 준다는 말은 주는 사람의 관점에서 하는 말이다. 하지만 그는 받는 쪽 입장도 생각하고 있다. 자선을 자립보다 좋아할 사람도 소수 있긴 하겠지만(이런 가능성을 우파는 과장하고 좌파는 축소한다), 받는 사람 입장에서 가장 높은 수준의 자선은 자선이 불필요해지게 만드는 것이다. 글로벌 공동체로서 우리도 그렇게 되기를 원한다. 가난한 사람들과 사회적 불이익에 처한 사람들이 역량을 강화해 스스로의 운명을 통제할 수 있는 여건을 만들고자 하는 것이다. 사하라 이남 아프리카 인구의 49퍼센트, 남아시아 인구의 31퍼센트가 하루 1.25달러 이하로 살아가는 오늘, 우리는 아직 그 목표에 도달하지 못했다. 인도의 면화 농민이 몇 푼 안 되는 정부 수당에 의지하기보다 면화를 재배해서 제값 받고 팔 수 있기를 바라는 것은 당연하다. 우리 만찬에 초대된 잠비아 인은 마을에 아이들이 갈 수 있는 학교가 있기를 원한다. 단기적으로 그것이 외부의 원조를 필요로 한다면 그는 과정상의 한 단계로서 원조 를 받아들일 것이다.

어느 국가가 간호사와 교사를 고용하고 의약품과 교과서를 구매하 고 화장실과 깨끗한 물을 공급하고 연금과 사회적 보호를 제공할 자원 이 부족하면 국제 원조가 도움이 되리라는 것이 자명해 보인다. 하지만 원조 비판론자들은 원조 옹호론자들이 하는 말의 일부는 자명해 보이 고 일부는 사실인데 안타깝게도 이 둘이 겹치지 않는다고 말한다. 원 조가 한 나라의 우선순위를 왜곡하고, 의존성을 키우며, 받는 쪽의 필 요보다는 주는 쪽의 우선순위에 따라 결정되고, '자원의 저주'로 작용 해 수혜국이 빈곤에서 벗어나는 것을 오히려 방해할 수 있다는 것이다. 부패 때문에 원조로 받은 돈이 원래의 목적에 쓰이지 못할 수도 있다. 그래서 비판론자들은 원조 효과에 회의적이다.

《가난한 사람이 더 합리적이다Poor Economics》의 저자 배너지와 뒤플 로는 원조에 대한 여러 경제학자들의 입장을 비교했다. 컬럼비아 대학 교의 제프리 삭스는 효과가 있다고 보고 전 세계은행 경제학자이자 뉴 욕 대학교 교수 윌리엄 이스털리William Easterly는 효과가 없다고 본다.[34] 프린스턴의 경제학자 앵거스 디턴Angus Deaton은 삭스보다는 이스털리와 입장이 더 비슷하다.[35] 배너지와 뒤플로는 이것이 좌파(삭스)와 우파(이스 털리) 사이의 이데올로기 논쟁이라고 본다. 배너지와 뒤플로 본인들의 입장은, '원조가 효과가 있느냐'라는 큰 질문에 대해서는 답할 수 없으 며, 답할 수 있는 것은 구체적이고 세부적으로 어떤 원조가 어떤 상황의 어떤 지역에서 작동할 것인가와 같은 작은 질문들뿐이라는 것이다. 작은 질문들에 대한 답은 무작위 대조군 연구randomized controlled trials로 알아낼 수 있을 것이라고 주장한다. 한편 디턴은 원조에 대해서도 비판적일 뿐 아니라 무작위 대조군 연구를 믿는 사람들('무작위주의자 randomistas')에 대해서도 비판적이다. 이들이 서로를 비판하는 글을 읽는 것은 흥미진진한 스포츠 경기를 보는 것 같다(예의범절에 대해서는 크게 교훈을 못 얻을 것이다). 이 주제가 막대한 중요성을 갖는 것만 아니었다면 싸움 구경하듯 그저 재미나게 볼 수 있었을 것이다.

배너지와 뒤플로는 살충 처리된 모기장으로 말라리아를 막는 프로그램을 사례로 들었다. 삭스는 모기장을 제공하면 아이들이 말라리아에 걸리지 않게 되고 그들이 소득을 올릴 잠재력이 15퍼센트 증가하리라고 봤다. 반면 이스털리는 사람들이 돈을 지불하지 않고 모기장을 무료로 받게 되면 모기장의 가치를 인정하지 않아서 그것을 의도된 목적대로 사용하지 않을 것이라고 주장했다. 말라리아 통제에는 효과가 없고 돈만 낭비하게 되리라는 것이었다. 배너지와 뒤플로는 양쪽 모두를 비판했다. 삭스는 경제적 효과를 과장하고 있고 이스털리의 주장은 사실과 다르다는 것이었다. 이스털리의 주장에 대해 베너지와 뒤플로는 모기장이 **의도대로** 사용된 증거를 제시했다. 모기장을 싸게, 혹은 공짜로 제공했더니 모기장 사용이 증가한 것이다.

원조가 빈곤 완화와 경제성장에 도움이 되느냐 아니냐는 아직도 해결되지 않은 문제다.[36] 특히 부채 상환과 관련해서는 더욱 그렇다(도표10.4 참조). 저소득국에 해를 끼칠 수 있는 무역 및 금융 제도에 대해서도 마찬가지다. 배너지와 뒤플로는 보건 분야와 질병 통제에 대한 원조는 경우에 따라 효과가 있다고 봤다. 그리고 2009년에 저소득 국가 의료 시스템에 들어간 정부 지출 중 절반가량이 해외 원조였다.[37] 이런 원조가 갑자기 없어진다면 막대한 고통을 야기할 것이다. 물론 이 돈이 좋은 목적으로 쓰이도록 만드는 것은 여전히 중요하다.

명예로운 식량

뚱뚱한 이집트 여성의 차례가 됐을 때 나는 자주 꾸는 악몽을 하나 이야기했다. 꿈에서 나는 탄산음료를 만드는 기업의 이사회에 참여하는데 그 자리에서 전략 분석가가 이렇게 말한다.

"신사 여러분, (내 꿈에서는 어쩐 일인지 등장인물이 모두 남자다.) 우리는 문제에 봉착했습니다. 우리는 칼로리 파는 일을 합니다. 향을 낸 설탕물을 팔지요. 하지만 전 지구적으로 사람들은 운동을 덜 하고 있습니다. 그래서 칼로리가 덜 필요합니다. 큰 문제입니다. (이사들의 머리 위에 있는 말풍선 속에서 개인용 비행기가 '퐁'하고 날아가 버린다.) 하지만 해결책이 있습니다. (개인용 비행기가 말풍선에 다시 나타난다.) 개인의 칼로리 소비를 이끄는 요인은 두 가지입니다. 하나는 신체 활동이고 다른 하나는 체질량입니다. 일반적으로 몸무게가 더 많이 나가면 균형을 맞추기 위해 더 많은 칼로리가 필요합니다. 그러니 비만을 촉진합시다! 어떻게 하느냐고요? 음료 용기 크기를 키우면 됩니다. 공짜로 20퍼센트를 더 제공하는 겁니다. 그렇게 제조하는 데 들어가는 추가 비용은 얼마 되지 않습니다. 우리가 들여야 하는 비용은 가공·운반·마케팅 비용입니다. 그렇게 해서 사람들이 더 뚱뚱해지면 더 많은 칼로리를 필요로 할 것입니다. (말풍선에 더 크고 좋은 개인용 비행기가 등장한다.)"

이 시점에 나는 비명을 지르며 깨어난다. 휴, 꿈이다. 탄산음료를 판매하는 기업이 정말로 사람들을 뚱뚱하게 만들려는 의도를 가지고 있지는 않았을 것이다. 어쩌다 보니 그들의 제품이 그런 효과를 냈을 것이다. 비만에 영향을 미치는 여러 요인 중 가장 주된 것이 탄산음료 소비다.[38] 지방과 설탕이 많은 패스트푸드도 비만을 촉진하지만 설탕 든 음료보다는 효과가 크지 않다.

건강의 사회적 요인에 대한 내 관심이 학계를 벗어나 정책 영역에 들어가기 시작했을 때부터 나는 우리가 식품업계 등 민간 부문과 협력해야 한다는 말을 많이 들었다. 나도 그렇게 생각한다. 그런데 문제는 나와 그들의 목적이 서로 다르다는 점이다. 나의 목적은 건강 형평성이다. 업계의 목적은 이윤이다. 두 목적이 합치되면 좋겠지만 그렇지 않으면 우리는 2장에서 본 것과 같은 종류의 전투를 벌이게 된다. 2장에서 나는 미국에서 비만이 놀랍게 증가했음을 보여 주는 지도를 세 개 제시한 바 있다(도표2.1 참조). 미국뿐 아니라 전 세계적으로도 마찬가지다. 도표10.5에 있는 두 개의 그림이 이를 보여 준다.

비만과 과체중을 측정하는 지표로 BMI가 흔히 쓰인다. 25 이상이면 과체중, 30 이상이면 비만이다. 우리 만찬의 손님인 이집트 여성을 도표10.5에서 찾기는 어렵지만 현실에서 만나보기는 어렵지 않다. 40대 후반의 이집트 여성은 90퍼센트가 과체중이고 3분의 2가 비만이다.[39] 만찬에 멕시코 여성도 있었다면 이집트 여성과 비슷한 확률로 비만일 것이다. 이제는 과체중이 정상이고 비만도 정상으로 여겨질 판이다.

식품업계는 사람들을 뚱뚱하게 하는 것은 식품이 아니라 식습관이라고 주장한다. 총기 로비스트들이 총이 사람을 죽이는 게 아니라 사람이 사람을 죽이는 것이라고 주장하는 것과 같다. 패스트푸드를 안 먹으

도표10.5 작은 세계, 큰 사람들

1980년 전 세계 20세 이상 남성의 BMI 평균.

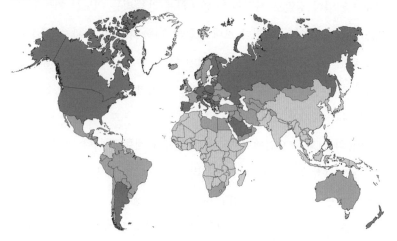

2008년 전 세계 20세 이상 남성의 BMI 평균.

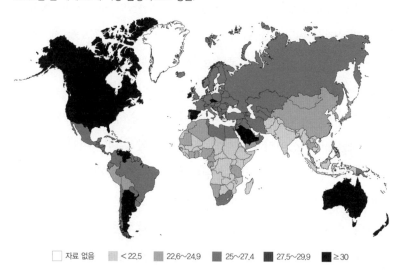

자료 없음 ■ < 22.5 ■ 22.6~24.9 ■ 25~27.4 ■ 27.5~29.9 ■ ≥ 30

면 패스트푸드 때문에 뚱뚱해지지는 않을 것이다. (아이고 놀라워라.) 하지만 식품 기업은 되도록 많은 사람이 그들의 식품을 되도록 많이 먹게 하기 위해 갖은 노력을 다한다. 그리고 그들의 노력은 성공을 거두고 있다. 포장 식품의 세계 매출은 2012년까지 10년간 92퍼센트나 성장해 2조2,000억 달러가 됐다.[40] 코카콜라는 전 세계 매출을 발표한다. 멕시코가 세계 소비 1위로, 1년에 1인당 675잔(237밀리리터)을 마신다. 미국은 그보다 한참 뒤진 겨우(!) 394잔으로 4등이다. 부유한 국가들에서는 가공식품을 더 '건강에 좋게' 만들라는 압력이 있다. 하지만 그 외 국가들에서는 이런 압력이 덜하다. 유럽에서는 다이어트 음료가 코카콜라 판매량의 22퍼센트를 차지하고 북미에서도 3분의 1을 차지하지만 남미에서는 6퍼센트밖에 안 된다.[41]

멕시코가 비만율도 세계 1위이고 코카콜라 소비량도 세계 1위라는 사실을 연결 짓는 건 이상한 생각이 아닐 것이다. 설탕 든 음료를 많이 마실수록 과체중이나 비만이 되기 쉽다. 그리고 고도로 가공된 다른 식품들도 저소득국과 중위소득국에서 매출이 빠르게 증가하고 있다.[42]

식품 소비 패턴은 세계적으로 동질화되고 있다. 고소득국에서는 가공식품 위주 식습관의 문제들을 이미 오래전부터 겪고 있다. 영국에서는 1년에 집에서 밥을 차려 먹는 경우가 한두 번밖에 안 되는 가구가 30퍼센트에 달한다. 영국인 중 3분의 2는 식탁에서 밥 먹는 횟수가 1주일에 1번 이하이고 18퍼센트만 하루 1회 이상 식탁에서 밥을 먹는다(3퍼센트는 식탁이 없다). 가공식품 소비가 전 지구적으로 증가하면서 이러한 식습관도 전 세계로 전파될 것이다.[43] 그 결과 비만, 당뇨 등 비감염성 질병이 증가하는 것은 물론이고 가족, 친지, 친구들과 관계를 맺는 방식도 달라질 것이다.

오늘날에는 세계 인구 중 다수가 도시에 거주하며 먹을 것을 직접 기르지 않는다. 시장은 사람과 식품을 연결하는 메커니즘으로 매우 유용하다. 가공식품은 사람들에게 영양을 공급하는 역할을 할 것이다. 하지만 시장의 실패도 존재한다. 한편으로 보면 네슬레, 코카콜라, 펩시, 크래프트 등 식품업체와 프랜차이즈 패스트푸드점의 성장은 시장의 놀라운 성공이다. 이런 회사들은 식품을 사람들에게 가져다주면서 높은 매출을 달성한다. 주주들은 기쁠 것이다. 하지만 과잉 영양의 측면에서 보면 이는 시장의 실패로 여겨져야 한다.

해결책이 부족하다고 개탄하려는 게 아니다. 하지만 해결책이 있어도 사용하지 않으면 소용이 없다. 초국적 식품 기업의 활동을 제약하고 그들이 비만 증가에 미치는 영향을 줄일 수 있는 방법이 있다면, 우리는 그 방법을 시행해야 한다. 지식은 두 가지 면에서 여기에 도움이 된다. 첫째, 식품 기업이 건강에 미치는 영향을 사람들이 더 많이 알게 되면 기업에 더 큰 압력을 행사할 수 있을 것이다. 둘째, 교육을 포함한 사회적 요인들을 통해서도 비만의 증가를 막거나 완화할 수 있다. 고소득국에서는 사회적 위계가 높은 사람들 사이에서 비만이 적다. 저소득국에서도 교육 수준이 높은 사람들 사이에서 비만이 적다. 만찬에 참석한 이집트 여성이 대학에 갔더라면 비만일 가능성이 더 낮았을 것이다.

담배의 경우에서 시사점을 얻을 수 있다. 케냐에서 온 흡연가를 보자. 그가 골초가 된 것은 담배 회사들이 이 치명적인 습관(흡연)을 전 지구에 퍼뜨리기 위해 들인 막대한 노력을 반영한다. 몇몇 고소득국에서 흡연 인구가 줄자 담배 회사들은 초점을 저소득 및 중위소득국으로 옮겼다. 전 세계 흡연자 10억 명 중 80퍼센트가 저소득 및 중위소득국 사람들이다.[44] 사실 우리는 흡연을 줄이는 방법을 알고 있으며, 여기에는 사람들에게 건강을 스스로 챙기라고 잔소리하는 것보다 많은 것이 포함된다. 담배 소비 억제를 위한 규제에는 가격 정책, 광고 금지, 스포츠 후원 금지, 공공장소 흡연 제한, 담뱃갑에 경고문구 삽입 의무화 등이 있다. 이런 조치들은 담배규제기본협약Framework Convention on Tobacco Control(FCTC)에 포함돼 있다. WHO 주도로 마련된 이 협약은 대부분의 국가가 서명하고 비준했다.

담배규제기본협약까지 나온 마당이니 우리는 담배 소비를 억제하기 위해 전 지구적으로 어떤 협업을 해야 하는지 잘 알고 있다고 보아도 무방할 것이다. 문제는, 담배 업계가 가능한 모든 곳에서 사사건건 저항을 한다는 것이다. 우루과이는 담뱃갑에 들어가는 경고문구의 크기를 키우고자 했다. 그러자 필립모리스가 소송을 걸었다. 호주는 담뱃갑에 로고나 광고 등을 넣지 못하게 하는 민무늬 담뱃갑 조치를 도입하려 했지만 이번에도 필립모리스가 강하게 반발했다. 필립모리스는 우루과이와 호주 사례 모두 자유무역협정을 위반하는 것이라고 주장했다.

담배의 경우에는 전 지구적인 건강 공동체가 승리할 것으로 보인다. 흡연은 비교적 쉬운 경우다. 흡연이 줄지 않으면 이번 세기 안에 10억 명이 목숨을 잃을 수 있다. 담배의 해로움은 너무나 잘 알려져 있어서 담배 회사들은 이 싸움에서 불리한 쪽에 있다. 법원이 여론을 거슬러 가며 자유무역이 공중보건의 위에 군림하게 허락하지는 못할 것이다.

하지만 그렇게 되려면 전 지구적인 행동이 필요하다. 학문에는 근본적으로 불확실성이 있지만, 그래도 나는 건강 형평성을 일구는 것이 가능함을 분명히 보여 주는 근거들을 제시했다. 나는 좋은 조치들의 선례가 존재하며 그것들을 통해 우리가 성공의 방법을 알아나갈 수 있다고 주장했다. 하지만 글로벌 영역에서 우리가 취할 수 있는 방법에 대해서는 그만큼 확실하게 알지 못한다. 내 상상의 만찬에 올 수 있었을 다른 손님들도 많다. 맨체스터에서 일하는 말리 출신 간호사는 가난한 나라에서 보건 노동자들이 빠져나가는 현상을 보여 준다. 암에 걸린 인도인은 국제지적재산권 협정 때문에 인도에서 복제약 판매가 금지돼 비싼 약값을 댈 수 없게 된 상황을 보여 준다. 아프리카 출신 불법 이민자는 빈곤을 피해 이탈리아 남부나 스페인에 도착했지만 유럽 땅에서도 불확실성과 심지어 더 열악한 상황에 직면한 사람들을 보여 준다. 모두 우리가 마땅히 관심을 가져야 하는 사안들이다.

글로벌 건강 거버넌스 위원회는 진보를 이룰 방법을 알아내기 위해 많은 노력을 기울이고 있다. 가장 먼저 필요한 일은, 권력의 비대칭 문제를 인식하고 전 지구적인 건강 형평성이 이뤄지려면 모든 사회 영역에서 행동이 필요하다는 점을 인정하는 것이다. 그리고 글로벌 정치의 영향으로 건강 불평등을 고치는 노력이 꺾이거나 건강에 악영향을 미치게 되지 않도록 진전에 대한 점검과 평가가 독립적으로 이뤄져야 한다. 또한 글로벌 거버넌스와 제도의 변화는 공동의 책임과 전 지구적 연대의 원칙에 부합해야 한다.

토머스 프리드먼Thomas Friedman은 세계화에 대해 다음과 같이 낙관적인 견해를 설파한 바 있다. "성배! 세계는 평평해지고 있다. 몇 가지 기술적·정치적 요인이 수렴하면서 지리나 거리, 그리고 곧 언어까지도 장애가 되지 않는 상태로 다양한 형태의 협업이 가능한, 웹 기반의 전 지구적인 장이 마련됐다."[45] 놀랍도록 장밋빛인 전망이다. 그는 이러한 전 지구적 상호연결로 우리 모두가 이득을 보게 되리라고 말한다.

하지만 여기에 더 정교하고 정확한 견해가 있다. 경제학자 낸시 버즈올Nancy Birdsall은 이렇게 언급했다. "하지만 세상은 평평하지 않다. 마루에 있는 우리들, 좋은 나라에서 교육을 잘 받은 우리들은 골에 있는 사람들과 국가들을 쉽게 간과해 버린다."[46] 진보는, 마루와 골이 있음을 인식하고 그것을 해결해야만 가능하다.

11

희 망 을   조 직 하 는   사 회

당신에게 부적을 하나 드리겠습니다. 의심이 들거나 자아가 당신을 압도하고 있다고 느껴지면 이렇게 해 보세요. 당신이 본 가장 가난하고 약한 사람을 떠올려 보세요. 그리고 스스로에게 물어보세요. 당신이 생각하는 조치가 그에게 도움이 되겠습니까? 그가 그것으로부터 무언가 이득을 얻을까요? 그것이 그가 스스로의 삶과 운명에 대해 통제력을 되찾게 해 줄까요? 그것이 배고프고 영혼이 굶주린 수백만 명에게 자유를 줄까요? 그렇다면 당신의 의심은 녹아 없어질 것입니다.

—마하트마 간디

한 마오리족 여성이 내게 말했다.

"당신은 내가 믿을 수 있게 이야기한 최초의 백인입니다. 그런데 당신이 말한 것에 나도 포함됩니까?"

그는 마오리 전통 방식대로 자신의 부모와 조부모가 누구인지 말하며 자신을 소개하고 이렇게 말을 이어갔다.

"나는 당신이 말한 것에 나도 포함된다고 생각합니다. 하지만 정말로 그런지 당신에게 듣고 싶습니다."

이때 난 뉴질랜드의사협회New Zealand Medical Association가 오클랜드에서 개최한 콘퍼런스에서 막 발표를 마친 참이었다. 마오리 여성의 이야기를 듣자마자 주책없이 안구습기증이 도졌다. 나는 겨우 작은 목소리로 태국의 '국민보건회의People's Health Assembly'에 갔을 때 들은 이야기를 했다. 그때 태국 사람들은 산을 움직이는 삼각형 이야기를 해 줬다. 삼각형의 세 꼭짓점은 정부, 전문가와 학자, 그리고 사람들인데, 이 셋이 함께 일하면 산을 움직일 수 있다는 것이었다. 태국에서 아이들이 불렀던 너무나 아름답고 유려한 노래도 떠올랐다.

우리 모두 같은 바다의 물결이지
우리 모두 같은 하늘의 별이지
이제는 하나로서 살아가는 법을 배울 때야

나는 마오리 여성에게 대답했다. "만약 내가 말한 것이 당신을, 그러니까 '사람들'을 포함하지 않는다면 내가 무언가를 단단히 잘못하고 있는 것입니다. 당연히 당신을 포함합니다." 그리고 코키리 마라에 사람들도 모두 포함한다.

"우리는 생각을 열었고 더 중요하게는 마음을 열었습니다."

이 말을 누가 했을 것 같은가? 사회복지사? 뉴에이지 여행자? 종교 전도사? 영국 버밍햄 웨스트미들랜드West Midlands 소방서 부서장이라면 믿어지는가?

그는 웨스트미들랜드 소방서에서 작성한 보고서 〈생명을 구하기 위해 삶을 향상시키기: 마멋 목표 달성을 위한 웨스트미들랜드 소방서의 역할Improving Lives to Saves Lives: the Role of West Midlands Fire Service in Contributing to Marmot Objectives〉에 대해 발표하는 중이었다. 그는 웨스트미들랜드 소방관들이 〈공정한 사회, 건강한 삶〉을 읽고서 생각을 열었고, 그 다음에는 관할 지역의 가난한 사람들과 그 밖에 도움을 필요로 하는 사람들을 보고 소방관이 무엇을 할 수 있을지에 대해 생각하며 마음을 열었다고 했다.[1]

한 여성 소방관이 80세 독거노인 '데이비드' 이야기를 해 줬다. 데이비드는 추위를 이기기 위해 집에서 쓰레기를 태웠고 그 바람에 소방서에 신고가 들어왔다. 가스는 끊긴 상태였다. 그는 출동한 소방관들에게 문을 열어주지 않았고, 여성 소방관이 3주나 그를 달래고 나서야 집안으로 들어갈 수 있었다고 한다. 소방관은 데이비드에게 무엇을 하며 하루를 보내냐고 물었다. 그는 딱히 하는 게 없었다. 26년 전에 전기가 끊겨서 텔레비전도 보지 않았다. 유일한 외출은 모퉁이 가게에서 먹을 것을 사는 것이었다. 만나는 사람도 없었다. 소방관은 그에게 옷과 크리스마스 저녁식사를 가져다주고 누이를 수소문해 찾아 주었으며 그가 꼭 필요한 약품을 구할 수 있게 해 주었고 요양 시설을 주선했다. 그의 상태는 현저히 좋아졌다. 이 일을 소방관이 해낸 것이다!

우락부락한 소방관들이 동네의 노인들, 아이들과 함께 협력해 나가면서 사람들의 삶을 향상시킨 감동적인 이야기들을 차례로 들려줬다. 그런 자리에서는 다들 눈물을 쏟게 된다. 안구습기증은 전염성이 있다.

웨스트미들랜드의 소방관들은 8장에서 언급한 머지사이드Merseyside 소방서 사례를 보고 그들도 지역민을 위해 그들이 가진 역량을 사용하기로 했다. 웨스트미들랜드 소방서는 '예방·보호·대응'을 원칙으로 삼고 있다. 화재 신고가 오면 6분 이내에 대응하며 근무시간의 6~10퍼센트를 화재 대응에 쓴다. 훈련, 교대 준비 등에 나머지 시간의 절반가량을 쓰고 그 나머지 절반은 관할 지역공동체를 향상시키는 혁신적이고 창의적인 활동에 사용한다. 그들은 내 보고서를 인용해서 건강과 화재가 둘 다 "사회계층적 경사면"을 따라 분포한다고 말했다. 화재를 예방하면 질병을 예방하는 데도 도움이 될 것이다.

이들의 활동에 매우 중요한 원칙은 '모든 접촉이 중요하다'는 것이다. 소방관들은 가정을 방문해 화재 위험을 점검하고 집을 안전하게 관리할 수 있는 방법을 알려 준다. 가정방문 중에 물건이 쌓여 있는 것을 발견하기도 하고(화재 위험이 높아진다), 노인의 고립이나 빈곤을 발견하기도 한다. 이런 경우에 그들은 '안 됐지만 내가 상관할 바 아니지'라고 생각하지 않는다. 가능할 경우에는 직접 해결하고, 아니면 동료나 전문가와 함께 해결책을 찾는다. 가령 가정폭력의 기미를 발견하면 가정폭력 관련 전문가에게 연락을 취한다. 그들은 영국판 보고서가 제시한 여섯 가지 영역을 '마멋 식스'라고 부르고 이와 관련해 현장에서 활동하는 요원을 '마멋 대사'라고 부른다.

나는 의사들에게 이렇게 말하곤 한다. 소방관들이 건강 불평등을 줄이기 위해 이런 일들을 하고 있습니다. **당신**들은 무엇을 하고 있나요? 사실 의사들도 많은 일을 하고 있다.

2013년 1월, 자전거 사고로 대퇴골 골절상을 입고 나서 처음으로 출장을 갈 수 있게 됐다. 출장지는 스톡홀름이었다. 지팡이를 짚고 눈을 헤치며 스웨덴 왕립과학원까지 가느라 여간 고생스럽지 않았다. 이 날 콘퍼런스에서 스웨덴의 한 의원이 CSDH를 언급하면서, 대부분의 국제 위원회 보고서가 읽히지 않고 잊히곤 하지만 〈한 세대 안에 격차 줄이기〉는 그렇지 않다고 강조했다. 그 의원은 이 보고서가 출간 5년이 지난 지금까지도 스웨덴 의회에서 논의되고 있다고 말했다.

한두 달 뒤에 그의 초청으로 스웨덴 의회를 방문했다. 나는 의원들에게 스웨덴 지역 당국들이 지역 당국 협회에서 아이디어를 얻어 지역 수준에서 열정적으로 활동을 벌이고 있다고 전하면서, 중앙의 의원들은 무엇을 하고 있냐고 물었다. 건강을 위한 조치는 지역 수준에서만 벌어져야 하는가?

스웨덴 지역 당국 중 최전선에 있는 곳은 말뫼Malmö였다. 말뫼는 〈한 세대 안에 격차 줄이기〉에 나온 제안들을 활용해 말뫼를 사회적으로 지속가능한 도시로 만들기 위해 할 수 있는 일들을 탐구했다.[2] 린셰핑 Linköping, 예테보리Göteborg, 외스테르순드Östersund 등 다른 스웨덴 도시들도 뒤를 이었다. 내가 이 책을 집필하고 있을 무렵에는 스웨덴 중앙 정부도 '건강 형평성을 위한 스웨덴 위원회'를 만들기로 했다.

예테보리에서는 지역정부가 자체적인 위원회를 만들었다. 이곳의 핵심 단어는 '포용'이다. '사회적으로 지속가능한 예테보리'를 주제로 열린 콘퍼런스에 무려 1,100명이 참가했다. 대다수가 시 공무원이었다. 나는 런던에서 여러 콘퍼런스에 가 보았지만 런던을 사회적으로 더 지속가능하게 만들겠다고 1,000명이 모이는 건 본 적이 없다. 인구 비례로 예테보리에 맞먹으려면 런던에서는 1만1,000명이 모여야 한다. 내가 방문한 다음 날에는 첫 날 왔던 1,100명 중 400명이 함께 앉아서 사회적으로 지속가능한 예테보리를 만들기 위한 계획을 세웠다. 이 계획의 핵심은 건강 형평성과 지속가능한 발전이었다.

영국에서는 이제 많은 지역 당국이 '건강과 후생 위원회'를 두고 있다. 하는 일은 이름대로다. 보건 싱크탱크인 킹스펀드King's Fund는 이 위원회들이 무엇을 우선순위로 삼고 있는지 알아봤는데, 응답한 65개 지역 당국 중 4분의 3이 마멋 원칙을 1순위로 꼽았다. 마멋 원칙은 〈공정한 사회, 건강한 삶〉을 지칭한다. 맨체스터의 어느 지역 의원은 나를 보더니 이렇게 말했다. "당신이 마멋이군요! 사람 이름인 줄 몰랐어요. 우리는 '마멋을 실행한다'와 같은 식으로 이야기하거든요."

미국에서는 건강 형평성은 중요하고 사회적 요인에 집중하자는 것도 좋은 원칙이지만 연방정부가 행동할 의지가 없거나 능력이 없으면 어떡하냐는 개탄의 소리를 들었다. 그러면 나는 지역 단위에서 벌어지고 있는 다양한 활동 사례를 이야기했다. 영국뿐 아니라 미국에서도 지역 단위의 활동이 활발히 벌어지고 있다. 렉싱턴, 볼티모어, 로스앤젤레스 등의 사람들은 내게 그들이 하고 있는 일을 와서 보라고 자랑스레 말했다. 중앙 정부도 중요하지만 지역공동체 단위에서, 즉 사람들이 나고 자라고 일하고 살아가고 나이 들어가는 바로 그곳에서 이뤄지는 행동도 필요하다.

"우리는 환자들에게 100가지의 프로그램을 제공합니다. 일반보건의가 일하는 마을 센터에서 언어 강좌, 직업 교육, 면접 보는 법 강좌, 아동 센터 활동, 상담 등도 이뤄집니다." 런던 동부에 있는 브롬리바이보 Bromley-by-Bow의 일반보건의 샘 에버링턴Sam Everington이 이렇게 말하자 BBC 기자가 물었다. "하지만 그건 진료소의 일이 아니잖아요. 의사 선생님이시니까 취업에 도움 되는 법 강좌를 열기보다는 아픈 사람들을 치료해야 하지 않나요?"

하지만 사람들이 일자리를 갖지 못하면 어떻게 그들의 건강이 나아지겠는가?

브롬리바이보의 사례와 소방서의 사례를 보면 의사와 보건 전문가들이 건강의 사회적 결정 요인들에 대해 할 수 있는 일이 무엇인지 알 수 있다. 통상 의사는 아픈 사람을 치료하지 아동빈곤이나 범죄 공포를 다루지는 않는다. 하지만 건강을 결정하는 주요 요인이 병원과 보건소 바깥에 존재한다면 어떻게 되는가? 아픈 사람을 치료하는 것 말고도 의사와 보건 전문가들이 담당해야 할 역할이 더 있지 않을까?

내가 회장을 맡고 있었을 때 영국의사협회에서 이 질문을 탐구했다. 나는 영국의사협회의 비비엔 네이든슨Vivienne Nathanson, UCL 건강형평성연구소와 함께 건강의 사회적 결정 요인들에 대해 의사가 할 수 있는 일들을 제안한 보고서를 작성했다.[3] 우리의 제안은 다섯 가지였다. ①교육과 훈련으로 의대생과 의사들이 사회적 요인들을 잘 알게 한다. ②환자를 더 넓은 맥락에서 본다. 가령 노숙자인 환자를 볼 때 그의 노숙 상태를 다루려는 노력 없이 질병에만 집중하지 않는다. ③고용주로서 직원의 건강을 챙긴다. 즉 좋은 노동 환경을 만든다. ④협업을 한다. 브롬리바이보와 소방서의 사례는 분야를 넘나드는 협업의 중요성을 잘 보여 준다. ⑤옹호 활동에 목소리를 낸다. 의사와 보건 전문가는 환자들이 처해 있는 삶의 여건을 향상시킬 정책을 옹호해야 한다.

공허하게 들리는가? 말이야 좋은 말이지만 말뿐일 것 같은가? 강조해 말하는데, 그렇지 않다. 우리는 22개의 의료 및 건강 관련 기관에서 이 제안을 실천하겠다는 이야기를 들었다. 의사협회, 간호사, 조산사, 물리치료사 등 우리가 접촉한 거의 모든 이가 이 개념을 받아들였고 각자의 영역에서 이를 실천하기 위해 노력하고 있다.

옹호 활동은 매우 중요하다. 나는 의사들에게 이렇게 말한다. "우리보다 사람들의 건강에 더 신경 쓰는 사람이 누가 있겠습니까? 그러므로 우리는 건강 불평등의 원인에 관심을 가져야 합니다." 19세기의 위대한 병리학자 루돌프 피르호Rudolf Virchow의 말을 기억하자. 의사들은 가난한 이들의 변호사다. 또 몰도바의 의사들은 빈곤과 질병이 너무나 명백히 관련 있기 때문에 빈곤 퇴치 운동을 벌이고 있다.

영국의사협회에 이어 세계의사협회에서 일하게 되었을 때도 나는 같은 목적을 갖고 있었다. 그들은 의사가 건강의 사회적 결정 요인에 대해 적극적으로 나서야 한다는 데 동의했고 나는 회장직을 맡기로 동의했다. 그들도 나도 약속을 지켰다. 나는 의사들이 가진 고결한 본능에 호소했다. "우리가 왜 의학계에 있는지 기억하십니까?" 나는 전 세계에서 온 의사협회 회원들에게 이렇게 물었다. "혹시 잊으신 분이 있다면 의대생들과 시간을 더 보내시면서, 막을 수 있는데도 존재하는 건강 불평등을 줄이기 위해 세상에서 변화를 일구고자 하는 그들의 열정을 충

전하시기 바랍니다." 현재 캐나다와 영국을 비롯해 적어도 12개 국가의
의사협회가 건강의 사회적 결정 요인에 대해 의사들이 할 수 있는 일을
탐구하고 있다. 첫 단추가 어렵다. 그런데 이미 12개국이 동참했다. 의
사들도 이 전 지구적인 운동에 동참하고 있다.

산을 움직이는 삼각형

우리는 전진하고 있다. 앞서 이야기한 다섯 가지 제안은 산을 움직이는
삼각형과도 맥이 통한다. 우리는 지역, 국가, 글로벌 수준에서 정부들이
참여하도록 해야 한다. 그리고 '사람들'도 참여하도록 해야 한다. '사람
들'은 시민단체도 포함한다. 웨스트미들랜드의 소방관과 지역 정부 직
원들은 실질적으로 시민단체의 역할을 하면서 지역민을 위해 일하고
있다. 마지막으로 우리는 건강 전문가들과 그들의 지식이 필요하다. 따
라서 학자와 전문가가 참여하도록 해야 한다. 스웨덴의 도시 말뫼는
〈사회적으로 지속가능한 말뫼를 위한 건강의 사회적 결정 요인 보고
서〉를 만들었다. 여기에는 정치인과 시민 대표자, 그리고 실증근거들을
면밀히 검토하는 학자들이 모두 참여했다. 또 내가 지금 쓰고 있는 이
책은 수십 명의 전문가가 수집하고 분석한 지식과 정보에 기반하고 있
다. 이러한 지식과 정보는 내가 참여한 세 개의 보고서 〈한 세대 안에
격차 줄이기〉, 〈공정한 사회, 건강한 삶〉, 〈사회적 결정 요인과 건강 격차
에 관한 유럽 리뷰〉에도 근간이 됐다.

　나는 신나면서도 부끄럽다. 신나는 이유는 CSDH를 시작했을 때
사회운동을 일구고 싶었는데 그 운동이 정말로 이뤄지고 있기 때문이

다. 뉴질랜드, 스웨덴, 영국, 브라질, 칠레, 코스타리카, 쿠바, 캐나다, 미국의 여러 도시, 슬로베니아, 이탈리아, 페루, 콜롬비아, 남아프리카공화국, 노르웨이, 덴마크, 핀란드, 아이슬란드, 이집트, 타이완 등에서 실천이 모색되고 있다. 부끄러운 이유는 보고서나 발표장에서 내가 이런 저런 언급들을 하면 그런 실천을 마치 내가 이끌고 있는 듯이 보일 수 있어서다. 내가 출장만 한 번 가면 변화가 이뤄지기라도 한다는 듯이 말이다. 사실 나는 현장 활동보다는 옹호 활동을 주로 했다. 하지만 어쨌든 우리의 운동은 시작됐고 진행 중이다. CSDH의 한 동료는 (아마도 해리 트루먼Harry Truman을 인용해) 이렇게 말했다. "공로를 인정받는 것에 연연해하지 않고 일할 때 얼마나 많은 것을 달성할 수 있는지는 놀라울 정도다." 그리고 이제 많은 사람들이 각지에서 자신의 통찰을 더해 나가고 있다. 이 운동은 정말로 발전하고 있다.

CSDH의 글로벌 보고서는 세계보건총회에서 의제에 올랐다. 북유럽 국가들과 브라질이 주도했고 점차 36개국 대표가 〈한 세대 안에 격차 줄이기〉에 제시된 제안들을 지지했다. 이제 세계 각지에서 '건강 형평성'과 '사회적 결정 요인'과 같은 용어들이 논의의 장에 오르고 있다. 2009년에 유엔 경제사회이사회에서 유엔 사무총장이 〈한 세대 안에 격차 줄이기〉에서 우리가 쓴 표현을 사용했을 때("사람들이 나고 자라고 살아가고 일하고 나이 들어가는 여건"), 나는 경제사회이사회 의장에게 말했다. "반기문 총장이 지금 자신이 우리 보고서를 인용하고 있다는 사실을 알고 있을까요?" 그러자 경제사회이사회 의장이 대답했다. "그 표현은 이미 널리 쓰이고 있어요."

나는 북유럽 국가들과 브라질이 보고서 내용을 지지하는 데 먼저 나서 줘서 감사하다고 말했다. 그러자 그들은 이렇게 대답했다. "당신을 위해 그런 것이 아니에요. 세계에 건강이 더 공평하게 분배되기를 바라기 때문에 그렇게 한 것입니다."

나는 정말로 신이 난다.

BBC의 한 기자(〈페스티벌 오브 아이디어〉라는 프로그램 담당 기자)가 내게 말했다. "선생님은 낙관 전문가이시네요. 안 그런가요?" 내가 대답했다. "물론 그렇습니다. WHO에 194개 회원국이 있어요. 이 중 20개국이 〈한 세대 안에 격차 줄이기〉 보고서를 진지하게 받아들였습니다. 나는 나머지 174개국이 우리 보고서를 무시하고 있다고 말하지 않습니다. 다음 주에는 받아들인 나라가 22개국이 될 것이고 한 달 뒤에는 30개국이 될 것입니다. 우리는 진전하고 있어요. 그리고 어떻게 세느냐에 따라 20개국보다 훨씬 많은 나라들이 사회적 결정 요인의 중요성을 인정하고 있습니다."

기자가 다시 물었다. "글로벌 수준에서는 어떤가요?" 〈한 세대 안에 격차 줄이기〉에서 제시한 제안 중에는 모든 국가가 성과를 보고하고 공유하는 전 지구적 회의가 필요하다는 내용도 있었다. 바라면 이루어진다! 세계보건총회에서 브라질이 손을 들고 나섰다. "우리가 그러한 전 지구적 회의를 주관하겠습니다." 그리고 정말로 브라질 정부가 장소를 제공하고 회의를 주관했다.

2011년 10월 리우데자네이루에서 제1회 '건강의 사회적 결정 요인에 관한 국제 콘퍼런스'가 열렸다. 120개가 넘는 나라가 참석했고 이 중 보건 장관이 60명이 넘었다. 당신이 냉소적인 사람이라면 리우에 가는 걸 마다할 보건 장관이 누가 있겠느냐고 말할지 모르겠다. 하지만 중요한 것은 이 회의가 열렸다는 것이다. 물론 완벽하지는 않았다. 모두가 사회적 결정 요인이라는 개념을 잘 이해한 상태에서 참석한 것은 아니었다. 어떤 사람은 의료 시스템 이야기를 도무지 떼어내지 못했다(의료 시스템이 매우 중요한 것은 사실이지만 이 회의는 사회적 결정 요인에 대한 회의였다).

하지만 다시 말하겠다. 놀라운 점은 이 회의가 열렸다는 점이다! 그 전까지 전 지구적인 건강 콘퍼런스라고 하면 특정한 질병(말라리아, 결핵, 에이즈, 비감염성 질병 등)을 통제할 방안을 논의하거나 의료 시스템을 논의하기 위한 것이었다. 이제는 이 두 가지에 더해 글로벌 보건의 세 번째 영역, 즉 건강의 사회적 결정 요인이라는 영역이 생겼다. 우리는 예방접종, 모기장, 흡연, 음주만 이야기하는 데서 그치지 않았다. 여성의 역량강화, 영유아기 성장 발달, 교육, 고용과 노동, 소득과 빈곤도 이야기했다. 많은 동료들이 5년 전만 해도 상상 못했을 일이라고 했다. 우리는 (은유적으로) 눈시울을 붉혔다.

국제회의가 다 그렇듯이, 상위정치도 하위정치도 있었고, 사소한 내용도 진지한 내용도 있었다. 진지한 것 중 하나는 이 회의 결과로 나온 '리우 선언'이었다. 선언의 내용은 다소 밋밋했다. 앞서 나온 건강의 사회적 결정 요인 보고서에서는 권력·돈·자원의 불평등이 삶의 여건에 불평등을 가져오고 이것이 다시 건강 불평등에 영향을 미친다는 점을 명시적으로 밝혔다. 하지만 국제의대생협회연맹International Federation of Medical Students' Associations이 지적했듯이, 리우 선언에서는 '권력·돈·자원의 불평등'이라는 표현이 다른 말로 완화됐다. 몇몇 장관들이 보기에는 어조가 너무 강했던 모양이다. 그렇긴 해도, 그 회의에서 정부, 시민사회, 학계의 대표자들이 열정과 흥분, 격려를 나누었고, 각국 정부와 다른 많은 이들이 행동에 나서겠다는 의지를 밝혔다. 그리고 그들은 열정과 도덕적 사명감으로 무장하고서 실제로 행동에 나서고 있다.

도덕적 사명감은 중요하다. 이 일을 하며 세계적 경영 컨설팅 회사의 회장을 만난 적이 있다. 사회적 요인들을 다루기 위한 전 지구적인 실천 방안을 기획하는 일에 프로보노pro bono*로 도움을 달라고 청하기 위해서였다. 우리가 하고 있는 일을 설명하자 그가 물었다.

"어느 나라에 가서 당신의 제안들을 실행하라고 말할 때 그 나라에 제공할 자원은 가지고 계십니까?"

"아니요."

"도움을 주기 위해 파견할 전문 인력은 충분하십니까?"

"아니요. 별로요."

"그러면 당신이 제공할 수 있는 것은 무엇이지요?"

"국가 지도자들이 모든 국민에 대해 건강과 후생을 향상시키고 불공정한 건강 불평등을 줄일 수 있는 기회입니다. 더 공정한 사회를 만들 기회이지요."

"꼭 도와 드려야겠군요!"

최고의 시간, 최악의 시간

다시 신나는 쪽으로 가 보자. 1장에서 나는 디킨스를 인용했다. 최고의 시간이다. 4장에서 10장까지 살펴본 증거들은 우리가 건강 불평등을 줄이기 위해 필요한 일이 무엇인지 알고 있음을 보여 준다. 그리고 정부, 시민단체, 보건 전문가, 국제기구, 소방관(!) 등 많은 이들이 그에 따

---

* 각 분야의 전문가들이 사회적 약자를 돕기 위해 하는 무료 봉사 활동.

라 행동에 나서고 있다.

하지만 최악의 시간이다. 건강 형평성의 길에는 막대한 장애가 존재한다. 경제사회적 불평등이 증가하고 있고 그에 대해 정치적인 대응은 이뤄지지 않고 있다. 진 드레즈와 아마티아 센은 최근에 펴낸 저서의 제목을 《불확실한 영예》라고 지었다. 인도의 발전에 영예로운 부분과 영예롭지 못한 부분이 공존함을 나타낸다. 그들은 인도가 해결하지 못한 문제들의 원인으로 불평등을 꼽았다. 하지만 지니계수 같은 소득 불평등 지표만으로는 실제 불평등을 잘 포착할 수 없다고 봤다. 왜냐하면,

> 첫째, 가난한 사람의 소득 수준이 너무 낮아서 기본적인 것들조차 구매할 수 없을 때, 그들의 삶과 나머지 사람들의 삶의 격차는 특히나 강도가 높고 통렬하다. 분노할 만한 정도다. 하나로 뭉뚱그린 불평등 지표는 이를 포착하지 못한다. (…) 둘째, 개인 소득 지표만으로는 교육, 의료, 사회 시설, 환경적 지원 같은 공공 서비스의 역할을 잡아낼 수 없다.[4]

배너지와 뒤플로는 가난한 사람들이 너무 많은 책임을 강요받고 있다고 본다. 많은 일이 부유한 사람들을 위해 이뤄진다. 당신이 부유하다면 깨끗한 물을 쉽게 얻을 수 있고, 날마다 아침식사용 비타민 강화 시리얼을 먹을 수 있으며, 음식이 세균으로 오염되지 않았으리라고 안심할 수 있고, 일하는 건물이 무너질 걱정을 하지 않아도 되고, 연금에 가입할 수 있을 것이다. 이런 것들을 다 개인적으로 알아서 해야 한다면 가난한 처지가 아니더라도 너무나 힘거울 것이고 가난한 사람들은 특히 더 힘거울 것이다.[5] 여기에는 사회계층적 경사면이 있다.

도표11.1 1980년대 중반과 2011~2012년 OECD 국가들의 지니 계수

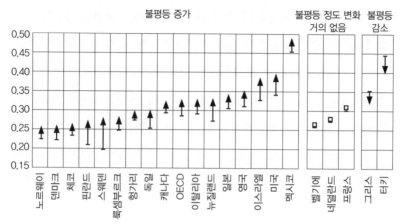

지니계수에 사용된 소득값은 가구 가처분소득을 가구 규모로 조정했음.

인도만이 아니라 세계적으로도 그렇다. 고소득국에서의 빈곤은 인도의 빈곤만큼 강도가 높고 통렬하지는 않을지 모르지만 여전히 분노할 만한 상황이 벌어지곤 한다. 지구상에서 다섯 번째로 부유한 나라인 영국에서 100만 명이 식구들을 먹일 돈이 충분치 않아 푸드뱅크에 의존한다. 우리는 다른 방식으로 사회를 조직할 수는 없는지 질문해야한다. 마찬가지로 미국의 젊은이들이 49개의 다른 나라 젊은이들보다 60세에 도달할 가능성이 적다는 데 대해서도 우리는 분노해야 한다. 마드리드, 아테네 등에서는 실업 상태의 젊은이들이 거리로 나와 분노를 표출했다. 1퍼센트에 맞서 99퍼센트가 저항했다. 이러한 분노의 흐름은 더 공정한 사회를 만드는 쪽으로 방향이 잡혀야 한다.

권력·돈·자원의 불평등은 건강 형평성의 길을 가로막는다. 이 역시 인도만이 아니라 전 세계가 마찬가지다. OECD에서 2014년에 나온 한 보고서에 따르면 거의 모든 OECD 국가에서 소득 불평등이 증가했다

(도표11.1). OECD 국가 중 가장 불평등한 나라는 멕시코이고 터키와 미국이 그 다음이다.[6]

소득 불평등은 사회계층 사다리 아래쪽에 있는 사람들의 삶에 악영향을 미치고 건강에도 악영향을 미친다. 경제성장에도 해가 된다. 우리는 부유한 생산자들을 자유롭게 풀어 주는 것이 모두에게 좋다는 말을 누구이 들어 왔지만 OECD 자료는 그렇지 않음을 분명하게 보여 준다. **소득 불평등이 클수록 성장이 낮다.** 가난한 사람들이 돈이 없어서 물건을 사지 못하기 때문이다. 또 OECD에 따르면 경제성장에 미치는 부정적인 영향은 하위 10퍼센트의 구매력뿐 아니라 하위 40퍼센트의 구매력이 낮은 데서 온다. 이는 논의를 '경사면' 쪽으로 이동시켜 준다. 최하위 10퍼센트에 더해 하위 40퍼센트에까지도 관심을 가져야 한다는 의미이기 때문이다. 내게는 희소식이다. 당신이 경제성장에만 관심을 두는 사람이라 해도 평등이 불평등보다 낫다. 하지만 불평등은 경제 문제 외에도 우리의 생명에 해가 되고 건강의 사회계층적 경사면이 가팔라지게 만든다. 도덕적인 면에서도 실질적인 면에서도, 이는 우리가 우려할 만한 충분한 이유가 된다.

소득에서 부로 관심을 돌려 봐도 역시 막대한 불평등을 보게 된다. 《이코노미스트》에 따르면 전 세계의 부는 2000년 117조 달러에서 2014년 262조 달러로 증가했다.[7] 전 세계 성인 1인당 5만6,000달러에 해당한다. 하지만 세상의 절반은 3,650달러 이하로 살아가며 부유한 20퍼센트가 부의 94.5퍼센트를 가져간다.

소득과 부에 대한 통계 숫자들을 보면 우리가 무언가에 쓸 수 있는 돈은 아주 많다는 것을 알 수 있다. 좋은 일에 쓸 돈이 충분치 않다는 주장은 거짓이다. 문제는 부가 극심하게 집중돼 있는 것이다. 부의 집중이 심해지는 와중에 유럽 전역과 미국에서 우리는 긴축정책이 꼭 필요하다는 설교를 주구장창 듣고 있다. 돈이 없다는 이유를 들면서 말이다.

제2차 세계대전 직후 존 메이너드 케인스는 이렇게 언급했다. "경제적 문제가 뒤로 물러나고 마음과 정신의 문제가 우리의 진정한 문제로서 중요해질 시기가 올 것이다. 삶과 인간관계의 문제, 창조와 행위와 종교의 문제가 그것이다."[8] 하지만 우리의 공적인 논의는 국민소득 증가에만 치중돼 있을 뿐 사회를 어떻게 향상시킬 것이냐에 대해서는 논의가 거의 이뤄지지 않고 있다.

케인스의 메시지는 10장 서두에서 인용한 로버트 케네디의 말과도 비슷하다. 로버트 케네디는 GDP로 진보를 측정하는 것을 넘어서 다음과 같은 것들을 언급했다. "우리 아이들의 건강, 교육의 질, 놀이의 즐거움 (…) 시의 아름다움, 결혼의 견고함, 공적인 토론의 지성, 공직자의 고결성 (…) 위트와 용기, 지혜와 교훈, 공감과 애국심."

다 좋은 것들이지만 다 측정이 쉬운 것들은 아니다. 나는 좋은 사회의 척도로 건강과 건강 형평성을 이용하자고 제안했다. 건강과 건강 불평등은 좋은 사회가 가져다주는 결과이기도 하지만 좋은 사회인지 아닌지를 가늠할 수 있는 지표이기도 하다. 일단 건강과 건강 형평성은 그 자체로 가치를 가진다. 다른 조건이 같다면 우리는 건강에 좋은 사회에 살고 싶다. 이에 더해, 건강과 건강 형평성은 사회의 질을 가늠하게 해 준다. 시의 아름다움이나 위트나 용기를 직접적으로 가늠하게 해주지는 않는다 해도 교육의 질, 사회적 삶의 질, 제도의 질은 가늠하게 해 준다. 이런 것들을 잘 해 내는 것은 건강해지는 길일 뿐 아니라 범죄를 줄이고 더 잘 돌아가는 사회를 만드는 길이기도 하다.

앞으로 나아가기

건강 통계를 보면 미국은 걱정할 이유가 많다. 조지프 스티글리츠는 경제 불평등 증가가 미국에서 온갖 종류의 문제를 일으키고 있다고 주장했다. 다른 나라도 안심할 수 없다. 스티글리츠는 우리가 1퍼센트를 위한 경제 정책을 추구해 온 것이 문제라고 지적했다. 낙수효과는 폐기된 이론이며 실제로 작동하지 않는다. 우리에게는 시간이 없다. 하지만 우리에게는 해법이 있다. 스티글리츠는 부가 상층으로 과도하게 집중되는 것을 막고 부를 인구의 다수에게 투자해야 한다고 말한다.[9] 사회적 보호와 인구 전체에 대한 투자라는 스티글리츠의 제안은 이 책에서 내가 제시한 제안들과 완전히 부합한다.

불평등을 손보려는 정책은 정치적 이념의 싸움에 관여되기 쉽다. 나는 특정한 정치적 입장을 취하지 않았고 그 때문에 비판도 받았다. 비센테 나바로Vicente Navarro는 우리 보고서에 찬사를 보냈고 특히 우리가 "사회적 불의는 대규모로 사람들을 죽인다"라는 표현을 쓴 것을 좋아했지만 이렇게 덧붙였다. "누가 죽이고 있는지도 우리는 알고 있지 않습니까? 왜 그들의 이름은 드러내지 않았나요?"[10]

정치적 입장을 취하지 않은 데는 두 가지 이유가 있다. 첫째, 정치적 측면은 그 자체의 연구와 분석을 필요로 한다.[11] 미국 정치학자 제이콥 해커와 폴 피어슨은 소득 불평등 증가가 미국에 미치는 영향을 정치권력의 불평등과 관련지어 뛰어나게 분석한 저서를 냈다.[12] 정치학자들이 불평등에 대해 정치학적 분석을 수행하는 것이 나는 매우 반갑다.

둘째, 나는 건강의 사회적 결정 요인이라는 의제를 정당들이 받아들여 실행하기를 원한다. 이 의제는 모든 구성원이 번성할 수 있는 기회를 만들고 모든 구성원의 필요를 충족시키는 사회를 만드는 것을 이야기한다. 이는 어느 한 정당만의 의제여서는 안 된다. 우리 보고서가 대통령과 장관들의 이름을 들어가며 지적하고 비난했다면 세계보건총회에서 38개국 대표자가 보고서를 환영하지도 않았을 것이고 아프리카, 인도, 중국, 미국, 그리고 많은 유럽 국가들이 우리의 제안을 지지하지도 않았을 것이다.

정치는 실증근거의 영역을 벗어나 이데올로기의 영역으로 미끄러져 들어가곤 한다. 나도 이데올로기를 가지고 있다. 건강 불평등은 합리적인 수단으로 피할 수 있으며, 피하지 못한 불평등이 있다면 불공평하고 부당한 것이다. 이것이 내 이데올로기다. 하지만 논의는 근거에 기반해야 한다. 이데올로기가 데이터의 해석에 영향을 주긴 하지만 그렇다고 근거에 기반하기를 포기하고 편견에 굴복해야 하는 것은 아니다. 누군가가 가난한 인도 사람들이 병이 난 것은 스스로 자초한 것이라고 '믿는다면' 우리는 그렇지 않다는 증거를 보여 줘야 한다. 나는 결국 진리가 편견을 누르고 이길 것이라고 생각하며 이 생각을 근거에 기반해 지지한다.

정확히 어떤 정치적 행동들이 우리를 현 상태에서 목표 상태까지 가게 해 줄지는 알 수 없지만 그 과정에 지식과 정보가 매우 중요하리라는 것만큼은 분명하다. 당신의 정치 지도자들이 유독 '진실을 아껴 두는*' 모습을 보이는 것 같다면, 여기 조지 오웰George Orwell의 말이 있다. "우리 시대의 정치 언명이란 논리적으로 방어할 수 없는 것을 방어하는 것이다."[13] 더 앞 시대로 가서 빅토리아 시대 정치 지도자들에 대

---

* '거짓말하다'라는 의미의 관용어.

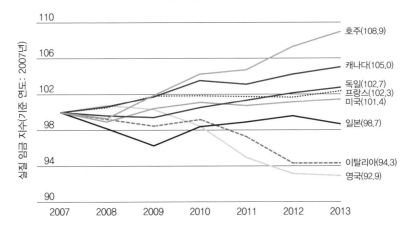

도표11.2 2007~2013년 G20 국가들의 평균 실질 임금 지수

호주(108.9)
캐나다(105.0)
독일(102.7)
프랑스(102.3)
미국(101.4)
일본(98.7)
이탈리아(94.3)
영국(92.9)

한 디킨스의 풍자도 읽어 보기 바란다.

과학 사안에 대한 대중의 신뢰도 조사를 보면 정치인은 기자와 함께 바닥 순위를 다툰다. 그래서 나는 민주주의를 신뢰한다. 누군가가 속여도 대중은 그것을 알아차릴 수 있다. 하지만 여기에는 정보가 필요하다. 일례로 2015년에 영국은 훌륭하게 경제 회복을 이뤘다며 대대적으로 찬사를 받았다. 영국은 선진국들 사이에서 부러움의 대상이었다고들 말했다. 하지만 실제 수치는 도표11.2와 같았다. 2013년 영국의 실질 임금은 2007년보다 7퍼센트나 낮았고 이는 어느 선진국보다도 안좋은 성과였다. 화법과 현실 사이에는 큰 격차가 있다.

평범한 사람이 ILO 보고서를 보는 일은 많지 않겠지만 생활 여건이 나빠졌다는 것은 공과금을 내고 장을 볼 때면 바로 알 수 있는 일이다.

실증근거를 중시하는 전통이 있는 영국에서도 데이터가 합리적인 주장보다는 정치적인 논쟁의 무기로 쓰이는 경향이 있다. 어떤 통계가 자신의 정치적 주장에 맞지 않으면 다른 통계를 고른다. "거짓말, 새빨

간 거짓말, 그리고 통계"라는 말은 역사가 깊다.

　이 책을 쓰는 이유는 사회가 건강에, 그리고 건강의 불공정한 분포에 미치는 영향이 무엇이며 그에 대해 우리가 할 수 있는 일은 무엇인지 알려 주는 지식과 정보를 독자 여러분들과 나누기 위해서다. 영국의 어느 보수당 원로 정치인이 내 어젠다가 보수당보다는 사회민주당에 가깝다고 말했다. 하지만 나는 정치 이념이 아니라 증거에 기반해 이야기하기 위해 늘 노력한다. 피할 수 있는데도 존재하는 건강 불평등은 우리 사회의 가장 근본적인 불의다. 이것을 사회민주주의 정치인만 신경 써야 하는가? 그렇지 않길 바란다. 또 정치인들이 자신의 정치적 목적에 맞게 증거를 왜곡할 때 그것을 드러내고 비판하는 것은 정당정치적인 공격 행위가 아니다. 이것은 어떤 정당의 정치인이건 마땅히 지적받아야 할 일이다. 어떤 정당도 왜곡된 정보를 퍼뜨릴 수 있는 독점권을 가지고 있지는 않다.

지구 모양의 구멍

책을 쓸 때는 모든 것을 다루고 싶다는 유혹이 든다. 유혹적인지는 몰라도 어리석은 일이다. 이 책은 내가 아는 것, 연구한 것, 관여한 정책에 대한 것이다. 여기에는 큰 구멍이 있다. 나는 환경 문제와 기후변화를 거의 다루지 못했다. 지구 모양의 구멍을 메우려면 건강의 사회적 결정 요인과 환경 사안을 함께 다루는 책이 필요하다.

　'지속가능한 발전'이라는 개념은 세대 내 평등뿐 아니라 세대 간 평등도 중요하다는 것을 말해 준다. 또한, 지구를 지키려는 논의는 세대 간 평등뿐 아니라 세대 내 평등도 반드시 고려해야 한다. 가령 혼잡부담금(자동차가 도심으로 진입할 때 부담금을 내게 하는 것)은 '녹색' 세금의 좋은 사례다. 하지만 모든 소비세가 그렇듯이 역진적이다(가난한 사람의 소득 대비 세금이 부유한 사람의 소득 대비 세금보다 크다). 환경론자들에게 이 문제를 제기하면 그들은 이렇게 말한다. "평등에 대한 우려 때문에 완벽하게 좋은 세금 제도를 망치지 마세요." 나는 이렇게 답하고 싶다. "당신이 생각하는 완벽하게 좋은 조세 제도 때문에 평등을 망치지 마세요." 우리는 환경과 건강 형평성을 함께 다뤄야 한다.

저소득국에서 경제성장이 이뤄지면 탄소 배출도 증가할 것이다. 탄소거래제는 가난한 나라가 이산화탄소를 뿜어낼 권리를 부유한 나라가 구매해서 탄소 배출을 막으려 하는 것이다. 하지만 이는 부유한 나라 사람들의 높은 소비 수준을 그대로 유지시켜 주면서 가난한 나라 사람들의 경제 발전을 막는 효과를 내게 될 것이다. 이는 사회적 불의다. 우리는 환경과 건강 형평성을 함께 다뤄야 한다.

결국 지속가능한 발전에는 세 가지 균형이 필요하다. 경제·사회·환경. 이 세 기둥은 건강 형평성에도 중요하다. 기후변화와 건강 형평성에 함께 관심을 기울이려면 우리가 원하는 종류의 사회를 만들기 위해, 미래 세대의 삶에 해를 끼치지 않으면서 현 세대의 필요를 충족시키는 사회를 만들기 위해 실증근거들이 보여 주는 바대로 행동해야 한다.

잘사는 나라든, 못 사는 나라든

나는 물질적·심리사회적·정치적 역량 박탈이 건강과 건강 형평성에 해롭다고 주장했다. 역량 박탈은 국가의 소득 수준에 따라 다른 형태를 띤다. 하지만 건강이 공정하게 분포되도록 해야 한다는 일반론은 나라마다 다르지 않다. 우리는 유럽판 보고서에서 중앙아시아부터 북유럽에 이르는 다양한 나라를 다뤘다. 우리의 제안은 모든 나라를 위한 것이다. 당신이 가난한 나라에 산다면 무언가를 하라. 그러면 변화를 일굴 수 있을 것이다. 당신이 개발도상국에 산다면 그것을 더 많이 하라. 당신이 북유럽에 산다면 그것을 더 잘 하라.

　무언가를 하자. 더 많이 하자. 더 잘 하자.

감사의 말

이 책에 나오는 개념, 결론, 제안들은 여러 해에 걸친 협업에서 나왔다. 전작 《사회적 지위가 건강과 수명을 결정한다》도 연구 자금을 지원해 준 영국, 유럽, 미국의 기관들과 연구에 참여해 준 모든 분들의 도움 덕분에 나올 수 있었다. 이후로도 이들은 내가 생각과 개념을 다듬어 나가는 데 큰 도움을 주었다. 전작과 달라진 점으로, 이 책에서는 정책과 실천을 특히 염두에 두고서 실증근거들을 검토했다. UCL은 전체 과정을 지원해 주었으며 의료연구위원회는 내가 연구교수로 활동할 수 있게 해 주었다. 감사를 전한다.

수많은 실증 자료들을 검토하고 분석하는 데에 UCL 동료들로부터 큰 도움을 받았다. WHO의 CSDH, 〈공정한 사회, 건강한 삶〉 연구팀, UCL의 건강형평성연구소 등에서 함께 활동한 다음의 전·현직 동료들에게 감사를 전한다: 제시카 앨런Jessica Allen, 안젤라 던킨Angela Donkin, 루스 벨Ruth Bell, 피터 골드블라트Peter Goldblatt, 마틸다 앨런Matilda Allen, 질리언 로버츠Jillian Roberts, 댄 더컨Dan Durcan, 루크 베스위크Luke Beswick, 로라 그로비키Laura Grobicki, 세라 토머스Sara Thomas, 퍼트리샤 할람Patricia Hallam, 펄리시티 포리트Felicity Porritt, 일레인 라이너첸Elaine Reinertsen. 엘런 블루머Ellen Bloomer, 마이크 그레이디Mike Grady, 태미 보이스Tammy Boyce, 디 맥니시Di McNeish, 일라리아 게디스Ilaria Geddes, 알렉스 고도이Alex Godoy, 리아 갤리오트Ria Galeote. 이들이 없었다면 아무 것도 하지 못했을 것이다.

처음에는 지식과 자료로, 나중에는 독자이자 논평자로 더 없이 귀한 도움을 준 마틸다 앨런에게 감사를 전한다. 제시카 앨런과 펠리시티 포리트도 원고를 읽고 소중한 의견을 내 주었다. 또 토니 베이필드Tony Bayfield와 매달 토론 모임을 가질 수 있어서 행운이었다. 이 모임은 베이필드가 집필 중이던 책에 대해 내가 질문한 것을 계기로 시작됐는데 곧 내 원고에 대해 세심하게 검토하고 토론하는 자리로 이어졌다. 블룸스베리의 선임 편집자 빌 스와인슨Bill Swainson은 원고를 두 번이나 읽고 많은 도움을 주었으며 출판 에이전트 피터 로빈슨Peter Robinson은 기획에 머물러 있던 이 책이 실물로 나올 수 있게 한 일등공신이었다. 영국의 사협회와 세계의사협회에 재직 중일 때는 비비엔 네이든슨에게 큰 도움을 받았다.

수많은 연구자들이 건강의 사회적 결정 요인과 건강 격차에 대한 자료 검토와 분석에 참여했고 이러한 검토에서 나온 근거와 결론들이 이 책의 뼈대다. 하지만 이 책은 검토 자료를 그대로 요약한 것은 아니다. 참여한 연구자 중에 누구도 내가 내린 해석에 100퍼센트 동의하지는 않을 것이다. 나의 견해와 해석은 나의 책임이다. 이를 전제로 하되, 연구의 과정에서 동료 연구자들과 나는 거의 매번 상당히 높은 수준의 합의에 도달할 수 있었다. 이러한 협업으로 진행한 첫 번째 연구는 WHO의 건강의 사회적 결정 요인 위원회 활동이었다. 이 위원회는 당시 WHO 사무총장이던 이종욱이 꾸렸고 후임 사무총장 마거릿 챈Margaret Chan이 이어받아 진행했다. 세계의 건강 문제를 선도적으로 이끈 이 두 명의 글로벌 리더에게 감사를 전한다. CSDH 위원들은 각자, 또 함께 연구에 크게 기여해 주었으며, 이 위원회 활동의 결과로 〈한 세대 안에 격차 줄이기〉가 나올 수 있었다. 위원들은 다음과 같다: 프랜시스 바움Frances Baum, 모니크 베긴Monique Bégin, 지오반니 베를링구에르Giovanni Berlinguer, 미라이 차터지Mirai Chatterjee, 윌리엄 H. 포기William H. Foege, 얀 구오Yan Guo, 키요시 쿠로카와Kiyoshi Kurokawa, 리카도 라고스 에스코바르Ricardo Lagos Escobar, 알리레자 마란디Alireza Marandi, 파스쿠알 모쿰비Pascoal Mocumbi, 은디오로 은디아예Ndioro Ndiaye, 채리티 칼루키 은길루Charity Kaluki Ngilu, 호다 라샤드Hoda Rashad, 아마티아 센, 데이비드 새처David Satcher, 애나 티바이주카Anna Tibaijuka, 데니 베제레, 게일 윌렌스키Gail Wilensky.

CSDH는 세부 영역에 대해 상세한 자료를 모으기 위해 9개 영역의 지식 네트워크를 구성했다. 이 네트워크를 이끌어 준 사람들은 다음과 같다: 조앤 비나치Joan Benach, 조시안 보니포이Josiane Bonnefoy, 제인 도허티Jane Doherty, 세라 에스코렐Sarah Escorel, 루시 질슨Lucy Gilson, 마리오 에르난데즈Mario Hernández, 클라이드 허츠먼, 로리 어윈Lori Irwin, 하이디 존스턴Heidi Johnston, 마이클 P. 켈리Michael P Kelly, 토드 첼스트롬Tord Kjellstrom, 로널드 라본테Ronald Labonté, 수전 메르카도Susan Mercado, 앤터니 모건Antony Morgan, 칼스 먼테이너Carles Muntaner, 피로스카 외스틀린Piroska Östlin, 제니 포페이Jennie Popay, 래티시아 리스펠Laetitia Rispel, 빌마 산타나Vilma Santana, 테드 슈레커Ted Schrecker, 기타 센Gita Sen, 아르주만드 시디치Arjumand Siddiqi. 또 올리 룬드버그와 요한 피첼Johann Fritzell이 이끄는 '북유럽의 복지국가 경험NEWS' 연구팀에게서도 큰 도움을 받았다.

UCL에 꾸려진 CSDH 사무국에서 루스 벨, 샤론 프리엘Sharon Friel, 탄자 A. J. 하우웰리히Tanja A. J. Houweling, 서배스천 테일러Sebastian Taylor가 나와 함께 일했다. 우리는 저넷 베가Jeanette Vega(2004~2007)와 닉 드래거

Nick Drager(2008)가 이끈 WHO 사무국과 긴밀히 협조했고 이곳에서는 에릭 블라스Erik Blas, 크리스 브라운Chris Brown, 힐러리 브라운Hilary Brown, 알렉 어윈Alec Irwin, 르네 로젠슨Rene Loewenson, 리처드 포Richard Poe, 가브리엘 로스Gabrielle Ross, 리투 사다나Ritu Sadana, 세라 심슨Sarah Simpson, 오리엘 솔라Orielle Solar, 니콜 밸런타인Nicole Valentine, 에우헤니오 라울Eugenio Raul, 빌라 몬테시노스Villar Montesinos가 함께했다. 비상근으로 참여한 사람들은 다음과 같다. 엘미라 아데노바Elmira Adenova, 대니얼 알브레히트Daniel Albrecht, 렉시 밤바스 놀란Lexi Bambas-Nolan, 아흐마드 레자 호세인푸어Ahmad Reza Hosseinpoor, 테아도라 콜러Theadora Koller, 루시 므스하나Lucy Mshana, 수잔 나칼렘베Susanne Nakalembe, 지오렐리 니젠Giorelley Niezen, 본기위 페길란Bongiwe Peguillan, 아미트 프라사드Amit Prasad, 쿠마난 라자나탄Kumanan Rasanathan, 키트 라스무센Kitt Rasmussen, 리나 라인더스Lina Reinders, 아난드 시바산카라 쿠루프Anand Sivasankara Kurup, 니코 스페이브로크Niko Speybroeck, 미셸 티에렌Michel Thieren. 아이고, 숨차다. 10개의 회의를 진행하고 10개국에서 정부를 만나고 3년 반에 걸쳐 전 세계의 지식과 자료를 모으는 일에는 정말로 많은 사람이 팀을 이뤄야 한다.

WHO의 글로벌 위원회 활동을 마친 뒤, 고든 브라운 총리의 의뢰로 영국판 건강 불평등 보고서를 작성하게 됐고 이 연구는 〈공정한 사회, 건강한 삶〉으로 출간됐다. 여기에도 훌륭한 학자들이 참여했다. 다음의 동료들에게 감사를 전한다. 토니 앳킨슨, 존 벨John Bell, 캐롤 블랙Carol Black, 퍼트리샤 브로드풋Patricia Broadfoot, 줄리아 컴벌리지Julia Cumberlege, 이안 다이아먼드Ian Diamond, 이안 길모어Ian Gilmore, 크리스 햄Chris Ham, 몰리 미처Molly Meacher, 조프 멀건Geoff Mulgan. UCL에서 꾸려진 팀은 제시카 앨런이 이끌었고 피터 골드블라트, 루스 벨, 태미 보이스,

디 믹니시, 마이크 그레이디, 제이슨 슈트렐리츠Jason Strelitz, 일라리아 게데스, 샤론 프리엘, 펄리시티 포리트, 일레인 라이너첸, 마틸다 앨런이 참여했다.

CSDH에서와 마찬가지로 영국 연구팀도 영역별로 지식 네트워크를 꾸려 자료를 모으고 검토하는 데 도움을 받았다. 참여해 준 분들은 다음과 같다: 샤론 프리엘, 데니 베제레, 앨런 다이슨Alan Dyson, 제인 턴스틸Jane Tunstill, 클라이드 허츠먼, 지바 바그리Ziba Vaghri, 헬렌 로버츠Helen Roberts, 요하네스 지그리스트, 아비게일 맥나이트Abigail McKnight, 호안 베나흐Joan Benach, 칼스 먼테이너Carles Muntaner, 데이비드 맥팔레인David MacFarlane, 몬스테 베르가라 두아르테Monste Vergara Duarte, 한스 위트코비츠Hans Weitkowitz, 그라이 웨스터Gry Wester, 하워드 글레너스터Howard Glennerster, 루스 리스터Ruth Lister, 조너선 브래드쇼Jonathan Bradshaw, 올리 룬드버그, 케이 위더스Kay Withers, 얀 플래허티Jan Flaherty, 앤 파워Anne Power, 조너선 데이비스Jonathan Davis, 폴 플랜트Paul Plant, 토드 크젤스트롬Tord Kjellstrom, 카탈리나 터쿠Catalina Turcu, 헬렌 에벌리Helen Eveleigh, 조너선 포리트Jonathon Porritt, 애너 쿠트Anna Coote, 폴 윌킨슨Paul Wilkinson, 데이비드 콜린 토메David Colin-Thomé, 마리아 아놀드Maria Arnold, 헬린 클락슨Helen Clarkson, 수 딥Sue Dibb, 제인 프랭클린Jane Franklin, 타라 가네트Tara Garnett, 제미마 주웰Jemima Jewell, 던컨 케이Duncan Kay, 시바니 레디Shivani Reddy, 캐서린 톤Cathryn Tonne, 벤 턱스워스Ben Tuxworth, 제임스 우드콕James Woodcock, 피터 스미스Peter Smith, 데이비드 엡스테인David Epstein, 마르크 슈르크Marc Suhrcke, 존 애플비John Appleby, 애덤 쿠츠Adam Coutts, 디미트리스 필라스Demetris Pillas, 카르멘 드 파즈 니에브스Carmen de Paz Nieves, 크리스티나 오타노Cristina Otano, 론 라본테, 마거릿 화이트헤드Margaret Whitehead, 마크 엑스워디Mark Exworthy, 수

리처즈Sue Richards, 돈 매시선Don Matheson, 팀 도런Tim Doran, 수 포발Sue Povall, 애나 펙햄Anna Peckham, 엠마 로랜드Emma Rowland, 헬렌 비스Helen Vieth, 에이미 콜로리Amy Colori, 루이스 코이파이트Louis Coiffait, 매튜 앤드류스Matthew Andrews, 애나 매시선Anna Matheson, 린지 메이어스Lindsey Meyers, 앨런 매리온 데이비스Alan Maryon-Davis, 존 도일John Doyle, 팀 로브슈테인Tim Lobstein, 앤절라 그레이틀리Angela Greatley, 마크 벨리스Mark Bellis, 샐리 그린그로스Sally Greengross, 마틴 와이즈먼Martin Wiseman, 폴 링컨Paul Lincoln, 클레어 뱀브라Clare Bambra, 케리 조이스Kerry Joyce, 데이비드 피아차우드David Piachaud, 제임스 나즈루James Nazroo, 제니 포페이, 프랜 베넷Fran Bennett, 힐러리 그레이엄Hillary Graham, 바비 제이콥슨Bobbie Jacobson, 폴 존스톤Paul Johnstone, 켄 저지Ken Judge, 마이크 켈리Mike Kelly, 캐서린 로Catherine Law, 존 뉴튼John Newton, 존 폭스, 라슈미 슈클라Rashmi Shukla, 니키 베스트Nicky Best, 이언 플레위스Ian Plewis, 수 앳킨슨Sue Atkinson, 팀 앨런Tim Allen, 아만다 아리스Amanda Ariss, 앤터니 모건, 폴 프라이어스Paul Fryers, 비너 랠리Veena Raleigh, 그윈 베번Gwyn Bevan, 휴 마코위Hugh Markowe, 저스틴 피츠패트릭Justine Fitzpatrick, 데이비드 헌터David Hunter, 가브리엘 스캘리Gabriel Scally, 러시 허시Ruth Hussey, 토니 엘슨Tony Elson, 스티브 위버Steve Weaver, 재키 체임버스Jacky Chambers, 닉 힉스Nick Hicks, 폴 도넌Paul Dornan, 리엄 휴스Liam Hughes, 캐롤 태너힐Carol Tannahill, 해리 시웰Hari Sewell, 앨리슨 오설리번Alison O'Sullivan, 크리스 벤틀리Chris Bentley, 캐럴라인 브리그스Caroline Briggs, 앤 맥도널드Anne McDonald, 존 비어John Beer, 짐 힐리지Jim Hillage, 제니 새비지Jenny Savage, 대니얼 루시Daniel Lucy, 클림 맥퍼슨Klim McPherson, 폴 존슨Paul Johnson, 다미엔 오플레허티Damien O'Flaherty, 매튜 벨Matthew Bell.

또한 나는 WHO 유럽사무소 주잔나 야카브의 의뢰로 〈건강의 사회적 결정 요인과 건강 격차에 관한 유럽 리뷰〉팀을 이끌게 되었다. 선임 자문위원으로 길렘 로페즈Guillem Lopez, 쿠카 페르지Zsuzsa Ferge, 일로나 킥부시Ilona Kickbusch, 조한 매켄바흐Johan Mackenbach, 틸렉 메이마나리브Tilek Meimanaliev, 아마티아 센, 블라디미르 스타로두보프Vladimir Starodubov, 톰리스 투르멘Tomris Turmen, 데니 베제레, 바브로 웨스터홀름Barbro Westerholm, 마거릿 화이트헤드, WHO 당연직 위원으로 로베르토 베르톨리니 Roberto Bertollini, 아지스 소로스Agis Tsouros, 에리오 지글리오Erio Ziglio, 그리고 유럽위원회의 마이클 휴벨Michael Hübel, 찰스 프라이스Charles Price가 참여했다. UCL에 꾸려진 사무국은 피터 골드블라트와 제시카 앨런이 이끌었고 루스 벨, 엘런 블루머, 안젤라 던킨, 일라리아 게디스, 마이크 그레이디, 데이비드 밴David Bann, 새디 보니페이스Sadie Boniface, 마이클 홈스 Michael Holmes, 아칸샤 카시야Akanksha Katyai, 앤 스콧Anne Scott, 마틸다 앨런, 루크 베스위크, 리아 갤리오트, 알렉스 고도이가 참여했다. WHO의 사무국은 아지스 소로스Agis Tsouros가 이끌었고 요한나 헤인펠드Johanna Hanefeld, 피로스카 오스틀린Piroska Ostlin, 아사 닐렌Asa Nihlen, 크리스 브라운, 이사벨 요르디Isabel Yordi, 테아도라 콜러, 세라 심슨, 에리오 지글리오, 리처드 애들러슬레이드Richard Alderslade가 참여했다. 영역별 작업 그룹의 팀장 및 부팀장을 맡아 준 사람들은 다음과 같다: 앨런 다이슨, 나오미 아이젠슈타트Naomi Eisenstadt, 요하네스 지그리스트, 제니 포페이, 올리 룬드버그, 애너 쿠트, 가우든 갈리아Gauden Galea, 위톨드 자콘스키Witold Zatonski, 마리아 코프Maria Kopp, 에밀리 그룬디Emily Grundy, 마르크 슈르크 Marc Suhrcke, 리처드 쿡슨Richard Cookson, 해리 번스, 에리오 지글리오, 로널드 라본테, 캐리언 스트롱크스Karien Stronks, 마틴 보박, 클라우디아 스타인Claudia Stein.

여기까지 읽어 주신 분들께 한 가지만 더 말하고자 한다. 우리는 건강 형평성을 위해 운동을 일구고 싶었다. 우리의 연구에 자료와 정보와 분석을 더해 준 위의 동료들은 이 운동의 일부이며 이 과정은 너무나 보람 있었다.

이 운동과 연구가 싹트고 무르익는 긴 시간 동안 나의 가족도 함께 했다. 모든 면에서 사랑과 지원과 참을성을 베풀어 준 나의 가족에게 이 책을 바친다.

자료 출처

1장
도표1.1 Office for National Statistics
도표1.2 Demographic and Health Surveys
도표1.3 Gapminder

2장
도표2.1 CDC. Obesity trends among US adults between 1985 and 2010. Centers for Disease Control and Prevention, 2010.
도표2.2 Tighe A. ed. *Statistical Handbook* 2003. London: Brewing Publications Limited, 2003.

4장
도표4.1 1970 British Cohort Study
도표4.2 UCL Institute of Health Equity, London Health Observatory. Marmot indicators for local authorities: indicator data 2012 and including data for 2011. London: London Health Observatory, 2012.
도표4.3 UNICEF Innocenti Report Card 11. Child well-being in rich countries. A comparative review; UNICEF; 2013.
도표4.4 UNICEF Innocenti Research Centre. *Measuring Child Poverty: New League Tables of Child Poverty in the World's Rich Countries.* Florence: UNICEF Innocenti Research Centre, 2012.
도표4.5 Corak (2011). OECD, Council of Economic Advisors estimates.

5장
도표5.1 Commission on the Social Determinants of Health. *Closing the gap in a*

generation: health equity through action on the social determinants of health. Final report of the Commission on Social Determinants of Health. Geneva: World Health Organization, 2008.

도표5.2 지은이 소장 자료.

도표5.3 Olshansky SJ, Antonucci T., Berkman L, Binstock RH, Boersch-Supan A, Cacioppo JT, et al. Differences in life expectance due to race and educational differences are widening, and many may not catch up, *Health AFF (Millwood)*, 2012; 31(8): 1803~13.

도표5.4 Eurostat. Life expectancy by age, sex and educational attainment (ISCED 1997) 2012 [업데이트 일자 2012/07/27].

도표5.5 Demographic and Health Surveys, 2011.

도표5.6 PISA. 2013.

도표5.7 UNESCO World Atlas of Gender Equality in Education UNESCO 2012.

6장

도표6.1 Households below average income, DWP. (UK data).

도표6.2 OECD, 2008.

도표6.3 UCL Institute of Health Equity. *Reducing the Number of Young People Not in Employment, Education or Training (NEET)*. Public Health england, 2014.

7장

도표7.1 United Nations Population Division. World Population Prospects: The 2012 Revision. File POP/9~1: Percentage total population (both sexes combined) by broad age group, major area, region and country, 1950~2100, 2013 [04/06/2014]

도표7.2 World Health Organization. *World Health Statistics 2014. Geneva*: WHO, 2014.

도표7.3 Eurostat. Life expectancy by age, sex and educational attainment (ISCED 1997), 2012 [업데이트 일자 2012/07/27]

도표7.4 OECD *Income-Distribution Database*, OECD (2008), *Growing Unequal?*, Tables 5.1 and 5.3.

9장

도표9.1 Woolf S.H., Aron L, editors *US Health International Perspective: Shorter Lives, Pooerer Health*. National Research Council; Insittute of Medicine. Washington, DC: The Natioanl Academies Press, 2013.

도표9.2 지은이 소장 자료.

도표9.3 Lundberg O. Berg Yngwe M. Kolegard Stjarne M, Bjork L, Firtzell J. The Nordic Experience: welfare states and public health (NEWS). *Health Equity Studies*, 2008; 12.

도표9.4 Dahl 2013 (19). 일부 조정한 데이터임.

도표9.5 WHO World Health Statistics.

도표9.6 UNESCO

10장

도표10.1 Victora CG, Aquino EM. Leal MdC, Monterio CA. Barrros FC, Szwarcwald CL. Maternal and child health in Brazil: progress and challenges. Lancet. 2011; 28(377): 1863~73; Monteiro CA, Beicio MH, Conde WL. Narrowing socioeconomic inequality in child stunting: the Brazilian experience. Bulletin World Health Organization. 2009; 88: 305~11.

도표10.2 UNDP. Human Development Report 2013 —The Rise of the South: *Human Progress in a Diverse World*. New York: United Nations Development Programme, 2013.

도표10.3 지은이 소장 자료.

도표10.4 WHO Commission on Social Determinants of Health. 해당 자료를 업데이트함.

도표10.5 World Health Organization. *Mean Body Mass Index (kg/m2), ages 20+, age standardized 1980-2008, 2014* [07/01/2015]. 다음에서 볼 수 있음 http://gamapsever.who.int/gho/interactive_charts/ncd/risk_factors/bmi/atlas.html.

11장

도표11.1 OECD Income Distribution Database.

도표11.2 ILO Global Wage Database.

주

들어가는 글

1   Chesney E, Goodwin GM, Fazel S. Risks of all-cause and suicide mortality in mental disorders: a meta-review. *World Psychiatry: official journal of the World Psychiatric Association.* 2014; 13(2): 153−60.

2   Gordon T. Further mortality experience among Japanese Americans. *Public Health Report.* 1967; 82: 973−84.

3   Committee on Medical Aspects of Food Policy. *Nutritional Aspects of Cardiovascular Disease.* London: HMSO, 1994. 1−186.

4   Nichaman MZ, Hamilton HB, Kagan A, Sacks S, Greer T, Syme SL. Epidemiologic studies of coronary heart disease and stroke in Japanese men living in Japan, Hawaii and California: distribution of biochemical risk factors. *American Journal of Epidemiology.* 1975; 102: 491−501; Yano K, Rhoads GG, Kagan A, Tillotson J. Dietary intake and the risk of coronary heart disease in Japanese men living in Hawaii. *American Journal of Clinical Nutrition.* 1978; 31: 1270−9.

5   Matsumoto YS. Social stress and coronary heart disease in Japan: a hypothesis. *Milbank MemFund Qtly.* 1970; 48: 9−36.

6   Marmot MG, Syme SL. Acculturation and CHD in Japanese−Americans. *American Journal of Epidemiology.* 1976; 104: 225−47.

7   Marmot MG, Shipley MJ, Rose G. Inequalities in death − specific explanations of a general pattern? *Lancet.* 1984; 1(8384): 1003−6.

8   Syme SL, Berkman LF. Social class, susceptibility, and sickness. *American Journal of Epidemiology.* 1976; 104: 1−8.

9   Navarro V. *Medicine under Capitalism.* Croom Helm, 1976.

10 Van Rossum CTM, Shipley MJ, Van de Mheen H, Grobbee DE, Marmot MG. Employment grade differences in cause specific mortality. A 25 year follow up of

civil servants from the first Whitehall study. *Journal of Epidemiology and Community Health*. 2000; 54(3): 178-84.

11 Karasek R, Theorell T. *Healthy Work: Stress, Productivity, and the Reconstruction of Working Life*. New York: Basic ooks, 1990.

12 Marmot M. *Status Syndrome: How Your Social Standing Directly Affects Your Health and Life Expectancy*. London: Bloomsbury Publishing, 2004. 〔국역본, 《사회적 지위가 건강과 수명을 결정한다》, 에코리브르, 2006.〕

13 Rose D, O'Brien K. *Constructing Classes: Towards a New Social Classification for the UK*. Swindon: ESRC, 1997.

14 Marmot M, Bosma H, Hemingway H, Brunner E, Stansfeld S. Contribution of job control to social gradient in coronary heart disease [저자의 반론]. Whitehall II Study. *Lancet*. 997; 350: 1405.

15 Marmot Review Team. *Fair Society, Healthy Lives: Strategic Review of Health Inequalities in England Post 2010*. London: Marmot Review, 2010.

16 The Price of Being Well. *The Economist*. 28 Aug 2008.

17 Navarro V. What we mean by social determinants of health. *Global Health Promotion*. 2009; 16(1): 5-16.

1장 비참함을 조직하는 사회

1 Deaton A. *The Great Escape: Health, Wealth, and the Origins of Inequality*. Princeton: Princeton University Press, 2013. 〔국역본, 《위대한 탈출》, 한국경제신문, 2014.〕

2 Yellen JL. Perspectives on Inequality and Opportunity from the Survey of Consumer Finances: Federal Reserve; 2014 [22/12/2014]. 다음에서 볼 수 있음. http://www.federalreserve.gov/newsevents/speech/yellen20141017a.htm.

3 Hutton W. Banking is changing, slowly, but its culture is still corrupt. *The Guardian*, 2014 [업데이트 일자 16/11/2014]. 다음에서 볼 수 있음. http://www.theguardian.com/commentisfree/2014/nov/16/banking-changing-slowly-but-culture-still-corrupt.

4 Commission on the Social Determinants of Health. *Closing the Gap in a Generation: Health Equity through Action on the Social Determinants of Health. Final Report of the Commission on Social Determinants of Health*. Geneva: World Health Organization, 2008.

5 Hanlon P, Walsh A, Whyte B. *Let Glasgow Flourish*. Glasgow: 2006.

6 Ibid.

7   Scottish Public Health Observatory. Comparative Health Profiles 2010 다음에서 볼 수 있음. www.scotpho.org.uk/home/Comparativehealth/Profiles/2010CHPProfiles.asp.

8   City of Westminster. Area Profiles 2013 [15/09/2013]. 다음에서 볼 수 있음. http://www.westminster.gov.uk/services/councilgovernmentanddemocracy/ward-profiles/.

9   Marmot Review Team. *Fair Society, Healthy Lives: Strategic Review of Health Inequalities in England post-2010*. London: Marmot Review, 2010.

10   Marmot M. *Status Syndrome* How Your Social Standing Directly Affects Your Health and Life Expectancy. London: Bloomsbury, 2004. 〔국역본,《사회적 지위가 건강과 수명을 결정한다》, 에코리브르, 2006.〕

11   London Health Observatory. Health inequalities overview 2012 [업데이트 일자 13/02/2012, 22/12/2014]. 다음에서 볼 수 있음. http://www.lho.org.uk/LHO_Topics/National_Lead_Areas/HealthInequalitiesOverview.aspx.

12   Peter Mandelson. 다음에 인용됨. Michael White. *The Guardian*. 26 January 2012.

13   Marmot Review Team. *Fair Society, Healthy Lives*.

14   Gwatkin DR. *Socio-economic Differences in Health, Nutrition and Population within Developing Countries: an Overview*. Washington: World Bank, 2007.

15   World Health Organization. *World Health Statistics 2014*. Geneva: WHO, 2014.

16   UNDP. *Human Development Report 2014. Sustaining Human Progress: Reducing Vulnerabilities and Building Resilience*. New York: United Nations Development Programme, 2014.

17   Lifetime risk of maternal death (여럿 가운데 1명. 국가별): The World Bank, 2014 [22/12/2014]. 다음에서 볼 수 있음. http://data.worldbank.org/indicator/SH.MMR.RISK.

18   Stiglitz J, Sen A, Fitoussi J. *Report of the Commission on the Measurement of Economic Performance and Social Progress*. 2009.

19   Layard R. *Happiness: Lessons from a New Science*. 개정증보판. London: Penguin Books, 2011.

20   Sen A. *Poor, Relatively Speaking*. Oxford Economic Papers. 1983; 35(2): 153-69; Townsend P. *A Sociological Approach to the Measurement of Poverty – a Rejoinder to Professor Amartya Sen*. Oxford Economic Papers. 1985, 37(1985): 659-68; Sen A. *A Sociological Approach to the Measurement of Poverty: A reply to Professor Peter Townsend*. Oxford Economic Papers. 1985, 37: 669-76.

21   Sen A. *Inequality Reexamined*. Oxford: Oxford University Press, 1992. 〔국역본,《불평등의 재검토》, 한울, 2008.〕

22 World Bank. *Engendering Development through Gender Equality in Rights, Resources, and Voice*. World Bank and Oxford University Press, 2001 [업데이트 일자 13/08/2012]. 다음에서 볼 수 있음. http://www-wds.worldbank.org/external/default/WDSContentServer/WDSP/IB/2001/03/01/000094946_01020805393496/Rendered/PDF/multi_page.pdf.

23 Horton R. Rediscovering human dignity. *Lancet*. 2004;364(9439):1081−5; Marmot M. Dignity and inequality. *Lancet*. 2004; 364(9439): 1019−21.

24 Gordon D, Townsend P. *Breadline Europe: the Measurement of Poverty*. Bristol The Policy Press, 2000.

25 Lim SS, Vos T, Flaxman AD, Danaei G, Shibuya K, Adair-Rohani H, et al. A comparative risk assessment of burden of disease and injury attributable to 67 risk factors and risk factor clusters in 21 regions, 1990−2010: a systematic analysis for the Global Burden of Disease Study 2010. *Lancet*. 2012; 380(9859): 2224−60.

26 Tressell R. *The Ragged Trousered Philanthropists*. 사후에 출간됨. 1914.

27 Walsh D, Bendel N, Jones R, Hanlon P. It's not 'just deprivation': Why do equally deprived UK cities experience different health outcomes? *Public Health*. 2010; 124(9): 487−95.

2장 누구의 책임인가

1 YouGov. YouGov Survey on Increased Risk of Cancer 2009 [17.10.2013]. 다음에서 볼 수 있음. http://d25d2506sfb94s.cloudfront.net/cumulus_uploads/document/518w73hq84/RESULTS%20for%20World%20Cancer%20Research%20Fund%20(Risk%20of%20Cancer)%20OMI0900463_20.08.2009.pdf; Gallup. Tobacco and smoking: Gallup; 2014 [10/04/2014]. 다음에서 볼 수 있음. http://www.gallup.com/poll/1717/tobacco-smoking.aspx.

2 Gallup. Personal weight situation: Gallup; 2014 [10/04/2014]. 다음에서 볼 수 있음. http://www.gallup.com/poll/7264/Personal-Weight-Situation.aspx.; National Obesity Observatory. *Knowledge and Attitudes towards Healthy Eating and Physical Activity: What the Data Tell Us*. NHS, 2011.

3 Rose G, Khaw KT, Marmot M. *Rose's Strategy of Preventive Medicine*. Oxford: Oxford University Press, 2008. [국역본, 《예방의학의 전략》, 한울, 2010.]

4 Gornall J. Under the influence: 2. How industry captured the science on minimum unit pricing. *BMJ*. 2014; 348: f7531.

5 Snowdon C. Costs of minimum alcohol pricing would outweigh benefits. *BMJ*. 2014; 348: g1572.

6   다음에 인용됨. Gornall J. Under the influence: author's response to criticism by Institute of Economic Affairs. *BMJ*. 2014; 348: g1563.

7   Doll R, Peto R, Boreham J, Sutherland I. Mortality in relation to smoking: 50 years' observations on male British doctors. *BMJ*. 2004; 328(7455): 1519.

8   World Cancer Research Fund, American Institute for Cancer Research. *Food, Nutrition, Physical Activity, and the Prevention of Cancer: A Global Perspective.* Washington, DC.: AICR, 2007.

9   Committee on Medical Aspects of Food Policy. *Nutritional Aspects of Cardiovascular Disease*, Department of Health Report on Health and Social Subjects, No. 46. London: HMSO, 1994.

10 *Daily Telegraph*, 2004.

11 Becker GS, Murphy KM. A Theory of Rational Addiction. *The Journal of Political Economy*. 1988; 96(4): 675–700.

12 Kahneman D. *Thinking, Fast and Slow*. London: Allen Lane, 2011. [국역본, 《생각에 관한 생각》, 김영사, 2012.]

13 Office for National Statistics. *General Lifestyle Survey Overview: A Report on the 2010 General Lifestyle Survey*. 2012.

14 Maes HH, Neale MC, Eaves LJ. Genetic and environmental factors in relative body weight and human adiposity. *Behavior genetics*. 1997; 27(4): 325–51.

15 Stamatakis E, Zaninotto P, Falaschetti E, Mindell J, Head J. Time trends in childhood and adolescent obesity in England from 1995 to 2007 and projections of prevalence to 2015. *Journal of Epidemiology and Community Health*. 2010; 64(2): 167–74.

16 Aitsi-Selmi A, Chandola T, Friel S, Nouraei R, Shipley MJ, Marmot MG. Interaction between education and household wealth on the risk of obesity in women in Egypt. *PLoS One*. 2012; 7(6): e39507.

17 CDC. *Health Behaviors of Adults: United States, 2008–2010*. 2013.

18 Pear R. Insurance Rolls to Rise in State Fighting Plan. *The New York Times*. 06.09.2013.

19 Banks J, Marmot M, Oldfield Z, Smith JP. Disease and disadvantage in the United States and England. *Journal of the American Medical Association*. 2006; 295: 2037–45.

20 Crimmins EM, Preston SH, Cohen B, editors. *Explaining Divergent Levels of Longevity in High-Income Countries*. National Research Council; Panel on Understanding Divergent Trends in Longevity in High Income Countries; Committee on Population, Division of Behavioral and Social Sciences and

Education. Washington, DC: The National Academies Press, 2011; Woolf SH, Aron L, editors. *U.S. Health in International Perspective: Shorter Lives, Poorer Health.* National Research Council; Institute of Medicine. Washington, DC: The National Academies Press, 2013.

21   Deaton A. *The Great Escape: Health, Wealth, and the Origins of Inequality.* Princeton: Princeton University Press, 2013. 〔국역본, 《위대한 탈출》, 한국경제신문, 2014.〕

22   World Health Organization. *World Health Statistics 2014.* Geneva: WHO, 2014.

23   Singh GK. U.S. Department of Health and Human Services, Health Resources and Services Administration, Maternal and Child Health Bureau. *Maternal Mortality in the United States, 1935–2007: Substantial Racial/Ethnic, Socioeconomic, and Geographic Disparities Persist.* 2010; Chang J, Elam-Evans LD, Berg CJ, Herndon J, Flowers L, Seed KA, et al. Pregnancy-related mortality surveillance — United States, 1991-1999. Morbidity and mortality weekly report Surveillance summaries. 2003; 52(2): 1-8.

24   Johnson D, Rutledge T. Maternal Mortality — United States, 1982-1996. The Morbidity and Mortality Weekly Report. 1998; 47(34): 705-7.

25   Allen M, Allen J, Hogarth S, Marmot M. *Working for Health Equity: The Role of Health Professionals.* London: UCL Institute of Health Equity, 2013.

26   Harvard School of Public Health. Making health choices easy choices: Harvard University, 2014 [07/04/2014]. 다음에서 볼 수 있음. http://www.hsph.harvard.edu/obesity-prevention-source/policy-and-environmental-change/.

27   Sen A. *Development as Freedom.* Oxford: Oxford University Press, 1999. 〔국역본, 《자유로서의 발전》, 갈라파고스, 2013.〕

3장   공정한 사회, 건강한 삶

1   Rawls J. *A Theory of Justice.* Harvard: Harvard University Press, 1971. 〔국역본, 《정의론》, 이학사, 2003.〕

2   Daniels N. *Just Health Care.* Cambridge University Press, 1985.

3   Sen A. *Inequality Reexamined.* Oxford: Oxford University Press, 1992. 〔국역본, 《불평등의 재검토》, 한울, 2008.〕

4   Sandel MJ. *Justice: What's the Right Thing to Do?* New York: Farrar, Straus and Giroux, 2010. 〔국역본, 《정의란 무엇인가》, 와이즈베리, 2014.〕

5   UCL Institute of Health Equity. *Local Action on Health Inequalities: Understanding the Economics of Investments in the Social Determinants of Health.* London: Public

Health Equity, 2014.

6   Murphy KM, Topel RH. The Value of Health and Longevity. *Journal of Political Economy*. 2006; 114(5): 871−904.

7   Singleton N, Meltzer H, Gatward R. *Psychiatric Morbidity among Prisoners*. London: ONS, 1999.

8   Mental health statistics: Prisons: Mental Health Foundation, 2014 [23/12/2014]. 다음에서 볼 수 있음. http://www.mentalhealth.org.uk/help-information/mental-health-statistics/prisons/.

9   Marx K. *The 18th Brumaire of Louis Bonaparte*. Wildside Press, 2008 [1851]. 〔국역본, 《루이 보나파르트의 브뤼메르 18일》, 비르투출판사, 2012.〕

10   Violence Reduction Unit. Retirement of DCS John Carnochan 2013 [14/04/2014]. 다음에서 볼 수 있음. http://www.actiononviolence.co.uk/content/retirement-dcs-john-carnochan-0.

11   Marmot MG, Davey Smith G, Stansfeld SA, Patel C, North F, Head J, et al. Health inequalities among British Civil Servants: the Whitehall II study. *Lancet*. 1991; 337(8754): 1387−93.

12   Ibid.; Bosma H, Marmot MG, Hemingway H, Nicholson AC, Brunner E, Stansfeld SA. Low job control and risk of coronary heart disease in Whitehall II(prospective cohort) study. *British Medical Journal*. 1997; 314(7080): 558−65.

13   Marmot et al. Health inequalities; Bosma et al. Low job control.

14   Sen A. *Development as Freedom*. New York: Alfred A. Knopf, Inc, 1999. 〔국역본, 《자유로서의 발전》, 갈라파고스, 2013.〕

15   Sen A. *The Idea of Justice*. London: Allen Lane, 2009.

16   O 'Neill O. Reith Lectures: A Question of Trust 2002 [14/04/2014]. 다음에서 볼 수 있음. http://www.bbc.co.uk/radio4/reith2002/.

17   Saez E. Striking it Richer: The Evolution of Top Incomes in the United States (2012년 예비추산치로 업데이트) 2013 [14/04/2014]. 다음에서 볼 수 있음. http://elsa.berkeley.edu/~saez/saez-UStopincomes-2012.pdf.

18   OECD. OECD Stat Extracts: Income Distribution and Poverty − Poverty rate after taxes and transfers, poverty line 60% 2013 [14/04/2014]. 다음에서 볼 수 있음. http://stats.oecd.org/Index.aspx?DataSetCode=IDD.

19   Galbraith JK. *The Affluent Society*. New York: Houghton Mifflin Company, 1998. 〔국역본, 《풍요한 사회》, 한국경제신문, 2006.〕

20   Wilkinson RG, Pickett K. *The Spirit Level: Why More Equal Societies Almost Always Do Better*. London: Allen Lane, 2009.

21   Lewis M. *The Big Short: Inside the Doomsday Machine*. London: Allen Lane, 2011.

(국역본, 《빅 숏》, 비즈니스맵, 2010.)

22   Hampshire S. *Justice Is Conflict*. Princeton NJ: Princeton University Press, 2000.

23   New Policy Institute, MacInnes T, Aldridge H, Bushe S, Kenway P, Tinson A. *Monitoring Poverty and Social Exclusion 2013*. Joesph Rowntree Foundation, 2013.

24   Hacker J, Pierson P. *Winner-Take-All Politics*. New York: Simon and Schuster, 2010. (국역본, 《부자들은 왜 우리를 힘들게 하는가?》, 21세기북스, 2012.)

25   Park A, National Centre for Social Research. *British Social Attitudes: the 25th Report*. Los Angeles, London: SAGE, 2009.

26   Hutton W. *Them and Us: Changing Britain – Why We Need a Fairer Society*. London: Abacus, 2011.

27   Bell R, Britton A, Brunner E, Chandola T, Ferrie J, Harris M, et al. *Work, Stress and Health: The Whitehall II Study*. London: International Centre for Health and Society / Department of Epidemiology, 2004; Bosma et al. Low job control; Marmot et al. Health inequalities.

28   Kelly Y, Sacker A, Del BE, Francesconi M, Marmot M. What role for the home learning environment and parenting in reducing the socioeconomic gradient in child development? Findings from the Millennium Cohort Study. *ArchDisChild*. 2011; 96(9): 832–7.

29   Mullainathan S, Shafir E. *Scarcity: Why Having Too Little Means So Much*. New York: Times Books, 2013. (국역본, 《결핍의 경제학》, 알에이치코리아, 2014.)

30   Blinder AS. What's the Matter with Economics? *New York Review of Books*. 2014; December 18: 55–7.

31   Marmot M. A continued affair with science and judgements. *International Journal of Epidemiology*. 2009; 38: 908–10.

32   Various. Fair Society, Healthy Lives Reviews. *Social Science & Medicine*. 2010; 71(7).

33   Marmot M. *Status Syndrome: How Your Social Standing Directly Affects Your Health and Life Expectancy*. London: Bloomsbury, 2004. (국역본, 《사회적 지위가 건강과 수명을 결정한다》, 에코리브르, 2006.)

4장 출발선에서의 평등

1   Gladwell M. *Outliers: The Story of Success*. London: Penguin, 2009; Epstein D. *The Sports Gene: Talent, Practice and the Truth about Success*. London: Yellow Jersey Press, 2013. (국역본, 《아웃라이어》, 김영사, 2009.)

2   Grantham-McGregor SM, Cheung YB, Cueto S, Glewwe P, Richter L, Strupp B.

Development potential in the first 5 years for children in developing countries. *Lancet*. 2007; 369(9555): 60 –70.

3   Jeremiah 31:29. *The Holy Bible: Containing the Old and New Testaments*. London: Collins, 2011.

4   Hertzman C, Boyce T. How experience gets under the skin to create gradients in developmental health. *Annual Review of Public Health*. 2010; 31: 329 –47 3p following 47; Adler NE, Ostrove JM. Socioeconomic status and health:What we know and what we don't. 다음에 수록됨. Adler NE, Marmot M, McEwen B, Stewart J, editors. *Socioeconomic Status and Health in Industrial Nations*. New York: New York Academy of Sciences, 1999; 896: 3 –15.

5   Hertzman and Boyce. How experience gets under the skin.

6   Power C, Hertzman C. Social and biological pathways linking early life and adult disease. *British Medical Bulletin*. 1997; 53: 210 –21.

7   Barker DJ. Fetal origins of coronary heart disease. *British Medical Journal*. 1995; 311: 171 –4; Barker DJP. Fetal nutrition and cardiovascular disease in later life. *British Medical Bulletin*. 1997; 53(1): 96 –108.

8   Felitti VJ, Anda RF, Nordenberg D, Williamson DF, Spitz AM, Edwards V, et al. Relationship of childhood abuse and household dysfunction to many of the leading causes of death in adults. The Adverse Childhood Experiences(ACE) Study. *American Journal of Preventive Medicine*. 1998; 14(4): 245 –58.

9   Norman RE, Byambaa M, De R, Butchart A, Scott J, Vos T. The long –term health consequences of child physical abuse, emotional abuse, and neglect: a systematic review and meta –analysis. *PLoS Med*. 2012; 9(11): e1001349.

10 Smith Z. *NW*. London: Hamish Hamilton, 2012, pp. 270 –1.

11 Plomin R. Genetics and children's experiences in the family. *Journal of Child Psychology and Psychiatry*. 1995; 36: 33 –67; Plomin R. *Nature and Nurture: An Introduction to Human Behavioral Genetics*. Pacific Grove, CA: Brooks –Cole, 1990.

12 UC L Institute of Health Equity. Marmot Indicators 2014 [10/11/2014]. 다음에서 볼 수 있음. http://www.instituteofhealthequity.org/projects/marmotindicators –2014.

13 Hart B, Risely TR. The early catastrophe: the 30 million word gap by age 3. *American Educator*. 2003; 27(1): 4 –9.

14 Williams Z. Do stay –at –home mothers upset you? You may be a motherist. *The Guardian*. 21 October 2013.

15 Chatterjee M, Macwan J. *Taking Care of Our Children: The Experiences of SEWA*

Union. Ahmedabad: Self Employed Women's Association, 1992, p. 5.

16 McMunn A, Kelly Y, Cable N, Bartley M. Maternal employment and child socio-emotional behaviour in the UK: longitudinal evidence from the UK Millennium Cohort Study. *Journal of Epidemiology and Community Health.* 2012; 66(7): e19.

17 Heymann J, McNeill K. *Changing Children's Chances: New Findings in Child Policy Worldwide.* Cambridge, Mass.: Harvard University Press, 2013.

18 Pinker S. *The Blank Slate: the Modern Denial of Human Nature.* London: Allen Lane, 2002. (국역본,《빈 서판》, 사이언스북스, 2004.)

19 Schonbeck Y, Talma H, van Dommelen P, Bakker B, Buitendijk SE, HiraSing RA, et al. The world's tallest nation has stopped growing taller: the height of Dutch children from 1955 to 2009. *Pediatric Research.* 2013; 73(3): 371-7.

20 Hertzman C, Boyce T. How experience gets under the skin to create gradients in developmental health. *Annual Review of Public Health.* 2010; 31: 329-47 3p following 47; Adler NE, Ostrove JM. Socioeconomic status and health: What we know and what we don't. 다음에 수록됨. Adler et al. *Socioeconomic Status and Health.* pp. 3-15.

21 Pinker. *The Blank Slate.* (국역본,《빈 서판》, 사이언스북스, 2004.)

22 Hertzman and Boyce. How experience gets under the skin.

23 Meaney MJ. Maternal care, gene expression, and the transmission of individual differences in stress reactivity across generations. *Annual Review of Neuroscience.* 2001; 24: 1161-92.

24 UCL Institute of Health Equity. *Good Quality Parenting Programmes and the Home to School Transition.* Public Health England, 2014.

25 Melhuish E. The Impact of Early Childhood Education and Care on Improved Wellbeing. 다음에 수록됨. British Academy, editor. *'If you could do one thing...' Nine Local Actions to Reduce Health Inequalities.* British Academy, 2014; Pordes-Bowers A, Strelitz J, Allen J, Donkin A. *An Equal Start: Improving Outcomes in Children's Centres.* London: UCL Institute of Health Equity, 2012.

26 Dumas C, Lefranc A. *Early Schooling and Later Outcomes: Evidence from Preschool Extension in France.* Thema working paper no. 2010-07. Pontoise: Universite de Cergy, 2010.

5장 교육과 역량강화

1 Drèze J, Sen A. *An Uncertain Glory: India and Its Contradictions.* London: Allen Lane, 2013.

2   UNDP. *Human Development Report 2013 – The Rise of the South: Human Progress in a Diverse World*. New York: United Nations Development Programme, 2013.

3   Stiglitz JE. *Globalization and its Discontents*. London: Allen Lane, 2002. 〔국역본, 《세계화와 그 불만》, 세종연구원, 2002.〕

4   UNDP. *Human Development Report 2013*.

5   Woolf SH, Aron L, editors. *U.S. Health in International Perspective: Shorter Lives, Poorer Health*. National Research Council; Institute of Medicine. Washington, DC: The National Academies Press, 2013.

6   Murphy SL, Xu JQ, Kochanek KD. *Deaths: Final Data for 2010*. National Vital Statistics Reports. 2013; 61(4).

7   Olshansky SJ, Antonucci T, Berkman L, Binstock RH, Boersch-Supan A, Cacioppo JT, et al. Differences in life expectancy due to race and educational differences are widening, and many may not catch up. *Health Affairs (Millwood)*. 2012; 31(8): 1803–13.

8   Eurostat. Life expectancy by age, sex and educational attainment (ISCED 1997) 2012 [업데이트 일자 2012/07/27]. 다음에서 볼 수 있음. http://appsso.eurostat. ec.europa.eu/nui/show.do?dataset=demo_mlexpecedu&lang=en.

9   UC L Institute of Health Equity. *Health Inequalities in the EU – Final Report of a Consortium*. Consortium lead: Sir Michael Marmot European Commission Directorate-General for Health and Consumers, 2013.

10   Demographic and Health Surveys 2011. 다음에서 볼 수 있음. www.measuredhs. com /countries.

11   Drèze and Sen. *An Uncertain Glory*.

12   Hoff K, Pandey P. *Belief Systems and Durable Inequalities: an Experimental Investigation of Indian Cast*e. Washington: World Bank, 2004.

13   Barber SL, Gertler PJ. The impact of Mexico's conditional cash transfer programme, Oportunidades, on birthweight. *Tropical Medicine & International Health (TM & IH)*. 2008; 13(11): 1405–14.

14   Soares FV, Ribas RP, Osorio RG. Evaluating the Impact of Brazil's Bolsa Familia: Cash Transfer Programs in Comparative Perspective. *Latin American Research Review*. 2010; 45(2): 173–90.

15   Baird S, Ferreira FHG, Ozler B, Woolcock M. *Relative Effectiveness of Conditional and Unconditional Cash Transfers for Schooling Outcomes in Developing Countries: A Systematic Review*. Campbell Systematic Reviews, 2013; 9(8).

16   Banerjee A, Duflo E. *Poor Economics: A Radical Rethinking of the Way to Fight Global Poverty*. USA: Public Affairs, 2011. 〔국역본, 《가난한 사람이 더 합리적이

다》, 생각연구소, 2012.)

17   Ibid.

6장 삶을 위한 노동

1   Sulabh International Social Service Organisation. Lalta Nanda 2014 [27/05/2014].
     다음에서 볼 수 있음. http://www.sulabhinternational.org/content/lalta-nanda.

2   Growing Inclusive Markets, UNDP. Case Study: India. Sulabh International: A
     Movement to Liberate Scavengers by Implementing a Low-Cost, Safe Sanitation
     System [27/05/2014]. 다음에서 볼 수 있음. http://www.sulabhinternational.org/
     admin/config/media/file-system/Summary%20of%20the%20Case%20Study-
     Sulabh%20International-A%20Movement%20to%20Liberate%20Scavengers%20
     by%20Implementing%20a%20Low-Cost%2C%20Safe%20Sanitation%20
     System-by%20UNDP.pdf.

3   Franco G. Ramazzini and workers' health. *Lancet*. 1999; 354(9181): 858-61.

4   Ibid.

5   Eurofound. *Fifth European Working Conditions Survey*. Luxembourg: Publications
     Office of the European Union, 2012.

6   Ibid.

7   Butler S. Bangladesh garment workers still vulnerable a year after Rana Plaza. *The
     Guardian*. 24 April 2014.

8   International Labour Organisation. *ILO Introductory Report: Global Trends and
     Challenges on Occupational Safety and Health*. 2011.

9   Marmot MG, Rose G, Shipley M, Hamilton PJS. Employment grade and coronary
     heart disease in British civil servants. *Journal of Epidemiology and Community
     Health*. 1978; 32: 244-9.

10   Marmot MG, Davey Smith G, Stansfeld SA, Patel C, North F, Head J, et al. Health
     inequalities among British Civil Servants: the Whitehall II study. *Lancet*. 1991;
     337(8754): 1387-93.

11   Bosma H, Peter R, Siegrist J, Marmot MG. Two alternative job stress models and
     the risk of coronary heart disease. *American Journal of Public Health*. 1998; 88:
     68-74; Chandola T, Britton A, Brunner E, Hemingway H, Malik M, Kumari M,
     et al. Work stress and coronary heart disease: what are the mechanisms? *European
     Heart Journal*. 2008; 29: 640-8; Chandola T, Brunner E, Marmot M. Chronic
     stress at work and the metabolic syndrome: prospective study. *British Medical
     Journal*. 2006; 332: 521-5.

12   Head J, Ferrie JE, Brunner E, Marmot M, Rydstedt L, Stansfeld S, et al. *The Potential Impact on Health and Sickness Absence of Management Standards for Work-Related Stress.* Research report to Health and Safety Executive. Health and Safety Executive, 2007.

13   Kivimaki M, Ferrie JE, Brunner EJ, Head J, Shipley MJ, Vahtera J, et al. Justice at work and reduced risk of coronary heart disease among employees: the Whitehall II study. *ArchInternMed.* 2005; 165(19): 2245 –51; Kivimaki M, Ferrie JE, Head J, Shipley M, Vahtera J, Marmot MG. Organisational justice and change in justice as predictors of employee health: the Whitehall II study. *Journal of Epidemiology and Community Health.* 2004; 58(11): 931 –7; Head et al. *The Potential Impact.*

14   Steptoe A, Kivimaki M. Stress and cardiovascular disease: an update on current knowledge. *Annual Review of Public Health.* 2013; 34: 337 –54.

15   Siegrist J, Rosskam E, Leka S. Report of task group 2: Employment and working conditions including occupation, unemployment and migrant workers 2012 [업데이트 일자 2012/08/13]. 다음에서 볼 수 있음. https://www.instituteofhealthequity. org/members/workplans-and-draft-reports.

16   Head et al. *The Potential Impact*; Bambra CL, Whitehead MM, Sowden AJ, Akers J, Petticrew MP. Shifting schedules: the health effects of reorganizing shift work. *American Journal of Preventive Medicine.* 2008; 34(5): 427 –34; Vyas MV, Garg AX, Iansavichus AV, Costella J, Donner A, Laugsand LE, et al. Shift work and vascular events: systematic review and meta-analysis. *British Medical Journal.* 2012; 345: e4800.

17   Steptoe and Kivimaki. Stress and cardiovascular disease.

18   Beveridge W. *Social Insurance and Allied Services.* London: HMSO, 1942.

19   New Policy Institute, MacInnes T, Aldridge H, Bushe S, Kenway P, Tinson A. *Monitoring Poverty and Social Exclusion 2013.* Joseph Rowntree Foundation; 2013.

20   OECD. *Growing Unequal? Income Distribution and Poverty in OECD Countries.* OECD, 2008.

21   International Labour Organisation. *Global Employment Trends 2014: Risk of a Jobless Recovery?* Geneva: ILO, 2014.

22   Marmot M. *Status Syndrome: How Your Social Standing Directly Affects Your Health and Life Expectancy.* London: Bloomsbury, 2004; Bartley M. Health and Labour Force Participation: 'Stress', Selection and the Reproduction Costs of Labour Power. *Journal of Social Policy.* 1991; 20(03): 327 –64. [국역본, 《사회적 지위가 건강과 수명을 결정한다》, 에코리브르, 2006.]

23   Hansard. HC 6Ser vol 191 col 413 (16 May 1991). 1991.

24 Moser K, Godblatt P, Fox J. *Unemployment and Mortality. Longitudinal Study.* London: HMSO, 1990. pp. 81 – 97.

25 The HAPIEE study, UCL, 1999 – 2005.

26 Stuckler D, Basu S, Suhrcke M, Coutts A, McKee M. The public health effect of economic crises and alternative policy responses in Europe: an empirical analysis. *Lancet.* 2009; 374(9686): 315 – 23.

27 Siegrist J, Rosskam E, Leka S. Report of task group 2: Employment and working conditions including occupation, unemployment and migrant workers 2012 [업데이트 일자 2012/08/13]. 다음에서 볼 수 있음. https://www.instituteofhealthequity. org/members/workplans-and-draft-reports.

28 Ibid.

29 Lewis M. *The Big Short: Inside the Doomsday Machine.* London: Allen Lane, 2011. (국역본,《빅 숏》, 비즈니스맵, 2010.)

30 Reinhart C, Rogoff K. Growth in a time of debt. *American Economic Review.* 2010; 100(2): 473 – 8.

31 Herndon T, Ash M, Pollin R. *Does High Public Debt Consistently Stifle Economic Growth? A Critique of Reinhart and Rogoff.* Political Economy Research Institute – Working Paper Series. 2013; April(322).

32 International Monetary Fund. *World Economic Outlook October 2012: Coping with High Debt and Sluggish Growth.* Washington DC: IMF, 2012.

33 UCL Institute of Health Equity. *Reducing the Number of Young People Not in Employment, Education or Training (NEET).* Public Health England, 2014.

34 Wolfe T. *The Bonfire of the Vanities.* London: Vintage Books, 1987. (국역본,《허영의 불꽃》, 민음사, 2010.)

7장 우아한 노년

1 Gawande A. *Being Mortal.* London: Profile Books, 2014. (국역본,《어떻게 죽을 것인가》, 부키, 2015.)

2 United Nations Population Fund, HelpAge International. *Ageing in the Twenty-First Century: A Celebration and A Challenge.* New York: UNFPA, 2012, p. 33.

3 Kinsella K, He W, U.S. Census Bureau. *An Aging World: 2008. International Population Reports.* Washington, DC: U.S. Government Printing Office, 2009.

4 United Nations Population Division. World Population Prospects: The 2012 Revision. File MORT /6 – 1: Percentage of total deaths (both sexes combined), by broad age group, major area, region and country, 1950 – 2100. 2013 [04/06/2014].

다음에서 볼 수 있음. http://esa.un.org/unpd/wpp/Excel-Data/mortality.htm.

5   Demakakos P, Cooper R, Hamer M, de Oliveira C, Hardy R, Breeze E. The Bidirectional Association between Depressive Symptoms and Gait Speed: Evidence from the English Longitudinal Study of Ageing (ELSA). PLoS One. 2013; 8(7): e68632; Studenski S, Perera S, Patel K, Rosano C, Faulkner K, Inzitari M, et al. Gait speed and survival in older adults. *JAMA: the Journal of the American Medical Association.* 2011; 305(1): 50 –8.

6   Steptoe A, Demakakos P, de Oliveira C. The Psychological Well-Being, Health and Functioning of Older People in England. 다음에 수록됨. Banks J, Nazroo J, Steptoe A, editors. *The Dynamics of Ageing, Evidence from the English Longitudinal Study of Ageing 2002–2010 (Wave 5).* London: Institute for Fiscal Studies, 2012.

7   Carstensen L, Fried L. The Meaning of Old Age. 다음에 수록됨. Beard J, Biggs S, Bloom D, Fried L, Hogan P, Kalache A, et al., editors. *Global Population Ageing: Peril or Promise?* Geneva: World Economic Forum, 2012.

8   United Nations Population Fund, HelpAge International. *Ageing in the Twenty-First Century.*

9   Morris JN, Wilkinson P, Dangour AD, Deeming C, Fletcher A. Defining a minimum income for healthy living (MIHL): older age, England. *International Journal of Epidemiology.* 2007; 36(6): 1300 –7.

10 National Research Council. *Aging and the Macroeconomy. Long-Term Implications of an Older Population.* Washington, DC: The National Academies Press, 2012.

11 Siegrist J, Wahrendorf M. Quality of work, health, and retirement. *Lancet.* 2009; 374(9705): 1872 –3.

12 B&Q. Age Diversity. We stopped counting years ago.

13 Commission on the Social Determinants of Health. *Closing the Gap in a Generation: Health Equity through Action on the Social Determinants of Health. Final Report of the Commission on Social Determinants of Health.* Geneva: World Health Organization, 2008.

14 United Nations Population Fund, HelpAge International. *Ageing in the Twenty-First Century: A Celebration and a Challenge.* New York: UNFPA, 2012.

15 Shakespeare W. *As You Like It*, Act II, Scene vii. London: Penguin Books, 2005 [1623]. [국역본, 《뜻대로 하세요》, 전예원, 1990.]

16 Shakespeare W. Sonnet 18. [국역본, 《소네트시집》, 샘터사, 1996.]

17 Knoops KT, de Groot LC, Kromhout D, Perrin AE, Moreiras-Varela O, Menotti A, et al. Mediterranean diet, lifestyle factors, and 10-year mortality in elderly European men and women: the HALE project. *Journal of the American Medical*

Association. 2004; 292(12): 1433–9.

18   Banks J, Lessof C, Nazroo J, Rogers N, Stafford M, Steptoe A. *Financial Circumstances, Health and Well-being of the Older Population in England. The 2008 English Longitudinal Study of Ageing (Wave 4).* London: Institute for Fiscal Studies, 2010.

19   Fratiglioni L, Paillard-Borg S, Winblad B. An active and socially integrated lifestyle in late life might protect against dementia. *The Lancet Neurology.* 2004; 3(6): 343–53.

20   Verghese J, Lipton RB, Katz MJ, Hall CB, Derby CA, Kuslansky G, et al. Leisure activities and the risk of dementia in the elderly. *New England Journal of Medicine.* 2003; 348(25): 2508–16.

21   Abbott RD, White LR, Ross GW, Masaki KH, Curb JD, Petrovitch H. Walking and dementia in physically capable elderly men. *JAMA: the Journal of the American Medical Association.* 2004; 292(12): 1447–53.

22   Weuve J, Kang JH, Manson JE, Breteler MM, Ware JH, Grodstein F. Physical activity, including walking, and cognitive function in older women. *JAMA: the Journal of the American Medical Association.* 2004; 292(12): 1454–61.

23   Small BJ, Dixon RA, McArdle JJ, Grimm KJ. Do changes in lifestyle engagement moderate cognitive decline in normal aging? Evidence from the Victoria Longitudinal Study. *Neuropsychology.* 2012; 26(2): 144–55.

24   Holt-Lunstad J, Smith TB, Layton JB. Social relationships and mortality risk: a meta-analytic review. *PlosMed.* 2010; 7(7): e1000316.

25   Banks J, Breeze E, Lessof C, Nazroo J. *Retirement, Health and Relationships of the Older Population in England: The 2004 English Longitudinal Study of Ageing (Wave 2).* 2006.

26   Fried L. Making aging positive: The Atlantic, 2014 [업데이트 일자 06/2014, 22/12/2014]. 다음에서 볼 수 있음. http://www.theatlantic.com/health/print/2014/06/valuing-the-elderly-improving-public-health/371245/.

27   Banks et al. *Retirement, Health and Relationships.*

8장   회복력 강한 지역공동체

1   CBC News. B.C. teen's suicide blamed on 'dysfunctional' child welfare system 2014 [25/06/2014]. 다음에서 볼 수 있음. http://www.cbc.ca/news/canada/british-columbia/b-c-teen-s-suicide-blamed-on-dysfunctional-child-welfare-system-1.2526230.

2   Chandler MJ, Lalonde CE. Cultural Continuity as a Moderator of Suicide Risk among Canada's First Nations. 다음에 수록됨. Kirmayer L, Valaskakis G, editors. *Healing Traditions: the Mental Health of Aboriginal Peoples in Canada*. Vancouver: University of Columbia Press, 2009.

3   Ibid.

4   Hummingbird L. The public health crisis of native American youth suicide. *NASN School Nurse*. 2011; 26(2): 110 −4.

5   Spirits C. Aboriginal suicide rates 2014 [26/06/2014]. 다음에서 볼 수 있음. http://www.creativespirits.info/aboriginalculture/people/aboriginal−suicide−rates.

6   Beautrais A, Fergusson D. Indigenous suicide in New Zealand. *Archives of Suicide Research*. 2006; 10(2): 159 −68.

7   Walters JH, Moore A, Berzofsky M, Langton L. *Household Burglary, 1994–2011*. NCJ 241754: US Department of Justice, 2013.

8   ONS, Home Office. *Crime in England and Wales 2010/11: Findings from the British Crime Survey and Police Recorded Crime*. (2nd edition) 2011.

9   Jones JM. Gallup Politics: Americans Still Perceive Crime as on the Rise 2010 [30/06/2014]. 다음에서 볼 수 있음. http://www.gallup.com/poll/144827/americans−perceive−crime−rise.aspx.

10   Stafford M, Chandola T, Marmot M. Association between fear of crime and mental health and physical functioning. *American Journal of Public Health*. 2007; 97(11): 2076 −81.

11   Stafford M, De Silva M, Stansfeld SA, Marmot MG. Neighbourhood social capital and mental health: testing the link in a general population sample. *Health and Place*. 2008; 14:394 −405.

12   Florence C, Shepherd J, Brennan I, Simon T. Effectiveness of anonymised information sharing and use in health service, police, and local government partnership for preventing violence related injury: experimental study and time series analysis. *BMJ*. 2011; 342: d3313.

13   Matthews K, Shepherd J, Sivarajasingham V. Violence−related injury and the price of beer in England and Wales. *Applied Economics*. 2006; 38: 661 −70.

14   Bureau of Alcohol Tobacco Firearms and Explosives. ATF Releases Government of Mexico Firearms Trace Data 2012 [07/01/2015]. 다음에서 볼 수 있음. http://www.atf.gov/press/releases/2012/04/042612−atf−atf−releases−government−of−mexico−firearms−trace−data.html.

15   National Gang Center. OJJDP Comprehensive Gang Model [25/06/2014]. 다음에서 볼 수 있음. http://www.nationalgangcenter.gov/comprehensive−gangmodel.

16   Violence Reduction Unit. CIRV helps reduce Glasgow gang violence [25/06/2014]. 다음에서 볼 수 있음. http://www.actiononviolence.co.uk/content/cirv-helps-reduce-glasgow-gang-violence.

17   Marmot Review Team. *Fair Society, Healthy Lives: Strategic Review of Health Inequalities in England Post 2010*. London: Marmot Review, 2010.

18   Hawkins JD, Oesterle S, Brown EC, Abbott RD, Catalano R. Youth Problem Behaviors 8 Years After Implementing the Communities That Care Prevention System: A Community-Randomized Trial. *JAMA Pediatrics*. 2014; 168(2): 122-9.

19   Catalano RF, Haggerty KP, Fleming CB, Hawkins JD. Social development interventions have extensive, long-lasting effects. 다음에 수록됨. Fortune AE, McCallion P, Briar-Lawson K, editors. *Social Work Practice Research for the 21st Century*. New York: Columbia University Press, 2010.

20   UNDP. *Human Development Report 2013 – The Rise of the South: Human Progress in a Diverse World*. New York: United Nations Development Programme, 2013.

21   Georgatos G. Quality of life for Australians 2nd only to Norway, but for Aboriginal peoples 122nd 2013 [25/06/2014]. 다음에서 볼 수 있음. http://thestringer.com.au.

22   Cooke M, Mitrou F, Lawrence D, Guimond E, Beavon D. *Indigenous Wellbeing in Four Countries: An Application of the UNDP's Human Development Index to Indigenous Peoples in Australia, Canada, New Zealand, and the United States*. BMC International Health & Human Rights. 2007; 7(9).

23   Australian Bureau of Statistics. Life Tables for Aboriginal and Torres Strait Islander Australians 2010-2012. 3302.0.55.003 2013 [25/06/2014]. 다음에서 볼 수 있음. http://www.ausstats.abs.gov.au.

24   Australian Institute of Health and Welfare. *Life Expectancy and Mortality of Aboriginal and Torres Strait Islander People*. Canberra: AIHW, 2011.

25   Ibid.

26   Creative Spirits. Michael Anderson: Can an Aboriginal school break the vicious circle? 2014 [25/06/2014]. 다음에서 볼 수 있음. http://www.creativespirits.info/aboriginalculture/education/can-an-aboriginal-school-break-thevicious-circle.

27   Creative Spirits. Aboriginal law & justice 2013 [25/06/2014]. 다음에서 볼 수 있음. http://www.creativespirits.info/aboriginalculture/law/.

28   Marmot Review Team. *Fair Society, Healthy Lives*.

29   University of Sydney. Dr Charles Nelson Perrurle Perkins AO, Arrernte and Kalkadoon Man. 1936-2000. Extract from 'State Funeral' programme, Sydney

Town Hall, 25 October 2000 [25/06/2014]. 다음에서 볼 수 있음. http://sydney.
edu.au/koori/news/perkins_background.pdf.

30   Lane J. *Indigenous Participation in University Education*. No. 110, 27 May 2009.
      The Centre for Independent Studies Issue Analysis, 2009.

31   Australian Government Department of Social Services. Local Implementation
      Plans, Gunbalanya 2013 [25/06/2014]. 다음에서 볼 수 있음. http://www.dss.
      gov.au.

32   Anderson HR, Vallance P, Bland JM, Nohl F, Ebrahim S. Prospective study of
      mortality associated with chronic lung disease and smoking in Papua New Guinea.
      International Journal of Epidemiology. 1988; 17(1): 56 – 61.

33   Global Alliance for Clean Cookstoves. The Issues 2014 [25/06/2014]. 다음에서
      볼 수 있음. http://www.cleancookstoves.org/our-work/the-issues/.

34   Marmot Review Team. *Fair Society, Healthy Lives*.

35   C lark LP, Millet DB, Marshall JD. National Patterns in Environmental Injustice
      and Inequality: Outdoor NO2 Air Pollution in the United States. *PLoS One*. 2014;
      9(4): e94431.

36   다음에서 볼 수 있음. http://www.empower-yourself-with-color-psychology.com

37   White MP, Alcock I, Wheeler BW, Depledge MH. Would you be happier living in
      a greener urban area? A fixed-effects analysis of panel data. *Psychological Science*.
      2013; 24(6): 920 –8.

38   University of Exeter. Green spaces deliver lasting mental health benefits 2014
      [25/06/2014]. 다음에서 볼 수 있음. http://www.exeter.ac.uk/news/
      featurednews/title_349054_en.html.

39   Mitchell R, Popham F. Effect of exposure to natural environment on health
      inequalities: an observational population study. *Lancet*. 2008; 372(9650): 1655 –
      60.

40   Bird D. Government advisors demand urgent shift in public investment to green
      England's cities. CABE (Commission for Architecture and the Built Environment),
      2009.

41   Sloman L, Cavill N, Cope A, Muller L, Kennedy A. *Analysis and Synthesis of
      Evidence on the Effects of Investment in Six Cycling Towns*. Report for Department
      for Transport and Cycling England. 2009.

42   City of Copenhagen. The Bicycle Account 2013 [30/06/2014]. 다음에서 볼 수
      있음. http://subsite.kk.dk/sitecore/content/Subsites/CityOfCopenhagen/
      SubsiteFrontpage/LivingInCopenhagen/CityAndTraffic.

43   Jones SJ, Lyons RA, John A, Palmer SR. Traffic calming policy can reduce

inequalities in child pedestrian injuries: database study. *Injury Prevention*. 2005;
11(3): 152−6; Jacobsen PL, Racioppi F, Rutter H. Who owns the roads? How
motorised traffic discourages walking and bicycling. *Injury Prevention*. 2009;
15(6): 369−73.

44   World Health Organization. *Global Age-Friendly Cities: a Guide*. Geneva: WHO,
2007.

45   Kjellstrom T. Our cities, our health, our future. Acting on social determinants for
health equity in urban settings: WHO, KNUS, 2008 [업데이트 일자
2012/08/13]. 다음에서 볼 수 있음. http://www.who.int/social_determinants/
resources/knus_final_report_052008.pdf.

46   Gladwell M. *The Tipping Point*. USA: Abacus, 2000. [국역본,《티핑 포인트》, 21세
기북스, 2016.]

9장 공정한 사회

1   Judt T. *Ill Fares the Land*. London: Penguin Books, 2011. [국역본,《더 나은 삶을
상상하라》, 플래닛, 2012.]

2   Bajak F. Chile−Haiti Earthquake Comparison: Chile Was More Prepared.
Huffington Post. 2011.

3   Ibid.

4   Banks J, Marmot M, Oldfield Z, Smith JP. Disease and disadvantage in the United
States and England. *Journal of the American Medical Association*. 2006; 295(2037−
45).

5   Woolf SH, Aron L, editors. *U.S. Health in International Perspective: Shorter Lives,
Poorer Health*. National Research Council; Institute of Medicine. Washington,
DC: The National Academies Press, 2013.

6   Drèze J, Sen A. *An Uncertain Glory: India and Its Contradictions*. London: Allen
Lane, 2013.

7   Marmot M, Allen J, Bell R, Bloomer E, Goldblatt P. WHO European review of
social determinants of health and the health divide. *Lancet*. 2012; 380(9846):
1011−29.

8   Marmot M, Bell R. Japanese Longevity Revisited. *Journal of the National Institute
of Public Health*. 2007; 56(2).

9   Cook HJ, Bhattacharya S, Hardy A, editors. *History of the Social Determinants of
Health: Global Histories, Contemporary Debates (New Perspectives in South Asian
History)*. India: Orient Blackswan, 2009.

10 Drèze and Sen. *An Uncertain Glory*, p. 39.

11 OECD. Health at a Glance: Suicide mortality rates, 2011 (또는 최근 연도) 2013 [28/10/2014]. 다음에서 볼 수 있음. http://dx.doi.org.

12 Lundberg O, Aberg Yngwe M, Kolegard Stjarne M, Bjork L, Fritzell J. The Nordic Experience: welfare states and public health (NEWS). *Health Equity Studies*. 2008; 12.

13 Woolf SH, Aron L, editors. *U.S. Health in International Perspective: Shorter Lives, Poorer Health*. National Research Council; Institute of Medicine. Washington, DC: The National Academies Press, 2013.

14 Stiglitz J. *The Price of Inequality*. New York: Penguin, 2013. (국역본, 《불평등의 대가》, 열린책들, 2013.)

15 Piketty T. *Capital in the Twenty-First Century*. Cambridge, MA: Harvard University Press, 2014. (국역본, 《21세기 자본》, 글항아리, 2014.)

16 Vardi N. The 25 Highest-Earning Hedge Fund Managers and Traders. *Forbes*. 2014.

17 Ostry JD, Berg A, Tsangarides CG. *IMF Staff Discussion Note: Redistribution, Inequality, and Growth*. International Monetary Fund, 2014.

18 Sen A. *Inequality Reexamined*. Oxford: Oxford University Press, 1992. (국역본, 《불평등의 재검토》, 한울, 2008.)

19 Dahl E, van der Wel KA. Educational inequalities in health in European welfare states: a social expenditure approach. Social Science and medicine. 2013; 81: 60–9.

20 Santos LMP, Paes-Sousa R, Miazagi E, Silva TF, Mederios da Fonseca AM. *The Brazilian Experience with Conditional Cash Transfers: A Successful Way to Reduce Inequity and to Improve Health*. 2011.

21 Barber SL, Gertler PJ. The impact of Mexico's conditional cash transfer programme, Oportunidades, on birthweight. *Tropical medicine & international health: TM & IH*. 2008; 13(11): 1405–14.

22 Baird S, Ferreira FHG, Ozler B, Woolcock M. Relative Effectiveness of Conditional and Unconditional Cash Transfers for Schooling Outcomes in Developing Countries: A Systematic Review. *Campbell Systematic Reviews*. 2013; 9(8).

23 Mahapatra L. Consumer Spending: How much of their income do poor and rich American families spend on housing, education, healthcare, food and transportation? *International Business Times*. 6 January 2013.

24 Rutter J, Stocker K. *Childcare Costs Survey 2014*. Family and Childcare Trust, 2014.

25 Ferguson D. The costs of childcare: how Britain compares with Sweden. *The*

Guardian. 31 May 2014.

26 Mackenbach JP. The persistence of health inequalities in modern welfare states: The explanation of a paradox. *Social Science & Medicine.* 2012; 75(4): 761–9.

27 Wilkinson RG, Pickett K. *The Spirit Level: Why More Equal Societies Almost Always Do Better.* London: Allen Lane, 2009. 〔국역본,《평등이 답이다》, 이후, 2012.〕

28 Marmot MG, Sapolsky R. Of Baboons and Men: Social Circumstances, Biology, and the Social Gradient in Health. 다음에 수록됨. Weinstein M, Lane MA, editors. *Sociality, Hierarchy, Health: Comparative Biodemography: A Collection of Papers.* Washington DC: National Academies Press, 2014.

10장 공정한 세계

1 Yang J. Did politics ruin 'the world's coolest mayor'? *Toronto Star.* 23 June 2014.

2 Reinhart C, Rogoff K. Growth in a time of debt. *American Economic Review.* 2010; 100(2): 473–8.

3 Herndon T, Ash M, Pollin R. *Does High Public Debt Consistently Stifle Economic Growth? A Critique of Reinhart and Rogoff.* Political Economy Research Institute – Working Paper Series. 2013; April(322).

4 Stuckler D, Basu S. *The Body Economic: Why Austerity Kills.* New York: Basic Books, 2013. 〔국역본,《긴축은 죽음의 처방전인가》, 까치, 2013.〕

5 Eyraud L, Weber A. *The Challenge of Debt Reduction during Fiscal Consolidation.* IMF Working Paper Series No. WP/13/67: International Monetary Fund, 2013.

6 Wren-Lewis S. Mainly Macro [Internet] 2013. 다음에서 볼 수 있음. http://mainlymacro.blogspot.co.uk/2013/12/osbornes-plan-b.html.

7 Nelson F. In graphs: How George Osborne learned to stop worrying and love the debt: *The Spectator,* 2014 [업데이트 일자 1/12/2014, 23/12/2014]. 다음에서 볼 수 있음. http://blogs.spectator.co.uk/coffeehouse/2014/12/in-graphs-georgeosborne-fought-the-debt-and-the-debt-won/.

8 Lewis M. *The Big Short: Inside the Doomsday Machine.* London: Allen Lane, 2011. 〔국역본,《빅 숏》, 비즈니스맵, 2010.〕

9 Stuckler and Basu. *The Body Economic.* 〔국역본,《긴축은 죽음의 처방전인가》, 까치, 2013.〕

10 Karanikolos M, Mladovsky P, Cylus J, Thomson S, Basu S, Stuckler D, et al. Financial crisis, austerity, and health in Europe. *Lancet.* 2013; 381(9874): 1323–31.

11 Ibid.

12   Ottersen OP, Dasgupta J, Blouin C, Buss P, Chongsuvivatwong V, Frenk J, et al. The political origins of health inequity: prospects for change. *Lancet*. 2014; 383(9917): 630 – 67.

13   Ibid.

14   Stuckler and Basu. *The Body Economic*. 〔국역본, 《긴축은 죽음의 처방전인가》, 까치, 2013.〕

15   World Social Protection Report 2014/15. *Building Economic Recovery, Inclusive Development and Social Justice*. Geneva: International Labour Office, 2014.

16   Drèze J, Sen A. *An Uncertain Glory: India and Its Contradictions*. London: Allen Lane, 2013.

17   UNDP. *Human Development Report 2013 – The Rise of the South: Human Progress in a Diverse World*. New York: United Nations Development Programme, 2013.

18   Ibid.

19   World Health Organization. *World Health Statistics 2014*. Geneva: WHO, 2014.

20   Drèze and Sen. *An Uncertain Glory*.

21   Ibid.

22   *World Development Report 2006. Equity and Development*. New York: World Bank/Oxford University, 2005.

23   Laird L. India's farmer suicides: are deaths linked to GM cotton? – in pictures: *The Guardian*, 2014 [업데이트 일자 05/05/2014, 23/12/2014]. 다음에서 볼 수 있음. http://www.theguardian.com/global-development/gallery/2014/may/05/india-cotton-suicides-farmer-deaths-gm-seeds.

24   Nagaraj K. *Farmers' Suicides in India: Magnitudes, Trends and Spatial Patterns*. Madras Institute of Development Studies, 2008.

25   Sastry P. U.S. agricultural subsidies and farmer suicide in India: Roosevelt Institute, 2009 [업데이트 일자 01/12/2009, 23/12/2014]. 다음에서 볼 수 있음. http://www.rooseveltcampusnetwork.org/blog/us-agricultural-subsidies-andfarmer-suicide-india.

26   Ibid.

27   United Nations Development Programme. *Human Development Report 2005. International Cooperation at a Crossroads: Aid, Trade and Security in an Unequal World*. UNDP, 2005.

28   Hyder S. Women's financial independence amongst female garments workers in Bangladesh: Summary of research. *Berkeley Law*, 2012.

29   Ayres A. Bangladesh: Behemoth garment industry weathers the storm: Council on Foreign Relations, 2014 [업데이트 일자 20/06/2014, 23/12/2014]. 다음에서 볼

수 있음. http://blogs.cfr.org/asia/2014/06/20/bangladesh-behemoth-garment-industry-weathers-the-storm/.

30   Marmot M, Allen J, Bell R, Bloomer E, Goldblatt P. WHO European review of social determinants of health and the health divide. *Lancet*. 2012; 380(9846): 1011-29.

31   Global Factors Task Group. *Global Factors Task Group Final Report*. 2014.

32   The 0.7% target: An in-depth look: Millennium Project, 2006 [23/12/2014]. 다음에서 볼 수 있음. http://www.unmillenniumproject.org/press/07.htm.

33   Burkina Faso: Oxfam International, 2014 [23/12/2014]. 다음에서 볼 수 있음. http://oxf.am/HMZ.

34   Banerjee A, Duflo E. *Poor Economics: A Radical Rethinking of the Way to Fight Global Poverty*. USA: Public Affairs, 2011. [국역본,《가난한 사람이 더 합리적이다》, 생각연구소, 2012.]

35   Deaton A. *The Great Escape: Health, Wealth, and the Origins of Inequality*. Princeton: Princeton University Press, 2013. [국역본,《위대한 탈출》, 한국경제신문, 2014.]

36   Ibid.

37   Ooms G, Hammonds R, Van Damme W. *International Assistance from Europe for Global Health: Searching for a Common Paradigm*. 2012.

38   World Cancer Research Fund, American Institute for Cancer Research. *Food, Nutrition, Physical Activity, and the Prevention of Cancer: A Global Perspective*. Washington, DC.: AICR, 2007.

39   El-Zanaty F, Way A. *Egypt: Demographic and Health Survey*. Cairo: Ministry of Health, 2009.

40   *The Economist*. Food companies: Food for thought 2012 [07/01/2015]. 다음에서 볼 수 있음. http://www.economist.com/news/special-report/21568064-food-companies-play-ambivalent-part-fight-against-flab-food-thought.

41   Ibid.

42   Monteiro CA, Moubarac JC, Cannon G, Ng SW, Popkin B. Ultra-processed products are becoming dominant in the global food system. *Obesity Reviews: an Official Journal of the International Association for the Study of Obesity*. 2013; 14 Suppl 2: 21-8.

43   Monteiro CA, Cannon G. The impact of transnational 'big food' companies on the South: a view from Brazil. *PLoS Med*. 2012; 9(7): e1001252.

44   O ttersen OP, Dasgupta J, Blouin C, Buss P, Chongsuvivatwong V, Frenk J, et al. The political origins of health inequity: prospects for change. *Lancet*. 2014;

383(9917): 630-67.

45 Friedman TL. *The World Is Flat: a Brief History of the Globalized World in the Twenty-First Century*. London: Allen Lane, 2005. 〔국역본,《세계는 평평하다》, 21세기북스, 2013.〕

46 Kopetchny T. Centre for Global Development: Your Chance to Ask Nancy Birdsall About Globalization and Inequality 2007 [05/01/2015]. 다음에서 볼 수 있음. http://www.cgdev.org/blog/your-chance-ask-nancy-birdsall-aboutglobalization-and-inequality.

11장 희망을 조직하는 사회

1   West Midlands Fire Service. *Improving Lives to Save Lives*. WMFS, 2014.

2   Commission for a Socially Sustainable Malmö. *Commission for a Socially Sustainable Malmö, Final Report 2013*. 다음에서 볼 수 있음. http://www.malmo.se.

3   UCL Institute for Health Equity. *Working for Health Equity: The Role of Health Professionals*. 2013.

4   Drèze J, Sen A. *An Uncertain Glory: India and Its Contradictions*. London: Allen Lane, 2013.

5   Banerjee A, Duflo E. *Poor Economics: A Radical Rethinking of the Way to Fight Global Poverty*. USA: Public Affairs, 2011. 〔국역본,《가난한 사람이 더 합리적이다》, 생각연구소, 2012.〕

6   OECD. Focus on Inequality and Growth: Does income inequality hurt economic growth? 2014.

7   *The Economist*. Economist Espresso 24 December 2014. 2014.

8   Keynes JM. *First Annual Report of the Arts Council 1945–1946*.

9   Stiglitz J. *The Price of Inequality*. New York: Penguin, 2013. 〔국역본,《불평등의 대가》, 열린책들, 2013.〕

10 Navarro V. What we mean by Social Determinants of Health. *Global Health Promotion*. 2009 Mar; 16(1):5-16. doi: 10.1177/1757975908100746.

11 Navarro V, Muntaner C, Borrell C, Benach J, Quiroga A, Rodriguez-Sanz M, et al. Politics and health outcomes. *Lancet*. 2006; 2006/09/19(9540): 1033-7.

12 Hacker J, Pierson P. *Winner-Take-All Politics*. New York: Simon and Schuster, 2010. 〔국역본,《부자들은 왜 우리를 힘들게 하는가?》, 21세기북스, 2012.〕

13 Orwell G. *Politics and the English Language*. London: Horizon, 1946.

찾아보기

인명

기관, 단체명

서적, 문서 및 작품명

용어